Color Terminology Cyclopedia

色彩用語事典

清野恒介 編著

新紀元社

まえがき

　光が眼に入ってものが見えるということはとても日常的であり、このことについて深く考えることはあまりないと思います。しかし、色に興味をもって、色彩について学ぼうとしているなら、光のこと、ヒトがものを見て認識すること、その生理的な仕組みを理解したいものです。

　色彩学に限ったことではありませんが、ものごとを知的に身につけるには、ます用語の理解が基本となります。そして大切なのは、いろいろ知識項目がどのように関連しあっているかについて関心をもち、全体像を把握することです。

　色彩学は、物理光学、医学、心理学などの学術と、色彩を応用する工学技術や産業、また人間生活を豊かにするための歴史・芸術などの人文科学歴史の交差点に位置します。したがって、色彩学で学ぶべき用語の範囲はたいへんに広く、それが魅力でもあるのですが、同じ理由で興味を持続できなかったというかたも少なくないようです。

　知らないこと、新しいことにチャレンジする場合に最初にすべきことは、適切な用語事典を手に入れることです。本書は、色彩について興味をもつかたや色彩学を学ぼうと考えるかたのために、平易な言葉で専門用語の理解を助け、深めるのに役立つことを目的に計画しました。筆者らはすでに、同じ出版社から『色名事典』『配色事典』を刊行しており、これらの事典の拠りどころである事項を、本書では中項目式のやはり事典の形でまとめ、全3部作としました。また、色彩学の範囲ではありませんが、関連分野であるテキスタイル、ファッション、美術様式、染料、顔料、釉薬などについても解説しています。

　本書を通読すれば分類事項に関して一定の基礎知識を得ることができますし、関連分野への橋渡しとしての役割も果たすことでしょう。また座右に置いて、より専門的な書籍などを読む際は、基本事項の確認のために辞書として役立てていただけるはずです。本書は、知的な欲張りの提案です。気安く、便利に使っていただき、読者の知識の質を高めるの資することができれば、筆者らにとっては望外の喜びです。

執筆者を代表して　清野恒介

執 筆 者

執 筆 分 担

恵美 和昭（えみ かずあき・元財団法人ファッション産業人材育成機構・専務理事）

テキスタイル

島森 功（しまもり いさお・武蔵野美術大学・日本大学・東海大学非常勤講師）

光、色知覚、色覚説、混色、色再現、測色、色彩体系

清野 恒介（せいの こうすけ・元武蔵野美術大学非常勤講師）

眼、色の基礎、色彩体系、色名、色の見え方と感情、色彩対比、カラーイメージ、色による象徴と連想、配色の基礎、調和論、パーソナルカラー、色彩計画、日本の伝統色・伝統配色、流行色、染料・顔料・釉薬

淵田 雄（ふちだ ゆう・多摩美術大学美術館・学芸員）

美術様式

柳原 美紗子（やなぎはら みさこ・日本綿業振興会・東京事務所所長）

ファッション

目次

本書の構成・使いかた ……………………………………… 9
索引 ……………………………………………………… 12

光
光 …………………………………… 48
発光 ………………………………… 48
光の性質 …………………………… 51
空の色 ……………………………… 55
スペクトル ………………………… 56
分光 ………………………………… 58
人工光・照明 ……………………… 59
光の用語と単位 …………………… 63

眼
眼 …………………………………… 67
視覚異常 …………………………… 69
色覚異常 …………………………… 69
色覚検査 …………………………… 71

色知覚
色知覚 ……………………………… 72
色の見え方 ………………………… 77
色の見え方にかかわる知覚・事象 … 77

色覚説
色覚説 ……………………………… 79
動物の色覚 ………………………… 81

混色
混色 ………………………………… 83

色再現
色再現 ……………………………… 87

測色
測色 ………………………………… 95

色の基礎
色の基礎 …………………………… 100

色彩体系
色彩体系 …………………………… 108
PCCSの色彩体系 …………………… 109
マンセルの色彩体系 ……………… 111
オストワルトの色彩体系 ………… 112
NCSの色彩体系 …………………… 114
DINの色彩体系 …………………… 115
CIE表色系 ………………………… 116

5

色名
- 色名の分類 ………………… 120

色の見え方と感情
- 色の見え方 ………………… 124
- 色の感情 …………………… 125

色彩対比
- 色彩対比 …………………… 127
- 同化現象と対比現象 ……… 129

カラーイメージ
- カラーイメージ …………… 131
- 配色イメージ ……………… 132
- 配色イメージ制作の分析 … 132
- カラーイメージマップ …… 134
- SD法 ………………………… 135

色による象徴と連想
- 色による象徴 ……………… 136
- 紋章の色 …………………… 137
- 共感色 ……………………… 138
- 色彩嗜好 …………………… 139

配色の基本
- 統一と変化 ………………… 140
- 色相配色 …………………… 140
- 明度配色 …………………… 141
- 彩度配色 …………………… 142
- トーン配色 ………………… 142
- 配色技法 …………………… 143
- 流行配色 …………………… 144

調和論
- 調和論 ……………………… 147
- ゲーテの調和論 …………… 147
- シュヴルールの調和論 …… 148
- ルードの調和論 …………… 149
- マンセルの調和論 ………… 150
- オスワルトの調和論 ……… 150
- イッテンの調和論 ………… 151
- ムーン&スペンサーの調和論 … 153
- ジャッドの調和論 ………… 154

パーソナルカラー
- パーソナルカラー ………… 157
- パーソナルカラーと色彩学 … 157
- カラーコンサルタント …… 158
- 日本のパーソナルカラー … 159
- カラーパレット …………… 159
- パーソナルカラーの関連用語 … 161

色彩計画
- 商品計画 …………………… 164
- 計画段階 …………………… 165
- 試作・評価段階 …………… 165
- 決定・実施段階 …………… 166

インテリアの色彩計画 …………… 167	環境の色彩計画 ………………… 170
インテリアの4要素 ……………… 167	色彩計画のツール ……………… 172
部屋別の計画 …………………… 167	色彩調節 ………………………… 172
インテリアの色彩計画のポイント …… 169	色彩計画の関連用語 …………… 173

日本の伝統色・伝統配色

渋さと華やかさ ………………… 177	江戸時代の色彩 ………………… 179
位階色・禁色・当色・許色 ……… 178	合成染料の出現 ………………… 180
階級の色 ………………………… 178	伝統配色 ………………………… 181

テキスタイル

テキスタイル …………………… 185	半合成繊維 ……………………… 195
織物 ……………………………… 185	合成繊維 ………………………… 196
変化組織 ………………………… 187	糸の種類 ………………………… 198
その他の織物組織 ……………… 187	糸の太さ ………………………… 200
編物 ……………………………… 188	糸の撚り ………………………… 201
緯編 ……………………………… 189	テキスタイルの染色 …………… 202
経編 ……………………………… 190	染料 ……………………………… 204
その他のテキスタイル ………… 191	顔料 ……………………………… 206
テキスタイルの材料 …………… 192	染色準備工程 …………………… 206
植物繊維 ………………………… 192	繊維製品製造工程中の染色 …… 208
動物繊維 ………………………… 194	仕上工程 ………………………… 209
再生繊維 ………………………… 195	

ファッション

ファッション …………………… 213	ジャケット ……………………… 250
20s ……………………………… 214	シャツ・ブラウス ……………… 254
30s ……………………………… 215	セーター ………………………… 258
40s ……………………………… 215	スカート ………………………… 260
50s ……………………………… 216	パンツ …………………………… 263
60s ……………………………… 217	ファッション・ビジネス ……… 268
70s ……………………………… 219	川上アパレル素材作業群 ……… 269
80s ……………………………… 221	川中アパレル産業群 …………… 270
ファッションのスタイル ……… 221	川下アパレル小売産業群 ……… 270
ヒストリカル・スタイル ……… 238	総合生活提案を行う業態 ……… 271
シルエットとライン …………… 241	専門性を追求する業態 ………… 272
衣服の分類 ……………………… 242	低価格販売業態 ………………… 273
ドレス …………………………… 243	新業態 …………………………… 274
コート …………………………… 245	無店舗小売業 …………………… 275
スーツ …………………………… 248	通信販売 ………………………… 276

訪問販売	276	マーケティング	287
注文服ビジネス	276	市場細分化	289
ファッション・ビジネスの企業活動	277	商品企画	291
ファッションの生産・流通	278	小売マーチャンダイジング	291
商取引	279	ファッション・ビジネスの職種	292
商品・売場	281		

流行色

流行色	296	流行色の関連用語	299

美術様式

石器時代の美術	304	バロック美術	317
紀元前時代の美術	305	ロココ美術	318
ギリシア美術	308	アンピール様式	319
ローマ美術	311	アール・ヌーボー	321
中世美術	312	新しい美術へ	323
ゴシック美術	314	美術・工芸の用語	325
ルネサンス美術	315		

染料・顔料・釉薬

着色	327	顔料	329
染料	327	釉薬	331

人名一覧	334
図書案内	337
図版	342
色名一覧	374

本書の構成・使いかた

本書の構成

- 色彩学および関連分野を、24 の分野に分けて解説してあります。
- 各分野では、中項目を立ててさらに小項目を解説しています。中項目あるいは小項目ごとに読めば、中項目の概要や個々の用語の意味が理解できるようになります。
- 分野内での中項目の配列、中項目内での小項目の配列は、理解しやすさを旨に、体系的あるいは解説の道筋に沿って並べてあります。また、並列的な用語解説についてはランダムな順序で並べてあります。

本書の索引など

- 本書で用語を調べる際は、巻頭の索引が役立ちます。索引用語は、大項目名、中項目名、小項目名、解説文中の用語がすべて数字・英字・和文 50 音の順に並べてあります。
- 索引を参照する際に分かりやすく・引きやすいように、索引項目は本書の本文解説の項目名などと異なる表記をしていることがあります。「このような内容はこのページに載っているだろう」などと考えながら、索引を活用してください。
- 索引用語には、適宜にカッコを付して解説などを参照する際の案内を示してあります。同じ用語が異なる分野で解説されている場合、1 つの用語に対して解説文と図版で説明されている場合など、カッコ内の案内を指標すると目的のページにすばやくたどり着くことができます。
- 難読の用語については、索引内ではカッコ内に読みを示しています。
- 項目の末尾に参考になる別の事典項目の掲載ページ、項目名を示してあります。

巻末カラーページなど

- 図版などは、巻末のカラーページにまとめて示しました。各項目の末尾に参照すべき図版などの番号と掲載ページを示してあります。
- 主な色名について、巻末に色見本と解説を示してあります。
- 色彩学上で重要な人物について、本文解説と重複することがあっても、巻末に「人名一覧」として示してあります。
- さらに深く学びたい読者のために、本書の執筆者らが薦める関連図書、本書執筆の際に有益だった図書を、巻末に「図書案内」として示してあります。

索引

さくいん

数字

100hue test	71
100色相配列検査器	71
12分類法（パーソナルカラー）	160
16分類法（パーソナルカラー）	160
20s	214
2色調和（イッテンの調和論）	152
2色調和（イッテン：図）	370
2分類法（パーソナルカラー）	160
30s	215
3色調和（イッテンの調和論）	152, 153
3色調和（イッテン：図）	370
40s	215
4シーズン法	158
4色調和（イッテンの調和論）	152
4色調和（イッテン：図）	370
4分類法（パーソナルカラー）	160
50s	216
5色調和（イッテンの調和論）	152
5色調和（イッテン：図）	370
60s	217
6色調和（イッテンの調和論）	152, 153
6色調和（イッテン：図）	370
6色の色相環	147
6分類法（パーソナルカラー）	160
70s	219
80s	221

アルファベット

AdobeRGB	93
AlGaInP	63
Aライン	241
b（PCCSのトーン記号）	102
bk（ISCC-NBSによるトーン記号）	105
bt（ISCC-NBSによるトーン記号）	105
CAD	277
CAD/CAM	277
CAM	277
CAUS	297
CCD	51
cd	64
cd/m²	52, 64
cds	51
CI	288
CIE	83
CIELAB	118
CIE表色系	116
CIM	277
Cotton incorporated	297
CRT	87
CS	288
d（PCCSのトーン記号）	102
DCブランド	228, 287
dg（JISによるトーンの略記号）	105
dgy（ISCC-NBSによるトーン記号）	105
DGフィルター	97
DIN	115
DINの色立体（図）	355
DINの色彩体系	115
d-ishGY（ISCC-NBSによるトーン記号）	105
dk（ISCC-NBSによるトーン記号）	105
dk（JISによるトーンの略記号）	105
dk（JISによる無彩色の修飾語）	105
dk（PCCSのトーン記号）	102
dl（JISによるトーンの略記号）	104
dp（ISCC-NBSによるトーン記号）	106
dp（JISによるトーンの略記号）	104
dp（PCCSのトーン記号）	102
ELランプ	61
EOS	278
FM	297
GaAlAs	63
GaAsP	63
GaN	63
GaP	63
gy（ISCC-NBSによるトーン記号）	105
Here & there	297
Hicolor	94
Hi-Vision	89
Hz	49

さくいん

ICCプロフィアル	93
IIC	296
IR-A	50
IR-B	50
IR-C	50
ISCC-NBSのトーン	105
ISCC-NBSのトーン図（図）	351
-ishBK（ISCC-NBSによるトーン記号）	105
-ishGY（ISCC-NBSによるトーン記号）	105
-ishW（ISCC-NBSによるトーン記号）	105
IWS	296
JAFCA	296
JBCC	172
JIS Z 8102 物体色の色名	120
JISによるトーン	104
JISのトーン	103
JIS標準色票	111
K	65
l（ISCC-NBSによるトーン記号）	105
L（白熱灯）	59
L*a*b	99
L*a*b*表色系	118
LCD	87
lg（JISによるトーンの略記号）	105
lgy（ISCC-NBSによるトーン記号）	105
LH（白熱灯）	59
l-ishGY（ISCC-NBSによるトーン記号）	105
lm	63
lm/m²	64
lt（JISによるトーンの略記号）	104
lt（JISによる無彩色の修飾語）	105
lt（PCCSのトーン記号）	102
LW（白熱灯）	59
lx	64
L錐体	68
m（ISCC-NBSによるトーン記号）	105
mcd	62, 65
md（JISによる無彩色の修飾語）	105
mg（JISによるトーンの略記号）	105
Moda in	297
MRD	65
M錐体	68
NCS	114
NCSの色彩体系	114
NCSの色相環と等色断面図（図）	355
NTSC	88
OEM	278
OSA表色系	118
p（ISCC-NBSによるトーン記号）	105
p（PCCSのトーン記号）	102
PAL	88
PCCS	109
PCCSによるトーンの彩度	103
PCCSの色立体（図）	352
PCCSの色彩体系	109
PCCSのトーン	102
PCCSのトーン図（図）	351
PDP	88
pl（JISによるトーンの略記号）	104
pl（JISによる無彩色の修飾語）	105
POP広告	285
POSシステム	279
Première vision	297
Ra	66
RGBカラー	94
RGB等色関数	116
RGB等色関数（図）	355
RGB表色系	116
Ri	66
s（ISCC-NBSによるトーン記号）	105
s（PCCSのトーン記号）	102
SD法	135
SECAM	88
sf（JISによるトーンの略記号）	104
sf（PCCSのトーン記号）	102
SPA	274
sRGB	93
st（JISによるトーンの略記号）	104
S錐体	68
SD法（商品計画）	165
S撚り	201
The Woolmark company	297
Truecolor	94
Tシャツ	256
USC表色系	117
UV-A	50
UV-B	50
UV-C	50
UVカット加工（テキスタイル）	212
v（ISCC-NBSによるトーン記号）	106

v（PCCSのトーン記号）	102		369
VAN	278	アイソバレント（オストワルトの調和論）	151
vd（JISによるトーンの略記号）	105	アイソメリズム	66
vdk（ISCC-NSBによるトーン記号）	105	相手先商標生産	278
vdp（ISCC-NBSによるトーン記号）	106	アイテム・ショップ	272
View colour planner	297	藍と白	183
vl（ISCC-NSBによるトーン記号）	105	アイビーグリーン（色名一覧）	379
VMD	292	アイビー・ルック	225, 228
vp（ISCC-NBSによるトーン記号）	105	アイボリー（色名一覧）	382
vp（JISによるトーンの略記号）	105	アイボリーブラック	330
vv（JISによるトーンの略記号）	104	アイボリーブラック（色名一覧）	382
Webセーフカラー	92	あいまいさ（ムーン＆スペンサーの調和論）	154
XYZ等色関数（図）	351	アウトドアライフ（色彩計画）	173
XYZ色度図（図）	356	アウトレット	273
XYZ表色系	116	アウトレット・モール	273
X線	49	亜鉛華	330
Z撚り	201	青（安全色）	171
γ線	49	青（基本色名）	121
ωスペース（ムーン＆スペンサー：図）	370	青（共感色）	138
		青（七福神の色）	184
		青（スペクトル）	57

あ行

アースカラー	299	青（無機顔料）	330
アーツアンドクラフト運動	321	青（紋章の色）	137
アーミー・ルック	236	青（有機顔料）	330
アーリー・アメリカン・ルック	222	青（釉薬）	331
アールデコ	323	青（連想色）	137
アール・ヌーボー	240, 321	青錐体	68
アールブリュット	324	青空	55
藍	183	青空の原理	52
藍色（色名一覧）	381	青緑（基本色名）	121
アイオドプシン	68	青緑（共感色）	138
アイ・キャッチャー	285	青緑（スペクトル）	57
アイク・ジャケット	252	青緑（釉薬）	331
アイソクロム（オストワルトの調和論）	150	青みの（JIS用語）	122
アイソクロムシリーズ	113	青みの緑（スペクトル）	57
アイソクロムシリーズ（オストワルト）による配色例		青みの紫（スペクトル）	57
	369	青みを帯びた（JIS用語）	122
アイソチント（オストワルトの調和論）	150	青紫（基本色名）	121
アイソチントシリーズ	113	赤（安全色）	171
アイソチントシリーズ（オストワルト）による配色例		赤（基本色名）	121
	369	赤（共感色）	138
アイソトーン（オストワルトの調和論）	150	赤（七福神の色）	184
アイソトーンシリーズ	113	赤（スペクトル）	57
アイソトーンシリーズ（オストワルト）による配色例		赤（無機顔料）	330
		赤（紋章の色）	137

赤（有機顔料）	330	アノラック	251
赤（釉薬）	331	アパレル	270
赤（連想色）	136	アパレル・コンピュータ・システム	277
赤香色（色名一覧）	376	アパレル資材卸商	269
赤錐体	68	アパレル資材産業	269
アカデミー	317	アパレル生産企業	270
茜（あかね）	328	アパレル製造卸業	270
赤みの（JIS用語）	122	アパレル・メーカー	270
赤みの橙（スペクトル）	57	アバンギャルド・ファッション	222
赤みを帯びた（JIS用語）	122	アブニー，ウイリアム（人名一覧）	334
赤紫（安全色）	171	アブニー効果	74
赤紫（基本色名）	121	アブニー効果（図）	347
赤紫（紋章の色）	137	油色（色名一覧）	378
明るい（JIS用語）	122	アフリカン・ルック	223
明るいトーン（共感色）	138	アプリケーションカラー	299
明るい灰みの（JIS用語）	122	アプリコット（色名一覧）	376
灰汁色（あくいろ：色名一覧）	382	甘い（共感色）	138
アクセントカラー配色	144	甘撚り糸	201
アクセントカラー配色（図）	365	編物	188
アクティブ・スポーツウェア	230	アメジスト（色名一覧）	375
アクリル	196	アメニティ（色彩計画）	173
アコーディオン・プリーツ・スカート	262	雨の音（共感色）	138
麻	193	アメリカ光学会	118
浅葱色	182	アメリカン・カジュアル	224
浅葱色（色名一覧）	380	アメリカン・トラディショナル	232
鮮やかな（配色イメージ）	133, 360	綾織	186
朝焼け	55	粗染	179
朝焼け・夕焼けのしくみ（図）	344	アラベスク	325
アザレア（色名一覧）	375	粗利益	279
アセテート	195	アラン・セーター	259
アソートカラー	299	アリザリンレッド	180, 328
アゾ系	330	アリザリンレッド（色名一覧）	375
アゾ染料	329	アルカイック美術	308
あたたかな（配色イメージ）	132	アルカリ減量加工（テキスタイル）	210
アダルト	290	アルスター・コート	245
アダルト（色彩計画）	173	アルタミラ洞窟画	304
厚板	177	アルパカ	194
アッシリア美術	306	アルミニウム（顔料）	330
アッパーミドル（色彩計画）	173	アルミニウムインジウムガリウムリン	63
アドバタイジング	285	アルミニウムガリウムヒ素	63
アドバンスカラー	299	アロハ・シャツ	255
アトリエ・ブランド	286	淡い（配色イメージ）	133, 360
アナログRGBモニタ	91	アンゴラ	194
アナログハイビジョン	89	アンコン・ジャケット	229
アノマロスコープ	71	アンコンストラクテッド	229

アンサンブル (スーツ)	248
アンサンブル (セーター)	259
暗順応	72
暗順応曲線	79
暗所視	73
暗所視曲線	79
暗清色	103
暗線	53
安全色	171
アンチ・クチュール	229
アンチ・コンフォルミズム	229
安定加工 (テキスタイル)	209
アンテナ・ショップ	272
暗度	115
アンドロジナス・ルック	233
アンバー	329
アンバー (色名一覧)	377
アンピール様式	319
アンブレラ・スカート	262
イージー・オーダー	277
イージー・パンツ	263
イートン・ジャケット	251
イエローアンダートーン	157, 160
イエロー系 (色名一覧)	377
イエローベース	160
位階色 (いかいしょく)	178
異型断面糸	198
意見聴取法 (商品計画)	166
イコン画	312
石原式色盲表	71
イシハラシノブ (人名一覧)	334
意匠撚糸	202
委託販売	280
イタリアン・カジュアル	224
一次色	106
五衣 (いつぎぬ)	178
一斤染 (いっこんぞめ：色名一覧)	374
一色型色覚	70
一対比較法 (商品計画)	165
イッテン，ヨハネス (人名一覧)	334
イッテンの色彩論	157
イッテンの調和論	151
一般染料	179
糸商	269
糸染め	202, 208

糸の種類	198
糸の太さ	200
糸の撚り	200
田舎風 (配色イメージ)	133, 361
稲妻	48
イノベーター (色彩計画)	173
イブニング・コート	246
イブニング・ドレス	243
イベント	285
イメージ判定 (カラーイメージマップ)	134
イメージプロフィール (SD法)	135
イメージプロモーション (色彩計画)	173
イメージ分析 (パーソナルカラー)	161
イラストレーター	292
色釉	332
色温度	64
色解像度	91
色空間	92
色空間の概念 (図)	350
色再現	87
色順応	72
色知覚	72
色なれ	143
色による反射率の例 (図)	343
色の感情	125
色の感情 (軽感と重感：図)	358
色の三属性	100
色の識別数	58
色の識別性 (図)	357
色のシリーズ (オスワルトの調和論)	150
色の成り立ち	112
色の見え方	77, 124
色立体	102, 110, 112, 114, 115
色立体 (イッテンの調和論)	152
色立体 (シュヴルールの調和論)	148
色立体 (ムーン&スペンサーの調和論)	153
色立体による配色 (イッテンの調和論)	152
岩井茶	180
陰気 (配色イメージ)	132
陰気感	126
インクジェット捺染	204
インクジェットプリンタ	90
印象主義	320
インストラクター (色彩計画)	173
陰性残像	73

インセンティブ ………………………… 285	畝織 ……………………………………… 187
インターカラー ………………………… 296	売上坪効率 ……………………………… 280
インターカラー委員会 ………………… 144	売掛金 …………………………………… 280
インディアン・ルック ………………… 222	ウルトラマリン (色名一覧) ………… 380
インディーズ …………………………… 272	売れ筋 …………………………………… 280
インディゴピュア ……………………… 328	うわぐすり ……………………………… 331
インディゴレーキ ……………………… 330	繧繝 (うんげん) ………………………… 182
インデックスカラー …………………… 93	エアフォース・ルック ………………… 236
インテリアの4要素 …………………… 167	エイビエーター・ジャケット ………… 253
インテリアの色彩計画 ………… 167, 169	エーレンシュタイン効果 ……………… 75
インナーライフ (色彩計画) …………… 174	エーレンシュタイン効果 (図) ………… 347
インバーテッド・プリーツ・スカート … 262	液晶ディスプレイ ……………………… 87
インバネス ……………………………… 245	エコール・ド・パリ …………………… 322
インベストメント・クローズ ………… 237	エコノミープライス (色彩計画) ……… 174
インポート (色彩計画) ………………… 173	エコロジー ……………………………… 298
インポート・ブランド ………………… 286	エコロジーカラー ………………… 298, 299
ウース・ドレス ………………………… 245	エジソン ………………………………… 59
ウール …………………………………… 194	エジソン，トマス (人名一覧) ………… 334
ウェーバー，エルンスト・ハインリッヒ	エジプト美術 …………………………… 307
(人名一覧) …………………………… 334	エスカルゴ・スカート ………………… 260
ウェーバー・フェヒナーの法則 ……… 76	エスニック&フォークロア …………… 223
ウエール ………………………………… 189	エスニック・ルック …………………… 223
ウエスタン・ルック …………………… 222	エディトリアル・ショップ …………… 272
ウエストコート ………………………… 251	江戸時代の色彩 ………………………… 179
ウェッジウッドブルー (色名一覧) …… 381	江戸紫 (色名一覧) ……………………… 381
ヴェネチア派 …………………………… 316	エトルリア美術 ………………………… 305
上撚り …………………………………… 201	エバーグリーン (色名一覧) …………… 379
ヴェルトハイマー・ベナリーの図形 … 127	海老茶 (色名一覧) ……………………… 375
ヴェルトハイマー・ベナリーの対比図形… 76	エフ・エム ……………………………… 297
ウォーキング・ショーツ ……………… 265	エプロン・スカート …………………… 260
ヴォーグ ………………………………… 213	エポーレット・シャツ ………………… 257
ウォームカラー ………………………… 158	エマイユ …………………………… 313, 325
ウォームベース ………………………… 160	エマイユ・クロワゾネ ………………… 325
ヴォールト ……………………………… 314	エマイユ・シャンルヴェ ……………… 325
ウオッチ・コート ……………………… 247	エマイユ・トランスリュシュッド …… 325
ウォラストン，ウイリアム …………… 56	エマイユ・パン ………………………… 326
ウォラストン，ウイリアム (人名一覧) … 334	エマルジョン …………………………… 328
ウオンツ ………………………………… 287	エメラルド ……………………………… 329
鬱金 (うこん) …………………………… 328	エメラルド (色名一覧) ………………… 379
うすい (JIS用語) ……………………… 122	エメラルドグリーン …………………… 330
薄色 ……………………………………… 182	エレガント (配色イメージ) ……… 133, 361
薄茶 (釉薬) ……………………………… 331	エレクトロルミネセンス …………… 61, 62
赤紫 (うすむらさき：基本色名) ……… 178	エレファント・パンツ ………………… 268
薄様 ……………………………………… 182	円 (安全色) ……………………………… 171
袿 (うちき) ……………………………… 178	塩基性染料 ……………………………… 328

さくいん

遠視	69
演色性	65
遠赤外線	50
エンド・ディスプレー	283
エンド・ユーザー	288
エンパイア・スカート	261
エンパイア・スタイル	239
エンブロイダリーレース	192
縁辺対比	128
縁辺対比 (図)	359
エンボス加工 (テキスタイル)	210
老竹色 (おいたけいろ：色名一覧)	379
オイルショック	298
オイルド・セーター	258
黄土	329
黄丹 (おうに：色名一覧)	376
黄斑	67
黄斑変性	69
王威と高位 (紋章の色)	137
オーガンジー	186
オーキッド (色名一覧)	381
オーダー・メイド	276
オート・クチュール	276
オートクチュール・ファッション	216
オーナメント (インテリアの色彩計画)	167
オーバーオールズ	263
オーバー・スカート	260
オーバー・ゾーニング・マーチャンダイジング	291
オーバー・ブラウス	254, 255
オーバル・ライン	241
オープン・シャツ	255
オープン・ディスプレー	283
オープン・マーケット	279
オーラソーマ (パーソナルカラー)	161
オーリニャック文化	304
オール・イン・ワン	249
オーロラ	48
オズグッド，C.E. (人名一覧)	334
オスワルト	112
オスワルト，ウィルヘルム (人名一覧)	334
オスワルトの色彩体系	112
オスワルトの色相環 (図)	354
オスワルトの調和論	150
オスワルトの等色相三角形 (図)	354
穏やかな配色 (ゲーテ：図)	366
落ち着いた (配色イメージ)	132
オックスフォード	187
オックスフォード・バッグズ	267
オットー朝美術	313
オパール加工	204
オプアート・ファッション	218
オフショア・プロダクション	278
オプションドレープ (パーソナルカラー)	161
オフニュートラルカラー	106
女郎花 (おみなえし)	181
重い (配色イメージ)	132
オリーブ系 (色名一覧)	378
オリエンタル・カラー	298, 300
オリジナル・ブランド	287
織りネーム	281
織物	185
オレンジ系 (色名一覧)	375
温白 (蛍光灯)	61
オン・ライン・ショッピング	275

か行

カーキ	300
カーキ (色名一覧)	378
カーゴ・パンツ	264
ガーゼ	188
ガーター編	189
カーディガン	258
カーディング	198
カーテン (インテリアの色彩計画)	169
ガーネット (色名一覧)	375
カーペット (インテリアの色彩計画)	169
カーペンター・パンツ	263
カーボンブラック	330
カーマイン (色名一覧)	374
カーム (配色イメージ)	132, 360
海外生産	278
買掛金	280
貝殻虫	328
回帰残像	73
階級の色	178
開口色	77
外式	89
外商	282

回折	53	カッター・シャツ	256
回折（図）	344	カッタウェー・コート	246
回折格子	54	カッツ	77
解像度	91	カッツ，デビッド（人名一覧）	334
回転混色器	80, 85	カット・アンド・ソーン	255
買取り販売	280	活動性（カラーイメージの因子）	135
開放的な（配色イメージ）	133, 360	カット・ソー	255
買い回り品	282	家庭用品品質表示法	282
カウス	297	カテゴリー・キラー	273
ガウチョ・パンツ	264	カドミウム（顔料）	330
カウチン・セーター	259	カドミウムイエロー	330
カウンター・カルチャー	225	カドミウム・セル	51
楓もみじ	181	金巾（かなきん）	186
化学的な発光	48	悲しい音楽（共感色）	138
柿色（色名一覧）	376	カナディエンヌ	246
杜若（かきつばた）	181	カノン	310
カグール	259	カバーオール	249
拡張感と収縮感（図）	357	歌舞伎役者	180
カクテル・ドレス	243	カフタン・シャツ	255
角度（色相）	140	株虹	56
角膜	67	壁撚り糸	202
掛率制	280	加法混色（図）	349
加工糸	199	加法三原色	80, 83
重ね朱子	187	加法三原色、減法三原色、補色（図）	349
重ねの色目	181	カマイユ配色	146
襲の色目（かさねのいろめ）	181	カマイユ配色（図）	365
飾り諸撚り糸	201	雷	48
可視光	50	甕覗（かめのぞき：色名一覧）	380
可視光線	49, 50	カラーアナリスト	161
カシミヤ	194	カラー・アナリスト	292
仮需	280	カラーイメージ	131
カジュアル	224	カラーイメージマップ	134
カジュアル（配色イメージ）	133, 360	カラーイメージマップの観察	134
カジュアルウェア	224	カラーイメージマップの制作	134
カシュ・クール	255	カラーイメージマップの制作例	362
カスタマー・サティスファクション	288	カラー印刷	91
カスタム・テーラー	276	カラー映画と流行色	297
カスタム・メイド	276	カラーオーダーシステム	108
画素	90	カラーカード（カラーイメージマップ）	134
かたい（配色イメージ）	132	カラーカードの例（カラーイメージマップ）	362
型紙（江戸時代の色彩）	180	カラーキープログラム	157, 161
カタコンベ	312	カラーキャンペーン	300
片撚り糸	201	カラーコーディネーション	172
カタログ・ショッピング	275	カラー・コーディネーター	292
カチオン染料	205, 328	カラーコーディネート（パーソナルカラー）	162

カラーコード	172	寒色系	106
カラーコンサルタント	158, 162	完全色	113
カラーセラピスト	162	観測視野	98
カラーテーブル	172	桿体	67, 68
カラーテレビ	85	桿体一色型	70
カラードグレー	107	桿体視	73
カラードレープ(パーソナルカラー)	162	桿体視曲線	79
カラーハーモニーマニュアル	114	かん高い声、音(共感色)	138
カラーパレット	159, 297	カンデラ	64
カラー分析(パーソナルカラー)	160	カンデラ毎平方メートル	51, 64
カラーマネージメント	91	カンフー・パンツ	263
カラー・ミー・ビューティフル	158	ガンマ線	49
カラーモニター	89	ガンマ値	92
カラーリスト	162	慣用色名	120
辛い(共感色)	138	顔料	206, 329
唐織	177	顔料インク	91
カラコ	251	黄(安全色)	171
カラツモノ	331	黄(基本色名)	121
絡み組織(テキスタイル)	188	黄(共感色)	138
カラリスト	292	黄(七福神の色)	184
ガリウムヒ素リン	63	黄(スペクトル)	57
狩衣(かりぎぬ)	181	黄(無機顔料)	330
カリプソ・パンツ	264	黄(紋章の色)	137
苅安(かりやす)	328	黄(有機顔料)	330
軽い(配色イメージ)	132	黄(釉薬)	331
カルゼ	186	黄(連想色)	136
カルソン	264	黄赤(安全色)	171
カレッジ・スタイル	224	黄赤(基本色名)	121
枯野	181	幾何学様式	308
カレンダー加工(テキスタイル)	210	旗艦店	273
カレントカラー	300	麹塵(きくじん)	178
カロリング朝美術	313	麹塵(色名一覧)	378
カワイイ	228	紀元前時代の美術	305
かわいい(配色イメージ)	133, 360	生地卸商	269
川上アパレル素材産業群	269	生地メーカー	269
川下アパレル小売産業群	270	キセノン	59
革ジャン	251	輝線スペクトル	57
川中アパレル産業群	270	輝線スペクトルの例(図)	346
寒感(色の感情)	125	基礎釉	332
カンカン・ドレス	243	貴重染料	179
環境の色彩計画	170	キッチュ	222
干渉	54	キッチン(インテリアの色彩計画)	168
感情効果の配色(ゲーテ:図)	366	輝度	52, 64
干渉色	54	輝度純度	117
桿状体視覚物質	68	生成	300

生成 (色名一覧)	377
絹	177, 194
機能性付与 (テキスタイル)	211
ギブソン，カスン (人名一覧)	334
ギブソン・ガール・スタイル	240
基本色名	121
基本スペース (インテリアの色彩計画)	167
黄緑 (基本色名)	121
黄緑 (共感色)	138
黄緑 (スペクトル)	57
黄みの (JIS用語)	122
黄みの橙 (スペクトル)	57
黄みの緑 (スペクトル)	57
黄を帯びた (JIS用語)	122
起毛加工 (テキスタイル)	210
逆位相	49
逆位相の波の合成 (図)	342
逆三角形 (安全色)	171
客単価	282
客誘導	282
ギャザー・スカート	260
ギャッツビー・ルック	214
ギャバジン	186
キャバン	247
キャミソール・トップ	255
キャメル	194
キャメル (色名一覧)	376
ギャル	228
ギャルソンヌ・ルック	214
キャロット (色名一覧)	376
キャンパス・ルック	224
救急車のサイレンの音 (共感色)	138
吸収	52
キュート (配色イメージ)	133, 360
キュー・マーク	282
キュビズム	323
キュプラ	195
キュロット・スカート	260
鏡映色	77
境界 (可視光)	50
強感 (色の感情)	126
共感覚	77, 138
共感色	138
共通性の原理 (ジャッドの調和論)	155
共通要素 (色の感情)	126
強撚糸	201
京紫 (色名一覧)	381
鏡面反射	51
極光	48
魚類の色覚	82
ギリシア美術	308
キレカジ	224
金 (紋章の色)	137
銀 (紋章の色)	137
ギンガム	186
金環日食現象	53
近視	69
禁色 (きんじき)	178
近赤外線	50
金襴	186
クアトリエンナーレ	326
クイック・レスポンス	278
空間色	77
クール (配色イメージ)	133, 360
クールカラー	158
クールベース	160
クオリティ・オブ・ライフ	290
クオンティティ・オブ・ライフ	290
孔雀石	329
くすんだ (JIS用語)	122
支子 (くちなし)	328
支子色 (くちなしいろ：色名一覧)	378
朽葉色 (色名一覧)	377
クチュリエ	295
屈折	53
組物	191
暗い (JIS用語)	122
暗い (配色イメージ)	132
クライアント (色彩計画)	174
暗いトーン (共感色)	138
暗い灰みの (JIS用語)	122
クラシック後期	310
クラシック時代	309
クラシック・スーツ	249
グラスゴー派	322
クラスター	289
クラスター (色彩計画)	174
グラスマン，ヘルマン (人名一覧)	334
グラスマンの法則	96
グラデーション配色	143

グラニー・ルック	222	慶祝カラー	298
グラフィティ・ルック	217	継続対比	127
グラム・ファッション	233	形態安定加工（テキスタイル）	211
グランジ・ルック	227	系統色名	120
グランド・ジャンパー	252	景徳鎮	332
クリア（配色イメージ）	133, 360	系列分離の配色例（オスワルト：図）	369
クリース，ヨハネス・ヴォン（人名一覧）	334	系列分離の配色（オスワルトの調和論）	151
グリーン系（色名一覧）	379	ゲーテ，ヨハン・ウォルフガング・フォン（人名一覧）	335
クリエイター	293, 295		
クリノリン・スカート	262	ゲーテの調和論	147
クリプトン	59	ケープ	245
グルカ・ショーツ	265	下代	281
クレアトゥール	293	結膜	67
グレイッシュ（PCCSトーンの彩度）	142	ケミカルライト	48
グレイッシュ（PCCSのトーン）	103	ケミカルレース	192
グレイッシュトーン	103	毛焼き	207
グレー（共感色）	138	ケルビン卿（人名一覧）	335
グレー（連想色）	137	ケルビン単位	64
クレーズ	213	ゲルプ効果	78
クレープ生地	200	厳格様式期	309
クレタ美術	307	原刺激光	96, 116
クレリック・シャツ	255	厳粛な配色（ゲーテ：図）	366
黒	183, 300	原色	83
黒（基本色名）	121	顕色系	108
黒（共感色）	138	献身（紋章の色）	137
黒（無機顔料）	330	減衰	54
黒（紋章の色）	137	検品	282
黒（釉薬）	331	憲房色（けんぼういろ：色名一覧）	378
黒（連想色）	137	減法混色	84
クローズド・ディスプレー	283	減法混色（図）	350
クロスオーバー	238	減法三原色	80, 84
クロス・ドレッシング	238	ゴアード・スカート	262
クロップド・パンツ	264	こい（JIS用語）	122
黒と白	183	香（色名一覧）	377
黒紫	178	高圧ナトリウムランプ	61, 66
軽衣料	282	香色	182
軽感（色の感情）	125	高演色高圧ナトリウムランプ	61
ケイギル	158	高演色性型	61
敬虔と誠実（紋章の色）	137	光覚	79
蛍光	51	硬感（色の感情）	126
蛍光灯	60, 66	光輝	77
蛍光塗料	51	後期印象主義	320
蛍光漂白	78	抗菌防臭加工（テキスタイル）	212
継時対比	127	虹彩	67
継時的加法混色	84	高彩度	101

柑子色 (色名一覧)	376	黒色度	114
恒重式番手	200	黒色量	114
光滲現象	124	黒体	64
合成藍	328	極超短波	49
合成顔料	329	ゴシック・スタイル	238
構成主義	323	ゴシック美術	314
合成繊維	196	ゴシック・ロリータ	228
合成染料	328	呉須 (ごす)	332
光束	63	ゴス・スタイル	238
後退 (色の見え方)	124	コスプレ	228
後退色	78, 124	コスモコール・ルック	218
恒長式番手	200	ゴス・ロリ	229
光電色彩計	96	コチニール虫	328
光度	64	コチニールレーキ	330
後頭葉	68	コットン・インコーポレーテッド	297
高度情報通信網	278	古典主義	318
紅梅	182	古典的な三原色	86
鉱物系顔料 (による色名)	123	子ども部屋 (インテリアの色彩計画)	168
興奮感	126	コパー (色名一覧)	377
高明度	101	琥珀色 (色名一覧)	376
小売業	270	コバルトグリーン (色名一覧)	379
小売マーチャンダイジング	291	コバルト系 (釉薬)	332
黄櫨染 (色名一覧)	376	コバルトバイオレット	330
黄櫨染 (こうろぜん)	178	コバルトブルー (色名一覧)	380
コース	189	コピー・ライター	293
ゴーズ	188	コプト美術	311
コーデュロイ	188	胡粉	330
コート	245	コマの回転による継時的加法混色 (図)	350
コーポレート・アイデンティティ	288	ゴム編	189
コーポレートカラー (色彩計画)	174	コモンカラー (パーソナルカラー)	162
コーミング	198	固有色名	120
コーラウシュ	78	固有色名の由来	123
コール天	188	コラールピンク (色名一覧)	374
ゴールドベース (パーソナルカラー)	162	コレクション	282
コーンフラワーブルー (色名一覧)	381	コロニアル・ルック	225
コギャル	228	コロネーションカラー	300
五行説	178	コロル・ライン	241
ごくあざやかな (JIS用語)	122	紺 (七福神の色)	184
ごくうすい (JIS用語)	122	コンサバティブ	289
ごく暗い (JIS用語)	122	コンサルティング・セール	285
国際照明委員会	83	コンシューマー (色彩計画)	174
国際綿花振興会	296	コンシュマー・オリエンテーション	288
国際羊毛事務局	296	混色	83
国際流行色委員会	144, 296	混色系	108
黒色系列	113	コンセプト	291

コンセプト（商品計画）	164
混打綿	198
コンチネンタル・スタイル	232
昆虫の色覚	82
コントラスト配色	145
コントラスト配色（図）	365
コントラポスト	309
コンビナート・キャンペーン	300
コンビネゾン	249
コンピュータ援用設計	277
コンピュータ統合生産	278
コンフェクション（色彩計画）	174
コンプレックスハーモニー配色	146, 299
コンプレックスハーモニー配色（図）	365

さ行

サージ	186
サーファー・ルック	230
サープリス・ブラウス	258
彩雲	56
サイクル・ルック	231
サイケデリック	299
サイケデリックカラー	300
サイケデリック・ファッション	219
在庫	280
サイズ	283
再生繊維	195
彩度	101, 111
彩度グラデーション配色	144
彩度グラデーション配色（図）	365
彩度対比	128
彩度対比（図）	359
彩度対比調和（シュヴルールの調和論）	149
彩度に関する修飾語	122
彩度の範囲（PCCS）	102
彩度配色	141
彩度類似調和（シュヴルールの調和論）	148
彩度類似調和（シュヴルール：図）	367
再発行	51
サイロスパン糸	199
ザ・ウールマーク・カンパニー	297
桜萌葱	181
酒などの色（による色名）	123
ササール・コート	247

サスペンダー・スカート	261
雑音（共感色）	138
サック・スーツ	250
サックスブルー（色名一覧）	380
サック・ドレス	243
サテン	186
サドル・ジャケット	253
サドル・パンツ	265
さびしい（配色イメージ）	132
サファリ・ジャケット	251
サファリ・ルック	225
サブ・カルチャー	225
サブ・カルチャーと流行色	298
サプライ・チェーン・マネジメント	277
サプライヤー（色彩計画）	174
サブリナ・パンツ	264
寒い（配色イメージ）	132
サルエル・パンツ	265
サロペット	264
サロン・スカート	262
三角プリズム	58
酸化物（顔料）	330
サン・クチュール	229
三原色	80, 83
三原色説	80
三原組織	185
参考上代	280
三刺激値直読色彩計	96
三次色	106
三色型色覚	70
酸性染料	205, 328
残像	73
残像補色	128
サンタフェ・スタイル	223
三波長型	61, 66
サンフォライズ加工（テキスタイル）	209
サンフラワー（色名一覧）	378
散乱	53
仕上工程（繊維製品の製造工程）	209
シアン（色名一覧）	380
ジージャン	251
シーズ	287
シース・シルエット	241
シースルー・ルック	230
シーズンカラー	162

ジーニング	220	色相グラデーション配色	144
ジー・マーク	283	色相グラデーション配色(図)	365
地色	129	色相差	140
ジーンズ	265	色相対比	127
ジーンズ・ルック	220	色相対比(図)	358
シェードトーン	103	色相対比調和(シュヴルールの調和論)	148
シェットランド・セーター	259	色相と最高彩度	112
シェルピンク(色名一覧)	374	色相に関する修飾語	122
塩辛い(共感色)	138	色相の三角形(ゲーテの調和論)	148
ジオキサジンバイオレット	330	色相の調和と不調和	153
紫苑	181	色相の調和と不調和(ムーン&スペンサー:図)	371
紫苑色(色名一覧)	381		
紫外線	49, 50	色相配色	140
視覚異常	69	色相配色(イッテンの調和論)	152
視覚的商品化計画	292	色相配色(イッテン:図)	370
視覚野	68	色相配色・色相環による関係(イッテン)	370
シガレット・パンツ	265	色相配色の例(図)	363
視観色彩計	95	色相類似調和(シュヴルールの調和論)	148
芝翫茶(しかんちゃ)	180	色相類似調和の例(シュヴルール:図)	367
視感測色	95	色度	117
視感反射率	98	色度座標	117
色陰現象	128	色度図	117
色覚	79	色度点	117
色覚異常	69	識別性	124
色覚検査	71	色名	120
色覚説	79	色名一覧	374
色差	99	色名系	108
色彩計画	164	時系列分析	288
色彩計画のツール	172	刺激純度	117
色彩恒常	66	刺激的(配色イメージ)	132
色彩嗜好	139	視紅	68
色彩情報(商品計画)	164	視交叉	68
色彩体系	108	紫紺(色名一覧)	382
色彩対比	127	視細胞	68
色彩対比の条件	129	試作品(商品計画)	165
色彩調節	172	視紫	68
色弱	70	視質	68
色相	100, 109, 111, 113, 115	四十八茶百鼠(しじゅうはっちゃひゃくねず)	180
色相移動	127	自主マーチャンダイジング	292
色相環	100, 109, 111, 113, 114, 115	市場細分化	289
色相環(イッテンの調和論)	152	市場占有率	289
色相環(シュヴルールの調和論)	148	市場調査	289
色相間隔2の配色例(オスワルト:図)	369	市場評価(商品計画)	167
色相間隔4の配色例(オスワルト:図)	369	ジスアイエロー	330
色相間隔8の配色例(オスワルト:図)	369	静かな(配色イメージ)	132, 360

自然光	48	ジャマイカン・ショーツ	265
自然志向	219	斜文織	186
事前診断（パーソナルカラー）	162	ジャンパー	251
自然な（配色イメージ）	133, 361	ジャンパー・スカート	261
自然の色の順列	149	ジャンパー・ドレス	261
自然の景観・事象（による色名）	123	シャンビー・ルック	234
下着革命	229	ジャンプスーツ	249
下撚り	201	朱	329
七福神の色	183	重衣料	282
実需	280	重感（色の感情）	125
質素革命	220	収縮（色の見え方）	124
七宝	313	収縮色	124
シナジー効果	288	シューティング・ジャケット	253
シナモン（色名一覧）	375	十二単	178
死に筋	280	周波数	49
東雲色（しののめいろ：色名一覧）	374	獣毛	194
渋カジ	224	シュヴルール，ミシェル・オーゲン（人名一覧）	335
渋さ	177	シュヴルールの色立体（図）	367
ジプシー・ルック	223	シュヴルールの色相環（図）	367
シフト・ドレス	243	シュヴルールの調和論	148
地味（配色イメージ）	132	主観色	75
地味感（色の感情）	126	縮絨	208
紗	188	熟知性の原理（ジャッドの調和論）	155
ジャージー	188	樹脂加工（テキスタイル）	209
シャーベットトーン	298, 301	繻子	186
ジャガード織	186	朱子織（しゅすおり）	186
弱感（色の感情）	126	ジュップ	260
ジャクソン	158	ジュニア	290
ジャケット	250	主虹	55
奢侈禁止令	179	主波長	117
ジャスパーグリーン（色名一覧）	379	シュミーズ	254
シャツ	254	趣味・解釈と調和（ジャッドの調和論）	156
シャツウエスト	254	シュメール美術	306
シャツウエスト・ドレス	244	順位法（商品計画）	166
シャツウエスト・ブラウス	255	純色	83
シャツ・ジャケット	251	純粋嗜好色	139
ジャッド	78	順応	72
ジャッド，ディアン・B（人名一覧）	335	準補色	131
ジャッドの調和論	154	純紫軌跡	117
シャツ・ドレス	244	生臙脂（しょうえんじゅ）	328
シャツ・ブラウス	255	昇華型プリンタ	90
シャドウシリーズ	113	商圏	281
シャトルーズイエロー（色名一覧）	377	条件等色	66
シャネル・スーツ	249	硝子体	67
シャネル・ルック	215		

消失作用	80
上代	281
象徴色	136
照度	64
商取引	279
情熱的（配色イメージ）	132
消費者調査	289
商品管理	281
商品企画	291
商品計画	164, 296
商品仕様書	281
菖蒲	181
情報収集（商品計画）	164
照明	59
昭和モダン	231
ショーカード	285
ショーツ	265
ショート・パンツ	265
ジョギング・パンツ	265
植物系顔料（による色名）	123
植物系染料（による色名）	123
植物繊維	192
植物染料	327
植物の色（による色名）	123
書斎（インテリアの色彩計画）	168
ジョッキー・パンツ	265
ジョッパーズ	265
ショッピング・センター	271
ショップ・イン・ショップ	272
ショップ・スタイリスト	294
白茶（色名一覧）	377
シルエット	241
シルケット加工（テキスタイル）	210
ジルコン	332
シルバーグレー（色名一覧）	382
シルバーベース（パーソナルカラー）	162
シルバー・マーケット	290
シルバーマーケット（色彩計画）	174
ジレ	251
白	183
白（基本色名）	121
白（共感色）	138
白（無機顔料）	330
白（紋章の色）	137
白（釉薬）	331

白（連想色）	137
白虹	55
しわ加工（テキスタイル）	210
新印象主義	321
親近性の原理（ジャッドの調和論）	155
シングルアトラス編	190
シングルコード編	190
シングルデンビー編	190
シングル・マーケット	290
シングルマーケット（色彩計画）	174
新建築色票	172
人工光	59
信仰と純潔（紋章の色）	137
新古典主義	318
辰砂（しんさ）	329
進出（色の見え方）	124
進出感と後退感（図）	357
進出色	124
浸染	202
真鍮（顔料）	330
新配色カード	110
新橋色	180
新橋色（色名一覧）	380
振幅	49
心理補色	85, 128
心理四原色	100
ズアーブ・パンツ	266
水銀灯	66
水銀ランプ	60
水晶体	67
錐体	67, 68
錐体一色型	70
錐体視	73
錐体視曲線	79
スイングトップ	251
スーツ	248
ズート・ルック	216
スーパーバイザー	293
スーパー・レイヤード	237
スエット・シャツ	256
スエット・ファッション	230
蘇枋（すおう）	328
蘇枋色（すおういろ：色名一覧）	375
スカート	260
スカーレット（色名一覧）	374

スキー・パンツ	266
スキー・ファッション	231
好き・嫌いと調和（ジャッドの調和論）	156
スクール	290
スクール・ガール・ルック	225
スクリーニング	288
図式化した三角形（ゲーテ：図）	366
煤竹（すすたけいろ：色名一覧）	378
裾濃（すそご）	182
スターラップ・パンツ	266
スタイリスト	293
スタイル	213
スタジアム・ジャンパー	252
スタジオワーク（パーソナルカラー）	162
スタジャン	252
酸っぱい（共感色）	138
スティラップ・パンツ	266
ステンカラー・コート	246
ストア・アイデンティティ	288
ストア・ブランド	287
ストア・マネージャー	293
ストーブパイプ・パンツ	266
ストリート・カジュアル	226
ストリート・スタイル	226
ストリートファニチャー（環境の色彩計画）	171
ストレート・スカート	261
ストロング（PCCSトーンの彩度）	142
ストロング（PCCSのトーン）	103
ストロングトーン	103
素鼠（すねず：色名一覧）	382
スネル，ヴィレブロルト（人名一覧）	335
スネルの法則	64
図の色	129
スパイラル・スカート	260
スパッツ	264
スプリットコンプリメンタリー（イッテンの調和論）	152
スプリットコンプリメンタリー（イッテン：図）	370
スプリット・スカート	260
スプリング・コート	245
スペース・ルック	218
スペクテイター・スポーツウェア	230
スペクトル	56
スペクトル軌跡	117
スペシャリティ・ストア	272
スペンサー，ドミナ・イベール（人名一覧）	336
スペンサー・ジャケット	252
スポーツ・ルック	230
ズボン	263
墨	330
スモーキング（ファッション）	249
スモック・ブラウス	255
スライドフィルム	89
スラックス	263
スリット・スカート	261
スリム・スカート	261
スレートグレー（色名一覧）	382
スワール・スカート	260
スワガー・コート	246
スワローテール・コート	246
スワン，J.W.	59
スワン，ジョセフ・ウィルソン（人名一覧）	335
澄んだ（配色イメージ）	133
生活様式	290
正三角形（安全色）	171
静止画像	76
青春と希望（紋章の色）	137
正常三色型色覚	70
清色	103
正反射	51
製品染め	209
生物発光	48
精紡	199
正方形（安全色）	171
整理・加工（繊維製品の製造工程）	209
生理補色	86
精錬	207
セーター	258
セーラー・パンツ	266
セーラー・ブラウス	256
セールス・プロモーション	284
セールス・ポイント	285
施餓鬼幡（せがきばた）	183
セカンダリー・ライン	286
赤外線	49, 50
セセッション	323
石器時代の美術	304
絶対温度	64
絶対面積と調和（ジャッドの調和論）	156

セット・アップ・スーツ …………………	248
セトモノ ………………………………………	331
セパレーション配色 ……………………	143
セパレーション配色 (図) ………………	364
セパレーション法 …………………………	125
セパレーツ・スーツ ………………………	248
セピア (色名一覧) …………………………	377
背広服 …………………………………………	249
セミタイト・スカート ……………………	261
セラドン (色名一覧) ………………………	379
セリングカラー ……………………………	301
セリング・ポイント ………………………	285
セルフ・サービス販売方式 ………………	271
セルリアンブルー (色名一覧) ……………	380
セレクト・ショップ ………………………	272
繊維素材産業 ………………………………	269
潜在性 (カラーイメージの因子) …………	135
全色盲 …………………………………………	70
洗絨 ……………………………………………	207
染色準備工程 ………………………………	206
染色・整理業者 ……………………………	269
前進色 …………………………………………	78
全体性がある配色 (ゲーテの調和論) ……	147
選択反射 ………………………………………	52
セントラル・バイイング・システム ……	271
全米色彩評議会 ……………………………	105
染料 ……………………………………… 204,	327
染料インク …………………………………	90
染料・顔料に由来する色名 ………………	123
染料堅ろう度 ………………………………	329
象牙 ……………………………………………	330
総合スーパー・ストア ……………………	271
双糸 ……………………………………………	201
荘重な音楽 (共感色) ………………………	138
増幅 ……………………………………………	54
ゾーニング ……………………………… 283,	291
測色 ……………………………………………	95
ソフト (PCCSトーンの彩度) ……………	142
ソフト (PCCSのトーン) …………………	103
ソフト (配色イメージ) ……………… 133,	360
粗紡 ……………………………………………	199
染付け …………………………………………	332
空の色 …………………………………………	55
ソリッドカラー (色彩計画) ………………	174
ソリュトレ文化 ……………………………	305
損益分岐点 …………………………………	281

た行

ダーク (PCCSトーンの彩度) ……………	142
ダーク (PCCSのトーン) …………………	103
ダークグレイッシュ (PCCSトーンの彩度) ……	142
ダークグレイッシュ (PCCSのトーン) ……	103
ダークグレイッシュトーン ………………	103
ダークトーン ………………………………	103
ターゲット …………………………………	289
ターコイズグリーン (色名一覧) …………	379
ダーンドル・スカート ……………………	261
ダイアード (イッテンの調和論) …………	152
ダイアード (イッテン:図) ………………	370
第一色覚異常 ………………………………	70
退紅色 (色名一覧) …………………………	374
第三色覚異常 ………………………………	70
対照 (色相関係) ……………………………	131
対照語 (カラーイメージマップ) …………	134
対照彩度配色 ………………………………	141
対照彩度配色 (図) …………………………	363
対照色相配色 ………………………………	141
対照色相配色 (図) …………………………	363
対照トーン配色 ………………………… 142,	364
対照明度配色 ………………………………	141
対照明度配色 (図) …………………………	363
大正ロマン …………………………………	231
橙 (共感色) …………………………………	138
橙 (七福神の色) ……………………………	184
橙 (スペクトル) ……………………………	57
橙 (紋章の色) ………………………………	137
橙 (連想色) …………………………………	136
タイト・スカート …………………………	261
第二色覚異常 ………………………………	70
ダイニングルーム (インテリアの色彩計画) …	168
対比現象 ………………………………………	130
対比調和 (シュヴルールの調和論) ………	148
対比調和の種類 (シュヴルール:図) ……	368
タイユール ……………………………………	248
太陽族 …………………………………………	228
ダイレクト・マーケティング ……………	275
ダウン・ジャケット ………………………	252
タオル …………………………………………	188
多環式系 ………………………………………	330

滝澤図形	76
タキシード・スーツ	249
タグ	283
濁色	103
竹の子族	228
ダスター・コート	246
ダスティカラー	301
ダダイズム	324
タックイン・ブラウス	254
ダッフル・コート	246
蓼藍（たであい）	179, 328
経編（たてあみ）	190
建染染料（たてぞめせんりょう）	205, 328
縦波	49
楽しい音楽（共感色）	138
ダハプリズム	56
多品種・小ロット・短サイクル	278
ダブリエ・ドレス	244
ダブル・チョップ	287
ダブル・ブランド	287
ダマスク	186
ダル（PCCSトーンの彩度）	142
ダル（PCCSのトーン）	103
ダルトーン	103
タレント・ショップ	272
タン（色名一覧）	377
団塊の世代（色彩計画）	175
暖感（色の感情）	125
暖寒対比	128
タングステンフィルム	65
タンク・トップ	256
団十郎茶	180
団十郎茶（色名一覧）	376
暖色系	106
暖色系、寒色系、中性色系（図）	352
単色光	51
単色光軌跡	117
男性的な（配色イメージ）	133, 361
短繊維綿	193
炭素（顔料）	330
炭素繊維	197
ダンディ・ルック	235
短波	49
短波長	50
断髪	231

単品管理	279
チープシック	220
チェーン・ストア	271, 272
チェスターフィールド・コート	246
チェリーレッド（色名一覧）	375
力強い音楽（共感色）	138
力強い配色（ゲーテ：図）	366
力と忍耐（紋章の色）	137
チタン（顔料）	330
チタンホワイト	330
窒化ガリウム	63
秩序性の原理（ジャッドの調和論）	155
値の値	66
チノーズ	266
チノクロス	186
チノパン	266
チビT	256
茶（共感色）	138
茶（釉薬）	331
チャーコールグレー（色名一覧）	382
チャイニーズ・ルック	223
チャイルド	290
着色	327
着色材混色	84
着色度	114
着色料	114
中位の（JIS用語）	122
中間混色	84
中間の（配色イメージ）	133, 361
中間の声（共感色）	138
昼光色	66
昼光色（蛍光灯）	61
中差（色相関係）	131
中彩度	101
中差彩度配色	141
中差彩度配色（図）	363
中差色相配色	141
中差色相配色（図）	363
中差明度配色	141
中差明度配色（図）	363
中性色系	106
中性的（配色イメージ）	132
中性点	70
中世美術	312
中赤外線	50

中繊維綿 …………………………… 193	ディープ (PCCSのトーン) …………… 103
中長繊維綿 ………………………… 193	ディープ (配色イメージ) ……… 133, 361
昼白色 ………………………………… 66	ディープトーン ……………………… 103
昼白色 (蛍光灯) ……………………… 61	ディープ・モウニング ……………… 244
中波長 ………………………………… 50	ティーンズ …………………………… 290
チューブ・スカート ……………… 261	ディオール旋風 ……………………… 217
中明度 ………………………………… 101	低価格販売業態 ……………………… 273
注文服ビジネス ……………………… 276	低彩度 ………………………………… 101
チューリップ・スカート ………… 261	ディスカウント・ストア …………… 274
チューリップ・ライン …………… 241	テイスト ……………………………… 290
中和配色 ……………………………… 143	ディストリビューション・センター … 279
チュニック ……………………… 245, 256	ディスプレー ………………………… 283
チュニック・スカート …………… 260	ディナー・ジャケット ……………… 249
調査用カラーコード ……………… 172	ディナー・ドレス …………………… 244
長繊維綿 ……………………………… 193	ディバイデッド・スカート ………… 260
超長繊維綿 …………………………… 193	定番商品 ……………………………… 283
長波長 ………………………………… 50	定番色 ………………………………… 301
長方形 (安全色) ……………………… 171	ディビジョン制 ……………………… 279
鳥類の色覚 …………………………… 81	ディフュージョン・ライン ………… 286
調和 (ゲーテの調和論) …………… 147	ディベロッパー ……………………… 271
調和と不調和 (ゲーテ:図) ……… 366	低明度 ………………………………… 101
調和配色 (マンセル:図) ………… 368	デイライトフィルム ………………… 65
調和配色 (ムーン＆スペンサーの調和論) … 154	ティリアンパープル ………………… 328
調和論 ………………………………… 147	ディレクションカラー ……………… 301
直営ショップ ………………………… 272	ディレクターズ・スーツ …………… 250
直接染料 …………………………… 204, 328	ティントトーン ……………………… 103
直接比較法 …………………………… 95	テーパード・パンツ ………………… 266
チョップ ……………………………… 286	テーラー ……………………………… 276
ちらつき ……………………………… 60	テーラード・スーツ ………………… 248
チルデン・セーター ………………… 259	テール・コート ……………………… 246
チロリアン・ルック ………………… 223	テキスタイル ………………………… 185
沈静感 (色の感情) …………………… 126	テキスタイル・コーディネーター … 293
沈静的 (配色イメージ) …………… 132	テキスタイル・デザイナー ………… 293
青花 (チンホワ) ……………………… 332	デコレーター ………………………… 293
ツイル ………………………………… 186	デザイナー&キャラクター・ブランド … 228
ツイン・セット ……………………… 259	デジタルハイビジョン ……………… 89
ツイン・ニット ……………………… 259	デストロイ・ルック ………………… 234
通信販売 ……………………………… 275	鉄 (顔料) ……………………………… 330
ツー・ピース・スーツ …………… 248	テックス方式 (糸の太さ) …………… 200
ツール (インテリアの色彩計画) …… 167	鉄系 (釉薬) …………………………… 332
冷たい (配色イメージ) ……… 132, 133, 360	デッド・ストック …………………… 280
つよい (JIS用語) …………………… 122	デディ・ガール・ルック …………… 216
ティアード・スカート …………… 261	テディ・ボーイ・ルック …………… 216
低圧ナトリウムランプ …………… 51, 61	テトラード (イッテンの調和論) …… 152
ディープ (PCCSトーンの彩度) …… 142	テトラード (イッテン:図) ………… 370

テトラードのバリエーション（イッテン：図） …… 370		透過 …………………………………………… 52	
デニール ……………………………………… 200		同化現象 …………………………………… 129	
テニス・ルック …………………………… 230		同化現象（図） …………………………… 359	
デニム ………………………………………… 186		透過率 ………………………………………… 52	
デパートメント・ストア ………………… 271		東京ストリート・カジュアル ………… 229	
デビス・ギブソン・フィルター ………… 97		東京の若者風俗 …………………………… 228	
テラコッタ（色名一覧） ………………… 377		銅系（釉薬） ……………………………… 332	
テリトリー制 ……………………………… 279		同系色相 …………………………………… 106	
デルカジ …………………………………… 224		同系色 ……………………………………… 106	
デルフトブルー（色名一覧） …………… 380		同系色相配色 ……………………………… 140	
デルフト焼 ………………………………… 332		瞳孔 …………………………………………… 67	
テレビ・ショッピング …………………… 275		動産美術 …………………………………… 305	
テレフォン・ショッピング ……………… 275		等色相間隔の配色例（オスワルト：図） …… 369	
電球色（蛍光灯） …………………………… 61		等色相間隔の配色（オスワルトの調和論） … 151	
天竺編 ……………………………………… 189		等色相三角形 ……………………… 113, 114	
電子受発注システム ……………………… 278		等色相三角形内の配色例（オスワルト：図） … 369	
電磁波 ………………………………………… 48		等色相三角形内の配色（オスワルトの調和論）	
電磁波と可視光の範囲（図） …………… 342		…………………………………………… 151	
電磁波の振動数（周期数） ………………… 49		等色相断面 ………………………………… 102	
転写捺染 …………………………………… 204		等色相配色 ………………………………… 141	
展色材 ……………………………………… 327		同時対比 …………………………………… 127	
伝統色名 …………………………………… 120		透湿防水加工（テキスタイル） ………… 211	
伝統配色 …………………………… 177, 181		等純系列 …………………………………… 113	
テント・シルエット ……………………… 241		当色（とうじき） ………………………… 178	
電波 …………………………………………… 49		等色 ………………………………… 98, 116	
点描画法（ルードの調和論） …………… 149		等色関数 ……………………………………… 98	
ドアの調和論 ……………………………… 157		銅フタロシアニングリーン …………… 330	
トイレット（インテリアの色彩計画） … 169		銅フタロシアニンブルー ……………… 330	
銅（顔料） ………………………………… 330		動物系顔料（による色名） ……………… 123	
同位相 ………………………………………… 49		動物系染料（による色名） ……………… 123	
同位相の波の合成（図） ………………… 342		動物性染料 ………………………………… 328	
同一（色相関係） ………………………… 131		動物繊維 …………………………………… 194	
統一（配色） ……………………………… 140		動物の色（による色名） ………………… 123	
同一彩度配色 ……………………………… 141		動物の色覚 …………………………………… 81	
同一彩度配色（図） ……………………… 363		透明（白熱灯） ……………………………… 59	
同一色相配色 ……………………………… 141		等明度断面 ………………………………… 102	
同一色相配色（図） ……………………… 363		トーションレース ………………………… 191	
統一性の原理（ジャッドの調和論） …… 155		トーナー …………………………………… 331	
同一トーン配色 …………………………… 142		トーナル配色 ……………………………… 145	
同一トーン配色（図） …………………… 364		トーナル配色（図） ……………………… 365	
同一トーン配色・類似トーン配色・		トープ（色名一覧） ……………………… 382	
対照トーン配色の関係（図） ……… 364		トーン ……………………………………… 110	
同一明度配色 ……………………………… 141		トーンイントーン配色 ………………… 145	
同一明度配色（図） ……………………… 363		トーンイントーン配色（図） ………… 365	
		トーンオントーン配色 ………………… 145	

トーンオントーン配色（図） ……	365
トーン記号（PCCS） ……	102
トーングラデーション配色 ……	144
トーングラデーション配色（図） ……	365
トーンコントラスト配色 ……	145
トーン対比 ……	129
トーンの記号（ISCC-NBS） ……	105
トーンの略記号（JIS） ……	104
トーン配色 ……	142
トーン配色の例（図） ……	364
鴇色（ときいろ：色名一覧） ……	374
木賊色（とくさいろ：色名一覧） ……	379
特殊演色評価指数 ……	66
特殊加工（テキスタイル） ……	210
特徴がない配色（ゲーテの調和論） ……	147
特徴のある配色（ゲーテの調和論） ……	147
特別組織（テキスタイル） ……	187
ドスキン ……	186
トッグル・コート ……	246
トッパー・コート ……	247
トップコート ……	245
トップ染め ……	202, 208
トドラー ……	290
トパーズ（色名一覧） ……	375
ドビー織 ……	186
トピックカラー ……	301
ドミナントカラー配色 ……	143
ドミナントカラー配色（図） ……	364
ドミナントトーン配色 ……	143
ドミナントトーン配色（図） ……	364
ドライアイ ……	69
トライアド（イッテンの調和論） ……	152
トライアド（イッテン：図） ……	370
トラウザーズ ……	263
トラッド ……	232
トラディショナル・スタイル ……	232
トラペーズ・ライン ……	242
トランクス ……	265
トランスセクシャル・ファッション ……	233
トランペット・スカート ……	261
トリアセテート ……	195
トリエンナーレ ……	326
トリコット編機 ……	190
トリコットレース ……	192
トリコロール配色 ……	145, 301
トリコロール配色（図） ……	365
ドリズラー・ジャケット ……	251
鳥の羽毛の色（による色名） ……	123
ドリル ……	186
ドルトン，ジョン（人名一覧） ……	335
トレアドール・パンツ ……	264
トレードマーク ……	286
トレーナー ……	256
ドレーンパイプ・パンツ ……	265
ドレス ……	243
ドレス・シャツ ……	256
ドレス・トラウザーズ ……	266
ドレス・メーカー ……	276
トレンチ・コート ……	247
トレンド ……	213
トレンドカラー ……	301
トレンド・セッター ……	289

な行

ナイーヴ派 ……	322
内式 ……	89
ナイロン ……	196
梨地織 ……	188
なじみの原理（ジャッドの調和論） ……	155
ナショナル・チェーン ……	273
ナショナル・ブランド ……	287
捺染（なせん） ……	180, 203, 208
捺染糊 ……	205
ナチュラル（配色イメージ） ……	133, 361
ナチュラルカラー ……	298, 301
ナチュラルハーモニー配色 ……	143
ナチュラルハーモニー配色（図） ……	364
ナチュラルハーモニー配色（ルードの調和論）	150
ナチュラルハーモニー配色例（ルード：図）…	368
捺染用薬剤 ……	205
棗（なつめ） ……	328
撫子（なでしこ） ……	181
ナトリウムランプ ……	60
斜子織（ななこおり） ……	187
ナポレオン・スタイル ……	236
鉛（顔料） ……	330
ナロー・スカート ……	261
軟感（色の感情） ……	126
ナンシー派 ……	322

納戸色 (色名一覧) ………………………	380
難燃加工 (テキスタイル) ………………	211
ニーズ ……………………………………	287
ニーズ (色彩計画) ………………………	175
匂い ………………………………………	182
苦い (共感色) ……………………………	138
虹 …………………………………………	55
虹 (写真) …………………………………	345
錦 …………………………………………	186
西ゴート美術 ……………………………	312
二次色 ……………………………………	106
虹の色数 …………………………………	56
二重組織 (テキスタイル) ………………	188
二色型色覚 ………………………………	70
ニッカーボッカーズ ……………………	266
ニッチ・マーケット ……………………	290
ニット ……………………………………	188
ニット・デザイナー ……………………	293
鈍色 (色名一覧) …………………………	377
日本色研配色体系 ………………………	109
日本の伝統色 ……………………………	177
日本流行色協会 …………………………	296
ニュー・キモノ …………………………	231
入射角 ……………………………………	51
ニュートラ ………………………………	232
ニュー・トラディショナル ……………	232
ニュートラルカラー …………… 106, 302
ニュートラル系 (色名一覧) ……………	382
ニュートン, アイザック (人名一覧) ……	335
ニュートン環 ……………………………	53
ニュートン・リング ……………………	54
ニュー・ビジネス ………………………	290
ニューゆかた ……………………………	231
ニュー・ルック …………………………	217
ネーデルランド美術 ……………………	316
ネービーブルー (色名一覧) ……………	381
ネービー・ルック ………………………	236
ネオ・ヒッピー …………………………	227
ネオンカラー現象 ………………………	75
ネオンカラー現象 (図) …………………	347
ネオンランプ ……………………………	61
ネガフィルム ……………………………	90
熱光源 ……………………………………	60
熱処理 (染色準備工程) …………………	208
熱放射 ……………………………………	59
ネルー・ジャケット ……………………	252
濃淡 ………………………………………	179
ノーシーズン ……………………………	299
ノートカラー ……………………………	302
ノーフォーク・ジャケット ……………	252
ノック・オフ ……………………………	270
ノベルティ ………………………………	285
ノマード・ファッション ………………	223
糊抜き ……………………………………	207
ノンセックス ……………………………	299

は行

ハーヴィヒ・ジェームソンの反対色過程説 …	81
パーカ ……………………………………	251
パーソナルカラー ………………………	157
パーソナルカラー研究会 ………………	159
パーソナルカラーコンサルタント … 158, 159
パープル系 (色名一覧) …………………	381
パーマネントレッド ……………………	330
ハーマン・グリッド ……………………	75
ハーマン・ドット ………………………	75
ハーマン・ドット現象 (図) ……………	348
バーミリオン ……………………………	330
バーミリオン (色名一覧) ………………	376
パール編 …………………………………	189
パールホワイト (色名一覧) ……………	382
ハーレム・パンツ ………………………	267
バーントシェンナ (色名一覧) …………	376
灰色 (基本色名) …………………………	121
ハイ・ウエスト・スカート ……………	261
バイオレット (共感色) …………………	138
バイカラー ………………………………	146
配色 ………………………………………	140
配色 (ゲーテの調和論) …………………	147
配色イメージ …………………… 126, 132
配色イメージの例 (図) …………………	360
配色技法 …………………………………	142
配色技法による配色の例 (図) …………	364
配色系 ……………………………………	108
媒染剤 ……………………………………	327
配送センター ……………………………	279
ハイタッチ (色彩計画) …………………	175
ハイティーン ……………………………	290
ハイテク (色彩計画) ……………………	175

ハイドレンジャーブルー (色名一覧) ……	381
ハイパー・マーケット …………………	274
ハイビジョン ……………………………	89
ハイブリッド (色彩計画) ………………	175
灰みの (JIS用語) ………………………	122
バイヤー …………………………………	293
ハイライズ・パンツ ……………………	267
パイル組織 ………………………………	188
パイロット・コート ……………………	247
パイロット・シャツ ……………………	256
パイロットショップ ……………………	272
ハウス・マヌカン ………………………	294
ハウスリネンン (インテリアの色彩計画) …	167
バウハウス ………………………………	324
バギー・パンツ …………………………	267
萩色 ………………………………………	182
白色 …………………………………………	66
白色 (蛍光灯) ……………………………	61
白色系列 …………………………………	113
白色光 ………………………………………	97
白色度 ……………………………………	114
白色塗装 (白熱灯) ………………………	59
白色量 ……………………………………	114
白内障 ………………………………………	69
白熱灯 ……………………………… 59, 66
薄膜干渉 …………………………………	54
薄明視 ……………………………………	73
箱売場 ……………………………………	284
パステル (配色イメージ) ………… 133, 360
バスルーム (インテリアの色彩計画) …	168
パソコンの色表示 ………………………	91
パターン・メーカー ……………………	294
パタロン・エヴァゼ ……………………	268
パタンナー ………………………………	294
蜂巣織 ……………………………………	187
爬虫類の色覚 ……………………………	82
波長区分の境界 …………………………	50
ハッキング・ジャケット ………………	253
ハック織 …………………………………	187
発光 …………………………………………	48
発光ダイオード …………………………	62
発光ダイオードの色 ……………………	62
撥水加工 (テキスタイル) ………………	211
バッスル・シルエット …………………	242
抜染剤 ……………………………………	205

バット染料 ………………………… 205, 328
パット・デレファン ……………………	268
派手 (配色イメージ) ……………………	132
派手感 (色の感情) ………………………	126
鳩羽鼠 (はとばねず:色名一覧) ………	382
鳩羽色 (はとばいろ:色名一覧) ………	381
バトル・ジャケット ……………………	252
花菖蒲 ……………………………………	182
華やか (配色イメージ) …………………	132
華やかさ …………………………………	177
ハニーゴールド (色名一覧) ……………	378
パネルD-15 ………………………………	71
パネル・スカート ………………………	260
パブリシティ ……………………………	285
パブリックゾーン (環境の色彩計画) …	170
バブル・スカート ………………………	261
バブル・ライン …………………………	242
ハマトラ …………………………………	232
濱椰子 (はまやし) ………………………	328
バミューダ・ショーツ …………………	265
バラエティ・ストア ……………………	274
バラクータ ………………………………	251
ばら毛染め ………………………… 202, 208
パラシュート・スカート ………………	262
パラッツォ・パンツ ……………………	267
パリ・カジ ………………………………	224
バルーン・スカート ……………………	261
バルーン・ライン ………………………	242
バルカン・ブラウス ……………………	257
パルテノン時代 …………………………	309
バルビゾン派 ……………………………	319
バルマカーン ……………………………	247
パレオ ……………………………………	263
バレル・スカート ………………………	262
ハロゲン ……………………………………	59
ハロゲンランプ …………………………	63
バロック・スタイル ……………………	239
バロック美術 ……………………………	317
バロック・フォークロア ………………	239
パワー・センター ………………………	274
パワー・ドレッシング …………………	221
ハワイアン・シャツ ……………………	255
半色 ………………………………………	182
パンク・ファッション …………………	226
半合成繊維 ………………………………	195

さくいん

半コーティング(白熱灯)	………………	59
反射	………………………………	51
反射率	……………………………	52
反対色	……………………………	85
反対色説	…………………………	80
パンタ・クール	…………………	264
パンタロン	………………………	263
パンタロン・スーツ	……………	248
パンツ	……………………………	263
番手	………………………………	200
判定表の例(カラーイメージマップ) ……		134, 362
ハンティング・ジャケット …………		253
ハント効果	………………………	74
幡の色	……………………………	183
反応染料	…………………	205, 329
販売時点情報管理システム ………		279
販売ロス	…………………………	281
バンプ・スタイル	………………	215
悲哀と後悔(紋章の色)	…………	137
ピー・コート	……………………	247
ピーコック革命	…………………	299
ピーコックブルー(色名一覧) ……		380
ピーコック・レボリューション ……		233
ビーダーマイヤー様式 …………		319
ビエンナーレ	……………………	326
比較プリズム	……………………	58
光	…………………………………	48
光の三原色	………………………	83
光の性質	…………………………	51
低い声、暗い声(共感色) ………		138
ビクトリアン・スタイル …………		240
ビコロール配色	…………………	145
ビコロール配色(図)	……………	365
ビザンティン美術	………………	312
砒酸物(顔料)	…………………	330
菱形(安全色)	…………………	171
比視感度曲線	……………………	79
ビジネス・スーツ	………………	249
ビジュアル・プレゼンテーション ……		292
ビジュアル・マーチャンダイジング ……		292
美術様式	…………………………	304
ヒストリカル・スタイル …………		238
非スペクトル	……………………	57
非スペクトル(図)	………………	345
非スペクトル色	…………………	54
非スペクトル色(図)	……………	345
ビスポーク	………………………	276
ビスポーク・テーラー …………		276
ビッグT	…………………………	256
ヒッピー・ルック	………………	226
ヒップ・ハガーズ	………………	267
ヒップ・ハンガー	………………	267
ヒップボーン・パンツ …………		267
ヒップ・ホップ	…………………	227
美度計算による調和と不調和の配色例		
(ムーン&スペンサー:図) ………		371
美度評価(ムーン&スペンサーの調和論) ……		154
ピナフォア・ドレス ………………		244
ビヒクル	…………………………	327
ビビッド(PCCSトーンの彩度) ……		142
ビビッド(PCCSのトーン) ………		103
ビビッド(配色イメージ) ………		133, 360
飛蚊症	……………………………	69
ヒヤ・アンド・ゼア ………………		297
白群(びゃくぐん:色名一覧) ……		380
百貨店	……………………………	271
ビュー・カラー・プランナー ……		297
ヒュートーンシステム …………		109
ビュスチェ	………………………	257
評価性(カラーイメージの因子) ……		135
表記記号 ………………		110, 112, 114, 115
標準観測者	………………………	97
標準光源	…………………	64, 97
標準光源B	………………………	97
標準光源D_{50}	…………………	97
標準光源D_{55}	…………………	97
標準光源D_{65}	…………………	97
標準光源D_{75}	…………………	97
標準色票	…………………………	108
評定尺度法(商品計画) …………		165
漂白	………………………………	207
表面色	……………………………	77
平編	………………………………	189
平織	………………………………	186
平台	………………………………	284
平場	………………………………	284
ピラミッド・ライン ………………		241
ビリジャン(色名一覧) …………		380
ビレン, フェーバー(人名一覧) ……		335
ビレンの調和論	…………………	158

ビロード ……………………………… 188	フェロシアン化物（顔料）…………… 330
鴇色（ひわいろ：色名一覧）………… 379	フォーキャストカラー ………………… 302
ピンク（共感色）……………………… 138	フォークロア・ルック ………………… 223
ピンク（釉薬）………………………… 331	フォーゲットミーノット（色名一覧）… 380
ピンク系（色名一覧）………………… 374	フォーマリズム ………………………… 324
ピンクニー …………………………… 158	フォーマル・シャツ …………………… 256
ビンテージ・ファッション …………… 227	フォカマイユ配色 ……………………… 146
ファクトリー・アウトレット ………… 273	フォカマイユ配色（図）………………… 365
ファサード …………………………… 284	フォン・クリースの恒久律 …………… 98
ファッション ………………………… 213	フォン・クリースの二重説…………… 81
ファッション・アドバイザー ………… 294	フォンテーヌブロー派 ………………… 316
ファッション・エディター …………… 294	深い（配色イメージ）…………… 133, 361
ファッション・コーディネーター …… 294	付加価値通信網 ………………………… 278
ファッション・コンサルタント ……… 294	複屈折 …………………………………… 53
ファッション・サイクル ……………… 291	複合光 …………………………………… 51
ファッション・ソフト・ハウス ……… 274	複合糸 ………………………………… 199
ファッション・ディレクター ………… 294	複雑さの中の秩序性（ムーン＆スペンサーの調和論）
ファッション・テーマ ………………… 291	……………………………………… 154
ファッション・デザイナー …………… 294	副虹 ……………………………………… 55
ファッションの諸相 ………………… 213	藤………………………………………… 181
ファッションのスタイル ……………… 221	藤黄（ふじおう）……………………… 330
ファッション・ビジネス ……………… 268	不織布 ………………………………… 191
ファッションビジネスの職種 ………… 292	付属品卸商 …………………………… 269
ファッション・ビル …………………… 271	二藍（ふたあい：色名一覧）………… 382
ファッション・マップ ………………… 291	フタロシアニン系 ……………………… 330
ファッション・ライター ……………… 295	不調和（ゲーテの調和論）…………… 147
ファド ………………………………… 213	不調和配色（ムーン＆スペンサーの調和論）… 154
プア・ルック …………………………… 234	ブッシュ・ジャケット ………………… 251
ファンシー・グッズ …………………… 284	物体色 …………………………………… 77
ファンシー・タキシード ……………… 249	物理測色 ………………………………… 96
フィッシャーマンズ・セーター ……… 259	物理的な発光 …………………………… 48
フィット・アンド・フレアー ………… 242	物理補色 ………………………………… 85
フィラメント ………………………… 198	ブティック ……………………………… 273
フィラメント加工糸 ………………… 198	葡萄色 ………………………………… 182
フィレンツェ派 ……………………… 314	不動産美術 …………………………… 305
風合い加工（テキスタイル）………… 210	不変色相 ………………………………… 74
ブーツ・カット ……………………… 265	フューチャーカラー …………………… 302
フープ・スカート ……………………… 262	フューチャリズム ……………………… 218
フェア・アイル・セーター …………… 259	フュゾー ………………………………… 266
フェイシング …………………………… 284	プライス・ゾーン ……………………… 286
フェード・アウト・ジーンズ ………… 265	ブライト（PCCSトーンの彩度）…… 142
フェティッシュ・ファッション ……… 233	ブライト（PCCSのトーン）………… 103
フェヒナー，グスタフ・テオドール（人名一覧）	フライト・ジャケット ………………… 253
……………………………………… 335	ブライトトーン ………………………… 103
フェミニン …………………………… 235	プライベートゾーン（環境の色彩計画）… 170

プライベート・ブランド	287
ブラウス	254
ブラウン系 (色名一覧)	376
フラウンホーファー, ヨゼフ・フォン (人名一覧)	335
フラウンホーファー線	56
プラス・フォアーズ	267
プラズマディスプレイ	88
フラッグシップ・ショップ	273
ブラックライト	51
フラットスクリーン捺染	203
フラッパー・ルック	214
ブラ・トップ	257
フランチャイザー	273
フランチャイジー	273
フランチャイズ・チェーン	273
ブランド	286
フランドル美術	316
プリーツ加工 (テキスタイル)	209
プリーツ・スカート	262
ブリジット・ライリーの図形	76
プリズム	52, 58
プリズムで分光した連続スペクトル (図)	345
プリセットホワイトバランス	65
ブリッジ・ゾーン	284
ブリティッシュ・トラッド	232
ブリティッシュ・トラディショナル	232
プリムローズイエロー (色名一覧)	378
ブリュースター, デビッド (人名一覧)	335
ブリュースターの三原色	86
ブリュッケ, エルンスト・ウィルヘルム (人名一覧)	336
プリンス・アルバート	247
プリンセス・ライン	242
ブルー	302
ブルーアンダートーン	157, 160
ブルー系 (色名一覧)	380
ブルーベース	160
プルオーバー	258
プルキンエ, ヤン・エバンゲリスタ (人名一覧)	336
プルキンエ現象	74
プルキンエ・シフト (図)	346
プルシアンブルー	329, 330
ブルゾン	253

ブルマーズ	267
プルミエール・ビジョン	297
フレアー・スカート	262
プレーンネット	191
ブレザー	253
プレス	295
フレスコ	326
プレステージ (色彩計画)	175
プレゼンテーション (商品計画)	166
プレタ・クチュール	277
プレタ・ポルテ	276
プレッピー・ルック	225, 235
プレミアム	285
フレンチ・カジュアル	224
ブローカー・スルツェ現象	75, 124
ブロード	186
ブロケード	186
プロダクツプランニング (色彩計画)	175
プロダクト・アウト	278
プロダクトサイクル (色彩計画)	175
プロダクト・セグメンテーション	290
フロック・コート	247
プロトタイプ	291
プロパー	284
プロポーザルカラー	302
プロミックス	195
プロモーションカラー	302
ブロンズ (色名一覧)	376
分光	58
分光感度	98
分光測色法	96
分光分布	58
分光分布特性	58
分散染料	205, 328
ペア・トップ	257
ペア・ルック	233
平均演色評価指数	66
米国国家標準局	105
並置加法混色	85
併置混色	85
並置混色	85
ペインター・パンツ	264
ベーシックカラー	302
ベースカラー	160
ペール (PCCSトーンの彩度)	142

ペール（PCCSのトーン）	103
ペール+（PCCSトーンの彩度）	142
ペール+（PCCSのトーン）	103
ペールトーン	103
ヘクサード（イッテンの調和論）	152
ヘクサード（イッテン：図）	370
ベクタスキャン	87
ペグ・トップ・スカート	262
ペグ・トップ・パンツ	266
ペザント・ルック	222
ベスト	250
ベスト・プライス・ゾーン	286
ベゾルド, ウィルヘルム（人名一覧）	336
ベゾルト効果	130
ベゾルト・ブリュッケ現象	74
ベター・プライス・ゾーン	286
ペダル・プッシャー	268
別珍	188
ベッドルーム（インテリアの色彩計画）	168
ベナリー効果	76
紅	183
紅色	182
紅と白	183
紅の匂	181
紅花	328
紅花色（色名一覧）	375
ベネシアン	186
ベビー	290
ベビードール・ドレス	244
ベビーピンク（色名一覧）	374
ペプラム・スーツ	250
ヘリング	80
ヘリング, エバルト（人名一覧）	336
ヘリング・グリッド	75
ヘリング・ドット	75
ヘリング・ドット現象（図）	348
ヘリンボーン	187
ベル・エポック	240
ベルギー派	234
ペルシア美術	306
ヘルソン・ジャッド効果	78
ヘルツ	49
ヘルツ, ハインリッヒ（人名一覧）	336
ベル・ボトム・パンツ	268
ヘルムホルツ	80
ヘルムホルツ, ヘルマン・フォン（人名一覧）	336
ヘルムホルツ・コーラウシュ効果	78
ヘレニズム時代	310
変化（配色）	140
変化組織（テキスタイル）	187
弁柄（べんがら）	329
弁柄色（色名一覧）	376
偏光	54
偏光フィルター	54
偏光フィルタの効果（写真）	344
ペンシル・スカート	261
ペンタード（イッテンの調和論）	152
ペンタプリズム	58
ベンハム・トップ	75
ベンハムトップ（図）	348
ヘンリー・シャツ	257
ボイル	186
方位	178
防炎加工（テキスタイル）	211
方解石による複屈折（写真）	343
防水加工（テキスタイル）	211
紡績糸	198
宝石の色（による色名）	123
防染剤	206
膨張（色の見え方）	124
膨張色	124
放電灯	59
訪問販売	276
飽和度	101, 109, 115
ポーチ（インテリアの色彩計画）	167
ホールター・トップ	257
ボールド・ルック	215
ボーンブラック	330
補給作用	80
ボクサー・ショーツ	265
ボザム・シャツ	256
ポジショニング	288
ポジショニング（色彩計画）	175
ポジフィルム	89
補色	85
補色（色相関係）	131
補色残像現象	73
補色色相配色	141
補色色相配色（図）	363
補色主波長	117

補色対比	128	マーケティング(色彩計画)	175
補色配色	140	マーケティング・ディレクター	295
ポストフェイデアス期	309	マーケティング・プランナー	295
牡丹色(色名一覧)	374	マージン	281
ボタンダウン・シャツ	257	マーチャンダイザー	294, 295
ボックス・プリーツ・スカート	262	マーチャンダイジング	291
ボックス・ライン	242	マーメイド・ライン	242
ホット・パンツ	268	マイナスの色	98
北方ルネサンス	315	マインド	290
ボディカラー(パーソナルカラー)	163	マインド(色彩計画)	175
ボディコン	230	マオ・カラー・ジャケット	253
ボディ・コンシャス	229	マクスウェル	85
ボニー・ルック	215	マクスウェル,ジェームス・クラーク(人名一覧)	
哺乳類の色覚	81		336
ポプリン	186	マクスウェルの円盤	85
ボヘミアン・ルック	223	マグニチュード推定法(商品計画)	166
ポペリスム	234	マスキュリン・ルック	235
ボマー・ジャケット	253	マスク(測色)	95
ポリウレタン	197	マスコサンプション(色彩計画)	176
ポリエステル	196	マズローの欲求5段階(色彩計画)	176
ポリ塩化ビニル	197	マゼンタ	180, 328
ポリノジック	195	マゼンタ(色名一覧)	375
ボリューム・プライス・ゾーン	286	松重(まつかさね)	181
ボレロ	253	マッカダム楕円	118
ポロ・シャツ	257	マッカダム楕円(図)	356
ポロプリズム	57	マッカロウ効果	76
ボロ・ルック	234	マッキントッシュ(ファッション)	247
ホワイトバランス	65	抹茶色(色名一覧)	379
ホンコン・シャツ	258	マッハバンド	128
ボン・シック・ボン・ジャンル	234	マッハバンド(図)	359
ポンチョ	247	マドレーヌ期	305
ボンディング加工(テキスタイル)	212	マニエリスム	316
ボンデージ・ルック	233	マニッシュ(配色イメージ)	133, 361
本紫(色名一覧)	381	マニッシュ・ルック	235
		マニュアルホワイトバランス	66
ま行		マヌカン	295
		マラカイト	329
マーク・アップ	281	マラカイトグリーン(色名一覧)	379
マーケッター	295	マリーゴールド(色名一覧)	378
マーケット	289	マリニエール	256
マーケット・イン	278	丸編	189
マーケット・シェア	289	マルーン(色名一覧)	377
マーケット・セグメンテーション	289	マルチ・レイヤード	237
マーケット・リサーチ	289	マンガン系(釉薬)	332
マーケティング	287, 289	マンション・メーカー	270

マンセル	111	ムーン，パリー（人名一覧）	336
マンセル，アルバート（人名一覧）	336	無機顔料	329
マンセルの色立体（図）	353	無彩色	100, 113
マンセルの色彩体系	111	無彩色（配色）	144
マンセルの色相環（図）	353	無彩色との配色（図）	365
マンセルの調和論	150	無彩色との配色	144
マンセル・ブックオブカラー	111, 112	無彩色の記号（ISCC-NBS）	106
マンダリン・ジャケット	254	無彩色の記号（PCCS）	103
マン・テーラード	235	無彩色の基本色名	121
マント	245	無彩色の修飾語（JIS）	105
マンボ・スタイル	217	無店舗小売業	275
三子糸（みこいと）	201	村濃（むらご）	182
ミズ	290	紫（基本色名）	121
ミックス・アンド・マッチ	237	紫（共感色）	138
ミッシー	290	紫（七福神の色）	184
ミディ・スカート	262	紫（無機顔料）	330
ミディ・パンツ	264	紫（紋章の色）	137
ミディ・ブラウス	256	紫（有機顔料）	330
緑（安全色）	171	紫（連想色）	137
緑（基本色名）	121	紫貝	328
緑（共感色）	138	紫草	328
緑（七福神の色）	184	紫みの（JIS用語）	122
緑（スペクトル）	57	紫みの青（スペクトル）	57
緑（無機顔料）	330	紫みを帯びた（JIS用語）	122
緑（紋章の色）	137	眼	67
緑（有機顔料）	330	明暗系列	113
緑（釉薬）	331	明快感（色の感情）	126
緑（連想色）	137	明快さ（ムーン＆スペンサーの調和論）	154
緑錐体	68	明快性の原理（ジャッドの調和論）	155
ミドリフ・トップ	258	明順応	72
緑みの（JIS用語）	122	明順応曲線	79
緑みの青（スペクトル）	57	明所視	73
緑みの黄（スペクトル）	57	明所視曲線	79
緑みを帯びた（JIS用語）	122	明所視と暗所視（図）	346
ミニマリズム	235	明清色	103
ミニマル・ドレッシング	235	明度	101, 109, 111
ミニ・ルック	218	明度グラデーション配色	144
ミモザ（色名一覧）	378	明度グラデーション配色（図）	365
みゆき族	228	明度対比	127
ミュケナイ美術	308	明度対比（図）	358
ミリタリー・ルック	235	明度対比調和（シュヴルールの調和論）	149
海松（みる：色名一覧）	379	明度と彩度関係の調和と不調和	
ミレッド	65	（ムーン＆スペンサー：図）	371
ムームー	244	明度と彩度に関する修飾語	122
ムーン＆スペンサーの調和論	153	明度と彩度の調和と不調和	153

明度の範囲 (PCCS)	101	モデリスト	295
明度配色	141	モデレート (配色イメージ)	133, 361
明度配色の例 (図)	363	モデレート・プライス・ゾーン	286
明度類似調和 (シュヴルールの調和論)	148	モニター	289
明度類似調和の例 (シュヴルール：図)	367	モノクローム	107, 146, 303
明白性の原理 (ジャッドの調和論)	155	モノトーン	107, 303
名誉と忠誠 (紋章の色)	137	モヘア	194
明瞭性の原理 (ジャッドの調和論)	155	モボ	231
明瞭な配色 (ゲーテ：図)	366	紅葉	181
メイン・カルチャー	225	木綿	177
メートル番手	200	諸糸	201
メキシカン・カラー	298	諸撚り糸	201
メキシカン・ルック	223	紋章の色	137
メソポタミア	305	モンドリアン・ルック	219
メタリックカラー (色彩計画)	176		
メタルハライドランプ	63, 66	**や行**	
眼の構造	67		
眼の構造 (図)	346	夜光塗料	51
メリヤス	188	夜叉五倍子 (やしゃぶし)	328
メロヴィング朝美術	313	ヤッケ	251
綿	192	柳葉	182
面色	77	山吹	181
面積効果 (ムーン＆スペンサーの調和論)	154	やわらかい (JIS用語)	122
面積対比	128	やわらかな (配色イメージ)	132, 133, 360
面積比と調和 (ジャッドの調和論)	156	やわらかな音楽 (共感色)	138
盲点	67	ヤング	290
モウニング・ドレス	244	ヤング，トマス (人名一覧)	336
網膜	67	ヤング・アダルト	290
網膜剥離	69	ヤング・ヘルムホルツ説	80
毛様小帯	67	ヤング・ミセス	290
モーターサイクル・ジャケット	254	憂鬱な配色 (ゲーテ：図)	366
モーダ・イン	297	優雅な (配色イメージ)	133, 361
モード	213	有機EL	62
モーニング・コート	248	有機ELディスプレイ	88
モーブ	180	有機顔料	330
モーブ (色名一覧)	381	勇気と熱心 (紋章の色)	137
モール	271	有彩色	100
モザイク	326	有彩色の基本色名	121
モザン美術	314	有店舗小売業	271
モスグリーン (色名一覧)	378	誘目性	125
モスリン	186	釉薬	331
モダン・ボーイ	231	夕焼け	55
モチベーションリサーチ (色彩計画)	176	ゆったりした音楽 (共感色)	138
モッズ	232	ユニセックス・ルック	233
モッズ・ルック	226	ユニバーサル・ファッション	236

許色（ゆるしいろ）	178
陽性残像	73
羊毛	194
ヨーク・スカート	262
緯編（よこあみ）	189
横波	49
撚り係数	201
四原色説	80
四原組織（編物）	189

ら行

ライイトグレイッシュ（PCCSのトーン）	103
ライセンス	287
ライセンス・ブランド	287
ライダース・ジャケット	254
ライディング・コート	248
ライディング・ジャケット	253
ライト（PCCSトーンの彩度）	142
ライト（PCCSのトーン）	103
ライト+（PCCSトーンの彩度）	142
ライト+（PCCSのトーン）	103
ライトグレイッシュ（PCCSトーンの彩度）	142
ライトグレイッシュトーン	103
ライトトーン	103
ライフ・サイクル	290
ライフサイクル（色彩計画）	176
ライフスタイル	290
ライフスタイル（色彩計画）	176
ライフスタイル・ショップ	290
ライフスタイル・マーケティング	290
ライフ・ステージ	290
ライフステージ（色彩計画）	176
ライムライト（色名一覧）	377
ライン	241
ラウンジ・スーツ	250
ラジャ・ジャケット	252
ラスコー洞窟壁画	304
ラスタスキャン	87
ラスタファリアン・スタイル	227
ラスティック（配色イメージ）	361
ラステック（配色イメージ）	133
ラッカーレッド（色名一覧）	375
ラッセル編機	190
ラッセルレース	192

ラッドフランクリン，クリスチン（人名一覧）	336
ラッド・フランクリンの発生	81
ラッパー・スタイル	227
ラップ・コート	248
ラップ・スカート	262
ラップ・ブラウス	258
ラピスラズリ	329
ラファエル前派	320
ラベンダー（色名一覧）	381
ラミネート加工（テキスタイル）	212
乱視	69
ランニング・ストック	280
ランバー・ジャケット	252
乱反射	52
ランベルトの混色	86
リアル・クローズ	237
リード・タイム	281
リーファー・ジャケット	254
リープマン効果	76, 125
リープマン効果の例（図）	349
璃寛茶（りかんちゃ）	180
璃寛茶（色名一覧）	377
リップド・ジーンズ	265
リップル加工（テキスタイル）	211
リテーラー	270
リトル・ブラック・ドレス	244
リニューアル	284
リバーサルフィルム	89
リバーレース	191
リビングルーム（インテリアの色彩計画）	168
リブ編	189
リベート	285
硫化染料	328
硫化物（顔料）	330
流行色名	120
流行色	296
流行色情報	296
流行色情報センター	296
流行配色	144
流行配色（図）	365
竜胆	181
流通センター	279
両生類の色覚	82
量販店	271
両面編	189

緑内障	69
リヨセル	195
リラックス（染色準備工程）	208
リン化ガリウム	63
燐光	51
燐酸塩（顔料）	330
輪星調和の配色例（オスワルト：図）	369
輪星調和による配色（オスワルトの調和論）	151
隣接（色相関係）	131
隣接彩度配色	141
隣接彩度配色（図）	363
隣接色相配色	141
隣接色相配色（図）	363
隣接明度配色	141
隣接明度配色（図）	363
類似（色相関係）	131
類似彩度配色	141
類似彩度配色（図）	363
類似色相配色	141
類似色相配色（図）	363
類似色	131
類似性の原理	155
類似調和（シュヴルールの調和論）	148
類似調和（シュヴルール：図）	367
類似トーン配色	142
類似トーン配色（図）	364
類似明度配色	141
類似明度配色（図）	363
類同性の原理	155
ルータの条件	98
ルード，オグデン・ニコラス（人名一覧）	336
ルードの調和論	149
ルーメン	63
ルーメン毎平方メートル	64
ルクス	64
ルック	213
ルネサス美術	315
ルネサンス・スタイル	238
ルバシカ	258
瑠璃	329
レイアウト	284
冷陰極管	60
冷光源	60
レイヤード・ルック	237
レイリー，ジョン・ウィリアム（人名一覧）	336
レイリー散乱	53
レーキ	330
レーザー光	51, 63
レーザープリンタ	90
レース	191
レーヨン	195
レギンス	264
レッド系（色名一覧）	374
レディ・メイド	276
レトロスペクティブ	219
レノクロス	188
レピテーション配色	143
レピテーション配色（図）	365
レモンイエロー（色名一覧）	378
練条	199
連想色	136
連続スペクトル	56
レンダリング（色彩計画）	165
絽	188
ロイヤルティ	287
ロイヤルパープル（色名一覧）	381
ローカル・チェーン	273
ローズピンク（色名一覧）	374
ロータリースクリーン捺染	203
ロードサイド・ショップ	273
ローブ・ウース	245
ローブ・デコルテ	245
ローブ・モンタント	245
ローマ美術	311
ローマンコピー	311
ローラー捺染	203
ローライズ・パンツ	267
ローレルグリーン（色名一覧）	379
ローン	186
路考茶（ろこうちゃ）	180
路考茶（ろこうちゃ：色名一覧）	378
ロココ・スタイル	239
ロココ美術	318
ロシアンアヴァンギャルド	323
ロシアン・ブラウス	258
ロシアン・ルック	223
ロッキン	332
ロックンロール・ファッション	217
ロドプシン	68
ロマネスク美術	314

ロマン主義……………………………… 318
ロマンティック・スタイル……………… 239
ロング・トルソー・ライン……………… 242

わ行

ワーク・ルック ………………………… 220
ワイキキ・シャツ ……………………… 255
ワイシャツ ……………………………… 256
ワインレッド (色名一覧)………………… 375
綿染め …………………………………… 202
ワン・ストップ・ショッピング ………… 271

色彩用語事典

光

光は物体を照射し、視覚的に見えるようにするために大切な働きを果たしています。また、物のいろいろな見え方に影響する物理現象などの基になっています。

光

　光は電磁波の一部分で、通常は可視光線（波長780nm～380nm）のことを指しますが、可視光線両端の赤外線や紫外線を光に含めることもあります。光は、反射・屈折・回折・干渉・散乱・偏光などの性質をもちます。
　光は自然光と人工光に分けられます。

図版 ➡巻末342ページ・図1●電磁波と可視光線の範囲

発光

　物質が可視光を発することをいいますが、可視領域外の電磁波（紫外線・赤外線）の場合も発光ということがあります。物理的な発光と化学反応による発光があります。ホタルやウミホタルのように発光する生物もいますが、体内の化学反応から発光しているものが大部分です。

物理的な発光　電子遷移による発光（LED）、核反応による発光、熱による発光などがあります。電子遷移とは、電子の状態や構造が変化することで、エネルギーの高低により基底状態、励起状態、回転状態などがあり、電磁波を吸収することにより起こります。

化学的な発光　化学反応によってエネルギーを光に変える現象で、生物発光、ケミカルライトなどがあります。

自然光 (natural light)　太陽光を基に、太陽の光を惑星などが反射した反射光、大気中の電気による稲妻（雷）、磁極によって発生するオーロラ（極光）などをいいます。

電磁波 (electromagnetic wave)　電磁場の周期変動が横波として伝播していく現象をいいます。波長（周波数）と振幅により、さまざまな性質を

現します。電磁波は波長によって、電波、赤外線、可視光線、紫外線、X線、γ（ガンマ）線などに分類されます。可視光線以外の電磁波は、ヒトの眼では見ることができません。

振幅 (amplitude)　電磁波における波の振動の大きさを絶対値で表したものを振幅といいます。振幅は正と負があり数値の絶対値で表します。たとえば、電圧100Vの交流は＋100Vと－100Vの間を変化しますが「100V」と表示します。

縦波 (longitudinal wave)　波を伝える物質（たとえば空気や水など）の振動方向が、波の進行方向に対して平行（進行方向と同じ振動をする）である波を縦波といいます。空気の粗密が伝播する音波は縦波の代表です。

横波 (transverse wave)　波を伝える物質の振動方向が、波の進行方向に垂直である波を横波といいます。可視光線を含む電磁波は横波です。

同位相 (phase, synchronicity)　2つの電磁波の山と山、谷と谷の位置が一致している場合を同位相といい、2つの波の振幅は加算されて大きくなります。

■図版■　➡巻末342ページ・図2●同位相の波の合成

逆位相 (out of phase, the opposite phase)　2つの電磁波の山と谷の位置がずれて、山と谷が重なるような場合を逆位相といい、2つの波の振幅は打ち消し合って小さくなります。同じ周期・振幅の逆位相の波を合成すると振幅がゼロになり波が消えます。この性質はヘッドホンのノイズキャンセラー（雑音を消去するしくみ）などに応用されています。

■図版■　➡巻末342ページ・図3●逆位相の波の合成

周波数 (frequency)　1秒間における電磁波の振動数（周期数）で、単位はHz（ヘルツ）です。電磁波の速度を波長で割ると周波数が求められます。また、電磁波の速度を周波数で割ると波長が求められます。電磁波の速度は秒速30万kmなので国際放送などで使われる10MHz（短波）の波長は30m、携帯電話に使われる周波数1,500MHz（極超短波）の波長は0.2m（20cm）です。

$$300{,}000{,}000\text{m} \div 10{,}000{,}000\text{Hz} = 30\text{m}$$
$$300{,}000{,}000\text{m} \div 1{,}500{,}000{,}000\text{Hz} = 0.2\text{m}$$

可視光線 (visible radiation)　人の目で見ることのできる光線のこと。単に**可視光**ともいいます。波長が約780nm〜約380nmの範囲の電磁波で、赤、橙、黄、緑、青、藍などが含まれます。また、可視光線の範囲を400nm〜800nmとすることがありますが、これは可視光線と紫外線、赤外線の**境界**が明確ではないためです。

長波長 (long wavelength)　可視光線のうち、波長の長い780nm〜600nmの光線で、赤、橙の光線が該当します。長波長をLong（記号L）やRed（記号R）で表示することがあります。

中波長 (middle wavelength)　可視光線のうち、中間の長さの波長500nm〜600nmの光線で、黄、緑の光線が該当します。中波長をMiddle（記号M）やGreen（記号G）で表示することがあります。

短波長 (short wavelength)　可視光線のうち、波長の短い500nm〜380nmの光線で、青、藍の光線が該当します。Short（記号S）やBlue（記号B）で表示することがあります。

波長区分の境界　長波長・中波長・短波長の境界（boundary）や、可視光線と紫外線および赤外線の境界はあいまいで、明確な値で区切られているわけではありません。

紫外線 (ultraviolet radiation)　可視光線の最短波長380nmよりも波長が短い光線のことです。蛍光灯の光には、紫外線が含まれています。紫外線は強い殺菌作用をもち、また人体に対し日焼け（火傷）などの傷害を引き起こします。紫外線は、可視光線に近い側からUV-A、UV-B、UV-Cに分けられます。UV-Aは皮膚の深部まで届いてシワやシミの原因になり、UV-Bは日焼けの原因になります。UV-Cはオゾン層に吸収され、地上には届かないとされています。

赤外線 (infrared radiation)　可視光線の最長波長780nmよりも波長が長い光線のことです。赤外線は、可視光線に近い波長の短いものからIR-A（近赤外線）、IR-B（中赤外線）、IR-C（遠赤外線）に分類されます。赤外線は、強い熱作用をもつので、暖房器具などに利用されます。また、ヒトの発する弱い赤外線を応用して、防犯用の人体検知センサーにも利用されます。

なお、家電製品のリモコンやビデオカメラの夜間撮影、防犯装置や自動ドアに用いられるのは近赤外線、暖房機器に用いられるのは遠赤外線です。近赤外線は眼には見えませんがCCDやcdsは感知します。波長は900nm前後です（cds：カドミウム・セル。明暗で抵抗値が変わる半導体で光センサーに使われる）。

単色光 (monochromatic radiation) **と複合光** (compound light)　一定の波長のみで構成されている光を、単色光といいます。これに対して、太陽光や電灯光などはさまざまな波長の光を含んでいるので、複合光といいます。複合光はプリズムなどで単色光に分光することができます。単色光には演色性がありません。低圧ナトリウムランプは単色光に近い性質をもちますし、レーザー光は単色光です。

再発光　光を吸収し、改めて発光する現象で、蓄光とも呼ばれます。ある物質に光を照射すると、その光とは異なる波長の光を発するのでこのように呼ばれ、それが**蛍光**と**燐光**に分けられます。蛍光の例として、蛍光塗料あるいは夜光塗料と呼ばれる塗料は紫外線を吸収してから可視光線を発光します。蛍光灯は消灯（断電）後も弱く発光を続けます。また、蛍光塗料にブラックライトの紫外線を当てると発光します。再発光は通常は極めて短い時間差（1億分の1秒くらい）で起こり、その後数十分から数時間、発光を続ける物質があります。腕時計の文字盤に利用されていることもあります。

　硫化カルシウム、硫化バリウムなどに光を照射すると、照射を止めた後も発光が続くことがあります。これを燐光といいます。蛍光が長引いたものです。

光の性質

　光は次のような性質をもちます。

反射 (reflection)　光は同一物質の中では直進する性質があり、物体に当たると進行方向が変わります。なめらかな平面に当たった場合は正反射、表面に細かい凹凸がある物体では光はさまざまな方向にはねかえる乱反射が起きます。

正反射 (regular reflection)　入射光の入射角と等しい角度で反射光が反

射する（反射の法則が成立する）現象で、鏡面反射ともいいます。表面がなめらかな物体に当たった光は正反射します。

乱反射 (diffused reflection)　光が表面に細かい凹凸がある物質に当たると、さまざまな方向にはねかえる反射現象です。表面がなめらかでない物体に当たった光は乱反射します。

選択反射 (selective reflection)　物体に照射された光は、一部が物体内部に吸収され、残りが反射されまた透過します。光の波長によって吸収・反射・透過の割合が異なり、反射が多いことから、色の感覚が生じます。赤く見える物体は、赤以外の波長は大部分が吸収され、赤い光が反射される割合が高いということになります。

輝度 (luminance)　面積をもった光源の明るさを表す度合のことで、光度を面光源の面積で割って求めます。単位はカンデラ毎平方メートル（cd/m^2）です。

反射率 (reflectance)　ある面に当たった光に対して、反射した光の割合を反射率といいます。反射率が高いと白っぽく、低いと黒っぽく見えます。物体に光が当たると、一部は物体に吸収され、一部は反射され、一部は透過します。白い物体ではほとんどが吸収されずに反射し、黒では大部分が吸収されます。また、吸収の割合を表すのが吸収率、透過の割合を表すのが透過率です。

■図版■　➡巻末343ページ・図4●色による反射率の例

吸収 (absorption)　物体に当たって反射されない一部の光は物体内部に侵入し、吸収されます。これを光の吸収といいます。吸収された光の一部は熱に変わるため、白よりも黒い物体の方が熱を吸収して温度が上がります。

透過 (transmission)　物体に当たった光の大部分が、反射・吸収されることなく通過すること。大部分の波長が透過する場合はガラスのように透明に、特定の波長のみ透過する場合はカラーセロファンやカラーフィルターのように色付きの透明に見えます。透明ガラスはすべての光を透過しているように見えますが、わずかな反射・吸収があります。ガラス板の断面を見ると色が付いているように見えるのは、その色が吸収され

ているからです。

屈折（refration）　光が異なる物質に入出する場合に進行方向を変えることを屈折といいます。光が水中に入ったり、ガラスに入ったりする場合に屈折が起きます。屈折は、レンズやプリズムに応用されます。光がレンズやプリズムを通過する際は、空気→ガラス、ガラス→空気と2回の屈折が起こっています。

複屈折　ある種の物質では、投下する光線が2つに分けられ、その物質を通して見ると対象が二重に見えます。この現象を複屈折といい、方解石やセロファンなどで見ることができます。天然水晶でも複屈折が発生して物がぼやけて見えますが、ガラスでは複屈折が発生しないので鮮明に見え、両者を区別できます。

　図版　➡巻末343ページ・写真1●方解石による複屈折

散乱（scattering）　微小粒子に直進してきた光が当たると、四方八方に飛散します。この現象を散乱といいます。散乱は、微小粒子が存在しない空間では起こりません。青空や夕焼けなどの自然現象は、太陽光の散乱によって引き起こされます。

　参照　➪55ページ・青空、朝焼け・夕焼け

レイリー散乱（Rayleigh's scattering）　レイリー男爵と呼ばれたイギリスの物理学者J.W.S.レイリー（Rayleigh、1842〜1919）が光の散乱に関して研究し、青空の原理を発見したことからレイリー散乱といわれます。青空の原理とは、太陽光が空気中の分子に当たり、短波長光が散乱して、空が青く見えることです。

回折（diffraction）　直進する波の近くに物体があると光がわずかに進行方向を変え、物体の裏側に回り込む現象を回折といいます。曲がり方は波長によって異なり、波長が長いほど大きく回折します。電磁波や光も波の一種なので、回折が確認できます。電柱の影は根元の方は鮮明ですが、先端部の影はぼやけるのは光の回折によるものです。また、太陽が月によって完全に覆われてしまう皆既日食の際に見られる**金環日食現象**は、光の回折によるものです。太陽光が月の周縁を回り込む回折により、月の周りに光が見えます。

　図版　➡巻末344ページ・図5●回折

回折格子 (diffraction grating)　微細な隙間を格子状に並べたものや格子状のパターンに光を当てると、光の回折現象によって波長別に分光されます。回折を利用して干渉縞を作ったり、分光を行う装置を回折格子といいます。

干渉色 (interference)　複数の波が重なると波の山と山、谷と谷が重なり増幅されたり、山と谷が重なって減衰したりして新しい波が生まれます。この現象を**干渉**といい、干渉によって虹のような色が作り出されます。これを干渉色といい、シャボン玉やCD（コンパクトディスク）の表面、クジャクや蝶の羽根に干渉色を見ることができます。シャボン玉では薄膜層に入る光、反射する光などの波長が複雑に干渉しあって虹のような色が現れます。このことから**薄膜干渉**といいます。クジャクや蝶の羽根は微小な鱗片からできており、そこで、反射光が干渉しあって複雑な色を見せます。

ニュートン・リング (Newton's rings)　平面ガラスに平凸レンズを重ねて真上から観察すると、レンズの中心を中心に分光された同心円が現れます。この現象は、ニュートンが発見したことからニュートン環（ニュートン・リング）といいますが、干渉色の1つとされています。光学機器にニュートン・リングが発生すると観測などに支障をきたすので、除去・防止するためのフィルタや防止剤が用いられます。

増幅 (amplification) **と減衰** (attenuation)　2つの波の山と山、谷と谷が重なり合うと振幅が大きくなります。これを増幅といいます。また、山と谷が重なると相殺して振幅が小さくなります。これを減衰といいます。

偏光 (polarized light)　自然光はあらゆる方向に振動する光が集まっていますが、特定方向の振動のみをもつ光を偏光といいます。

偏光フィルター (polarization filter)　特定方向の振動をもつ光のみを透過するフィルターで、水面の反射光を低減して水中が見えるようにした釣用のサングラスや、物体表面の反射光を低減して色をきわだたせる写真撮影用のフィルター、立体視眼鏡、カラー液晶表示装置などに用いられます。

■**図版**■　➡巻末344ページ・写真2●偏光フィルターの効果

空の色

空の色は、晴天であっても時間帯によって青空であったり夕焼け空であったりします。いろいろな条件で、空の色が異なって見えます。

青空 太陽光は、地球に照射される際に大気中の空気の分子に当たり、散乱されます。散乱は、波長が短い青や紫の光ほど起こりやすく、波長が長い黄色や赤の光では起こりにくいという性質があります。紫の光はヒトの目に感じにくいので、青の光だけが目に強く感じられ、青空として知覚されます。

朝焼け・夕焼け 日の出直後と日没直前は太陽の位置が低いため、太陽光線は日中よりも大気中を進む距離が長くなります。そのため、散乱されにくい長波長の赤や橙の光が多く眼に届いて、朝焼けや夕焼けの現象が生じます。

図版　➡巻末344ページ・図6●朝焼け・夕焼けのしくみ

虹 (rainbow)　太陽の光が分光されて色別に円弧状に並んだのが虹で、降雨直後に日が差した場合や太陽を背にして散水した場合などに見られます。また、滝やダムの放水で見られることがあります。虹は、太陽光が大気中の水滴の中で屈折や反射を繰り返すことで生じます。円弧の外側が長波長の赤で、内側に向かうほど波長が短い色に変化します。虹の色は、視点から虹までの距離や湿度により変化し、赤みが強い虹になったり、紫みの虹になったりします。通常の虹は主虹です。

図版　➡巻末345ページ・写真3●虹

主虹 (primary rainbow) **と副虹** (secondary rainbow)　虹は通常、外側が赤で内側が青紫になっていますが、希にその外側にやや薄い虹が現れる場合があり、これを副虹といいます。副虹では色の並びが主虹と逆で、外側が短波長（青紫）、内側が長波長（赤）になります。

白虹 (white rainbow)　水蒸気の粒が非常に小さいと、分光された各色の光が混じり合い、白みを帯びて見えることがあります。これを白虹といい、霧の発生が多い尾瀬国立公園の尾瀬沼付近では頻繁に見られます。岩に当たった波が白く見えるように、細かい水滴の中で各色の光が混じり合ってこのように見えます。

株虹 虹が雲により隠されて一部分しか見えなかったり、局地的な降雨で円弧の一部分だけが見えるものを株虹といいます。全体が見えないので気付きにくい現象です。

彩雲（iridescent clouds） 虹とは異なりますが、雲が虹のようなスペクトル色で色付いて見える気象現象です。雲の中の水蒸気により太陽光が回折し、波長ごとに分光されて生じます。

虹の色数 日本では7色は、赤、橙、黄、緑、青、藍、紫とされていますが、色の間に明確な境界があるわけではなく、国や地域、民族によって虹の色はさまざまに捉えられています。イギリスやフランスでは6色（赤、橙、黄、緑、青、紫）ですし、ドイツでは5色、日本でもかつては5色とされていました。虹が7色と唱えたのはニュートンで、音階の数から7としたといわれています。明治以降、日本にニュートンの説が伝わり、7色が定着しました。

スペクトル

スペクトル（spectrum）は単色光の連続帯です。波長ごとに並んでいて、次ページの表のように色区分されます。

連続スペクトル（continuous spectrum） 太陽光線や白熱電灯など熱放射による光は、可視領域を含む多くの波長の光を連続的に含んでいます。これらの光をプリズムなどで分光すると虹色の帯状に現れ、これを連続スペクトルといいます。

図版 ➡巻末345ページ・図7●プリズムで分光した連続スペクトル

フラウンホーファー線（Fraunhofer's line） ドイツの物理学者、ヨゼフ・フォン・フラウンホーファー（Joseph von Fraunhofer、1787～1826）が1814年に太陽光スペクトルの中に発見した暗線のことです。また、イギリスのウイリアム・ウォラストン（William Hyde Wollaston、1766～1828）も、同様に1802年に太陽光スペクトル内の暗線を発見しています。暗線とはスペクトル中の黒い部分で、フラウンホーファーは主要な線にAからKの記号を付けました。各暗線は、酸素、水素、ナトリウム、鉄、マグネシウム、カルシウムなどの元素によって吸収されたスペクトルであることが解明されています。

表●スペクトルと色名

波長範囲（nm）	色名
380〜430	青みの紫
430〜467	紫みの青
467〜483	青
483〜488	緑みの青
488〜493	青緑
493〜498	青みの緑
498〜530	緑
530〜558	黄みの緑
558〜569	黄緑
569〜573	緑みの黄
573〜578	黄
578〜586	黄みの橙
586〜597	橙
597〜640	赤みの橙
640〜780	赤

非スペクトル (non spectrum)　色相環では、もっとも波長が長い赤ともっとも波長が短い紫を連結させて環状にしていますが、連続スペクトルでは赤から青紫までしか得られず、青紫と赤の間にある紫や赤紫は連続スペクトルには含まれません。色度図で見るスペクトル軌跡の両端と白色点を結ぶ三角形の内部にある色は、波長をもつ単色光ではないので、非スペクトル色と呼ばれます。また、青紫、紫、赤紫は、赤光と青光の混色で作られ、これが色相環に発展したといわれています。

　図版　➡巻末345ページ・図8●非スペクトル、巻末356ページ・図34●XYZの色度図

輝線スペクトル (bright line spectrum)　気体原子の発光を分光すると連続スペクトルにはならず、特定の波長のみが線状に現れます。これを輝線スペクトル、または非連続スペクトルといいます。輝線スペクトルは気体原子ごとに特有の輝線をもつので、これを調べることで光源の成分を分析することができます。高圧水銀ランプでは輝線スペクトルが現れ、蛍光灯では連続スペクトルと輝線スペクトルの両方が現れます。

　図版　➡巻末346ページ・図9●輝線スペクトルの例

分光

光をいろいろな方法でスペクトルに分けることを分光といいます。分光した結果を測定して、光の特性を調べます。

プリズム (prism)　プリズムは角柱という意味で、光学装置としては光を屈折や全反射させるためのガラス製や水晶製の角柱・多面体のことをいいます。三角柱や五角柱のプリズムのほかに、双眼鏡やカメラのファインダー内で使われているダハプリズム、ポロプリズム、ペンタプリズムがあり、これらはレンズで逆になった像を反転させて正立像に直したり、ファインダーに導く働きがあります。

波長により屈折率が異なることを利用した三角プリズムは、分光に用いられます。プリズムと同様の分光現象は、水の入った水槽や窓ガラスの一部などでも見ることができます。

比較プリズム (comparison prism)　円形視野を二分し、それぞれの半円に2つの色を表示させて比較する光学装置で、等色実験や視感色彩計に用いられます。

分光分布 (spectrum distribution)　可視領域内の光の強度の波長ごと分布を分光分布といいます。分光分布の状態を視覚化するために、横軸を波長、縦軸を強度としたグラフにします。横軸は380nm～780nmで、10nmか20nmごとに区分します。光源はそれぞれ独自の分光分布をもっています。また、物体色について、縦軸に反射率をとって、同じように波長ごとの特性を調べます。

参照　⇨52ページ・反射率

分光分布特性 (spectrum characteristics)　光源や物体色の可視光領域における特性のことです。分光分布図で表されます。

色の識別数　ヒトの目は約1,000万色を識別できるといわれています。ただし、これには大きな個人差があり、色彩が豊富な環境下で育つと、色彩が乏しい環境下で育った場合よりも、識別能力が高くなるといわれています。社会一般で使用されている色数は、1万色程度です。

人工光・照明

夜、あるいは暗い場所に光をともしたのは、太古の人間の知恵で、光の源として松明、菜種油、蝋燭などが使われました。灯火から人工灯に変わったのは19世紀の末期でした。初期の人工灯は白熱灯だけでしたが、次第にいろいろな光源が開発され、多様なものが作られるようになりました。また、明るさを求めるようなものばかりではなく、識別性を追求するような人工照明も作られています。光源は、白熱灯（白熱電球、ハロゲン電球）、放電灯（蛍光ランプ、電球形蛍光灯、HIDランプ、水銀ランプ、メタルハライドランプ、高圧ナトリウムランプ）に分類されます。

熱放射　熱放射とは、物体が熱を電磁波として放射する現象で、熱伝達や熱伝導のように熱を媒介する物質を必要としません。したがって、真空中でも熱が伝わります。金属を加熱すると赤くなり電磁波（赤い色の光）を発します。さらに温度を上げると電磁波の周波数が上がり、赤→橙→黄→白と変化します。太陽の熱が地球に到達するのも、白熱電球が光を発するのも、熱放射の原理によります。

白熱灯（incandescent lamp）　ガラス球内のフィラメントに通電して加熱し、発光させる光源で、1878年にイギリスのJ.W.スワンが発明し、その後アメリカのエジソンが改良を加えて事業化に成功しました。当初のフィラメントは竹を原料とする炭素でしたが、現在ではタングステンなどの金属が用いられています。電球にはフィラメントの焼失を防ぐために窒素などのガスが封入されますが、これによりフィラメントの温度が低下し、明るさが損なわれます。これを改善したのが日本で発明された二重コイルのフィラメントで、輝度の低下を防ぐことに成功しました。封入ガスには通常、窒素やアルゴンが用いられますが、クリプトン、キセノン、ハロゲンが用いられたものもあります。クリプトンではフィラメントの寿命を長くすることができ、ハロゲンではより明るくすることができます。

　白熱灯は、エネルギーのかなりの部分が熱として失われるため、発光効率はよくありません。そのため現在では電球型蛍光灯に代わりつつありますが、点灯と消灯を頻繁に行う場所や電圧変動がある場所、暖色系の光が好まれる場所では白熱灯が優位です。

　色温度は、約2,800K（ケルビン）で赤みが強い光源色です。ガラス球の処理形態により、L（透明）・LH（半コーティング）・LW（白色塗装）に

光

分類され、通常はまぶしさを低減するために白色塗装が使われます。

冷光源 (luminescence source)　熱放射による発光ではない光源のことです。冷熱源には蛍光灯やLEDなどがあり、発光効率は良好です。発光は熱放射に依存しませんが、機器の回路に用いられる安定器などから多少の発熱があります。対して、熱放射による光源が**熱光源**です。

水銀ランプ (mercury lamp)　水銀蒸気中のアーク放電により発光するランプ。水銀蒸気圧により、高圧水銀ランプと低圧水銀ランプに分けられますが通常は前者をさします。蛍光灯は低圧水銀ランプの一種です。
　色温度5,700K～5,900Kの青白い光を発しますが、可視光のほかに紫外線も放射しています。水銀灯の発光効率は、白熱電球よりも高く、蛍光灯よりも低くなっています。赤成分の波長をもたないため、演色性は非常に悪いのですが、副産物である紫外線を利用して蛍光塗料を発光させ、演色性の改善を図ったものもあります。

蛍光灯 (fluorescent lamp)　ガラス管に封入した低圧水銀蒸気中でアーク放電による紫外線を発生させ、ガラス管に塗布された蛍光体を発光させる光源です。形状には、直管、環形、電球型などがあります。蛍光体の種類により発光色が異なり、さまざまなものが作られています（次ページの表参照）。
　蛍光灯の電源には高圧の交流が必要であり、電池などの直流電源は交流への変換と昇圧が必要です。また、商用電源（電力会社から供給される電力）の周波数に起因する「ちらつき」が発生しますが、高周波で点灯するインバータ方式のものではちらつきは目立ちません。

（参照）⇨65ページ・演色性

冷陰極管　蛍光灯と同様にガラス管の内側に塗られた蛍光物質を発光させる光源ですが、熱で電子を放出する蛍光灯のように加熱の必要がないので冷陰極管と呼ばれます。熱を発するフィラメントを必要としないため、ガラス管を細くすることができます。パソコン用液晶ディスプレイのバックライト用光源として多く用いられています。

ナトリウムランプ (sodium-vapor lamp)　アーク放電を利用したランプで、封入ガスにナトリウム蒸気を用います。オレンジ色、またはそれに近い発光色です。

表●蛍光灯の種類　　　　　　　　　　　　　（東芝ライテック資料より）

	記号	名称	色温度	平均演色評価数Ra
一般型	WW	温白色	3,500K	60
	W	白色	4,200K	61
	N	昼白色	5,000K	70
	D	昼光色	6,500K	74
三波長型	EX-L	電球色	3,000K	84
	EX-WW	温白色	3,500K	84
	EX-W	白色	4,200K	84
	EX-N	昼白色	5,000K	84
	EX-D	昼光色	6,500K	84
高演色性型	L-EDL	電球色	3,000K	95
	W-EDL	白色	4,200K	97

低圧ナトリウムランプ　低いナトリウム蒸気圧で放電を行います。589nmと589.6nmの波長を放射する単色光のため、演色性はありませんが、実用光源の中ではもっとも効率がよい光源で、長いトンネルや道路照明に用いられています。略称はNXです。

高圧ナトリウムランプ　非常に高いナトリウム蒸気圧の中で放電を行います。略称はNHです。低圧ナトリウムランプよりも波長域が広く、演色性が多少改善されています。また、水銀ランプよりも小電力で点灯でき、道路をはじめとする屋外照明に広く使われています。トンネル照明は、低圧ナトリウムランプから高圧ナトリウムランプに移行しつつあります。

高演色高圧ナトリウムランプ　高圧ナトリウムランプの波長域をさらに広げて、演色性の改善を図った光源です。

ネオンランプ (neon lamp)　ネオンガスとアルゴンガスをガラス管に封入し、陰極グロー放電で発光させるランプです。波長580nm～750nmのオレンジから赤にかけての光を発光します。

ELランプ (electro-luminescence lamp)　透明な電極の間に発光層をはさんで通電することにより、エレクトロルミネセンスの原理で発光させるラ

ンプです。非常に薄い、シート状に作ることができ、携帯電話のバックライトなどに利用されています。ただし、照明器具として使用できる光量はありません。光の色には、白、黄、黄緑、緑、青緑があります。

有機EL（organic electro-luminescence）　発光層が有機化合物でできた発光ダイオードによって発光します。次世代テレビの素材として注目を集めています。

発光ダイオード　LED（Light Emitting Diode）は、エレクトロルミネセンスの原理で発光する半導体素子で、小型、軽量、安価、超寿命といった特徴をもちます。赤外光、可視光（赤、黄、緑、青、白）、紫外光、レーザー光を発光する製品があり、文字表示装置、7セグメント数字表示装置、CD・DVDなどの読み取り装置などに使われています。身近な例としては、赤外光を発光するものは家電機器のリモコンに、紫外光を発光するものは蛍光塗料と組み合わせて紙幣の識別に使われています。

　LEDはダイオードの一種ですが、逆方向電圧の耐圧が低いので整流用途に用いることはできず、発光の用途にのみ使用されます。LEDの明るさの単位は、mcd（ミリカンデラ＝1/1,000カンデラ）です。

　LEDの白色は、通常の白色光のようにすべての波長を含んだものではなく、青色の光を黄色の蛍光体に照射することで得ています。また、まだ普及していませんが、分光特性が赤緑青の3つの山をもつ曲線の三波長型白色発光ダイオードが開発されています。今後、電球や蛍光灯に代わる光源として期待されています。

　LEDは、懐中電灯や道路の信号機など、小電力の機器では代替が進行しています。

発光ダイオードの色　発光ダイオードの発光色は、半導体を構成する元素の組み合わせ方で決まります。長波長を発光する半導体は元素の結合が比較的弱いので作りやすかったのですが、短波長を発光する半導体は作りにくく、20世紀の後半になって完成しました。

表●発光ダイオードの色別元素

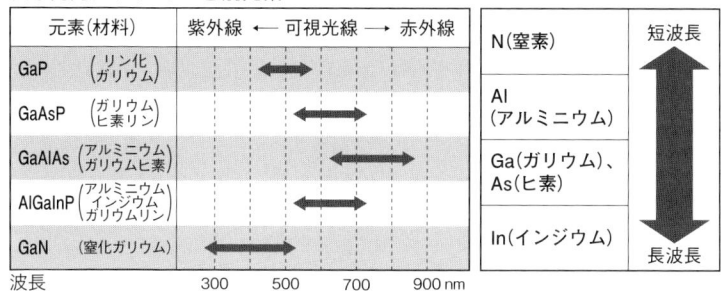

元素(材料)	紫外線 ← 可視光線 → 赤外線			
GaP (リン化ガリウム)		↔		
GaAsP (ガリウムヒ素リン)			↔	
GaAlAs (アルミニウムガリウムヒ素)			↔	
AlGaInP (アルミニウムインジウムガリウムリン)			↔	
GaN (窒化ガリウム)		↔		
波長	300	500	700	900 nm

N(窒素)	短波長 ↑
Al(アルミニウム)	
Ga(ガリウム)、As(ヒ素)	
In(インジウム)	↓ 長波長

ハロゲンランプ　通常の白熱電球では電球内部に窒素やアルゴンを封入し、フィラメントに通電加熱して発光させますが、ハロゲンランプでは窒素やアルゴンに加えて微量のハロゲンガスを注入します。白熱電球よりもフィラメントが高熱になり、そのぶん明るくなります。色温度は、3,000Kです。

レーザー光　光を光共振器の中で増幅して得られる、波長と偏波が一定で指向性の強い光です。赤外光、可視光、紫外光、X線などのレーザー光を出力することができます。大出力のものは金属の切断や溶接、医療機器（メス）、小出力のものはレーザーポインターや光学ドライブ（CD、DVD、MOなど）の読み取り装置に使われます。

メタルハライドランプ　水銀ランプに金属のハロゲン化物を加えたランプで演色性に優れ、発光効率の高い光源です。色温度は5,600Kです。一般的な照明用途のほか、植物の栽培や観賞魚水槽の照明にも用いられます。

光の用語と単位

　光に関する単位には、光源の強弱を表す、照射された面の明るさを表す、光源の色味を表すなど、さまざまなものがあります。また、それらの相互関係を理解することも必要です。

光束 (luminous flux)　光源から放射される光の量。光源から一定の方向に照射されたすべての光の明るさを表すもので、単位はルーメン（lm）。

光度 (luminous intensity)　光源から放射された光の一定面積（単位立体角）あたりの明るさ。単位はカンデラ（cd）。ヒトの視感度がいちばん高い波長555nmの単色光が強度1.46mWで、単位立体角（単位長さの半径の球の表面積に相当）に照射する光束が1cdと定義されています。

輝度 (luminance)　照らされたものの輝きのこと。単位はcd／㎡（カンデラ毎平方メートル）。

照度 (illuminance)　平面に照射された光の明るさを表すもの。単位はルクス（lx）、またはルーメン毎平方メートル（lm/㎡）。点光源では光源からの距離の二乗に反比例して暗くなります。照度は面に照射される明るさを現すもので面の色には影響ありません。また、輝度は輝きの強さを現し、照度が同じでも白い面では強く、黒い面では弱くなります。写真撮影用の入射光式露出計は照度を測定し、反射光式露出計は輝度を測定します。なお、カメラ内蔵の露出計は輝度を測定する反射式なので被写体の色の影響を受け、明るい被写体や暗い被写体では露出補正が必要になります。照度のおよその目安は、満月の光0.1 lx、雨の日100 lx、曇りの日1,000 lx、晴れの日100,000 lxです。

スネルの法則 (Snell's law)　正反射では光の入射角と反射角は等しいという法則です。反射の法則ともいいます。

標準光源　参照　⇨97ページ・標準光源、標準光源D_{65}

色温度 (color temperature)　黒体を加熱すると温度により特定の波長を強く放出します。温度が低いと赤い光を発し、温度上昇とともに橙→黄→白→青と変化します。色を**絶対温度**で表現したものを色温度といいます。夕日の色温度は2,000K、日中の太陽光線は5,000〜6,000K、青空は6,500Kといわれています。

黒体 (Planckian radiator)　外部からの光や電磁波を全波長にわたって完全に吸収し、放出する物体のことで、完全放射体ともいいます。現実には存在しません。金属が黒体に近い性質をもっています。

ケルビン単位 (Keluvin unit)　温度を表す単位。すべての分子の動きが止まる温度である−273.15℃を0ケルビンとし、通常使用されているセ

ルシウス（Celsius）度（記号は℃）に－273.15を加えるとケルビンになります。単位記号は大文字のKで、度や「°」は付けません。**絶対温度**とも呼ばれます。

MRD Micro Reciprocal Degreeの略でミレッドと読みます。色温度（ケルビン）の逆数を百万倍した値で、K表示では数値が大きくなり過ぎる場合にMRD（記号はM）を用います。

　4,000Kは250M、5,000Kは200Mです。2,500Kと3,500Kの差は1,000Kですが色には大きな差があります。また、8,000Kと9,000Kの差も1,000Kですが色の差はわずかです。ミレッドで表すと色の差が実感に近くなるという利点があります。

　　　2,500K=400M、3,500K=285.7M、差は115M。
　　　8,000K=125M、9,000K=111M、差は、14M。

　MRDは、写真用フィルターの特性表示などに使用されています。

演色性 (color rendering)　光源の性質によって、物体の見え方は大きく変化します。自然光と比較して見え方が大きく異なる場合を「演色性が低い」といい、自然光に近い場合を「演色性が高い」といいます。つまり、連続スペクトルをもち、可視領域の波長を多く含む光源ほど演色性が高く、特定の波長に偏った光を放射する光源は演色性が低いということになります。連続スペクトルをもつ白熱電灯に比べ、高圧水銀ランプやナトリウムランプは演色性が劣ります。

ホワイトバランス (white balance)　写真用フィルムは、昼光または白熱電灯下での撮影時に適切な発色をするように作られています。昼光用のデイライトフィルムを電灯下で使うと被写体が赤みがかって写り、電灯光用のタングステンフィルムを昼光下で使うと被写体が青みがかって写ります。蛍光灯を光源下でこれらのフィルムを使った場合も、被写体の色の見えが実際と大きく異なってしまいます。フィルムを使用するカメラでは色ガラスのフィルターを使い、フィルムの適正とは異なる光源下での撮影に対処します。

　CCDなどの撮像素子の場合でも、光源が異なると被写体の色が変わってしまうので、ビデオカメラやデジタルカメラではホワイトバランスという電気的な調整を行います。ホワイトバランス調整には、カメラが自動的に調整するオートホワイトバランス、晴天・曇天・朝夕・電灯・蛍光灯・フラッシュなどから光源を選択するプリセットホワイトバラン

ス、白い被写体を写して取り込んだデータで調整するマニュアルホワイトバランスがあります。

平均演色評価指数 (general rendering index) 　基準光源での色との類似性（色再現性）を判断する数値で、100に近いほど演色性が優れています。**Ra値**ともいいます。色温度が異なると基準光源も異なるので、Ra値の相違だけで光源を比較評価するのは適切ではありません。中間色8色の見え方で評価を行う必要があります。

表●主な光源の平均演色評価数

光源	平均演色評価指数
白熱電球	Ra100
蛍光灯（白色）	Ra60前後
蛍光灯（昼白色）	Ra70前後
蛍光灯（昼光色）	Ra75前後
蛍光灯（三波長型）	Ra84〜88
メタルハライドランプ	Ra70〜96
水銀灯	Ra40〜50
高圧ナトリウムランプ	Ra25〜85

特殊演色評価指数 (special rendering index) 　心理四原色と肌色、木の葉の緑を使って見え方を評価した値です。記号はRi。

（参照）⇨61ページ・蛍光灯の種類・表

条件等色 (metamerism) 　色は、物体の反射特性、光源の分光分布特性、眼の分光分布特性の3つが合成されて知覚されます。反射特性が異なっていても、特定の分光分布特性の光源下では同じ色として知覚されることがあります。異なった色が特定の条件下で同じ色に見えることを、条件等色といいます。これとは反対の現象として、ある色紙を2つに切ったものは、どのような光源の下で両者を並べて見ても同じ色になります。同質の色だから当然です。このような同質の色対の関係にあるものをアイソメリズム（isomerism）といいます。

色彩恒常 (color constancy) 　光源が変わると見えたものの色も変わりますが、これを同じ色として知覚されることを色彩恒常といいます。完熟トマトは白熱電灯下でも蛍光灯下でも「赤い」と知覚されます。

眼

光－物体－眼の連携上で色彩は成立し、
眼は色彩にとって非常に重要な役割を果たします。
眼はさまざまな機能をもちます。

眼

　人間は全身の感覚器官を使って多くの情報を得ていますが、視覚情報は形、色、奥行き（遠近感）、行動の識別などを含めて、情報全体の80％を得ているとされます。

眼の構造　眼球はほぼ丸い形状をしています。その外側の外層は、角膜がある前方中央部分を除いて、強い線維性の膜でおおわれています。それが強膜で、俗に白目といわれます。角膜部分以外の強膜は光を通しません。光が眼の中に入る最初に**結膜**があり、**角膜**があります。結膜は角膜の保護膜です。上まぶたの内側に涙腺があり、殺菌性のある液を出して結膜の表面を洗い、うるおいを与えています。

　角膜と**水晶体**の間が前眼房で、水溶液の眼房水が循環しています。そして**虹彩**があります。その中央部に光を通すところが**瞳孔**で、入光が強ければ小さくなり、弱ければ余分に光を取り入れるよう大きく広がります。また、虹彩は眼の色にもなり、青、グレー、緑、褐色などの色がありますが、虹彩に含まれる色素に関係しています。日本人の眼は黒目といわれますが、濃い茶色の褐色です。

　水晶体は**毛様小帯**（チン小帯）にささえられ、さらに放射状の毛様体筋があり水晶体の形を変化させています。**網膜**との焦点距離は、自律神経によって常に調節されていますが、眼に入る光を網膜に送るようにしている主なところは、角膜と水晶体の間にある眼房水で、水晶体は物に応じて焦点が合うよう微調整しています。**硝子体**はゼリー状の物質がつまっており、眼球の大きさを保っています。

　見る物の像は眼底にある網膜の中心部に**錐体**が集中しており、そこが黄みになっているので**黄斑**といわれ、物を鮮明に見る役目をします。黄斑の中心が少しくぼんでいるところが中心窩です。**桿体**は錐体の周辺にあります。錐体、桿体の視細胞は視神経線維につながり、視神経乳頭経由で見た物の情報を脳に送るようになります。視神経乳頭は**盲点**ともいわれ、発見者の名に因んでマリオット（Mariott.E）の盲点といわれるこ

ともあります。

図版 ➡巻末346ページ・図10●眼の構造

桿体 (rods) **と錐体** (cone)　視覚に深く関係しているのは視細胞の錐体と桿体です。桿体は光に敏感で、物の明るさと形に反応しますが、色刺激には反応しません。錐体は桿体よりも光に敏感ではありませんが、色刺激に反応します。錐体には可視光の赤、緑、青の波長による色刺激に反応する**赤錐体**、**緑錐体**、**青錐体**があり、長波長（Long：赤）、中波長（Middle：緑）、短波長（Short：青）との関係から**L錐体**、**M錐体**、**S錐体**と呼ばれることがあります。それぞれの錐体は色刺激による色情報を、視神経線維を通して後頭葉の視覚野に送ります。

　桿体、錐体の働きに関係することに、光覚と色覚。順応や明所視、暗所視、薄暮視、プルキンエ現象、色覚異常などがあります。

　明順応、暗順応には桿体が深く関係しています。桿体に含まれている視質（桿状体視覚物質）をロドプシン（視紅）といわれますが、ロドプシンは光に当たると分解され、暗くなると再生され桿体に集まり、働きを敏感にさせます。暗所視から明所視、明所視から暗所視への切り替え時にロドプシンが関係しています。錐体の視質はアイオドプシン（視紫）といいます。

参照　➡72ページ・色知覚

視細胞から後頭葉・視覚野へ　視細胞の錐体、桿体からの情報は、視神経線維を通り、視交叉を経て後頭葉の視覚野に送られます。視交叉は右眼、左眼からの視神経線維が左右に分かれ交叉するところです。視交叉は、大脳に囲まれた奥深くにある脳幹にある間脳中の視床にあります。視覚野はV1、V2、V3、V4、V5のように分かれており、物の動き、奥行き、色、形を同時にとらえています。主としてV4が色刺激を受ける部分ですが、さらに側頭連合野に送られ、ここで色の区別が行われ色覚としてまとまります。右眼、左眼で見た像は、視覚野で重ねられ1つの像になりますが、片方の眼が病気になったりして、両眼が同じように機能しなくなると、像が二重に見えるようなことがあります。

視覚異常

視覚異常とは一般にいう眼の病気のことです。
先天的なもの、加齢などによる後天的なもの、合併症や事故によるものなどがあります。

近視と遠視　眼球の形状が前後に長短であったり、水晶体の調節が鈍くなったりしていると、見たものの像が網膜の前方や後方で結像します。像が前方の場合が近視、後方では遠視になります。水晶体の調節が衰えるとピントが悪くなり、遠視の仲間は老視、いわゆる老眼です。何れもメガネで水晶体との屈折作用を調節されることになります。

乱視　ピントがタブって見えるのが乱視で、水晶体や角膜がなめらかな状態ではなく、ゆがんで光が一点で結ばれていない状態のことです。

白内障　水晶体内が濁ってくると光がきれいに網膜に通じなくなり、物がはっきりと見えません。白内障は老化や糖尿病などが原因になりますが、今では短時間でその手術ができるようになっています。水晶体の白濁物を除去して、眼内レンズを入れるようなことをします。

緑内障　硝子体中のゼリー状物質は眼球の大きさを保つ圧力をもっています。その眼圧と視神経の強さにバランスが保たれていると正常ですが、視神経が強くなり盲点部分が凹状になるとバランスが悪くなり、視野がせまくなります。緑内障の症状です。

　眼の病気といえる視覚異常は、眼の部位にそれぞれ発生します。網膜に関しては、網膜剝離、黄斑変性（物がゆがんで見える）、硝子体については飛蚊症（ゴミが飛んでいるように見える）などがあり、また、眼をうるおす役割をもつ涙に関しては、ドライアイなどがあります。

色覚異常 (anomalous color vision)

　色覚異常（色覚障害）は、桿体、錐体の機能障害によって色の見え方が正常ではないことをいい、以下に示すような種類があります。これらは、先天的な色覚異常の事例です。なお、後天的なもののほとんどは、眼の疾病によるもので、網膜剝離、黄斑変性、糖尿病網膜症、緑内障などが原因となるものです。色覚異常は色覚検査、混色の実際などから得

たデータから検証されます。

　色の弁別に精度が求められる特殊な職業以外は、色覚異常があったとしても社会生活に支障をきたすものではありません。ごく一部のそのような人を少数派として、特別視することは問題があるので、社会的にその差別を撤廃している趨勢で、小学校で行われていた色覚検査を廃止するようにもなっています。公共の場でのサイン計画の1つとして、判別しにくい色を、判別しやすい色に変えた駅の表示や路線図などがあり、これは色覚バリアフリーへの考え方の1つの現れです。

一色型色覚(monochromatism)　**桿体一色型**（全色盲）は、桿体、錐体のうち、桿体だけが働いている状態です。色覚につながる錐体がないので、明暗だけを認識しています。光に敏感な桿体だけなので、日中の強い光には耐えられず、遮光グラスが必要になります。また、**錐体一色型**は、桿体、錐体両方ありますが、錐体が1つだけの色刺激に反応し、その1色だけを認識しています。赤一色型、緑一色型、青一色型の色覚です。

二色型色覚(dechromatism)　赤、緑、青錐体の中で、1つだけ錐体が欠損している状態。赤錐体の欠損であれば**第一色覚異常**(protanopia)、赤と青緑を混同します。緑の場合は**第二色覚異常**(deuteranomaly)で、緑と赤紫を混同し、青は**第三色覚異常**(tritanopia)で、青と黄緑を混同します。何れの場合も無彩色と混同し、それを**中性点**(neutral point)といいます。第一色覚異常の中性点は495nm（青緑）、第二色覚異常では500nm（青緑）第三色覚異常で570nm（黄）が中性点になります。

三色型色覚(anomalous trichromatism)　赤錐体、緑錐体、青錐体はそろっていますが、1つだけの錐体機能が弱くなっていることで、一般にいう**色弱**です。ある色を光の三原色で混色する場合、正常者と違い色弱者はある色を多く使います。黄の混色は赤と緑を使いますが、赤を多く使って黄を混色するのが第一色弱で、緑を多く使うのが第二色弱です。青と緑で青緑を混色する際に、青を多く使うのが第三色弱です。

正常三色型色覚(normal trichromatism)　正常な色覚をもつ人でも色を見誤ることがあります。色が小面積、光の明るさが不足しているとき、注意力の低下や疲労などで起こします。

色覚検査

色覚検査には、各種の手法が採用されています。

石原式色盲表 色覚検査用として国際的にも多く使われ、普及しているのが石原式色盲表で、略して「石原表」とも呼ばれます。色がモザイク状にある表から数字を読み取ります。色覚異常があれば数字を間違ったり、読み取れません。表の内容と判定によって異常の程度を知ることができます。

100hue test 100色相配列検査器ともいいます。マンセル明度6を基準にして100色相の色が等間隔に選ばれており、ばらばらになっている色コマを色相順に並べてその結果を検査します。検査精度が高く、色彩弁別能力の検査にも使われます。

パネルD-15 ばらばらになっている15色の色を、色相順に並べてみるものです。100色相配列よりも色数が少ないので、短時間で色覚異常の程度が検査されます。

アノマロスコープ (anomaloscope) アノマロスコープは色票を基にしたものではなく、色光を使い混色や標準光との等色などから色覚の検査を行うものです。いろいろなタイプの機種があり、正確に検査することもできるのですが、器機が高価で扱いがむずかしいため、一般には普及していません。

色知覚

図の中に実際にはない色が見えたり、明るさの変化で色が変わったように見えるような眼と知覚の関係で現れる諸現象を色知覚といいます。

色知覚

　人の眼は精密な機能をもっており、環境や条件によって影響を受けやすい性質があります。色のない模様の中に色を感じたり、実際にはない色や形を知覚したり、明度や彩度が実際とは異なって感じられたりする現象もあります。色を学ぶ上でこれら色知覚の諸現象について理解しておく必要があります。色彩対比、同化現象なども色の組み合わせから現れる見え方の変化で、色知覚の仲間になります。

順応 (adaptation)　同一刺激の継続により、その刺激への感度が変化することを順応といいます。一般的に「慣れ」と呼ばれることもあります。暖かい室内から気温の低い屋外へ出ると、はじめは非常に寒く感じられますが次第に寒さを感じなくなるのは外気温に順応したことによります。知覚に関わる順応には暗さに目が慣れる暗順応、まぶしさに目が慣れる明順応、特定の色に目が慣れる色順応などがあります。

色順応 (chromatic adaptation)　同じ色を連続して見ていると、その色味に対する感度が変化します。これを色順応といいます。色ガラスの眼鏡をかけていると、最初は視界全体がガラスの色に見えますが次第に通常の見え方に変わってきます。これは網膜上におけるその色の感度が低下することにより起きる現象です。

明順応 (light adaptation) **と暗順応** (dark adaptation)　明るい場所から急に暗い場所に入ると、当初は何も見えなく、時間の経過に伴って見えるようになります。目が暗さに慣れることを暗順応といいます。逆に暗い場所から明るい場所に入ると、当初はまぶしくて何も見えませんが次第に見えるようになります。これを明順応といいます。主に暗順応は桿体、明順応は錐体が作用します。暗順応にくらべて、明順応は短時間で終了します。

明所視 (photopic vision)、**暗所視** (scotpic vision)、**薄明視** (mesopic vision)
　日中の明るい状態で物を見ている状態を明所視といいます。**錐体視**ともいいます。暗所視は、暗いところで見ている状態で、**桿体視**ともいいます。少しの光でも桿体は働くので、物の存在を認識しています。薄明視は夕刻の光が次第に弱くなってくる時の状態です。錐体視から桿体視に変わってくるので、短波長光の色は明るく、長波長光の色は暗く見えてきます。プルキンエ・シフトに関連します。

　図版　➡巻末346ページ・図11●明所視と暗所視（プルキンエ・シフト）

残像 (after image)　刺激が無くなった後も、その刺激の感覚が残っていることを残像といいます。特定の色を見続け、その色を取り去ると補色（その色の心理補色）が見えます。これを**補色残像現象**といいますが、**陰性残像**です。静止画を連続変化させて動きを感じさせる映画やアニメーションも残像現象を利用しています。

補色残像現象　通常の残像が現れるのは陰性によるもので、赤色を見た後に現れる色は青緑で補色関係になります。

回帰残像　非常に明るい光源をしばらく見つめた後、光を完全に遮断すると光源の残像が見えます。残像は、はじめは光源の補色で現れ時間経過とともに本来の光源の色に戻り消失します。日中の太陽を見た後にもよく見えますが、照明器具でもこのようなことを観察できることがあります。白熱電灯では円形、環状蛍光灯では環状の残像が現れます。太陽の場合は円の周囲にコロナのような周辺光が見えますが、中の円とは別の色になります。光源を見ている時間にもよりますが、比較的長時間にわたり残像を観察することができる回帰残像です。

陽性残像 (positive after image)　原刺激と同質の感覚が生じる残像現象を陽性残像（正の残像）といい、1秒以下の短い時間でも生じやすい現象です。暗いところで電灯を消した瞬間に、電灯の像が現われるとがあります。陽性残像の現象ですが、この現象はあまり体験することがありません。

陰性残像 (negative after image)　原刺激と明暗、色調が逆転した感覚が生じる残像現象を陰性残像（負の残像）といい、原刺激を比較的長く（30秒以上）与えられたときに生じやすい現象です。赤を見た後に眼を

白紙に移すと、青緑の残像が現われます。これは補色残像現象で、このような陰性残像はよく体験しているものです。

ベゾルト・ブリュッケ現象 (Bezolt Brücke phenomenon) 　ある波長をもつ色光の輝度が変化すると、わずかに色相も変化して見える現象です。赤や橙は明るさが増すと黄の方向に、黄緑や青緑は青の方向に近づいて見えます。この現象を研究したベゾルトとブリュッケの名前が付けられています。輝度の変化を受けない色相もあり、これを**不変色相**といいます。

不変色相 (invariable hues) 　前述のようなベゾルト・ブリュッケ現象が起きない波長が存在し、それを不変色相といいます。波長571nm（黄）・506nm（緑）・474nm（青）と494nmの補色（紫みの赤）の4つが該当します。ヘリングの反対色説の根拠の1つにもされており、オストワルト色彩体系の基本4色相になっています。

ハント効果 (Hunt effect) 　有彩色を明るく照射すると、その色がより鮮やかに見える現象です。有彩色の鮮やかさの知覚が、照明光の照度が高くなると鮮やかさが増したように感じます。

アブニー効果 (Abney effect) 　色の彩度が変化すると、色相がわずかに変化して見える現象です。ある色の彩度の変化は、色度図上のその色の座標と白色点を結ぶ直線上を移動すると考えられますが、実際に色光に白色光を混ぜて彩度を変化させ、色度図上に座標をとると直線ではなく、わずかに湾曲した曲線となって現れ、色相が微妙に変化していることが示されます。黄色を暗くすると、彩度が低くなり、緑みを帯びてくるようなことです。

図版 ➡巻末347ページ・図12●アブニー効果

プルキンエ現象 (Purkinje phenomenon) 　チェコの医師ヤン・エバンゲリスタ・プルキンエが解明した視覚現象で、明るいところでは青よりも赤が鮮やかに見えますが、暗い場所では赤が黒ずみ、青が鮮やかに見えます。これは明るさにより視感度最大値の波長が移動（プルキンエ・シフト）するためで、明所視では555nmが最大感度です。暗所視では507nmが最大感度になります。

参照 ⇨98ページ・分光感度

ブローカー・スルツェ現象 (Broca-Sulzer effect)　色反応が生じる速さは、与えられる刺激の強さに依存します。強い刺激に対しては反応は速くなります。また、色相により反応時間に差があり、波長の順、赤・緑・青で反応が速くなります。反応時間が短い赤が交通信号の停止色に使われているのは、このためといわれています。

エーレンシュタイン効果 (Ehrenstein effect)　存在しない図形が知覚される現象で、主観的輪郭といいます。
　図版　➡巻末347ページ・図13●エーレンシュタイン効果

ネオンカラー現象 (neoncolor effect)　エーレンシュタインの十字の中央を薄い色の線で結ぶと丸い形が見えます。この様子がネオン発光に似ていることでネオンカラー現象と呼ばれています。
　図版　➡巻末347ページ・図14●ネオンカラー現象

ハーマン・ドット (Hermann's dot)　黒地に白の格子をハーマン・グリッドといい、これ見ていると格子の交点に黒っぽい影が現れる錯視をハーマン・ドットといいます。
　図版　➡巻末348ページ・図15●ハーマン・ドット現象

ヘリング・ドット (Herring's dot)　白地に黒の格子をヘリング・グリッドといい、これを見ていると黒の格子の交点に白っぽい影が現れる錯視をヘリング・ドットといいます。
　図版　➡巻末348ページ・図16●ヘリング・ドット現象

ベンハム・トップ (Benham's top)　白と黒で模様が描かれた円盤を回転させると、実際には色が無いにも関わらず色が知覚されます。これを**主観色**といいます。時計回りに回転させた場合、外側から順に赤、緑、青が現れ、刺激に対する反応が速い波長の順になっています。色の見え方は模様や回転速度、回転方向に左右されます。ベンハムの独楽とも呼ばれます。
　図版　➡巻末348ページ・図17●ベンハム・トップ

主観色 (subjective color)　ベンハム・トップに見られるように実際には無い色が見える場合の色を主観色といいます。人によっては主観色を感じないこともありますが、経験することで感じるようになります。

静止画像 (still picture)　ベンハム・トップは回転によって色が現れますが、静止している画像によって色が感じられるものがあります。POP調の幾何学パターンなどに見ることができます。瀧沢図形、ブリジット・ライリーの図形などがあります。

ヴェルトハイマー・ベナリーの対比図形 (Verutohaima-Benari's Comparison figure)　白い背景に描かれた黒い十字形の内側と外側に灰色の三角形を貼り付けると、内側では三角形の灰色がより明るく見え外側ではより暗く見える現象で、明度対比の1つです。この現象を**ベナリー効果**(Benery's effect) といいます。

マッカロウ効果 (McCollough effect)　赤と黒の縦縞と、緑と黒の横縞のパターンを交互に約10秒間ずつ繰り返して3分ほど凝視した後、白黒の縦縞・横縞で構成されたパターンを見ると、縦縞部分に緑、横縞部分に赤（ピンク色）が見えるようになります。通常の残像と異なり、その効果はかなり長時間持続しますが、プロジェクターを使ってパターンを投影すると効果は増大します。

リープマン効果 (Liepmann effect)　色相が大きく異なっていても明度差が小さいと視認性が低くなり、見えにくくなる現象です。それを防ぐには、図形の周囲に明度差を付けるために白を加えて見えやすくします。広告の文字デザインなどに見ることがあります。
　■図版■　➡巻末349ページ・図18●リープマン効果の例

ウェーバー・フェヒナーの法則 (Weber-Fechner's law)　「感覚の強さを表す心理的尺度は刺激の強さに対して対数関係になる」という法則です。オストワルト色彩体系では、明度段階を決める黒と白の割合に対数尺度が使われています。

色の見え方

　光の反射・透過・吸収によって物の色にさまざまな見え方がありますが、それを心理学者のカッツは鏡映色、空間色、面色、表面色などと分類しています。デビッド・カッツ以外にもそのような分類をしており、他には開口色、物体色、透過色、光源色などがあります。

鏡映色（mirrored color）　光を全面的に反射する鏡のような色の見え方で、鏡面に固有色がある場合はその色を透かして見えます。

空間色（volume color）　透明な色水を通して物体を見たときのように、物体までの空間が着色されて見える見え方です。

面色（film color）　青空を青空しか見えない状態で見たような色の見え方です。

表面色（surface color）　不透明な物体表面の色です。空間内の距離感が明確です。一般的にいわれる**物体色**と同じようなことですが、ステンドグラスやカラーフィルターのように光を透過した色も物体色です。

開口色（aperture color）　平面にある小さな穴を通して、均一に照明された物体を見たときの色の見え方です。青空は面色として扱われますが、画用紙に穴を開けてのぞく青空の色は開口色になります。

光輝（luminosity）　物体が光を発しているかのように知覚されること。類似した用語に**輝面色**（luminous color）があります。

色の見え方に関わる知覚・事象

共感覚（synesthesia）　ある刺激に対して、通常の感覚の他に異なる感覚を生じる特殊な知覚現象です。聴覚や味覚を通してある色を感じるようなことで、ソプラノの高い声から明るい黄色、酸っぱい食べ物には緑色を感じるというようなことですが、普遍的に誰にでも共通するものではありません。また、すべての人が共感覚をもっているわけではありません。

　参照　⇨138ページ・共感色

蛍光漂白 (fluorescent whiting agent)　漂白には昼光の紫外線で青紫の蛍光色を出す有機蛍光染料が使われます。白生地は汚れると黄みを帯びてきますが、それを青みの蛍光色で白色化（加法混色）するということになります。

ゲルプ効果 (Gelb effect)　準暗室のスポット照明で、黒色円盤が白ないしは灰色に知覚される現象をゲルプ効果といいます。円盤に白い紙片を近づけると円盤が黒いことが分かりますが、紙片を遠ざけると再び円盤は白く知覚されます。

ヘルソン・ジャッド効果 (Helson-Jadd effect)　高彩度の有彩色照明下で、種々の明度の無彩色の灰色色票を観察すると、背景の灰色よりも明度の高い灰色は照明光の色相に、背景の灰色よりも明度の低い灰色は照明光の補色の色相に見える効果です。

ヘルムホルツ・コーラウシュ効果 (Helmholtz-Kohrausch phonomenon)
　明所視の範囲内で輝度を一定に保っても、色刺激の純度が変化すると知覚される色の明るさが変化する現象です。ヘルムホルツが指摘し、コーラウシュが実験で証明したことからの名称です。

前進色と後退色　色の見え方で、赤は前進色、青は後退色とされます。同面積の赤と青を並べて見ると、赤ははっきりと見え前進感をもちます。青はぼんやりと見えて後退感をもちますが、水晶体での屈折に関係しています。赤は屈折率が少ないので、網膜上に結像しますが、青は屈折率が大きいので網膜の前方に結像し、それでぼんやりと見えることになります。その赤と青を別々に見ると、青は網膜上に結像してはっきり見えます。

色覚説

人の眼が色を感じるしくみについては、
いろいろな説が唱えられてきました。
色覚に関わるさまざまなことを取り上げます。

色覚説

　光源から照射された光が物体に当たり、眼に入って色として知覚されるしくみを唱えた学説を色覚説といいます。今まで、多くの心理学者、物理学者、医学者たちによって色覚説が唱えられており、それぞれに一長一短があって決定的な説は定まっていません。網膜中の錐体・桿体との関わり合いを中心にしたヤング・ヘルムホルツの三色説と、反対色同士を基にしたヘリングの四色説が一般的に支持されています。

光覚と色覚　光覚とは光とその強弱を感じることです。暗室の中で、長波長光、中波長光、短波長光を別々に使い、少しずつ明るくしていくと、被験者は中波長光に少しの明るさを感じ、長波長光や短波長光には、中波長光よりもさらに明るくしないと明るさを感じないという実験があります。中波長光に対して明るさを敏感に感じていることを示すもので、明暗に敏感な桿体機能によるものです。錐体はさらに明るさが増してこないと色覚（color vision）が現れてきません。光覚が現れて、ようやく色覚が現れるということになります。

比視感度曲線 (luminosity curve)　波長555nm（黄緑色）における感度を1として、可視領域の各波長における視感度を数値化した曲線が比視感度曲線です。眼の感度は波長によって異なるので、中波長域を明るく、長波長、短波長域は暗く感じていることを示しています。この曲線の左側のものは桿体中心に光を当てて求められたもので、暗順応曲線、暗所視曲線、桿体視曲線ともいわれます。右側の曲線は錐体中心に求められたもので、明順応曲線、明所視曲線、錐体視曲線といわれます。暗くなってくる夕刻に、赤などの長波長光は暗く感じ、短波長光の青などに明るさを感じるプルキンエ現象は、明所視から暗所視に切り替わるようなことで、それを比視感度曲線で説明することができます。

図版　➡巻末346ページ・図11●明所視と暗所視（プルキンエ・シフト）
参照　⇨74ページ・プルキンエ現象

三原色 (three primary colors)　加法混色における赤（R）、緑（G）、青（B）、減法混色における青緑（シアン：C）、黄（Y）、赤紫（マゼンタ：M）をそれぞれ三原色といいます。加法三原色についてはCIE（国際照明委員会）が赤（波長700nm）、緑（波長546.1nm）、青（波長435.8nm）の単色光を基準色に定めています。減法三原色では、波長を決めることで色が定まる光と異なり、基準色を決めることは容易ではなく、厳密に定義された三原色はありません。

三原色説 (three primary colors theory)　イギリスの科学者トマス・ヤング（1773～1829）が三色説を唱え、ドイツの物理学者ヘルマン・フォン・ヘルムホルツ（1821～1891）が証明したということで、この三色説はヤング・ヘルムホルツ説といわれています。眼には赤、緑、青に対応する受容器（錐体）があり、それぞれ色の神経による興奮作用が複合して、色が認知されるというものです。この説では色盲の説明はできますが、色残像の説明ができません。

回転混色器による証明　マクスウエルは二重同心円の回転円盤を使って混色の研究を行い、ヤング・ヘルムホルツ説の三色説を証明しました。同様に、回転混色を行うベンハム・トップやシェパードの円盤による実験でも、白と黒のパターンから赤、緑、青の三色が観察されています。

四原色説 (four primary colors theory)　ドイツの生理学者エヴァルト・ヘリング（1834～1918）は、ヤング・ヘルムホルツ説の三色説に対して、四色説を発表しています。これは赤と緑、黄と青を基本に白と黒が加わった説で、赤と緑、黄と青が反対色同士であることから、**反対色説**ともいわれます。網膜中に2対・3種（赤－緑、黄－青、白－黒）の光に反応する視質が存在すると仮定します。その物質の補給作用と消失作用で色を感じるというものですが、この説は混色や色覚異常の説明には向かないとされています。

　補給作用と消失作用とは、色感覚はエネルギーを充実しようとする補給作用（合成作用、同化作用）と、エネルギーを破壊しようとする消失作用（分解作用、異化作用）によって色を感じると考えます。赤－緑感覚は視質に光が当たると消失作用で赤、補給作用で緑になります。黄－青感覚では消失作用で黄、補給作用で青になります。白－黒感覚では消失作用で白になり、補給作用で黒になるというものです。

ハーヴィヒ・ジェームソンの反対色過程説 (Hurvich-Jameson's opponent process theory)　ヘリングの反対色説を発展させたもので、2段階の色覚反応を仮定します。赤、緑、青、黄に反応する第一段階の興奮機能は錐体の中にあります。第二段階として連合反応機構があり、網膜外の視神経中枢のいずれかに白と黒、赤と緑、黄と青の3対の反対色過程があるとしています。

ラッド・フランクリンの発生 (Ladd-Franklin's generic theory)　三原色説と四原色説をとり入れたもので「発生」という考え方を用います。ヘリングの2対の3物質は発達段階が異なるもの、もっとも未発達で全波長に反応する灰物質（白と黒）、短波長と長波長に反応する青物質・黄物質、さらに黄物質が発達して赤物質と青物質に分化するという考え方です。この説は赤色盲と緑色盲の違いを説明することはできません。

フォン・クリースの二重説 (von Kries's duplicity theory)　錐体で色を感じ、桿体では明暗を感じるという説ですが、両細胞相互の関係が説明されてはいません。錐体と桿体双方の視細胞を切り離しての説なので問題があるとされています。

動物の色覚

　動物には種によって色覚をもつもの、色覚をもつが弱いもの、まったくもたないものがあります。光の少ない水中や洞窟などに生息する動物では、色覚が無いものも少なくありません。

哺乳類の色覚　多くの哺乳類は色覚の発達はよくありません。ウシなどの偶蹄目は2色型色覚をもち、イヌ、ネコは色覚をもちますが感度は高くありません。哺乳類の例外はサルの仲間で、樹上生活の影響ともいわれていますが、ヒトやヒトに近い霊長類では、3色型色覚をもつものもありますが、2色型色覚の色覚異常のものも含まれています。

鳥類の色覚　空を飛ぶ鳥類は色覚が発達しています。紫外線領域まで認識できるといわれています。鳥目という言葉がありますが、鳥類は夜でも物体を識別する能力に優れた、夜行性のフクロウ類や夜間飛行をする渡り鳥などのようなものも少なくありません。オウムやインコは優れた色彩判別能力があるといわれており、そのためか高彩度色の羽毛をも

ったものが多く見られます。

爬虫類・両生類の色覚　3色型、2色型の色覚をもつものもありますが、ほとんど色覚をもっていないとされています。

魚類の色覚　硬骨魚類は3色型色覚をもつとされます。ヒトに近い色覚のものが多く、集魚灯のような光に集まる性質を利用した漁が行われています。疑似餌には高彩度色のものもあります。また、視野は魚眼レンズのように広範囲を見ることができます。ドジョウのように土中に生活する種では、明暗を判別する程度の視力しかもっていません。空気中に比べると水中は光の減衰が大きいので遠望はきかず、鳥類のように遠くを見る必要性は低いと思われます。

昆虫の色覚　チョウやハチは紫外線領域まで識別できることから、花粉の状態を見分けるとされていますが、ほとんどは色覚をもっていません。アリは白いものに集まるといわれており、またハチは黒いものを攻撃しますが、赤は識別できないといわれています。

混色

色を混ぜて別の色を作ることが混色です。
基本となる加法混色と減法混色の他に、
知覚の影響によるさまざまな混色もあります。

混色

　混色によって多くの色を得ることができますが、基本的なことは光の三原色（赤：R、緑：G、青：B）の混色にあります。光の三原色を加法三原色といい、原色の2色ずつを混合することによって減法三原色（赤紫：M＝マゼンタ，黄：Y＝イエロー，青：C＝シアン）が現れます。

原色 (primary color) **と純色** (full color)　光の混色を加法混色、絵の具などの色料の混色を減法混色といい、どちらの混色でも得られない色が原色です。原色は加法混色、減法混色の場合でも3色あり、三原色と呼ばれます。三原色以外の色は、三原色の組み合わせで作ることはできますが、加法混色では黒、減法混色では白を合成することはできません。
　純色は、一般には各色彩体系の等色相内でもっとも彩度が高い色であり、その色相を代表する色です。純色は、色相環を示す色として用いられます。マンセル色彩体系では5Rなど色相記号に「5」が付く色で最高彩度の色、オストワルト色彩体系では白と黒を含まない等色相断面の正三角形頂点の色が純色です。PCCSではビビッドトーン（v）の色が純色です。

加法三原色 (additive primaries)　色光の混色である加法混色における原色で、赤、緑、青の3色。**CIE**（Commission Internationale de l'Éclairage：国際照明委員会）では、3つの単色光の波長を、赤：700nm、緑：546.1nm、青：435.8nm の値に定めていて、これを原刺激光といいます。
　加法混色では、三原色のすべてを一定の割合で混色すると白になります。また、混色された光は、元のそれぞれの単色光よりも明るくなります。カラーテレビや舞台照明、パソコンなどのモニタは加法混色の原理で発色しています。加法混色では黒を作ることはできませんが、テレビ画面やモニタでは電源を入れていないときの色が黒として認識されます。実際には黒ではありませんが、周囲の発光画素との対比などで黒と

して知覚されます。

　CIEは、光、照明、表色などの研究、標準化、情報交換を行う団体。1913年設立、本部はパリ、各国にそれぞれの照明委員会が設置されています。

　図版　➡巻末349ページ・図19●加法三原色、減法三原色、補色
　　　　➡巻末349ページ・図20●加法混色

減法三原色（three subtractive colors）　印刷物など反射光による色表現の混色における原色で、シアン（C：青緑）、イエロー（Y：黄）、マゼンタ（M：赤紫）の3色です。減法混色では白を作ることはできないので、印刷ではインクを印刷しない紙の色を白とします。

　図版　➡巻末349ページ・図19●加法三原色、減法三原色、補色

減法混色（substructive mixture of color stimuli）　シアン、イエロー、マゼンタの三原色による混色で、カラー印刷はこの方法で行われます。加法混色では混色により得られる色は元の色よりも明るくなり白に近づきますが、減法混色では暗くなり黒に近づきます。しかし、現実には完全な黒を得ることはできないため、印刷では、三原色に黒を加えた4色のインクが使われます。

　図版　➡巻末350ページ・図21●減法混色

着色材混合（additive mixture of color stimuli）　絵の具による混色です。透明水彩絵の具で乾いた後に重ね塗りをすると減法混色に近い結果になりますが、パレット上で混色した場合は加法混色と減法混色が複雑に入り交じった混色になります。

継時的加法混色　網膜の同じ場所に2色以上の色刺激を高速で交互に与え続けると、混色して1つの色に見えます。回転混色機は、この原理を用いています。混色された色の明るさは、元の色の中間になり、足し算が成立するので加法混色の一種とされます。色を塗り分けたコマを回転させると、各色が混合されて見えます。これが継時的加法混色の代表的な例です。

　図版　➡巻末350ページ・写真4●コマの回転による継時的加法混色

中間混色（mean-value color mixture）　併置混色や回転混色は、色光の加法混色と異なり、混色された色が元の色より明るくなることはなく、元の色の中間の明るさになります。このことから中間混色と呼ばれます。

回転混色器　継時加法混色の原理で混色を行う装置。複数の色で塗り分けられた円盤を回転台に乗せて固定し、モーターなどで回転台を回して混色します。手動の簡単な混色器は、コマで作ることができます。

マクスウェルの円盤 (Maxwell's disk)　イギリスのマクスウェル（James Clark Maxwell、1831～1879）が考案した回転混色装置。彼は回転円盤を二重にして、内側には白と黒、外側には赤、青緑、菫の3色をそれぞれ割合を変えて回転混色ができるようにし、内側と外側の灰色が同じに見えるように、外側の3色の割合を調べる実験を行いました。

併置混色 (juxtaposition color mixture)　複数色を細かく並べ、個々の色が眼の分解能以下の大きさになると混色して見えます。モザイク、点描画、カラーテレビ、織物、網点によるカラー印刷などには、この混色原理が使われています。色と色が並べられることから、**並置混色**あるいは**並置加法混色**とも呼ばれます。O.N.ルードが発表した「モダンクロマチクス」の影響を受けた画家スーラは、点描による新しい絵画技法を生み出します。これは、併置混色による色の視覚効果です。

カラーテレビの混色　カラーテレビの表示装置には、CRT（ブラウン管）、LCD（液晶ディスプレイ）、PDP（プラズマディスプレイ）、有機ELなどが方式があり、いずれも加法混色の原理で色が作られます。CRTでは規則的に配置された赤、緑、青の蛍光体に電子を当てて発光させ、PDPでは赤、緑、青の発光素子を光らせるなどして混色しています。カラーテレビでは黒を表現できませんが周囲の発光色との対比により、無発光状態の画素が黒として知覚されます。

補色 (complementary color)　色相環上で対向位置にある2色を補色といい、これには**物理補色**と**心理補色**があります。補色は、反対色とも呼ばれることがあります。加法三原色と減法三原色は補色の関係にあります。マンセル色彩体系、オストワルト色彩体系の色相環は物理補色、PCCSの色相環は心理補色が対向しています。補色関係にある2色は加法混色では白色になり、中間混色ではグレーになります。

　物理補色を確認する方法は、加法混色では白になり、中間混色ではグレーになることです。マンセルとオストワルト色彩体系による色相環の対向位置にある色は、互いに物理補色であり、その2色を混合すると白またはグレーになります。

ある色の残像として現れる色を、その色の心理補色といいます。心理補色は生理補色とも呼ばれます。心理補色の2色を混色すると暗いグレーまたは黒になります。

図版　➡巻末349ページ・図19●加法三原色、減法三原色、補色

ランベルトの混色　異なる色AとBを平行に置いた間に透明ガラスを垂直に立て、45度の視角でガラス越しにB色を観察すると、ガラス前面にあるA色の反射色とB色の等価色が混色された色が観察され、この現象をランベルトの混色といいます。加法混色の一種で、色紙の代わりに色光を使う方法で、この原理は測色器に利用されます。

古典的な三原色　スコットランドの物理学者デビット・ブリュースター（David Brewster、1781〜1868）は、色の三原色を赤、青、黄と定義し、1831年イギリス王立科学協会で発表しました。1867年、ヘルムホルツにより色光の三原色と色料の三原色とは異なることが証明されたことから、**ブリュースターの三原色**は古典的な三原色といわれ、この名称だけが残りました。

色再現

デジタル技術の普及に伴い、
色を表示する技術やしくみは、急速に進歩と拡大を続けています。
その主な用語には多くのものがあります。

色再現

　科学技術が発達した現代では、多種多様な媒体で色が表現されています。また、インターネットの普及により、画像が作成されたときとは違う環境下で再生されることも珍しくはなくなりました。こうした状況の中で、色に関わる多彩な表示装置や発色原理についての知識が必要とされています。

CRT　Cathode Ray Tube（陰極線管）の略。真空管の一種で、いわゆるブラウン管のことです。パソコンのモニタやテレビ受像機に利用されています。管後方の電子銃から蛍光体が塗られた前面に向けて電子を照射して発光させます。電子は磁力により曲げられて照射位置を制御されます。一般的なラスタスキャン方式では電子銃は画面左上から右下に高速（1/60～1/30秒）で走査されます。物理的残光および眼の残像により画像が認識されます。構造上軽薄化が困難なことや、消費電力が多いことなどからLCD（液晶ディスプレイ）やPDP（プラズマディスプレイ）に取って代わられつつあります。

ラスタスキャン（raster scan）　画面上を一定の方向に繰り返し走査して画像を描く方式。テレビ受像器やパソコンのモニタで使われています。

ベクタスキャン（vector scan）　画面上の任意の場所に「一筆書き」のように線を描く方式。面は線の集合として描きます。初期のCAD用モニタやオシロスコープなどの測定器の表示に使われています。

液晶ディスプレイ　液晶素子を利用した画像表示装置で、LCD（Liquid Crystal Display）とも呼ばれます。テレビ受像機、パソコンのモニタ、携帯電話、デジタルカメラ、時計その他各種文字・画像表示装置として広く使われています。液晶に電圧を加えると液晶分子の向きが変わることを応用してシャッターとし、色や明るさを制御して画像を表示

します。液晶自体は発光しないため、外光を取り入れたり、バックライトなどの光源が必要です。

プラズマディスプレイ (plasma display)　放電発光を利用した画像表示装置で、略してPDPとも呼ばれます。自ら発光するために発光体が不要で、信号に対する応答も液晶よりも高速です。消費電力は他光源を利用する液晶では表示画像に関わらず一定ですが、プラズマディスプレイでは表示する画像が暗ければ消費電力が小さく、明るければ大きくなります。

有機ELディスプレイ (Organic Electro-Luminescence display)　有機エレクトロルミネッセンス（有機発光ダイオード）と呼ばれる発光物質を用いたディスプレイ装置。自らが発光するためバックライトが不要で液晶やプラズマに代わる表示装置として期待を集めています。液晶よりも反応が速く、温度や磁気の影響を受けない利点があります。液晶やプラズマよりも薄型化が容易ですが大型化には課題も残ります。

NTSC　米国の国家テレビ標準化委員会（NTSC：National Television Standards Committee）で制定されたテレビの方式で委員会名の略称が方式名として定着しています。現在、アメリカ大陸諸国、日本、台湾、韓国などでアナログテレビやビデオの方式として使われています。毎秒29.97枚の画像をインターレース（飛び越し）走査で表示します。走査線数は525本です。

SECAM　SÉquentiel Couleur À Mémoire（順次式カラーメモリ）の略で、セカムと読みます。フランスで開発されたアナログテレビの方式であり、フランス以外でも旧ソ連圏、アフリカ諸国の一部などで利用されています。毎秒25フレーム、走査線数625本のインターレース走査です。

PAL　Phase Alternating Line（位相反転線）の略で、パルと読みます。旧西ドイツで開発されたアナログテレビの方式であり、ヨーロッパ諸国、中東諸国、ASEAN諸国、中国、アフリカ諸国の一部などで利用されています。毎秒25フレーム、走査線数625本のインターレース走査ですが、走査線ごとに色信号の位相を反転してエラーを自動補正する特徴があります。

ハイビジョン (Hivision)　NHK放送技術研究所が開発した高品位テレビの方式で、海外では高精細度テレビジョン（High Definition television：HDTV）と呼ばれています。走査線はNTSCの512本に対し1,125本、画像の解像度は1,920×1,080画素で35mm映画並みの高精細画像を扱うことができます。画面の縦横比はNTSCの4：3よりも横長の16：9となっています。

アナログハイビジョン (analog Hi-vision)　1982年にMUSE方式が開発され、1989年から実験放送、1994年から実用放送が開始されましたが、2007年で廃止されました。画面のアスペクト（縦横）比は16：9、走査線は1,125本（有効1,035本）で1フィールドは60フレームという規格はNTSC互換ではなく、CGとの相性も良くなかったため、デジタルハイビジョンに代わられました。

デジタルハイビジョン (digital Hi-Vision)　欧米は高品位テレビをデジタル放送方式にしたため、日本もデジタル方式のハイビジョンを開発しました。フレーム数はMUSE方式の60から59.94になり、NTSCとの整合が図られました。有効走査線はMUSEの1,035本に対し、1,080本と増加しました。放送用の伝搬規格は衛星放送と地上波放送で異なっています。

カラーモニター (color monitor)　主にパーソナルコンピュータなどの画面表示の出力装置でCRTやLCD、PDPが用いられています。加法混色による多色表示ができます。

リバーサルフィルム (reversal film)　画像の色や明るさがそのまま反映されているフィルムで、スライドプロジェクタでの投影用に用いられることからスライドフィルム、あるいはネガフィルムに対してポジフィルムとも呼ばれます。リバーサルフィルムには、フィルム表面の感光乳剤中に色素を形成するカプラーを含んでいる**内式**と、現像液にカプラーを混入する**外式**がありますが、外式は鮮やかな発色が得られる反面、処理が複雑なため、「コダクローム」以外のリバーサルフィルムはすべて内式を採用しています。ネガフィルムと比較すると露光の許容範囲（ラチチュード）が狭く、プリント時の補正ができませんが発色が美しい特徴があります。印刷物の原稿にはリバーサルフィルムが使われます。なお、コダクロームの生産は中止されました。

ネガフィルム (negative film)　撮影画像の明暗や色が反転して焼き付けられているフィルムで印画紙に焼き付けると再度反転して元の画像になります。モノクロネガでは明暗が反転されて、カラーネガでは元の画像の補色が焼き付けられています。露出の許容範囲が広く、多少の露光ミスは印画紙への焼き付け時に補正できる利点があります。

画素 (pixel)　画面を構成する一点のことですが、コンピュータ画像の最小単位で色情報をもちます。英語ではピクセル。1画素はモニタ上（またはプリント用紙上）では1つの色（または濃淡）の点として表現されます。デジタルカメラでは画素数が大きいほど画像解像度が高くなり、精細な画像を扱うことができますが、その保存に必要な記憶媒体の容量も多く必要になります。コンパクトデジタルカメラや携帯電話内蔵カメラなどでCCD（Charge Coupled Device、電荷結合素子）などの撮像素子が小さい場合はあまり画素数が多いと1画素当たりの撮像素子の面積が小さくなり、かえって画質が低下してしまう場合もあります。

昇華型プリンタ (thermal wax transfer printer)　フィルムに塗られたインクを加熱して紙などに転写する熱転写方式の一種で、インクを熱で昇華させることから昇華型と呼ばれます。インクに加える熱量を精密に制御することで高画質を得られます。インクは染料インクが用いられます。

レーザープリンタ (laser printer)　乾式複写機と同じ原理で、帯電させた感光ドラムにレーザーなどの光源を照射してトナー（粉末インク）を付着させ、熱や圧力で紙などに定着させる方式。印刷速度が速く、大量印刷に向いています。家庭よりも事業所で使われることが多い方式です。

インクジェットプリンタ (ink jet printer)　微粒子化したインクを微細な穴から噴出して印刷する方式。多色化がしやすいため、4色以上のインクを用いて写真に近い高画質の印刷も可能です。印刷時の騒音も比較的小さく、現在、家庭で使われるパソコン用プリンタの主流となっています。インクには染料インクと顔料インクがあります。

染料インク (dye-based ink)　インクの色素に染料を使用するもの。色素は顔料よりも細かいので紙の繊維に浸透して、美しい印刷ができますが水に濡れるとにじんでしまう欠点があります。

顔料インク（pigment ink）　インクの色素に顔料を使用するもの。色素は染料よりも粒子が粗いので、水には強いのですが表面をこすると落ちてしまう欠点があります。

パソコンの色表示　パソコンが登場したばかりの頃はRGBのON/OFFの組み合わせで表現できる8色（2の3乗＝8）で表現していましたがRGBの輝度に段階を付けられるアナログRGBモニタの普及により、16色、256色、32,768色と色数が増えていきました。現在はRGBそれぞれを256段階の組み合わせで、1,677万7,216色（3の256乗）表現が一般的になっています。

　パソコンの最多色数は24ビット（約1,677万色）との誤解が多いのですが、色数を決めているのはソフトウェアの都合であり、PNG形式のファイルでは1画素48ビット（281兆色）の表示にも対応しています。色表示数が増えても表示できる色の範囲は変わらない（モニタやプリンタの色域が拡大するわけではない）ので、表現可能な色域を何分割して表示しているかの違いになります。

カラー印刷　画像を減法三原色の3つの版（C、M、Y）と黒（K）の4版に分解し、4色のインクで印刷する方式が一般的です。減法三原色による混色では、現実には黒を表現できないため、スミ版（K）を加えたCMYKのインクで印刷します。インクジェットプリンタでは、より微妙な色表現のためにCMYKにライトシアンやライトマゼンタなどのインクも加え、6～12色を使った印刷も行われています。この他、特定の色や混色では作れない蛍光色、金銀などを別の版にして刷る特色印刷もあります。

解像度　画素で構成されている画像（ビットマップ画像）における画素密度を示すもので、一定の長さ内の画素数で表します。通常は1インチ（2.54cm）当たりの画素数を示したdpi（Dot Per Inch）という単位を用います。

色解像度　1つの画素が何色の色を表現できるか示したものを色深度または色解像度と呼びます。赤、青、緑の3色をそれぞれ8ビット（256段階）で表現すると、24ビット（1,677万色）の色解像度になります。

カラーマネージメント　パソコンのモニタ、デジタルカメラ、スキャ

ナ、プリンターなど異なる入出力機器の間で色を統一的に管理すること。デジタル画像では色を数値で扱いますが、各機器は色空間や発色原理がそれぞれ異なるので、同じ数値データであっても同じ色に表示されないという問題が生じます。これを少しでも低減するためにカラーマネージメントという概念が導入されるようになりました。特にインターネットの普及により、従来はそのシステム内でのみ使われていたデータが他のシステム上へ移されることが多くなり、カラーマネージメントの重要性が増大しました。

色空間 (color space)　色を数値や記号で表現する方法には各種ありますが、3または4種類の数値などで示されることが多く（色相・明度・彩度、RGB、CMYなど）、三次元座標に置き換えて立体表現される場合もあります。また、立方体・円柱・球・円錐・六角錐・楕円球などで表現されることも多く、マンセル色彩体系やオストワルト色彩体系の色立体も色空間の表現の一種です。色空間が表現できる範囲を色域といいます。色空間には、ファイルとしての形式が定められているRGB、CMYK、L*a*b*などもあります。

▐図版▌　➡巻末350ページ・図22●色空間の概念

Webセーフカラー (web safe color)　世界中で使用されているすべてのパソコンが色解像度24ビットではありません。Webページ作成時には色解像度8ビット（256色）の環境でも対応できるように使用できる216色が定められており、これをWebセーフカラーといいます。この色は16進数で表示する際に0・3・6・9・c・fだけで構成されます（RGB各6段階で216色）。

ガンマ値 (gamma value)　画像の表示装置（モニタ）における入力信号と出力輝度の関係を示す特性はモニタやコンピュータのOSごとに異なっています。最大値の半分の電圧を入力して最大輝度の半分の輝度が得られれば理想的ですが実際は2～3割の輝度になってしまいます。入力と出力の関係をグラフ化したときに完全な直線になる場合をガンマ1とします。実際の機器のガンマ値は2前後（1.8～2.4）になりますが、この値がわかっていればソフトウェアで補正を行い、1に近づけることができ、これをガンマ補正といいます。初期状態の値はマッキントッシュ（Machintosh：Mac）では1.8、他のパソコンでは2.2～2.4、印刷所では1.8以下のガンマ値が用いられています。無補正のMacで作成した画像

をWindowsパソコンで見ると原画よりも暗く見え、無補正のWindowsパソコンで作成した画像をMacで見ると原画より明るく見えてしまいます。ガンマ補正により、こうした問題を低減できます。PNG形式の画像ファイルはガンマ補正に対応しています。

ICCプロファイル (ICC profile)　異なるデバイス（スキャナ、プリンタ、モニタ、デジタルカメラなど）間で色空間の変換を行うために、それぞれの特性を記述したファイルでICC（International Color Consotium）が規定しています。モニタプロファイル、入力プロファイル（スキャナやデジタルカメラ用）、出力プロファイル（プリンタ用）、カラースペースプロファイルなどがあります。

インデックスカラー (index color)　画素ごとの色をRGBの割合で指定するのではなく、使用している色ごとにRGBの混合比を予め設定しておき、色番号で色を管理する方法。風景写真のように無数の色を含む画像ではなく、イラストやロゴマークのような色数が少ない画像を扱う場合には、この方法の方がデータ量を抑えることができます。色番号とRGBの混合比はカラールックアップテーブルとかカラーマップと呼ばれる対応表で管理されます。Web用に用いられることの多いGIF形式は256色（8ビット）のインデックスカラーが用いられます。

AdobeRGB　米国のソフトメーカーであるアドビ・システムズ社が1998年に発表した色空間で、CRTを対象に定められたsRGBよりも広い色域をもち、色の再現性も高いことからDTPや印刷業界で広く使われています。AdobeRGBのデータは、それに対応した広い色域のモニタやプリンタで表示しないと色が正確に反映されません。そうした機器は業務用の高価な物に限られていましたが、近年では一般向けの機種でも対応するものが出回るようになりました。これは撮影モードにAdobeRGBを備えた一眼レフ方式のデジタルカメラの普及が大きく影響しています。家庭用のプリンタでもマニュアル設定でAdobeRGBを選択できる機種が増えてきました。

sRGB (standerd RGB)　IEC（国際電気標準会議）が1998年に定めた色空間の標準規格で、CRTの表示特性に基づいています。色域はAdobeRGBよりも狭いのですがデジタルカメラや多くのモニタ、プリンタが対応しています。

Truecolor　色解像度を24ビットとし、RGB各8ビットを割り当てそれぞれを256階調ずつにして約1,677万色を表現するコンピュータの色表現方式。256×256×256=16,777,216色を表現します。

Hicolor　15ビットハイカラーと16ビットハイカラーがあります。15ビットハイカラーでは、RGBそれぞれの輝度を32階調（5ビット）ずつにして3万2,768色を表現します。16ビットハイカラーでは、RとBを32階調（5ビット）、Gを64階調（6ビット）にして6万5,536色を表現します。

RGBカラー　色を光の三原色である赤（R）・緑（G）・青（B）の組み合わせで表現する方法。主にパソコンやデジタルカメラで用いられています。DTPでは画像を最終的に印刷工程に回す必要からRGBカラーではなく、CMYKカラーが用いられることが多いのですがパソコンではRGB表現しかできないため、RGB↔CMYKの変換を行っています。RGBカラーにはさまざまな色空間のものがあり、代表的なものはアドビ・システムズ社が提唱したAdobeRGBと、Webで用いられるsRGBです。AdobeRGBの方が色域が広く、色の再現性が高いのですがモニタやプリンタがAdobeRGBの色域に対応している必要があります。デジタルカメラはsRGBを採用していますが、一眼レフ方式の機種などではAdobeRGBも選択できるようになっています。パソコンにおける色表現では、RGB、CMYKのほか、HSV（HSB）やL*a*b*も用いられています。

測色

色を正確に伝達するためには数値化が必要です。
色を数値で表すために考案された法則や約束事などがあり、また測定方法とそのための装置があります。

測色

　色を正確に伝達するためには、物体や光源の色を測定して数値化する必要があり、これを測色といいます。測定は、人間の目で行う視感測色と、光学器械で物理的に行う物理測色に分けられます。測色の数値は、CIEの各表色系の基になるものです。

視感測色 (seeing colorimetry)　試料（測色する対象の色）と標準色票を目視観測によって比較し、測色する方法です。**直接比較法**ともいいます。標準色票としてはマンセル色彩体系やJIS色票が多く使われます。照明はD_{65}に近似した光源を用い、試料と色票の真上から照射して、観察者の視線が45度になる位置から観察するか、45度の照射角で試料と色票を照合し、観察者は真上から観察します。照明の照度は1,000ルクス以上が望ましいとされています。試料の色が標準色票チップ2つの中間になる場合は、0.5というような内挿近似値で判断します。この測色法は手軽な反面、測定精度は高くありません。測色の対象は表面色に限定されます。

測色の条件　測色は、次のような条件で行われます。
①光源：D_{65}の近似光、または、自然昼光、北窓光
②色票：Munsell Book of Color、またはJIS色票
③視野：2度～10度視野になるよう観察距離やマスクを設定
④照明：作業面が1,000～4,000ルクスとなる明るさが必要
⑤方向：真上から照射して45度方向から観察、または、45度から照射して真上から観察
⑥マスク：視感測色の対象試料の周囲条件を除くための開口マスク（厚紙に四角穴を開けたもの）で、試料と標準色素を併置して観察

視感色彩計　三原色の色光を加法混色して、試料の色と同じ色を作り、その混合比から測色する装置が視感色彩計です。試料に照射した光

と、三原色の混色装置を通過した光を比較プリズムに入れて比較します。混色装置を操作して三原色の混色の割合を変化させ、両方が同じ色に見えたときの混色装置の目盛から三刺激値XYZの値を求めることができます。直接比較法より高精度の測色ができます。なお、三刺激値とは、反射光の成分である長波長、中波長、短波長のことで、XYZの3つの値で表示されます。

物理測色　光源から試料に照射して反射した光や発光体の光をプリズムで分光し、可視光線領域の各波長ごとの電気エネルギーを測定します。これを基に三刺激値を計算で求めます。物体色だけでなく、光源色も測定でき、高い精度の測色が可能ですが、装置は複雑になります。コンピュータが内蔵されており、測定結果はXYZ値だけでなく、マンセル値、Yxy値・L*a*b*値に変換することができます。分光測色法ともいいます。

光電色彩計　試料に照射した光をXYZ三色のフィルタを通して受光器に入れ、それぞれの測定を行い、三刺激値XYZを求めます。フィルタと受光器を合わせた総合分光感度がCIEの等色関数に一致（**ルータの条件**）していないと測色誤差が大きくなります。光電色彩計は、分光測色器よりも簡単な装置で測色できますが、分光測色器を使用した場合より精度が低くなります。**三刺激値直読色彩計**ともいいます。

参照　⇨98ページ・ルータの条件

原刺激光（original stimulation light）　等色実験に用いる基準の三原色色光で、1931年にCIEがR:波長700nm、G:波長546.1nm、B:波長435.8nmと定めました。

グラスマンの法則（Grassman's law）　ドイツの物理学者ヘルマン・ギュンター・グラスマン（Hermann Günter Grassmann、1809〜1877）によって発見された混色に関する法則。三原色の光RGBを適切な量r、g、bずつ混合して試料光Cと同じ色になった状態を次のように表します（グラスマンの第一法則）。

$$Rr + Gg + Bb = C$$

　r、g、bは三原色それぞれに費やされた量を表します。
　このほか、グラスマンの法則には第二法則や第三法則があります。

標準光源 (CIE standard illuminance) 　光源が変わると物体の色の見え方も変化するため、測色を行うためには基準光源を定めておく必要があります。CIEは次のような標準光源を定めています。
標準光源A：色温度2,856K（代表的な人工光源である白熱電球の光）
標準光源C：色温度6,774K（太陽の直射を除く北空の昼光）

DGフィルター (Davis-Gibson filter) 　硫酸銅などの溶液を満たした2層の溶液フィルタで、光源の色温度調整に用いられます。考案者の名前(R.Davis, K.S.Gibson)からデビス・ギブソン・フィルター（略してDGフィルター）と呼ばれます。標準光源AにC1、C2という2つの溶液フィルタを組み合わせ、これを透過した光を標準光源Cと定めています。

標準光源D_{65} 　色温度6,504K。標準光源Cより紫外線領域を含み、より自然光に近づけた光。CIE昼光とも呼ばれます。なお、D_{65}の65は色温度6,504Kの最初の2桁の数字で、Dの脇に小さく表記されます。
　CIEは、標準光源A、C、D_{65}の3つの他に、補助標準の光として次のを定めています。
標準光源B：色温度4,874K（太陽の直射光）
標準光源D_{50}：色温度5,003K
標準光源D_{55}：色温度5,503K
標準光源D_{75}：色温度7,504K

白色光 (white light) 　可視領域のすべてをほぼ均等に反射する光は無彩色になり、反射率が高い光は白に見えます。白に見える光は加法三原色の赤、緑、青の光を混色して得ることができ、ブラウン管や液晶ディスプレイなどでは三原色の混色で白を作っています。また、蛍光灯は可視領域の波長が均等ではありませんが、白色に発光します。白色発光ダイオードは、青色発光ダイオードと黄色（青の補色）の蛍光物質を組み合わせて白を作っています。そのほか、赤、緑、青の3つの波長を強く発することで白色に見える3波長型白色発光ダイオードもあります。

標準観測者 　色の見え方には個人差があり、一定ではありませんが、CIEでは標準的な見え方（色覚に関する諸特性を満足する）の人を仮想して標準観測者と定めています。測色時の等色などを行うのは標準観測者です。

観測視野（visual field）　等色実験を行う際の視野の角度のことで、視角ともいいます。視角2度と視角10度が定められています。視角2度は、1度〜4度内で錐体視になり、XYZと表記します。視角10度は、4度を超える場合の錐体・桿体視で、$X_{10}Y_{10}Z_{10}$と表記します。

等色（color matching）　三原色の原刺激を混色して、光量調節により試料と同じ色を作り出すこと。カラーマッチングともいいます。

等色関数（color matching function）　人間の目の感度特性を標準化し、数値で表したもの。等色実験の結果から作成されました。$\bar{x}$、$\bar{y}$、$\bar{z}$で表記します。

図版　➡巻末351ページ・図23●XYZ等色関数

分光感度（spectral sensivity）　可視領域の各波長ごとの視感効率。CIEが標準観測者の分光視感効率を定め、通常の明るさでは555nmの視感効率が高く、暗所視では507nmの視感効率が高くなっています。

参照　⇨74ページ・プルキンエ現象

視感反射率（luminous reflectance）　物体に照射された光束に対する物体の表面から反射される光束の割合。三刺激値XYZのうちYの値と同等で、明るさに対応しています。

フォン・クリースの恒久律（J.von Kries's permanent rate）　グラスマンの第一法則が成立するとき（等色が成り立つとき）は、周囲の状況が少々変化しても等色関係は崩れません。これをフォン・クリースの恒久律といいます。

ルータの条件（Luther condition）　三刺激値直読色彩計では、その内部のフィルタの分光透過率と受光器の分光感度の組み合わせで総合分光感度の特性感度が決まります。この特性が等色関数に近いほど色彩計の精度が高いといえます。総合分光感度と等色関数を完全に一致させることは不可能ですが、できる限り近似させて精度の向上を図ります。

マイナスの色　CIEのRGB表色系の等色関数（RGB等色関数という）では、Rの曲線が波長435.8nmから546.1nmの間で負（マイナス）の値になります。これは、この間にある色は三原色の調整では得られないた

め、Rを試料側に加えて等色することを意味します。F（黄）と等色させる場合に原刺激光のR（赤）とG（緑）で混色しますが、黄みが不足して等色できないことがあります。このようなときには、F（黄）に原刺激光のB（青）を加えると等色されます。これを式に表すと、

　　　F＋Bb＝Rr＋Gg

となり、整理すると、

　　　F＝－Bb＋Rr＋Gg

になります。B（青）がマイナスの色ということになりますが、現実にこのような色は存在しません。

参照　⇨116ページ・CIE表色系

色差 (color difference)　2つの色の差。色度図上にある色度の位置でその差（色度図上にある2色の距離）が示されますが、色の感覚的な違いを数値として定量的に表すものとして使われています。微妙な色差を表現するために**L*a*b***表色系が用いられます。

参照　⇨118ページ・L*a*b*表色系

色の基礎

色を表現するために、それぞれの用語が使われます。
これらは色彩学を学ぶ上で必須な用語で、
色の成り立ちの基本に関するものです。

色の基礎

色に関する基礎的な用語は、各種の色彩体系に共通するものと、色彩体系によって異なるものがあります。その差異を知ることによって、色彩体系の理解が深まります。

有彩色（chromatic color）**と無彩色**（achromaric color）　赤、橙、黄、緑などのように、色みがあるすべての色が有彩色といい、白、グレー、黒などのように色みがない色を無彩色といいます。

色の三属性（three attibutes color）　色の見え方は、色み、明るさ、鮮やかさという3つの属性により、それらを色相、明度、彩度といい、色の三属性または色の三要素といいます。色の三要素ともいいます。無彩色には色相はなく、明度の属性があるだけで、彩度は0です。

色相（hue）　有彩色は赤、橙、黄、黄緑、緑、青緑、青、青紫、紫、赤紫などに分けられ、その色みの違いを色相といいます。色相の数は色彩体系によって異なり、オストワルト色彩体系、PCCSなどでは、赤、黄、緑、青を基本にした24色相です。マンセル色彩体系では、R（赤）、Y（黄）、G（緑）、B（青）、P（紫）の5色相を基本に、10色相とし、さらに1色相を10区分して、全部で100色相にしています。

色相環（hue circle）　赤から色みの順に橙、黄、黄緑、緑、青緑、青、青紫と色相が移り、紫、赤紫を経て赤に戻ると色相環ができます。マンセルやPCCS色彩体系などでは赤から始まりますが、オストワルト色彩体系では黄から始まります。色相環を構成する色は、各色相の代表色の純色です。純色は、色相内でもっとも彩度が高い色です。

心理四原色（psychophysical four primary colors）　加法三原色、減法三原色に対して、赤、黄、緑、青の4色を心理四原色といいます。原色とは

混ぜ合わせてできる色ではなく、単独の色のことです。一般に緑は黄と青の混色でできる色と考えられていますが、緑には黄み、青みを感じないことから緑も四原色の1つとして扱ったのが心理四原色の考え方です。なお、PCCSでは、赤（v2）、黄（v8）、緑（v12）、青（v18）とされており、心理四原色が組み込まれています。

（参照）⇨109ページ・PCCSの色相

明度（lightness）　白と黒の間に、段階的な明るさのグレーで示しているのが無彩色の明度で、その明度段階は各色相の明度段階に対応しています。その段階的な明るさの区分方法は色彩体系によって異なります。また、明度を表す英語は、PCCSではライトネス、マンセル色彩体系ではバリュー（value）で、オストワルト色彩体系では無彩色の白色量と黒色量の混色比で示される無彩色軸とされていてライトネス、バリューに対応する用語は使われていません。

低明度、中明度、高明度　明るい色や暗い色を高明度色、低明度色といいます。PCCSの明度範囲は次の通りです。

表●明度の範囲（PCCS）

明度	範囲
低明度	明度1.5～4.0
中明度	明度4.5～6.0
高明度	明度6.5～9.5

彩度（chrome）　色の鮮やかさの度合いを区分したのが彩度です。これをPCCSやDINでは、**飽和度**（saturation）といいます。彩度ゼロの無彩色から、最高彩度の純色までの間を段階的に区分しています。この区分方法も色彩体系によって異なります。彩度を表す英語（saturation）は、PCCSは飽和度、マンセル色彩体系は彩度（chroma）、オストワルト色彩体系では彩度に対応する等純系列（isochrome）です。DINは、sattigungsstufeを飽和度としています。

低彩度、中彩度、高彩度　次表のように分けられています。

表●彩度の範囲 (PCCS)

彩度	範囲
低彩度	彩度1s〜3s
中彩度	彩度4s〜6s
高彩度	彩度7s〜9s

※sはサチュレーション（飽和度）の頭文字

色立体 (color solid)　色の三属性は、色立体で表すことができます。中心軸に無彩色を置き、円周を色相環とします。無彩色から色相環の純色との間が彩度です。色彩体系によって、色相の最高彩度の明度が異なるので、色立体の形状も異なります。オストワルト色彩体系、NCS色彩体系の色立体は均衡のとれた形で、DIN色彩体系の色立体は均衡があるもののユニークな形になっています。色立体中心軸を含む平面で切断すると補色関係にある2つの**等色相断面**が現れます。また、色立体中心軸に対して直交する平面で切断すると**等明度断面**が現れます。

PCCSのトーン (tone)　色の明るさなどの調子を淡い、濃い、強いなどといいます。同一色相の中で、明度と彩度の関係で色の調子を表すのがトーンで、色調ともいいます。PCCSではトーンを12で区分しています。トーンの略記号と修飾語を次表に示します。

図版 ➡巻末351ページ・図24●PCCSのトーン図

表●PCCSのトーン記号

略記号	意味
p	pale ペール（淡い、薄い）
lt	light ライト（浅い）
b	bright ブライト（明るい）
v	vivid ビビッド（鮮やかな、さえた：純色）
s	strong ストロング（強い）
dp	deep ディープ（深い、濃い）
sf	soft ソフト（柔らかな、穏やかな）
d	dull ダル（鈍い）
dk	dark ダーク（暗い）
ltg	light grayish ライトグレイッシュ（明るい灰みの）
g	grayish グレーイッシュ（灰みの）
dkg	dark grayish ダークグレーイッシュ（暗い灰みの）

表●PCCSによる無彩色の記号

W	white ホワイト（白）
Gy	gray グレー（灰）
Bk	black ブラック（黒）

　無彩色のW、Gy、Bkは、明度だけの属性なのでトーンとしては扱われません。PCCSのトーンには、それぞれトーンイメージが設定されており、これらが配色の計画に役立ちます。

表●PCCSによるトーンの彩度

トーン	彩度（飽和度）
ペール (p)	2s
ペール+ (p⁺)	3s
ライト (lt)	5s
ライト+ (lt⁺)	6s
ブライト (b)	8s
ビビッド (v)	9s
ストロング (s)	8s
ディープ (dp)	8s
ソフト (sf)	5s
ダーク (dk)	5s
ダル (d)	5s
ライトグレイッシュ (ltg)	2s
グレイッシュ (g)	2s
ダークグレイッシュ (dkg)	2s

清色、濁色　清色は、純色に白または黒を混ぜた色で、白だけを混ぜれば**明清色**、黒だけの場合は**暗清色**です。トーン区分では、明清色はティントトーン (tint tone)（ブライトトーン、ライトトーン、ペールトーン）、暗清色はシェードトーン (shade tone)（ディープトーン、ダークトーン、ダークグレイッシュトーン）。濁色はグレーを混ぜた色で、ダルトーン (dull tone)（ストロングトーン、ソフトトーン、ダルトーン、ライトグレイッシュトーン、グレイッシュトーン）といい、これらを中間色ということがあります。

JISのトーン　JIS（日本工業規格）には色彩についてのさまざまな規格があり、その中に物体色の色名（JIS Z 8102）として系統色名、慣用

色名（269色）が規定され、合わせてトーンが設定されています。

表●JISによるトーン

	無彩色		有彩色			
	無彩色	色みを帯びた無彩色				
高 ↑ 明度 ↓ 低	白 Wt	△みの白 △—Wt	ごくうすい〜 vp—〜			
	うすい灰色 plGy	△みのうすい灰色 △—plGy		うすい〜 pl—〜		
	明るい灰色 ltGy	△みの明るい灰色 △—ltGy	明るい灰みの〜 lg—〜	やわらかい〜 sf—〜	明るい〜 lt—〜	
	中位の灰色 mdGy	△みの中位の灰色 △—mdGy	灰みの〜 mg—〜	くすんだ〜 dl—〜	つよい〜 st—〜	あざやかな〜 vv—〜
	暗い灰色 dkGy	△みの暗い灰色 △—dkGy	暗い灰みの〜 dg—〜	暗い〜 dk—〜	こい〜 dp—〜	
	黒 Bk	△みの黒 △—Bk	ごく暗い〜 vd—〜			

低 ←――――― 彩度 ―――――→ 高

※△は基本色名に接尾語の「み」を付ける。たとえば、「赤みのうすい灰色」「ペール・レディッシュ・グレイ」となる。
〜は基本色名を表す。たとえば、「つよい赤」「ストロング・レッド」となる。

　上表中のトーンを表す略記号、修飾語は次の通りです。

表●JISによるトーンの略記号

略記号	意味
vv	vivid ビビッド（あざやかな）
lt	light ライト（明るい）
st	strong ストロング（つよい）
dp	deep ディープ（こい）
pl	pale ペール（うすい）
sf	soft ソフト（やわらかい）
dl	dull ダル（くすんだ）
dk	dark ダーク（暗い）
vp	very pale ベリーペール（ごくうすい）
lg	light grayish ライトグレイッシュ（明るい灰みの）
mg	grayish グレイッシュ（灰みの）

（次ページへ続く）

dg	dark grayish ダークグレイッシュ（暗い灰みの）
vd	very dark ベリーダーク（ごく暗い）

表●JISによる無彩色の修飾語（略記号）

修飾語(略記号)	意味
pl	paleペール（うすい）
lt	lightライト（明るい）
md	mediumメディアム（中位の）
dk	darkダーク（暗い）

ISCC-NBSのトーン
1955年に、ISCC-NBSはInter Society Color coucil（全米色彩評議会）とNational Beureau of Standards（米国国家標準局）が共同で発表した、調査・研究に基づいたトーン区分と系統色名です。

図版 ➡巻末351ページ・図25●ISCC-NBSのトーン図

図中のトーンを表す略記号、修飾語は次の通りです。

表●ISCC-NBSによるトーンの記号

略記号	意味
-ishW	-ish white イッシュハワイト（-みの白）
l-ishGY	light -ish gray ライトイッシュグレー（-明るい みの灰）
-ishGY	-ish gray イッシュグレー（-みの灰）
d-ishGY	dark -ish gray ダークイッシュグレー（-暗いみの灰）
-ishBK	-ish black イッシュブラック（-みの黒）
vp	very pale ベリーペール（ごく淡い）
p	pale ペール（淡い）
lgy	light grayish ライトグレイッシュ（-明るい灰みの）
gy	grayish グレイッシュ（灰みの）
dgy	dark grayish ダークグレイッシュ（-暗い灰みの）
bk	blackish ブラキッシュ（黒みの）
vl	very light ベリーライト（ごく浅い）
l	light ライト（浅い）
m	moderate モデレート（中間の）
dk	dark ダーク（暗い）
vdk	very dark ベリーダーク（ごく暗い）
bt	brilliant ブリリアント（明るい）
s	strong ストロング（強い）

（次ページへ続く）

略記号	意味
dp	deep ディープ（深い）
vdp	very deep ベリーディープ（ごく深い）
v	vivid ビビッド（さえた）

表●ISCC-NBSによる無彩色の記号

略記号	意味
W	white ホワイト（白）
l-GY	light gray ライトグレー（明るい灰）
me-GY	medium gray メディアムグレー（中間の灰）
d-GY	dark gray ダークグレー（暗い灰）
BK	black ブラック（黒）

※-ishはピンクみ、青みなどの「色みの」のことで、この接尾辞を付けて、ピンクみの白（pW）のようになる。たとえば、d-bGYは暗い青のグレー。

同系色相（同系色）　色みが同じような色を同系色相といいます。同系色相の色同士は、同一、隣接、類似の色相関係にあるということです。また、同系明度は同一、隣接、類似の明度関係、同系彩度は同一、隣接、類似の彩度関係にあるものをいいます。

暖色系、寒色系、中性色系　暖かな感じの色みや冷たい感じの色みをもつ色を、暖色系または寒色系といいます。PCCSの色相環24では、v1からv8が暖色系の色相、v13からv19が寒色系の色相で、v9からv12とv20からv24は中性色系の色相です。トーンについても同様に、暖色系、寒色系、中性色系があり、シェードトーンは暖色系、ティントトーンは寒色系、ダルトーンは中間色または中性色系です。また、無彩色を中性色系とされます。

図版　➡巻末352ページ・図26●暖色系、寒色系、中性色系

一次色、二次色、三次色　シュヴルール、イッテンなどの調和論に、このような用語があります。基本三原色の黄、赤、青（減法三原色ですが正確ではありません）が一次色、黄と赤の混色である橙、赤と青の混色である紫、黄と青の混色である緑が二次色です。そして一次色と二次色の混色が三次色です。結果として、12色相が現れ、色相環ができます。

ニュートラルカラー（neutral color）**とオフニュートラルカラー**（off

neutral color)　ニュートラルカラーは無彩色の白、グレー、黒などの総称で、記号としてマンセル色彩体系ではN、PCCSはn（略記号Gy-）で表示します。オフニュートラルカラーは、ニュートラルカラーに少し色みがある色です。JISのトーン図の中では「色みを帯びた無彩色」、ISCC-NBSでは「-ish」が付いている範囲です。オフニュートラルカラーは、カラードグレー（colored gray）ともいいます。

モノトーン（monotone）**とモノクローム**（monochrome）　モノトーンやモノクロームのモノは、もともと音楽用語の抑揚のない単調音のことです。モノトーンは、無彩色の単調な配列で、モノクロームは有彩色の単調な色使いのことです。

色彩体系

色の表示には記号や数値などが記録や伝達などに役立ちます。色の成り立ちや記号などの構造を体系化したのが色彩体系で、各種のものがあり、色彩体系を表色系ということもあります。

色彩体系

　色を属性別に知覚的等歩度で区分し、個々の色表示のために記号を付けたものを色彩体系といいます。また、表色系ということもあります。色彩体系は組成によって次のように分類されます。

顕色系(color appearamce system)　三属性の表示とその記号による色彩体系で、色票化されています。**カラーオーダーシステム**(color order system)ともいいます。PCCS、マンセル、NCS、DINなどが顕色系です。

混色系(color mixing system)　光の三原色の混色を基にするもの、白と黒と純色の混色から色を表す色彩体系です。これにはXYZ表色系、オストワルト色彩体系があります。オストワルト色彩体系には、色票化されたカラーハーモニーマニュアル(color harmony manual：CHM)がありますが、もともと色の成り立ちが白と黒と純色の混色であることから混色系とされています。

配色系(color scheme system)　配色調和を目的にした色彩体系のことをいいます。PCCSやオストワルト色彩体系が、これに含まれます。

色名系(color name system)　系統色名を特徴とする色彩体系です。PCCS、JISZ8102、ISCC-NBSがこれに含まれます。

標準色票(standard color chip)　標準色票は色彩体系に基づく色票集で、色を記号で記録・伝達することを目的とし、色彩管理や色彩計画などに用いられます。マンセル色彩体系の標準色票「マンセルブックオブカラー」、オストワルト色彩体系の標準色票「カラーハーモニーマニュアル」、PCCS、修正マンセル色彩体系に基づいて作られた「JIS標準色票」(JIS Z 8721準拠)などがあります。また、カラー印刷の4色分解のための「プロセスカラーチャートブック」や、「塗料用標準色見本帳」、

「日本園芸植物標準色票」など、それぞれの専門分野で使われる標準色票があります。

PCCSの色彩体系

　PCCS（Practical Color Co-ordinate System）は、「日本色研配色体系」として1964年に財団法人日本色彩研究所から発表されたものです。PCCSの特徴は、調和のある配色が得られやすいようにトーン系列を設けている点です。オストワルト色彩体系の等価値系列にも準拠しているので、PCCSは「ヒュートーンシステム」と呼ばれることがあります。

色相　記号はH（hue）。
①基本色は心理四原色です。
　　　赤・2:R（v2）
　　　黄・8:Y（v8）
　　　緑・12:G（v12）
　　　青・18:B（v18）
②基本四原色の対向位置に心理補色が置かれています。
　　　赤・2:R（v2）―青緑・14:BG（v14）
　　　黄・8:Y（v8）―青紫・20:V（v20）
　　　緑・12:G（v12）―赤紫・24:RP（v24）
　　　青・18:B（v18）―黄みの橙・6:yO（v6）
③上記8色を基に、各色相間隔を等歩度で12等分、さらにその間に中間の色相を加えて24色相とし、1～24の番号で色相を表します。

色相環（hue circle）　1（紫みの赤）に始まり、24（赤紫）で終わる色相環です。各色相の代表色である純色で構成され、加法三原色（v3・黄みの赤、v12・緑、v19・紫みの青）、減法三原色（v24・赤紫、v8・黄、v16・緑みの青）が配置されています。

明度　記号はL（lightness）。色票化できる白を9.5、黒を1.5に設定し、その間を0.5きざみに分割し、全体17段階としています。簡略化したのが9段階で、1.5（黒）、2.5、3.5、4.5、5.5、6.5、7.5、8.5、9.5（白）にしています。

飽和度　記号はs（saturation）。飽和度とは「彩度」と同じ意味です。

無彩色と純色との間を10等分して、理論的な最高の飽和度を10sに設定したのですが、現実的にはこの色は再現できないので9sを純色としています。9sの純色は各色相の代表色です。

色立体 (color solid)　色立体は、色相、明度、飽和度を三次元で表したものです。PCCSの色立体は飽和度9sで各色相ともそろっているので、真上からは無彩色軸を中心にした正円に見えます。また、純色の黄(8:Y)の、明度は8.0であり、黄と補色関係にある青紫(20:V)の明度は3.5なので、真横から見るとゆがんだ形状です。

　図版　➡巻末352ページ・写真5●PCCSの色立体

表記記号　三属性表記と略記号を用います。通常の色相表記は1から24ですが、三属性表記は1:pR、2:R、3:yR……24:RPのようになり、明度は1.5、2.0、2.5……、飽和度は1s、2s、3s……のようになります。たとえば、色相2の純色は2:R-4.5-9sと表記します。無彩色は、白はn-9.5、黒がn-1.5、ライトグレーはn-8.5などです。

　三属性表記の記号とは別に、トーン記号と色相番号を組み合わせた略記号が使われます。2:R-4.5-9sは純色なのでビビッドトーン、略記号はv2です。無彩色は、白n-9.5はW、黒n-1.5はBk、ライトグレーn-8.5はGy-8.5のように表記します。

トーン (tone)　「色調」ともいいます。トーンは、明度と飽和度の複合概念で、12に区分されます。トーン内にある修飾語は、トーンイメージを表しており、配色制作時に参考として役立ちます。

　参照　⇨102ページ〜105ページ・PCCSのトーン、JISのトーン、ISCC-NBSのトーン
　図版　➡巻末351ページ・図24●PCCSのトーン図、図25●ISCC-NBSのトーン図

新配色カード　PCCSの資料の1つが新配色カードで、色彩演習などに使われます。トーン区分による11種のトーンと無彩色に次の4種の色が加えられて構成されています。
① (offN-)：オフニュートラル（インテリア、外装の色彩計画用）
② (PI)：ピンク（リップカラー用）
③ (BR)：ブラウン（フローリング、家具など用）
④ (FL)：フレッシュ（肌色用）

マンセルの色彩体系

　マンセル（A.H.Munsell、1858-1918）による色彩体系。マンセルが色票集を発表したのは1915年で、さらに『マンセル・ブックオブカラー（Munsell Book of Color）』を1929年に発表しました。1957年にはOSA（アメリカ光学会）によって、色彩体系の感覚的な等歩度性に修正が加えられ、修正マンセル色彩体系として現在にいたっています。この色彩体系が、JIS Z 8721として採用され色票化された『JIS標準色票』が発行されています。

色相　記号はH（hue）。基本色相がR（赤）、Y（黄）、G（緑）、B（青）、P（紫）の5色。その間に、両隣の色相を加えたYR（橙）、GY（黄緑）、BG（青緑）、PB（青紫）、RP（赤紫）の5色を置いて計10色相とし、さらに1色相を10等分して合計100色相にしています。代表色相は各色相とも5です。

色相環　色相環はRから始まり、RPで終わる色相環です。次のように、対向位置にある対の色は、中間混色でグレーになる物理補色の関係です。R（赤）－BG（青緑）、Y（黄）－PB（青紫）、G（緑）－RP（赤紫）、B（青）－YR（橙）、P（紫）－GY（黄緑）。

　色相環に表示される色は、5Y、10Y、5GY、10GY、5G、10G、5BG、10BG……などの20色相です。5Yなど、「5」で始まる色相が代表色相で、10Yは5Yと5GYの中間に位置します。また、10Yは、GY0と同じ意味になります。したがって、10YRは次の色相ゼロ（0）Yになります。代表色相である5の色相は両隣にある5色相の色みを含みません。そして、色相が5から4、3、2、……、また6、7、8、……に移行すると、両隣の色相の色みを帯びてきます。

　図版　➡巻末353ページ・図27●マンセルの色相環

明度　記号はV（value）。明度は黒を0、白を10にした11段階ですが、0と10は理想的な黒と白なので色票化できません。黒を1、白を9.5とした10段階が色票化されています。

彩度　記号はC（chroma）。無彩色の彩度を0にして、最高彩度の純色との間が等分に区分されていますが、色相によって最高彩度の数値や明度が異なります。

表●色相と最高彩度

色相　明度／最高彩度（マンセル値）	色相　明度／最高彩度（マンセル値）
5.0R 4/14	5.0BG 5/10
1.0Y R6/14	5.0B 4/10（青の明度、彩度が低い）
5.0Y 8/14（黄の明度、彩度が高い）	5.0PB 4/12
5.0GY 7/12	5.0P 4/12
5.0G 4/10	5.0RP 4/12

色立体　色相によって最高彩度の位置が異なり、色立体を真上から見るとゆがんだ形状となります。また、最高彩度の明度位置も異なり、真横から見てもゆがんだ形状です。

図版　➡巻末353ページ・図28●マンセルの色立体

表記記号　「5.0 R4/14」などのように表記します。この例では、5.0Rは色相、4は明度、14は彩度を示します。無彩色の明度はN5.5のように表記します。マンセル色彩体系の色相、明度、彩度の区分は10進法なので、視感測色の場合に小数点がある記号を付けることができます。

マンセル・ブックオブカラー（Munsell Book of Color）　マンセル色彩体系を色票化とした版で、色相2.5、5.0、7.5、10.0からなるカラーチャートで構成されます。色相10の40チャート、R～G、BG～RPの分冊になっています。1971年度版の無彩色は、N0.5～N9.5まで37段階のスケールがあり、色相3.75などの色票が追加されています。色票は取り外しができるチップで、視感測色や色彩計画などに使われます。

オストワルトの色彩体系

　ドイツの化学者、オストワルトが1917年に発表した色彩体系で、もともと調和論の確立を目指したものです。色票化したものが『カラーハーモニーマニュアル』（CHM）ですが、あまり普及しなかったこと、絶版となったことから、色票を見る機会はほとんどありません。
　オストワルト色彩体系は、もともとは色相100、1色相300で合わせて3万色でしたが、現在では680色（色相24、1色相28、無彩色8）の簡略版になっています。

色の成り立ち　色は純色量（F）と白色量（W）、黒色量（B）の混色で

成り立ち、

$$F+W+B=100（一定）$$

で示されます。基本として純色量、白色量、黒色量のそれぞれが**完全色**を示す100で表されますが、そのような色は存在しないので、純色85.5、白色3.5、黒色11.0の混合比で純色が示されています。

完全色 (perfect color)　分光反射率曲線は、物体からの反射光を波長別に示したもので、反射率は波長によって異なり、その分布は波長全域にわたります。完全色は特定波長域だけを100%反射する色のことで、これは現実的には存在しません。また、波長全域を均等に100%反射する白や、波長全域を均等に100%吸収（0%反射）する黒も存在しません。

色相　ヘリングの四原色説に基づき、黄、赤、青、緑を基本4色とし、その中間に黄赤（橙）、赤紫、青緑、黄緑を加えた8色相、そして、各1色相を3分割した24色相で構成しています。

色相環　通常の色相番号は黄を1として、2、3、4……24（黄緑）、黄の1に戻る色相環です。通常の色相表示とは別に、3分割した黄（Y）を1Y、2Y、3Y、橙（O）を1O、2O、3Oのような表示方法もあり、色相2が中心色相になります。PCCS、マンセル色彩体系の色相環によるスタートの色相は赤ですが、オストワルト色彩体系は黄から始まり、橙、赤、紫、藍、青、青緑、黄緑となります。DIN色彩体系も同様です。

　図版　➡巻末354ページ・図29●オスワルトの色相環

等色相三角形　三角形の各頂点に純色、白、黒があり、無彩色を除く28の色で構成されます。この三角形の中で白色量が同じ列が白色系列（2桁の記号で前の記号が同じ列、アイソチントシリーズ）、黒色量が同じ列が黒色系列（後の記号が同じ列、アイソトーンシリーズ）、縦列は等純系列（アイソクロムシリーズ）で明暗系列（シャドウシリーズ）ともいいます。白色量と純色量の比率が各段階間で一定しています。

　図版　➡巻末354ページ・図30●オスワルトの等色相三角形

無彩色　無彩色の記号と反射率は、a（白）は89%、cは56%、eは35%、gは22%、iは14%、lは8.9%、nは5.6%、p（黒）は3.5%です。この反射率は白色量です。黒色量は、a（白）では100%から89%を引いた残りの11%に、cでは100%から56%を引いた44%のようになりま

す。このように無彩色の白色量と黒色量が、白色系列と黒色系列にある色の量と同率となります。

表記記号　表記記号は12ncのようになります。12は色相、nは白色量、cは黒色量を示します。

色立体　24の等色相三角形で構成されている色彩体系なので、真上、真横から見ても、色立体は均衡のとれた形状です。

カラーハーモニーマニュアル（Color harmony Manual : CHM）　オストワルト色彩体系の色票版です。色相24に、次のような1/2の色相が加えられています。1 1/2、6 1/2、7 1/2、12 1/2、13 1/2、24 1/2。1 1/2は1と2の間の、12 1/2は12と13の間の色相を示します。無彩色はa、c、e、g、i、l、n、pの8段階に、aに続くbが加えられて9段階です。色票は6角形で、表面がつやあり、裏面がつや消しで、取り外しができます。色彩計画などに使えるのですが、普及していないので現実に見ることは困難です。

NCSの色彩体系

NCS（Natural Colour System）は、スウェーデン工業規格に採用されている色彩体系で、色の表し方はオストワルト色彩体系を発展させたものです。色立体は等色相三角形で、色立体はオストワルト色彩体系と同様の均衡のとれた形状です。

色相環と等色相三角形　基本色は赤（R）、緑（G）、黄（Y）、青（B）で、色相環の4か所にR、G、Y、Bの100%の純色を置かれます。YとR、RとB、BとG、GとYの間は百分率の10%きざみで10等分されます。色相表示は、Yが80%・Rが20%なら「80Y20R」ですが、80を省略して「Y20R」と表記します。

　等色相三角形の各頂点には、純色、白、黒が置かれます。各辺は百分率で示され、10%きざみで10等分されます。無彩色は縦軸で、表示される数字は黒色度です（表示されていない白色度は黒色度との差で黒色度30%は白色度が70%のこと）。無彩色の縦軸に平行な縦線は着色度を示します。黒色度、白色度、着色度は黒色量、白色量、着色量ということもあります。等色相三角形の頂点にある記号、Sは黒色度（swarthy）、W

は白色度（whiteness）、Cは着色度（chromaticness）。

図版 ➡巻末355ページ・図31●NCSの色相環と等色相断面図

表記記号　黒色度20、白色度50、着色度30のF色（色相はY20Rとして）は、「黒色度は20」「着色度は30」「白色度は50」「色相Y20R」の白色度50を省略して、「20 30－Y20R」と表記します。

DINの色彩体系

　オストワルト色彩体系を基に色彩体系で、ドイツ工業規格（DIN：Deutsehs Institure fur Normung）6164として制定されています。

色相環と色相（farboton）　記号はT。オストワルト色彩体系と同じ24色相をもち、黄で始まり、赤、青、緑と移行して黄緑で終わります。

飽和度　記号はS（sattigungsstufe）。彩度に該当します。無彩色が0、純色が7になる8段階です。色立体のもっとも張り出た外側に、純色の最高彩度の7が置かれます。

暗度　記号はD（dunkelstufe）。理想的な白（0）と黒（10）の11段階をもちますが、色票化されているのは1～7の7段階です。マンセル色彩体系やPCCSでは「明度」といいますが、DINはこれを「暗度」といいます。

表記記号　T（色相）：S（飽和度）：D（暗度）の順に、たとえば「12：4：5」のように記述します。赤の純色は「8：7：0」です。この場合の0は、暗度0という意味です。無彩色は「0：0：7」のように表記します。

色立体　マンセル、オストワルト、PCCSなどの色立体とは異なり、逆円錐形で上部に丸みがある色立体です。中心に無彩色軸があり、最上部が白・0で、最下端が黒・10です。中心から外側に向かうのが飽和度、張り出ているところに純色があります。

図版 ➡巻末355ページ・図32●DINの色立体

CIE表色系

　主に色彩管理を主として、精度の高い表示法が求められる場合に使われるのが、CIEで制定しているRGB、XYZ、UCS、L*a*b*などの各表色系です。

RGB表色系　CIEは、光の三原色である赤（R）、緑（G）、青（B）の3要素の混色による表色系です。RGBそれぞれの原刺激光を定め、すべての可視光をその原刺激光による等色（ある色と同じに見える色を作ること）します。しかし、一部の波長に等色できない色が存在することが分かりました。等色するために三原色のある1色を、試料光の方に加えるようなことになります。
　たとえば、緑みの青（F）を作るのに、RGBの原刺激光を使って等色しようとしてもできないことがあります。そのときに、緑みの青にRを加えるようなことをします。式に表せば、F+R=G+Bになりますが、これを整理するとF=－R+G+Bになります。このようなことがRGB等色関数（眼の色に対する感度特性）で示されています。ここにマイナスの色が表れてくることになります。
　図で見るような等色関数です。マイナスの色の存在は計算に煩雑さが表れるので、光学原理により眼の受光感覚に近い新しい表色系を生み出されるようになります。それがXYZ表色系ですが、現在ではこのXYZ表色系が一般的に使われています。

図版　➡巻末355ページ・図33●RGB等色関数
参照　⇨98ページ・マイナスの色

XYZ表色系　RGB表色系では一部の波長の色が等色できず、等色関数が負の値になってしまいますが、座標変換により負数が表れないようにした、仮想三原色のXYZを定めて作られたのがXYZ表色系です。XYZを三刺激値といい、波長に含まれる長波長、中波長、短波長の成分を示す値です。XYZ表色系はCIE表色系の基準であり、マンセル色彩体系と数値変換ができます。測色機器はXYZを計測するように作られていて、計算の概要を次に示します。
　光源からの光が物体に当たり、眼に入ります。このことから、①光源の分光分布、②物体の分光反射率、③眼の分光感度の合計を積分してX、Y、Zを求めます。①と③についてはCIEによるデータを使いますが、②は測色作業で求めます。三刺激値X、Y、Zを求めたら、赤、緑、

青の成分割合xyz（小文字で表記）を次式で算出します。色度図の座標軸は、縦がy、横がxで、zは省略されます。

$$x = X \div (X+Y+Z)$$
$$y = Y \div (X+Y+Z)$$

xとyで色度（色相と彩度）、Yで明度を表すことができることから、Yxy表色系と呼ぶこともあります。

色度図 (chromaticity diagram)　XYZ表色系のxとyを直交座標上にプロットしたもので、馬蹄形を色度図といいます。馬蹄形の曲線が**スペクトル軌跡** (spectrumlocus：単色光軌跡ともいう)で右端が780mm、左端が380mmの波長の数値が置かれます。下方の直線部分は波長外を示し、これが**純紫軌跡** (purple boundary)で、右端、左端と白色点でできる三角形の範囲が非スペクトル色です。

色度座標は、横軸のx、縦軸のyです。**色度点**はx、y値の交点で、色度はx、y値で示されます。中央のw点を白色点といいます。

ある色の色度点をpととしてwと結んだ直線をそのまま延長すると、スペクトル軌跡と交差します。この交差した点をcとpの**主波長** (dominant wavelength：色相に対応)です。この点に関して、**刺激純度** (excitation purity：**輝度純度**ともいう)は、

$$(p-w) \div (c-w) \times 100$$

で表されます。色pと白色点w、白色点wと点cの関係は、常に合計1なので、刺激純度の値が1に近いほど刺激純度が高く（彩度が高い）、wに近いほど刺激純度が低い（彩度が低い）ということで彩度に対応します。

純紫軌跡には目盛りがありませんが、非スペクトル色範囲内に色度点が表れた場合は、wを通り反対方向に延長してスペクトル軌跡と結びます。これを**補色主波長** (complementary purity)といいます。測色の結果から非スペクトル範囲内に現れた色度点とwを結び延長したスペクトル軌跡との交点になります。

白色点wは等エネルギーの白色で、x=0.3333、y=0.3333の色度点です。ただし、光源によって白色光は微妙に色度が異なります。

図版　➡巻末356ページ・図34●XYZ色度図
参照　⇨95〜99ページ・測色

UCS表色系　XYZの色度図では、色によって色差（色度図上の距離）の大きさが異なって表示されます。たとえば緑では色差が大きくても色の差を感じにくく、青ではわずかな色差が大きな色の差として感じられ

ます。そのような、同じ色として感じられる範囲を色度図上に表したものを**マッカダム楕円**といいます。つまり、緑の領域では短軸と長軸の比が大きく面積も大きな楕円とし、青の領域では円形に近い小さな楕円として、マッカダム楕円が色度図上のどの位置でも等半径の円になるよう、色差の見かけと色度図上の距離が等しくなるように考えられたのがUCS色度図です。これは、CIEが1960年に勧告・制定しました。

UCSはUniform Chromaticity Scale diagramの略称で、均等色度図、等色度差色度図とも呼ばれます。座標軸はxをu、yをvとして表されることから、この色度図をuv色度図ともいいます。uvの値は、xyから変換することができます。

■**図版** ➡巻末356ページ・図35●マッカダム楕円

L*a*b*表色系　色覚の反対色理論に基づく色空間で、球体に3本の直交座標をとります。上下方向を明度軸L（明度指数）とし、最上部を白（＋側）、最下部を黒（－側）とします。水平軸は2本で、1本は赤－緑軸（＋側が赤 ＋aで、－側が緑 －a）、もう1本は黄－青軸（＋側が黄 ＋bで、－側が青）とします。UCS表色系と同様、均等空間にした色立体で、CIEが1976年に推奨しています。

L*a*b*の読み方は「エルスター、エースター、ビースター」で、CIELABと略されることもあります。

パソコンソフトの色表示に、L*a*b*が併用されることがあります。また、デジタルカメラの性能表示のカタログでも、採用されています。

CIEのRGB表色系とは異なり、パソコンソフトの色表示で用いられるRGBはRGB混合比で色を表す表色方法です。数値で表されていますが、RGBの基準があいまいで、同じ値でも使用機器やソフトによって異なった表示になっています。つまり、RGB各色の波長や混色の強さが規定されているわけではないので、正確な色表示はあり得ないということです。表示される色空間は、sRGB、AdobeRGBなどが、IEC（国際電気標準会議）やアドビシステム社によって定義されています。

OSA表色系　アメリカ光学会（OSA：the Optical Society of America）で開発された均等色度図による表色系で、現在ではほとんど使われていません。色立体ともいえる立方体は6～8面体で、立方体の中心から12個の点まで等距離になる多面体で作られている表色系です。空間内のどの方向に対しても同じ色差になっています。

明度を表す上下方向の軸は、上が白で下が黒。左右方向のj軸は右が

黄、左が青、奥行き方向のgは奥が緑で手前は赤です。L*a*b*表色系とは異なりますが、近似している色立体です。CIE色度図との変換が可能です。

色名

色名は色の表示方法の1つです。
日本の伝統的な和色名と
欧米文化の移入とともに使われるようになった洋色名があります。

色名の分類

　時代の様相や生活などの関連から、色を伝える1つの手段として色名が使われるようになります。色名の発生源を知ることで、色への興味が深まります。系統色名は、色彩体系を基にして、色の伝達・記録に役立てられます。

固有色名 (local color names)　花や果実、動物、昆虫、鉱物、自然景観・事象など、それぞれ物固有の特徴が示される色を借りて付けた色名です。たとえば、シェルピンク、琥珀色、テラコッタなど。

流行色名 (fashioncolor names)　ファッションや流行色に関連した色名です。1970年代の自然志向からのアースカラー、カーキなどがそれで、また江戸時代元禄期(1688〜1704)の路考茶や大正時代の新橋色なども流行色名です。

伝統色名 (traditional color names)　日本の代表的な伝統色、紫、赤(紅花)、藍、茶、鼠などの色名で、和色名ともいいます。たとえば「四十八茶百鼠」とは、江戸時代中期の茶色や鼠色の流行色で、歌舞伎役者の好みの色である団十郎茶、路考茶などが含まれます。明治時代に、天然染料に代わる合成染料が輸入され、その合成染料名から、パープルなどのカタカナ色名が使われるようになりました。合成染料の藍(インディゴピュア)の発色から、きれいな青が新橋色として流行色になり、流行色名にもなります。

慣用色名 (comon color names)　生活の中でよく使われ、知られているものが慣用色名です。JIS Z8102物体色の色名に、慣用色名269が選ばれています。

系統色名 (color name designation)　色彩体系を基にして、トーンや色相

の修飾語、基本色名を組み合わせて色名としているものです。系統色名にはPCCS、JIS、ISCC-NBSがあり、トーンの修飾語、色相の修飾語、基本色名の順序で構成されています。たとえば、pale yellowish greenの、ペールはトーンを示す淡いという意味になり、イエローイッシュは色相の修飾語（黄みの）、グリーンは基本色名の緑、これらを合わせて「淡い黄みの緑」になります。JISの系統色名は、物体色の色名（JIS Z 8102）で、以下のように規格化されています。

表●系統色名と基本色名

系統色名	基本色名
有彩色	赤、黄赤、黄、黄緑、緑、青緑、青、青紫、紫、赤紫
無彩色	白、灰色、黒

※黄赤は橙のこと。JISでは黄赤という。

表●有彩色および無彩色の基本色名

	基本色名	読み方	対応英語	略号
有彩色	赤	あか	red	R
	黄赤	きあか	yellow red、orange	YR, O
	黄	き	yellow	Y
	黄緑	きみどり	yellow green	YG
	緑	みどり	green	G
	青緑	あおみどり	blue green	BG
	青	あお	blue	B
	青紫	あおむらさき	purple blue、violet	PB, V
	紫	むらさき	purple	P
	赤紫	あかむらさき	red purple	RP
無彩色	白	しろ	white	Wt
	灰色	はいいろ	grey（英）、gray（米）	Gy
	黒	くろ	black	Bk

表●有彩色および無彩色の明度と彩度に関する修飾語

	修飾語	読み方	対応英語	略号
有彩色	ごくあざやかな		vivid	vv
	明るい	あかるい	light	lt
	つよい		strong	st
	こい		deep	dp
	うすい		pale	pl
	やわらかい		soft	sf
	くすんだ		dull	dl
	暗い	くらい	dark	dk
	ごくうすい		very pale	vp
	明るい灰みの	あかるいはいみの	light greyish（英） light grayish（米）	lg
	灰みの	はいみの	greyish（英） grayish（米）	mg
	暗い灰みの	くらいはいみの	dark greyish（英） dark grayish（米）	dg
	ごく暗い	ごくくらい	very dark	vd
	うすい		pale	pl
無彩色	明るい	あかるい	light	lt
	中位の	ちゅういの	medium	md
	暗い	くらい	dark	dk

表●色相に関する修飾語

修飾語	読み方	適用する基本色名	対応英語	略号
赤みの	あかみの	紫、黄、白、灰色、黒	reddish	r
黄みの	きみの	赤、緑、白、灰色、黒	yellowish	y
緑みの	みどりみの	黄、青、白、灰色、黒	greenish	g
青みの	あおみの	緑、紫、白、灰色、黒	bluish	b
紫みの	むらさきみの	青、赤、白、灰色、黒	purplish	p

表●彩度の低い有彩色および色みを帯びた無彩色に用いる色相に関する修飾語

修飾語	読み方	重複する修飾語	略号
紫みを帯びた	むらさきみをおびた	赤みの、明るい灰みの、灰みの、暗い灰みの	p
赤みを帯びた	あかみをおびた	黄みの、明るい灰みの、灰みの、暗い灰みの	r
黄みを帯びた	きみをおびた	赤みの、明るい灰みの、灰みの、暗い灰みの	y
緑みを帯びた	みどりみをおびた	黄みの、明るい灰みの、灰みの、暗い灰みの	g
青みを帯びた	あおみをおびた	明るい灰みの、灰みの、暗い灰みの	b

染料・顔料に由来する色名　色の基になる色素は、植物、動物、鉱物から抽出されます。鉱物からの色素は顔料として使われ、植物、動物からの色素は染料になり、それぞれの素材名が、色名として使われています。

表●固有色名の由来

部類	固有色名の例
植物系染料	蓼藍、茜、紅花
動物系染料	紫貝、コチニール、ケルメス（生臙脂）
植物系顔料	藤黄、煙墨
動物系顔料	アイボリーブラック（象牙を焼製した黒粉）、ボーンブラック（動物の骨を焼製した黒粉）、胡粉（ハマグリの貝殻粉末：白）
鉱物系顔料	バーミリオン、群青、弁柄
鳥の羽毛の色	鳶、雀（茶系）、鶯色（黄みの緑）、ティールグリーン（鴨の羽毛：緑系）、ピーコックグリーン（孔雀の羽毛：緑系）、カナリア（黄系）
動物の色	キャメル（駱駝色：茶系）、トープ（もぐらの茶みのグレー）、エレファントグレー（象のグレー）、鼠（鼠のグレー）
植物の色	ローズピンク、撫子（ピンク系）、ベルフラワー（紫系）、アプリコット（杏色：橙系）、チェスナットブラウン（栗：茶系）、若竹色（若竹の肌色：緑系）、リーフグリーン（葉の緑）、木賊色（緑系）、松葉色（緑系）
宝石の色	ガーネット（赤系）、トパーズ（黄系）、アメジスト（紫系）、エメラルド（緑系）、瑠璃色（ラピスラズリ：青系）
酒などの色	ボルドー、バーガンディ（濃めの赤紫）、葡萄色（エビイロ）
自然の景観・事象	東雲色、サンライズピンク、曙色（ピンク系）、空色、フォッグブルー（霧からの灰みの青）、スノーホワイト（雪の白）

色名解説　➡巻末374ページ●色名一覧

色の見え方と感情

色は人にどのように見えるかは、機能的な面から捉えた「色の見え方」と感覚的な面から捉えた「色の感情」とに分けることができます。

色の見え方

「色の見え方」とは、膨張・収縮、進出・後退、識別性、誘目性などの色の機能的なことです。

色彩対比や同化現象、配色なども色の見え方ですが、色彩対比は色相互間の影響と効果のことであり、配色は色の組み合わせの美的要素を調和感として捉えるものなので、この分け方には入りません。

膨張・収縮 主に暖色系、高明度色、低彩度色が広がって見える膨張色です。ただし、暗い暖色系の色よりも明るい寒色系の色の方が膨張感があり、色相よりも明度が優先されます。膨張色は進出色に共通します。暗い地色に囲まれた明るい色の図色には膨張感があり、明るくにじんだように見えることから**光滲現象**といいます。収縮色は、膨張色と逆で、寒色系、低明度色、高彩度色で、縮んで見える色です。

　図版　➡巻末357ページ・図36●膨張感と収縮感

進出・後退 色の遠近感といえる見え方です。進出色は、暖色系、高彩度色です。後退色は、寒色系、低彩度色です。明度については、暗い地色に囲まれた明るい図色の場合は、明るい図色が進出色です。また、明るい地色に囲まれた暗い図色の場合は、暗い図色が進出色です。有彩色と無彩色では、有彩色が進出色です。

　図版　➡巻末357ページ・図37●進出感と後退感

識別性 離れた場所から認識される色は、単色であれば暖色系の色、そして黄よりも赤の方が高い識別性を示します。これは色刺激の強さに関係する現象で、短波長光よりも長波長光の方が、中でも黄よりも赤の方が早く認識されます。これを**ブローカー・スルツェ現象**といいます。

色を組み合わせた場合は、明度差と彩度差が関係します。注意をうながす黄と黒の安全色があり、明度差と彩度差が大きいことで識別性が高くなります。赤と緑は補色同士で強烈な組み合わせですが、同明度、類

似明度のため、識別性は高くなりません。同明度、同彩度の組み合わせは見えにくくなり、これを**リープマン効果**といいます。このような場合、組み合わせた色の間に明度差が大きくなるように白をはさむと識別性が高まります。これを**セパレーション法**といいます。

図版 ➡巻末357ページ・図38●色の識別性

参照 ⇨75ページ・ブローカー・スルツェ現象、76ページ・リープマン効果

誘目性 色が目立つことです。無彩色よりも有彩色が、中でも黄よりも赤が、無彩色の中では黒よりも白が誘目性が高くなります。また、一般に低彩度色よりも高彩度色の方が誘目性が高いのですが、周囲の環境に高彩度色があれば同化して効果は減少します。

色の感情

人は気分によって、色はさまざまな見え方をします。白い洋服は、清潔に、涼しそうに、また太ったように見えるなどといいます。他の色にもさまざまな色の見え方があり、これを色の感情といいます。

「色の感情」とは、暖・寒感、軽・重感、硬・軟感、強・弱感、明快・陰気感、興奮・沈静感、派手・地味感などの色の雰囲気、カラーイメージのことです。ここで示す項目は、色の感情について定性的なものとしてよくあげられているものです。

暖感と寒感 暖かい感じがする暖色系、冷たい感じがする寒色系と、トーンによる暖・寒感のことです。寒い季節には暖色系の色が、暑い季節には寒色系の色が好まれ、冬服、夏服によく使われます。

軽感と重感 低明度色は重く、高明度色は軽い感じです。また、暖色系、高彩度色は重く、寒色系、低彩度色は軽い感じです。ここでは、明度が優先で、それに色相と彩度が関係します。

インテリアの天井とフロア、スポーツウェアの色彩計画、フォーマルウェアの着装計画などでは軽・重感を重要視します。たとえば、天井に低明度色や暖色系の色を使うと圧迫感を感じるので、高明度色を使います。フォーマルウェアは安定感や落ち着き感が望まれるので、重感のある色を衣服の下方に配します。スポーツウェアは躍動感を表すために、上方に暖色系、高彩度色などの強い色が使われます。

図版 ➡巻末358ページ・図39●色の感情（軽感と重感）

硬感と軟感　明度がポイントで、高明度色は軟らかな感じがします。ただし、白では軟らかさは減少します。低明度色は硬い感じがします。中彩度色は軟らかく、低彩度色、高彩度色では硬い感じになります。

強感と弱感　低明度色、高彩度色は、強感。高明度色、低彩度色は弱感。無彩色では白が弱感、黒が強感。中明度色を境に、高明度色が弱感、低明度色が強感。中彩度色を境に、高彩度色は強感、低彩度色は弱感。暖色系は強感、寒色系は弱感とすることもできますが、高明度、低彩度色の暖色系よりも、高彩度色の寒色系の色が強感で、強・弱感は明度、彩度の条件によって異なります。

明快感と陰気感　高明度色、高彩度色は明快感。低明度色、低彩度色は陰気感。暖色系は明快感、寒色系は陰気感ですが、寒色系でも高明度色、高彩度色になれば明快感になります。明快感、陰気感は、明度と彩度によります。

興奮感と沈静感　色相、明度、彩度が関連する中で、優先するのが彩度です。高彩度色になるほど興奮感になり、低彩度色は沈静感になります。暖色系は興奮感、寒色系は沈静感になります。また、暖色系の高彩度色が興奮感、寒色系の低彩度色が沈静感となります。白やオフホワイトは興奮感、グレーや黒は沈静感のある色です。

派手感と地味感　暖色系が派手感、寒色系は地味感になりますが、彩度の高低によります。高明度色は派手感、低明度色は地味感になりますが、ここにも彩度の高低が関係してきます。

共通要素と配色イメージ　強・弱感、興奮・沈静感など、色の属性による特徴の他に共通要素として、強感をもつ色は、興奮、派手感を、弱感をもつ色は、軽感、軟感、地味感にもなります。色は情感に訴える力をもつので、これを利用して配色イメージを作ることができます。たとえば、春はやわらかな感じがする季節感なので、軟感のある高明度色を用いる、夏の暑さに対して寒色系を用いる、あるいは夏の季節感を表す強感、明快感の色を用いる、落ち着いた秋は沈静感をもつ色を、冬は暖色系、あるいは季節感を表す地味感をもつ色といったように、いろいろな配色イメージに発展させることができます。

色彩対比

色彩対比の事例は、街の広告、標識、サインなどの色の組み合わせに見ることができます。人の目を集めるための知恵で、そのしくみに色彩学が介在します。

色彩対比 (color contrast)

色彩対比は、色を組み合わせたときに、色相互間の影響から色の見え方に変化を見せることです。配色の調和、配色技法などとは異なる見え方です。色彩対比を大別すると、継時対比と同時対比に分けられます。

継時対比 (successive contrast)　後から見る色が、その前に見た色の影響を受けることで、**継続対比**ともいいます。赤を見た後に黄を見ると黄緑に感じられるのは、赤の補色残像の青緑が黄に重なるからです。前に見る色が明るく、後から見るのが暗い色だと、一層暗く感じられ、逆の場合は一層明るく感じられます。

同時対比 (simultaneous contrast)　同一面上で、色相互の影響を観察するのが同時対比です。色相対比、明度対比、彩度対比、補色対比、縁辺対比、面積対比などがあります。

色相対比 (hue contrast)　色み（色相）の変化が現れる現象。橙色を赤、黄の地色の上に置くと、赤の上では黄みが強く、黄の上では赤みが強く感じられます。地色と図色の関係だけではなく、赤と橙、黄と橙の組み合わせでも同様の現象が現れます。色相が赤み、黄みに移るので、**色相移動**ともいわれます。色相対比は、純色を使った組み合わせでより明瞭に現れます。

　図版　➡巻末358ページ・図40●色相対比

明度対比 (value contrast)　色の明るさに変化が現れる現象。中明度のグレー（例：Gy-5.5）を白や高明度のグレーと組み合わせると暗く、黒や低明度のグレーと組み合わせると明るく感じられます。無彩色の組み合わせだけではなく、有彩色の明度関係でも同様に明るさの変化が現れます。明度対比を分かりやすく見せるものに、**ヴエルトハイマー・ベナーリーの図形**があります。大面積の黒の内側、外側にあるグレーは同明度

のものですが、明るさが異なって見えます。

図版 ➡巻末358ページ・図41●明度対比

彩度対比 (chroma contrast)　鮮やかさの変化が現れる現象。中彩度の色（例：ソフトトーン、ダルトーンなど）を高彩度色の純色と組み合わせると鈍く、彩度0の無彩色や低彩度色と組み合わせると高彩度色のように感じられます。

図版 ➡巻末359ページ・図42●彩度対比

縁辺対比（えんぺん）　明度対比と同類の現象で、無彩色を明、中、暗の3色組み合わせた場合、中明度に接している左側と右側部分に明るさの変化が見られることです。左側では暗く、右側では明るく感じられます。事例は無彩色ですが、有彩色の明度関係でもこの対比現象が現れます。**マッハバンド**といわれる事例も、縁辺対比と同じ対比現象です。

図版 ➡巻末359ページ・図43●縁辺対比、図44●マッハバンド

補色対比　色相対比の一種で、補色同士の対比のこと。補色の組み合わせが純色同士の場合は相互に強調し合いますが、淡いトーンでは効果が薄れます。純色同士による補色対比は強調し合いますが、地色と図色の関係にある2色の明度が同一または類似の場合は図色が見えにくくなります。リープマン効果が現れます。

色陰現象（しきいん）(color shadow phonomnon)　色陰現象とは、補色対比にある色の上に中明度のグレーを図として置くと、補色の残像色がグレーに重なり、色みのあるグレーに見える現象です。色陰現象は、カラーセロファンと懐中電灯の光で観察することができます。光をカラーセロファンに透過させその透過光の途中に鉛筆などの固いものを置くと鉛筆の影ができます。影の色が**残像補色**で、**心理補色**になります。

面積対比　小さな色の面積を大きくすると、色の見え方に変化が現れ、色の明度が高く（明るく）、彩度も高く（鮮やかに）なったように感じられます。また、大きな面積の色を小さくすると、暗く、鈍くなったように感じられます。面積対比は、グレーなどの無彩色では明度の変化として現れ、有彩色では明度と彩度の変化として現れます。

暖寒対比　暖色系の色と寒色系の色を組み合わせた際に現れる現象

で、暖色系の色はより暖色系であることを強調し、寒色系の色はより寒色系であることを強調する見え方です。

トーン対比 淡いトーンであるペールトーンと暗いトーンであるダークトーンやディープトーンのような対照のトーンを組み合わせると、明度差を大きくした明度対比のようにコントラストが強調されたり、ペールトーンとライトトーンなどの類似のトーンを組み合わせると融合したように見える現象です。

色彩対比の条件 対比効果は次のような条件下で観察されます。
①組み合わせる色が接している。
②組み合わせる色の間に無彩色や他の色を加えない。
③対比現象の観察は同時対比にする。
④組み合わせる色の色み（色相）の差、明るさ（明度）の差、質的な差が大きいときに効果がよく現れる。
⑤色相対比は純色同士で現れやすい。
⑥色相対比は明度差が小さいと現れやすい。影響する色の彩度が高いほど効果が大きい。
⑦色相対比では小さい面積の色が影響を受ける。極端に小さいと本来の色みを失う。
⑧組み合わせた色を薄紙で覆うと対比効果が観察しやすい（材料の質感が消えて色の質感の差が強調される）。

同化現象と対比現象

　地色と図の色が、互いに影響して色相や明度、彩度を変化させる現象を同化現象、対比現象といいます。地色と図の色の面積比や構成などによって現象は異なります。

同化現象（assimilation effect）　同化現象は、地色と図の色との関係で、地色が図の色を取り込んだように色相が変化（同化）する現象です。明度に関しては、地色のグレーが図色の白の明るさを同化させて明るいグレーになる現象です。みかんは赤いネットに入って、ピーマンや枝豆は緑のネットに入って店頭に並べられていることに見られます。ネットの色によって、みかんは赤みが強く見えて、成熟が強調されます。ピーマンや枝豆は緑みが強く見えて、新鮮感が強調されます。1874年にベゾ

ルトがこの現象を発見したことから、**ベゾルト効果**ともいわれます。
【図版】 ➡巻末359ページ・図45●同化現象

対比現象 (contrast effect)　地色が図の色を変化させることなどのように、組み合わせの色が反発し合うような現象です。

カラーイメージ

単色や配色のもつカラーイメージは、
人によって異なるものの、
そこには普遍的な特徴が発見できます。

カラーイメージ

　色からイメージを感じることがあります。明るい寒色系の色を見れば涼しげに感じ、また見たときの季節が冬であれば冷たいと感じます。見る人の状況、生活体験、感受性によって色がもつ情感をイメージとして受けとめます。単色について感じたカラーイメージは、他の色との組み合わせによって変わることがあります。暖かく感じていた赤に、緑色を組み合わせると強烈なイメージとなるように、色のイメージは単色、配色などの提示条件により変化します。配色イメージの色相、明度関係について次のようなことがあげられています。

表●色相関係による配色イメージ

色相関係	配色イメージ
同一	おとなしい感じだが、やや単調。穏和。暖色系では暖かく、動的。寒色系では冷たく、静的
隣接	同一関係と同じ
類似	おだやかな感じ。暖色系では暖かく、動的。寒色系では冷たく、静的
中差	変化の中にも、やや穏やかなまとまり感
対照	強い感じ。暖色と寒色に快適さ
補色	強烈。類似補色は強烈さを少しやわらげる

※類似補色は色相差11の色同士のこと。準補色ともいう。

表●明度関係による配色イメージ

明度関係	配色イメージ
明度差4以下	やわらかい、女性的
明度差5から7までの範囲	陽気、鮮明
主調色の明度が高い場合	明度差大・陽気、鮮明
主調色の明度が高い場合	明度差小・やわらかい、女性的
主調色の明度が中間の場合	明度差大・男性的
主調色の明度が中間の場合	明度差小・穏和
主調色の明度が低い場合	明度差大・荘重
主調色の明度が低い場合	明度差小・陰気

配色イメージ

キーワードからいろいろな配色イメージが次表のように展開されます。

表●配色によるイメージ

キーワード	配色イメージのポイント
あたたかな	暖色系、シェードトーン、明度差小
冷たい、寒い	寒色系、ティントトーン、対照トーンの組み合わせ
中性的	無彩色を含む中性色、ダルトーン中心の類似トーンの組み合わせ、暖色系や寒色系を加えるとイメージ変化
派手、華やか	暖色系の高彩度色、高彩度色同士、対照トーンの組み合わせ
情熱的、刺激的	暖色系の高彩度色、強いトーン中心に対照色相の組み合わせ
地味	暖色系、寒色系の低明度・低彩度色、同一、類似トーン中心、明度差小、低明度の無彩色の組み合わせ
さびしい	寒色系の低明度・低彩度色、低明度の無彩色、同一、類似トーン中心、明度差小、低明度の無彩色の組み合わせ
沈静的	寒色系の低明度・低彩度色、シェードトーン中心に同一、類似トーンの組み合わせ
陰気、暗い	寒色系の低明度・低彩度色、明度差小、低明度無彩色の組み合わせ
落ち着いた	暖色系、寒色系、シェードトーン中心に同一、類似トーンの組み合わせ
重い	寒色系、低明度の無彩色、シェードトーン中心に同一、類似トーンの組み合わせ
軽い	暖色系、寒色系の高明度色、ティントトーン中心の組み合わせ、高明度の無彩色
やわらかな	暖色系の高明度色、低彩度色、ティントトーン中心で、明度差小の組み合わせ
かたい	寒色系、ダルトーン中心の組み合わせ、明度差、彩度差小

配色イメージ制作の分析

イメージを表す単語から、2色配色を任意に制作した結果からの分析を示します。

表●配色イメージ分析

配色イメージ	キーワード	分析
カーム calm （静かな）	おとなしい、穏やかな、スモーキー、さびしい、弱い	ライトグレイッシュ、ペールトーンにライトグレー中心に明度差が少ない配色。色相は同一、類似の関係で、対照色相でもトーンがペールなどの淡い色調なので、強いイメージにはならない。暖色系よりも寒色系の色の方がさらに穏やかになる。カマイユ、フォカマイユ配色なども適している。

（次ページへ続く）

ソフト soft (やわらかな)	柔和な、女性的な、優しい、温和な、ジェントル、暖かな、マイルド		ティントトーンとオフニュートラル系の明るい色が中心で、明度差が少ない配色。同一色相、類似色相の構成で、暖色系の明るくグレイッシュピンクが主調色。カマイユ、フォカマイユ配色も最適。
キュート cute (かわいい)	少女っぽい、愛らしい、甘い		ペール、ライトの淡く明るいトーン中心の配色。甘いイメージがするピンクが多く、類似トーン配色でやわらかい。
パステル pastel (淡い)	軽い、繊細な、開放的な		ペールトーンとオフニュートラル系のパステルカラー中心の配色。中差色相のものもあるが、トーンは同一、類似であり、パステル調と開放感覚がある。
クリア clear (澄んだ)	きれいな、さわやかな、すっきりした、清潔な、クリーン、新鮮な、ニート		ブルー系の色を多く使い、ティントトーン中心の配色。白を組み合わせたトーンコントラストもこのイメージへの特徴となっている。
クール cool (冷たい)	都会的な、人工的な、クール、ソフィスティケート		ビビッドトーンにペールトーンを組み合わせたトーンコントラストが中心の配色。冷たいイメージなので寒色系の色が主調色になる。
カジュアル casual (開放的な)	若々しい、ヤング、陽気な、スポーティブ、楽しい、開放的な		ブライト、ビビッドトーンの高彩度色を主にした配色。色相関係は類似、中差、対照などと多様。若々しく、開放的で、スポーツウェアによく見られる配色イメージである。
ビビッド vivid (鮮やかな)	さえた、情熱的な、生き生きした、健康的な、動的な、アクティブ、バイオレンス		ビビッドトーン中心の配色。暖色系の赤、橙色との組み合わせが多く、単色の赤のイメージからこれらの色が用いられていると思われる。黒との組み合わせは、コントラストによる華やかさが現れている。
ナチュラル natural (自然な)	田舎風、落ち着いた、高級な、円熟した、フォーマル、大人っぽい、堅実な		シェードトーン中心の配色。茶系、緑系が多いのはナチュラルカラーとの関連による。ダークトーンの色を黒と組み合わせ、明度差を少なくしている。
マニッシュ mannish (男性的な)	ビジネス		ダークトーン中心の配色。対照色相による組み合わせでは、明度差が大きいトーンコントラストではなく、ソフトやダルの中心トーンとシェードトーンとを組み合わせている。
ディープ deep (深い)	陰気な、暗い		ペールトーンなどの明るい色は選ばれない。シェードトーン中心の配色となる。純色やディープトーンの高彩度色との組み合わせでは、寒色系や中性色の緑系の色を使い落ち着いた配色となる。
ラステック rustic (田舎風)	地味な		低明度、低彩度色のグレイッシュ、ダーク、ダルトーン中心の配色。色相関係は類似、中差で、明度差が僅少の組み合わせ。ナチュラルイメージにも通じる配色である。
エレガント elegant (優雅な)	知的な、優雅な、シック、上品な、渋い、伝統的な、理知的な、粋な		ラステック同様に低明度、低彩度色のグレイッシュ、ダーク、ダルトーン中心の配色。類似明度を組み合わせで、落ち着きの中に明るさが現れ、上品になる。
モデレート moderate (中間の)	中間の		モデレートトーンによる組み合わせは、中差、対照色相であっても穏やかさが現れる。中明度のグレーがよく使われるのが特徴である。

図版 → 巻末360ページ、361ページ・図46●配色イメージの例

カラーイメージ

カラーイメージマップ

単色のカラーイメージを知る方法の1つに、カラーイメージマップがあります。次のように制作します。

図版 ➡ 巻末362ページ・図47aカラーカードの例、図47b判定表の例、図47cカラーイメージマップの制作例

①**カラーカード**（図47a）：イメージ判定に使う色票。PCCSのカラーカードから、色相別による純色の10色を選び整理番号を付けます。ここでは純色10色にしていますが、他のトーンを加えた40色が理想的です。カラーカードの大きさは3センチ角程度とします（小さいと判定に支障がある）。

②**判定表**（図47b）：上列は、判定1位から10位の欄。中列と下列は、判定順位にそってカラーカードの整理番号を記入する。

③**対照語**：判定表中のイメージを測定するための対照語記入欄です。例として、「好き・嫌い」、「強・弱」としてあります。対照語は、どのようなカラーイメージを知りたいか任意に設定できます。

④**イメージ判定**：10色のカラーカードを好きな色から順に並べ、順位を付けます。10位がもっとも嫌いな色です。同様に、「強・弱」を判定し、カラーカードの整理番号を判定表に記入します。

⑤**カラーイメージマップ**：2つの判定理由A、Bにそって判定したカラーイメージを、カラーカードで具体的に観察するマップです。縦横の線位置は1位から10位を示しています。①のカラーカードと同色のものを1センチ角で用意しておきます。

⑥**カラーイメージマップの制作**（図47c）：判定表に記入した色の順位にそってカラーカードを貼付します（図）。「好き・嫌い」のv2（1）の色は6位、「強・弱」では1位なので、その交点に1センチ角のカラーカードv2（1）を貼ります。同様にv4（2）の色は「好き・嫌い」の7位、「強・弱」で2位のように、10色全部を貼り付けると完成です。

⑦**観察**：好きな色の順は（v21）10の青みの紫、（v19）9の紫みの青で、寒色系の色が好きであることが分かります。（v8）4がもっとも嫌いで、傾向として暖色系の色を嫌っています。「強・弱」は、暖色系が上位、寒色系は下位としたカラーイメージマップです。

　色の機能的な側面（強・弱感、軽・重感など）、感覚的な側面（暖・寒感、派手・地味感など）感性的な側面（好き・嫌い、きれいな・きたないなど）の3つの因子がカラーイメージを構成します。カラーイメージマップは作成した人によって異なり、その人の特徴も示すものになります。

SD法

単色、配色のイメージを知る方法の1つにSD法（Semantic Differential method）があります。対象語を何組かを設定し、色か配色を提示して被験者に評価してもらいます。

表●SD法によるイメージプロフィール
テーマ：

	+2	+1	0	-1	-2				+2	×2	+1	×1	0	×0	-1	×1	-2	×2	合計	平均
1. 明るい						暗い	1													
2. 陽気な						陰気な	2													
3. 浅い						深い	3													
4. 軽い						重い	4													
5. 澄んだ						濁った	5													
6. 派手な						地味な	6													
7. きれいな						きたない	7													
8. かたい						やわらかい	8													
9. 情熱的な						理知的な	9													
10. くどい						あっさり	10													
11. 強い						弱い	11													
12. 動的な						静的な	12													
13. 暖かな						冷たい	13													
14. 好きな						嫌いな	14													
15. 大人っぽい						子供っぽい	15													
16. 男性的な						女性的な	16													

①**5段階評価**：上図に、＋2（非常に）、＋1（やや）、0（どちらでもない）、－1（やや）、－2（非常に）という目盛りを付けた5段階（7段階にするものもある）による評価を行います。対照語は「明るい－暗い」、「陽気な－陰気な」、「浅い－深い」などで、被験者は提示された色を見て、直観的に5つの目盛りのどれかに○印を付けます。全部の対照語について被験者全員が終わったら次の色または配色を提示して同じ作業を繰り返します。

②**イメージプロフィール**：被験者全員の○印の記入が終わったら、各対照語の平均値を算出します。平均値と各個人の値を1つのグラフにプロットすると、個人のカラーイメージと平均との関係が現れます。

③**カラーイメージの評価性、活動性、潜在性**：カラーイメージは、この3つの因子で構成されています。評価性は、好き・嫌い、美しい・醜い、自然・不自然などで、個人の感性や主観に基づいたものです。活動性は、動的・静的、暖・寒、派手・地味などになり、潜在性は、強・弱、軽・重、硬・軟などです。

色による象徴と連想

色から受けるシンボル性は、
歴史的に古い時代から、
宗教、生活文化などに投影されています。

色による象徴

　国旗はその国を明示するとともに、歴史や文化を象徴します。象徴色は、国旗や紋章、宗教的な事物などに多く使われていますが、それだけだけでなく、生活の中に多くの例を見ることができます。

象徴色（symbol color）　特定の国や物などが色で表されたものです。古くは五行説に基づく五色の青は東、蒼竜、赤は南、朱雀などを象徴し、黄は中央、黄竜を表しています。中央は世界の中心は中国を示しながら、黄は中国・帝王の色を表します。フランスの3色配色の青（自由）、白（平等）、赤（博愛）とそれぞれを象徴しながら、その3色配色でフランスを象徴させています。フランス以外の国旗の色にも、その国の歴史、文化などの背景から、色で国が象徴されています。コーポレートカラーは企業のコーポレートアイデンティティに基づき設定されますが、企業を象徴するシンボルカラーといえるものです。

連想色（remind color）　その人が赤から何を連想するかを問われたとき、即座に思い浮かべる、主として即物的な物になります。その根底にあるものは、居住地域の風土や生活習慣などによる生活体験からで、各人各様になってきます。データとして取り上げられるものは、色から連想する物の頻度数が多いものということになります。

表●色とその象徴、連想

色	象徴	連想
赤	祝祭、愛国、危険、革命、情熱、殉教、慈善、神の愛、心臓、肉体、感情、愛、勇気、欲望、殺人、喜怒	りんご、口紅、消防車、ポインセチア、サンタクロース、日の丸、血、火、赤提灯、夕焼け、朱漆
橙	陽気、躍動、華美、放漫	秋、柿、蜜柑
黄	嫉妬、信仰、未熟、歓喜、富	愉快、元気、明快、レモン、信号、カナリヤ、菜の花、バナナ、菊、カレー

（次ページへ続く）

色		
緑	希望、若さ、富裕、不死、平和、新鮮、安全、健康	松、ピーマン、信号、芝生、メロン、蛙、牧場
青	希望、敬虔、永遠、平和、静寂、開放感、知性、安息	空、海、憂鬱な気分、信号、高原、トルコ石、魚、外国人の目
紫	正義、尊厳、節制、懺悔、高尚、優雅、神秘、高級、神聖	藤、菫、着物、宝石、カトレア、茄子、女性
白	純粋、潔白、清楚、真実、無実	雪、チョーク、豆腐、ウェディングドレス
グレー	恐怖、憂鬱、不潔、陰気	制服、壁、たばこ、曇り空
黒	悲しみ、絶望、死、悪、過失	タイヤ、モーニング、目玉、喪服、黒髪

紋章の色

　紋章は日本とヨーロッパ諸国に見られるものですが、日本の場合はほとんど白黒です。ヨーロッパの紋章は王室、貴族達の伝統的なもので色も多様なデザインです。紋章は盾、甲冑、旗、軍服などにあしらわれ、その家の存在を示し、象徴色として使われていました。

表●紋章に使われる色とその象徴

色	象徴
金、黄	名誉と忠誠
銀、白	信仰と純潔
赤	勇気と熱心
橙	力と忍耐
緑	青春と希望
青	敬虔と誠実
紫	王威と高位
赤紫	献身
黒	悲哀と後悔

　歌舞伎の黒幕は、舞台が明るい情景でも「夜」で、黒子の黒は「見えない」ことを象徴させます。曼陀羅の中央にある白は大日如来を象徴させていますが、そのものを示すものや事を色で象徴させる事例は多くあります。

共感色 (sympathy color)

　人の感覚の中で、視覚は色の他に多くの情報を得ています。視覚の他には、聴覚、触覚、味覚、嗅覚がありますが、ある感覚が他の感覚を引き出すようなことが**共感覚**で、色が伴うものが共感色です。聴覚から引き出されることを色聴といいますが、味覚からも色が現れるとされています。ソプラノのような高音は明るいトーンで、色は黄色になり、低音部のバスはディープトーンのような深いトーンで、青色や紫色で代表されます。次にその事例をあげます。この他に、音程のド、レ、ミ、ファに対しての共感色があげられています。

表●音とその共感色

音	共感色
かん高い声、音	明るいトーン、黄
低い声、暗い声	暗いトーン、紫、青
中間の声など	橙
荘重な音楽	バイオレット
力強い音楽	パープル
楽しい音楽	黄
ゆったりした音楽	黄緑
やわらかな音楽	緑、青緑
悲しい音楽	青
救急車のサイレンの音	赤
雨の音	青
雑音	グレー

　また、味覚から引き出される色もありますが、食体験から導かれた共感色といえるでしょう。

表●味とその共感色

味	共感色
甘い	黄、白、ピンク
酸っぱい	緑
苦い	茶、グレー、黒
塩辛い	白、青、茶
辛い	赤

参照　⇨77ページ・共感覚

色彩嗜好

　日本における全般的な特徴は、好きな色ははっきりした純色の青色と緑色が男性に多く、女性では赤色や白が多くなります。明るい青色や淡い黄色などの淡色調の色も好きな色の上位になります。嫌いな色は対照的に鈍い色調の色で、暗い茶色、紫色、緑色などがあげられます。1954年のデータで、男性に赤色は選ばれていませんが、20年後のデータによれば上位ではありませんが赤色が好きな色として登場し、その後も選ばれてきます。1960年代後半はサブカルチャー（若者文化）の時代といわれます。自由なファッションや性別なしという時代の趨勢にあって、女性の色とされたような赤色が、男性にも好まれる様子がうかがえます。

　純色系の色を好きな色としてあげるのは若年層、年配者は純色よりも明るい色調の緑色、明るい青色、ピンクなどになります。ハッキリした強い色調の純色に感じられる積極的な色に対して、保守的な色調と色という対照的な関係が見られますが、年齢層、時代性や居住地域、趣味・性格などの多面性が反映してくるようです。

　嗜好色調査は純粋嗜好色に対してのものです。80色前後のカラーカードを提示して調査が行われますが、ある商品との条件を抜きにした嗜好色を純粋嗜好色といいます。ある商品という条件が加わってくると、純粋嗜好色の結果とは異なります。

配色の基本

配色の基本にはルールがあります。
配色を提案する際の説得材料にしたり、
配色結果を分析する際の根拠にしています。

統一と変化

　調和する配色の基本は「統一と変化」の要素が、組み合わせの色相互間に融合していることとされます。

色相とトーンの関係　統一と変化の関係の基本は次のようになります。色相で統一した場合は、トーンを変化させます。トーンで統一した場合は、色相を変化させます。

色相の統一　同一、隣接、類似の同系色相にすることです。
トーンの統一　同一、類似のトーンにすることです。
色相の変化　中差、対照、補色色相にすることです。
トーンの変化　対照トーンにすることです。

色相配色

　色相による配色で、色相差または角度を基にした配色です。
　この解説はPCCSを基にしています。

色相差と角度　色相差は、24色の色相環上における2色の差のことです。色相1と色相2との色相差は1、色相3とでは色相差は2で、最大色相差は12です。角度は、色相環（360°）を、色相の数24で割ると、色相差1は15°になります。色相差2は30°、色相差3は45°などとなり最大色相差は180°です。

補色配色　補色は色相環上で対向位置にある2色のことですが、色相配色では色相差11の2色も補色（準補色）として扱います。

同系色相配色　同一、隣接、類似色相の範囲内の共通した色みをもつ色相配色です。

表●色相差と角度の関係

色相配色名	色相差	角度
同一色相配色 (identity)	0	0
隣接色相配色 (adjacent)	1	15
類似色相配色 (analogy)	2、3	30、45
中差色相配色 (intermediate)	4、5、6、7	60、75、90、105
対照色相配色 (contrast)	8、9、10	120、135、150
補色色相配色 (complementary)	11、12	165、180

※同一色相配色のことを等色相配色ということがある。

図版 ➡巻末363ページ・図48●色相配色の例

明度配色

　明度を基にした配色で、無彩色同士の配色、有彩色同士の配色、無彩色と有彩色の配色ができます。

表●明度配色の明度差

明度配色名	明度差	明度差の数値
同一明度配色	なし	0
隣接明度配色	僅少	0.5
類似明度配色	小	1.0、1.5、2.0
中差明度配色	中	2.5、3.0、3.5
対照明度配色	大	4.0以上

図版 ➡巻末363ページ・図49●明度配色の例

彩度配色

　無彩色の彩度は0s、純色は9sで、その間の関係で配色するものです。色相は、同一色相にこだわらず、自由に選びます。なお、sはsaturation（飽和度）の略です。

表●彩度配色と彩度差の関係

彩度配色名	彩度差	差の数値
同一彩度配色	なし	0
隣接彩度配色	僅少	1
類似彩度配色	小	2、3
中差彩度配色	中	4、5、6
対照彩度配色	大	7、8、9

参考・PCCSトーンの彩度

トーン名（略記号）	彩度
ビビッド（v）	9s
ダル（d）	5s
ブライト（b）	8s
ダーク（dk）	5s
ストロング（s）	8s
ペール+（p⁺）	3s
ディープ（dp）	8s
ペール（p）	2s
ライト+（lt⁺）	6s
ライトグレイッシュ（ltg）	2s
ライト（lt）	5s
グレイッシュ（g）	2s
ソフト（sf）	5s
ダークグレイッシュ（dkg）	2s

図版　➡巻末363ページ・図50●彩度配色の例

トーン配色

　トーンを基にした配色です。トーン配色の組み合わせは次表の3つです。なお、無彩色は彩度ゼロなのでトーン配色を適用することはできません。ただし、流行配色のトーンコントラスト配色では白、グレー、黒の無彩色はトーンとして扱われます。

トーン配色

トーン配色名	内容
同一トーン配色	同じトーン同士の配色 色相は異なる関係
類似トーン配色	隣接するトーンとの配色 色相は異なる関係
対照トーン配色	1つ以上離れたトーンとの配色 色相は同一から補色色相で

図版　➡巻末364ページ・図51トーン配色の例、図52●同一トーン配色・類似トーン配色・対照トーン配色の関係

配色技法

　配色の基本は2色配色ですが、実際には多色配色もよく使われます。

多色配色の例を交えて、配色技法を解説します。

ドミナントカラー配色 (dominant color)　ドミナントは「優越した」「支配する」という意味です。ドミナントカラーは、配色全体を色相が支配する配色です。同一色相、隣接色相、類似色相の同系色相を組み合わせ、トーンを対照関係にします。色相を統一し、トーンを変化させることで、配色の基本である「統一と変化」に基づきます。

ドミナントトーン配色 (dominant tone)　配色全体をトーンが支配する配色です。同一トーン、類似トーンを組み合わせ、色相は中差色相や対照色相で変化させます。トーンを統一し、色相を変化させることで、配色の基本である「統一と変化」に基づきます。

ナチュラルハーモニー配色 (natural harmony)　一方の色を明るく黄みのある色に、もう一方を暗く青みの色にした配色方法をナチュラルハーモニー配色といいます。これは、自然の光と色との関係による調和感とされます。「**色なれ**」はナチュラルハーモニー配色の一種で、色がなじみ合い、調和している配色のことをいいます。ナチュラルハーモニー配色の明暗関係を、黄みと青みで逆転させたものをコンプレックスハーモニー配色といいます。

（参照）⇨149ページ・ルードの調和論

セパレーション配色 (separation)　セパレーションは「分離」という意味で、不調和感のある配色を調和配色に変える方法です。組み合わせの2色とも暗くて不調和な配色の場合、2色の間に明るいグレーか色などを加えて2色を分離すると調和のある配色になります。2色とも明るい場合は、逆に黒か濃い色を加えます。セパレーション配色は、**中和配色**ともいわれます。

（参照）⇨148ページ・シュヴルールの調和論

レピテーション配色 (repitation)　レピテーションとは「反復」「繰り返し」という意味で、2色配色や3色配色などの配色単位を繰り返す方法です。使っている色が規則的に配列されているので、視覚的なまとまり感のある調和が表れます。

グラデーション配色　色相、明度、彩度、トーンを段階的に変化させ

た配色です。

①**色相グラデーション配色**（hue gradation）　規則的に色相を移行する配色です。色相環の色相1から2、3、4と移行させたり、色相間隔を均等にして移行させます。同一トーンで統一します。

②**明度グラデーション配色**（value gradation）　明度の階調による配色です。規則的な明度段階にします。無彩色内、有彩色内、無彩色と有彩色の組み合わせができます。

③**彩度グラデーション配色**（chroma gradation）　彩度の階調による配色です。規則的な彩度段階にします。PCCSの配色カードによる場合は、2s、3s、5s、6s、8s、9sの6段階を使い、ティントトーン、シェードトーン内で計画します。

④**トーングラデーション配色**（tone gradation）：トーンの階調による配色です。ビビッドトーンからブライトトーン、ライトトーン、ペールトーンへと、またはその逆順に移行させます。同一色相の場合は分かりやすいのですが、色相を変化させる場合は色相グラデーションのように、2、4、6、8のように規則的な組み合わせにします。

アクセントカラー配色（accent color）　アクセントは「強調」という意味ですが、配色全体を引き締めたい時に小面積による強い色などを加えるようなことです。明るい配色の場合は暗い色、暗い配色の場合は明るい色をアクセントカラーとして加えます。配色全体のバランスに注意が必要です。

無彩色との配色　シュヴルールの調和論では、無彩色を使うと不調和な配色を調和配色にすることができるとしています。イッテンは調和の配色を混色するとグレーになるとし、マンセルはそのグレーはN5であるとしています。ムーン＆スペンサーの調和論では、無彩色同士の配色に高い評価点を与えており、調和する配色のポイントの1つとして無彩色をあげています。無彩色は中性的な色なので、どのような色とも調和するという考え方です。

■**図版**　➡巻末364ページ、365ページ・図53●配色技法による配色の例

流行配色

インターカラー委員会（国際流行色委員会）が毎年発表する流行色がインターカラーで、あわせてカラーコーディネートのための配色提案が

行われることがあります。流行配色を色相やトーンなどで色彩学的に分析することはできますが、調和論的に調和・不調和を論ずることはできません。なぜなら、流行配色は時代の気分を反映するファッションに関連するからです。

図版 ➡巻末365ページ・図54●流行配色

トーンオントーン配色 (tone on tone)　同系色相で対照トーンによる配色です。この配色は自然な調和感が大事にされたナチュラルハーモニーが下敷きになっているので、同一色相ではなく、同系色相による組み合わせになります。

トーンイントーン配色 (tone in tone)　トーンは同一または類似で、色相は中差、対照、補色色相などの関係で組み合わせる配色です。

トーナル配色 (tonal)　トーナルは、「色調の」、「色合いの」という意味です。ダルトーンとグレイッシュトーンに限定して、類似のトーンを組み合わせます。色相は任意です。トーンイントーン配色と似ていますが、トーンの組み合わせが限定されています。

コントラスト配色 (contrast)　色相によるコントラストの配色です。対照色相または補色色相で組み合わせ、トーンは同一、類似の関係で統一します。なお、明度コントラスト配色や彩度コントラスト配色では、冒頭に「明度」、「彩度」を付けますが、色相コントラスト配色の場合は「色相」は省略されます。

トーンコントラスト配色 (tone contrast)　対照トーンの組み合わせで、色相は任意です。また、白、グレー、黒との組み合わせも可能です。トーンオントーン配色はトーンコントラスト配色の1種ですが、無彩色とは組み合わせません。

トリコロール配色 (tricolore)　トリコロールはフランス語で「3色の」の意味で、フランス国旗のような3色配色を示します。3色配色は他国の国旗にも見られますが、トリコロール配色というとフランス国旗の3色配色のことを指します。

ビコロール配色 (bicolore)　ビコロールはフランス語で「2色の」の意

味です。ビコロール配色には組み合わせの法則はなく、2色配色のすべてを指します。英語では、バイカラー（bicolor）といいます。

コンプレックスハーモニー配色（complex harmony）　コンプレックスは「複雑な」の意味で、シンプルの対義語です。ナチュラルハーモニー配色の明暗関係、色みの関係を逆転した配色で、暗い色を黄み、明るい色を青みにしたものです。ナチュラルハーモニー配色の自然な調和に対して、不自然な不調和配色になります。

カマイユ配色（camaïeu）　カマイユは単色画という意味で、その画法の濃淡調の配色です。同一色相、類似トーンの組み合わせで、一見して1色に見えるような配色です。カマイユの類語にモノクローム（monochrome）があります。絵画技法では、単色調の色使いのことをいいます。

フォカマイユ配色（faux camaïeu）　フォとは「偽りの」という意味で、カマイユ配色の1色感覚とは違って、色味に少しの差がある配色です。カマイユ配色やフォカマイユ配色は、貝殻で観察することができます。

調和論

人は快適さを求めており、
色の組み合わせにも快・不快を感じています。
配色による快・不快の普遍性を求めたのが調和論です。

調和論

　調和論は定性的な論と定量的な論とに分けることができます。ゲーテ、シュヴルール、イッテンなどは定性的な調和論で、論者の観察と考察を基にしているものです。オストワルト、ムーン＆スペンサーなどは定量的な調和論になり、調和の法則を数量化しているものです。また、調和論を展開するための色立体がそれぞれ作られています。これはマンセル色彩体系などのようなものではなく、調和論のための色や配色の法則的なことを説明するためのものです。

ゲーテの調和論

　ゲーテ（Johan Wolfgang von Goethe、1749〜1832）による調和論では、「ある色を見ると、対立するもう1つの色が欲しくなる」と述べられています。これは赤を見た後に残像色として現れる青緑が欲しくなるという心理補色が、ゲーテの調和論の基本になっています。

6色の色相環　色相環は、3組の補色（真紅－緑、菫－黄、青－橙）である6色、真紅、菫、青、緑、黄、橙がこの順で並んでいるものです。そしてこの色相環を基に、調和と不調和な配色の関係を取り上げています。

　図版　➡巻末366ページ・図55●調和と不調和（ゲーテ）

全体性がある配色（調和）　色相環で対向位置にある色の組み合わせ。真紅と緑、菫と黄、青と橙の補色同士の組み合わせです。

特徴のある配色（不調和）　色相環で三角形の直線で結ぶ2色配色。真紅と青、青と黄、菫と緑、緑と橙などの組み合わせです。

特徴がない配色（不調和）　色相環で隣接する2色配色。真紅と菫、菫

と青、青と緑です。

色相の三角形　ゲーテは「色彩は精神に及ぼす効果に応じて用いることが大切」として、色相環を三角形に図式化し、プラスの色とマイナスの色とに分けています。プラスの色とは、生き生きして活発な感情を起こさせる色の真紅、橙、黄の3色。マイナスの色とは落ち着きがなく不安な印象を与える青、緑、菫の3色。さらに、図式化した三角形の9つの分類から、巻末図の例に見るような感情効果の配色をあげています。

図版　➡巻末366ページ・図56●図式化した三角形（ゲーテ）、図57●感情効果の配色（ゲーテ）

シュヴルールの調和論

　シュヴルール（Michel Eugène Chevreul、1786〜1889）は、フランスの化学者、染色専門家で、王立ゴブラン織研究所所長を勤めていたときに色彩対比の研究を行い、調和論を発表しました。その調和論は、類似調和、対比調和、対比的調和の3つから成り立っています。

色相環と色立体　色相環は12色相で、一次色が赤、黄、青、二次色が橙、緑、紫、三次色が赤橙、橙黄、黄緑、緑青、青紫、紫赤です。純色の位置は色相によって異なり、赤、緑、青は15段階目、橙と黄は10、青紫18.9あたりに置かれています。純色として明るい色は内側に、暗い色は外側になっています。純色を結ぶと、ゆがんだ円形となります。色立体は半球型で、底辺の中央に白があり、頂点に黒のある風変わりな形態をしています。

図版　➡巻末367ページ・図58●シュヴルールの色相環、図59●シュヴルールの色立体

類似調和　色相、明度、彩度のそれぞれが類似の関係は調和するという内容です。
①色相類似調和：同系色相で色みが共通する配色です。
②明度類似調和：同系色相で明度差小の配色です。
③彩度類似調和：同系色相で彩度差小の配色です。
図版　➡巻末367ページ・図60●類似調和（シュヴルール）

対比調和　色相、明度、彩度のそれぞれが対照関係にある配色が調和するという内容です。
①色相対比調和：対照色相、補色色相で彩度差が大きい色の組み合わせ

です。
②明度対比調和：同一色相、類似色相で、明度差が大きい色の組み合わせです。
③彩度対比調和：同一色相、類似色相で、彩度差が大きい色の組み合わせです。

　不調和な配色の2色の間に白かグレー、または黒を加えると調和するとしているのは、セパレーション配色と同じです。ムーン＆スペンサーの調和論では、無彩色は配色の大切な色として扱われています。

図版 ➡ 巻末368ページ・図61●対比調和の種類（シュヴルール）
参照 ⇨ 143ページ・セパレーション配色

ルードの調和論

　ルード（Ogden Nicholas Rood、1831〜1902）は、アメリカの自然科学者、画家で、1879年に「2つの色の線、点を並べて遠くから見ると、目の中で2つの色の混合がなされる」と色の視覚混合（併置混色）を述べました。これを基に『モダンクロマチックス』が書かれました。

自然の色の順列　ルードの調和論は、自然観察から生まれ、「自然の色の順列」といわれているものです（"Natural sequence of hues"あるいは"Natural order of colors"）。木々の葉の繁っている様子を観察すると、光が当たって明るい葉の部分は黄みの緑、葉が重なった陰の部分は青みの緑になっています。これを、自然の光による明暗関係と色みの変化であるといっているものです。その色変化と明暗関係の様子は色相環で見ることができます。

　色相環でもっとも明るい色は黄で、黄を起点にし右回りに色相を移すと黄みが次第に少なく、暗くもなり、黄の対向色の暗い青紫に達します。左回りでは、黄みが少なくなり、対向色の暗い青紫に達します。また、青紫を起点にして、右回りでも、左回りでも色相を移していくと、明るさとともに黄みが増します。その色と明暗関係による変化の特徴から、「自然の風景を見て不自然さを感じないのは、調和感があるから」というのが調和論の要旨です。

点描画法への影響　ルードの調和論は新印象派のスーラ（George Pierre Seurat、1859〜1891）に影響を与え、点描画法による絵画作品を創始させることになります。

ナチュラルハーモニー配色（natural harmony）　色みと明るさの関係に調和があるという「自然の色の順列」の要旨から、組み合わせの関係を配色に置き換えたのが、ナチュラルハーモニー配色です。

図版　➡巻末368ページ・図62●ナチュラルハーモニー配色（ルード）の例
参照　⇨143ページ・ナチュラルハーモニー配色（ルード）

マンセルの調和論

　マンセル（Albert Henry Munsell、1858～1918）の調和論は、マンセル色彩体系に基づく色立体の中で展開する配色法です。調和する配色は、混色すると中明度のN5になるとしています。画家志望であったマンセルは、色彩体系を構築するとともに、配色調和に深い関心をもっていました。それが上記のような調和論になりました。また、色の面積比について、高明度、低彩度の弱い色は、低明度、高彩度色の強い色の、倍数面積にするとし、これをマンセル記号からの簡単な計算で算出できるようにしました。

図版　➡巻末368ページ・図63●調和配色（マンセル）
参照　⇨111ページ・マンセルの色彩体系

オストワルトの調和論

　オスワルト（Friedrich Wilhelm Osteald、1853～1932）の色彩体系は、調和論のために作られました。色は、純色、白色、黒色を一定の方法で混色して成り立つとし、そのため整然とした色彩体系となっています。調和論は、これを基本にした明快なものです。

参照　⇨112～114ページ・オストワルトの色彩体系

色のシリーズ　等色相三角形内や色相間でのシリーズ（系列）を次に示します。それぞれのシリーズ名が、配色を示す用語になっています。
①アイソチント（isotint）シリーズ：白色量が同率の白色系列で、nl、ni、ng、neなどのように、白色量を示す記号が同じ列にあります。
②アイソトーン（isotone）シリーズ：黒色量が同率の黒色系列で、ec、gc、ic、lcなどのように、黒色量を示す記号が同じ列にあります。
③アイソクロム（isodhrome）シリーズ：純色量と白色量の混色比が同じで、pl、ni、lg、ieなどのような無彩色軸と平行する等純系列です。等純系列は明暗系列（シャドウ <shadow> シリーズ）ともいいます。

④アイソバレント（isovalent）シリーズ：24の各色相について、白色量、黒色量、純色量の混合比が同じで、6gc、8gc、10gcなどのような、2桁の記号が同じ色である等価値系列です。

等色相三角形内の配色　組み合わせる色は、各系列内で等間隔で選び、規則性をもたせます。

　図版　➡巻末369ページ・図64●等色三角形内の配色例（オスワルト）

等色相間隔の配色　等間隔の色相を選び、アイソバレントシリーズによる記号同一の色を組み合わせます。

　図版　➡巻末369ページ・図65●等色相間隔の配色例（オスワルト）

系列分離の配色　色のシリーズの中での2色配色を基にして、組み合わせの一方の色を等純系列の上下の色に分けて3色配色にする方法です。巻末図の例はアイソチントシリーズからniとncを選んだもので、ncを基にした等純系列（アイソクロムシリーズ）の上下の色laとpeとniとの3色配色です。この例は等色相三角形内の系列分離の配色で、他に補色関係による等色相三角形や色相関係による系列分離の配色方法もあります。

　図版　➡巻末369ページ・図66●系列分離の配色例（オスワルト）

輪星調和による配色　24の色相にある等価値系列をつなぐと輪ができ、これを輪星（リングスター：ring star）といいます。これは、多色配色などの配色を考えるときに使います。ある色相の等色相三角形のicを選ぶと、白色系列からi、ig、ie、iaの4色、黒色系列からc、ec、gc、lc、nc、pcの6色、等純系列からga、le、ng、piの4色、合計14色がicと調和します。さらに、等価値系列の色相23、合計37色が輪星調和となります。この37色から任意の色を組み合わせると、多色配色の調和が得られます。

　図版　➡巻末369ページ・図67●輪星調和とその配色例（オスワルト）

イッテンの調和論

　イッテン（Johannes Itten、1888～1967）の色彩教育体験、観察・考察から生まれた調和論で、基本は色彩対比です。調和する配色は、混色するとでグレーになることが条件の1つです。

色相環と色立体　基本の3色、黄、赤、青を一次色、一次色を混色した橙、紫、緑が二次色、一次色と二次色の混色した黄橙、赤橙、赤紫、青紫、青緑、黄緑を三次色として、合計12色の色相環ができます。色立体は球形で中心軸に無彩色、頂点が白、底部が黒で、その間を5等分し、球形の赤道部分に12色の純色が置かれます。

色相配色・色相環による関係　色相配色は色立体の中で作ることができます。色相環を中心にした分かりやすい配色です。
この配色は、PCCS色相の偶数番号の色相で作ることができます。色相を変化させ、同一トーン、または類似トーンにします。
①**2色調和**（ダイアード：dyade）：色相環の対向位置にある2色の配色で、補色色相配色です。
②**3色調和**（トライアド：triads）：色相環に内接する正三角形の頂点の色による3色配色で、色相差はそれぞれ4間隔です。
③**3色調和**（スプリットコンプリメンタリー：split complementary）：色相環の中で二等辺三角形を構成する3色配色です。2色調和の一方の色を左右方向の色相に1つずつずらすと二等辺三角形ができ、頂点とずらした2点の3色を組み合わせます。
④**4色調和**（テトラード：tetrads）：色相環の中で正方形を構成する4色配色で、色相差は3です。これは2組の2色調和ともいえます。また、色相環の中で長方形や台形を構成する各頂点の4色も4色調和です。
⑤**5色調和**（ペンタード：pentads）：3色調和の3色配色に、白と黒を加えた5色の配色です。イッテンの色相環の中で五角形は構成できません。マンセルの色相環では5角形は構成できますが、これはイッテンの調和論には該当しません。
⑥**6色調和**（ヘクサード：hexads）：色相環の中で六角形を作る6色配色です。3組の2色調和でもあります。また、4色調和の純色4色配色に、白と黒を組み合わせた6色調和というのもあります。

図版　➡巻末370ページ・図68●色相配色・色相環による関係（イッテン）、図69●色相配色（イッテン）

色立体による配色　球形の色立体を基にした配色は、上下の頂点の白や黒を組み合わせたトライアドなどの他、立方体を形作る4つの接点にある4色配色などもあります。色相環による配色とは異なり明暗関係も配色に現れます。
①**2色調和**（ダイアード）：色立体の無彩色の中心軸について対向位置にある2色は、2色調和の関係になります。一方を明るい色、他方を暗い

色にして組み合わせます。

②**3色調和**（トライアド）：色立体の中で構成した三角形の、頂点が白または黒で、他の頂点を補色の対とします。白の場合は、暗い青緑と暗い橙色、黒の場合は明るい青と明るい橙色のような組み合わせです。

③**6色調和**（ヘクサード）：色相環による4色調和（テトラード）に白と黒を加えたのが6色調和です。また、色相環の中でできる六角形は、色立体の円形の中で自由に回転することができ、いろいろな6色の関係が現れます。中でも明暗に関係のある配色がよいとしています。

ムーン&スペンサーの調和論

アメリカのマサチュセッツ工科大学の教授ムーンと助手スペンサー（Parry Moon & Domina Eberle Spencer）がまとめた調和論です。この調和論は、配色の事例カードを多く作り、それを画家、建築家ら見せて、調和・不調和の判定を依頼した調査結果が基になっています。

色立体　調和の構造を説明するために設定した色立体を、ω（オメガ）スペースと呼んでいます。全体は円筒形で、中心軸に無彩色、円周上に色相など配されています。現実的には、色票化されているマンセル色彩体系が使われています。

　図版　➡巻末370ページ・図70●ωスペース（ムーン&スペンサー）

色相の調和と不調和　マンセル色彩体系による色相で分類している調和と不調和の範囲は次のようになっています。前提条件は同一明度で、同一色相（色相差＝0）、類似（明度差＝7〜12）、対比（明度差＝28〜50）の関係にある配色は調和とされます。また、第一不明瞭（明度差＝0〜7）、第二不明瞭（明度差＝12〜28）の関係にある配色は不調和とされます。図中の青は不調和の範囲になります。

　図版　➡巻末371ページ・図71●色相の調和と不調和（ムーン&スペンサー）

明度と彩度の調和と不調和　図版の縦軸は明度差1、2、3を、横軸は彩度差2、4、6、8を示し、中心の0は明度差、彩度差がないことを示します。図中の青部分は不調和、白部分は調和の範囲です。色を組み合わせるときに、明度差1、彩度差4の場合は調和し、明度差2、彩度差6の場合は不調和であることが示されます。

　図版　➡巻末371ページ・図72●明度と彩度関係の調和と不調和（ムーン&スペンサー）

調和配色・明快さ　明度差の大きい色を組み合わせた配色は、明快な印象を与えます。明度差を大きくした対比関係にある配色は、調和するということになります。

不調和配色・あいまいさ　明度差が少ない色を組み合わせた配色は、あいまいな印象を与えるので、不調和になります。

面積効果　大面積の低彩度色と小面積の高彩度を組み合わせた配色は、バランスがよいとされています。また、彩度だけではなく、明度も面積効果に関係するとしています。バランスのよい2色配色の面積比は、1：2のような簡単な倍数となるものです。

美度評価　美には多様性の中に統一性があるというギリシャ美術の考え方に基づく評価方法です。「複雑さの中の秩序性」を、$M＝O÷C$で表します（O＝order：秩序、C＝complexity：複雑さ・多様性）。調和論では、この公式を配色の美度評価として使います。なお、M (measure) は度量などの意ですが、美度としています。評価は次のように行います。まず、配色として組み合わせた色のマンセル値から色相、明度、彩度ごとに整理してOとCを求め、設定されている美度係数表との照合からOとCの得点を集計します。それを公式に当てはめて美度を求めますが、その結果が0.5よりも大きければ調和、小さければ不調和になります。配色した色の明度差が大きければ0.5より大きくなり調和、小さければ0.5より小さくなくなり不調和という結果が得られます。調和、不調和のポイントは明度差にあるということが、美度評価の計算にも現れます。また、無彩色同士の配色は美度が高くなり、調和となります。

　巻末図の配色例は美度計算からの結果ですが、配色時に意図的に明度差を大きくすることや、明るいグレーなどを組み合わせると、結果的には0.5より大きい数値になるようになります。

図版　➡巻末371ページ・図73●美度計算による調和と不調和の配色例

ジャッドの調和論

　ジャッド（Deane B.Judd、1900～1972）は、米国の国家標準局、国際照明委員会（CIE）、米国光学会（OSA）などの要職を歴任した著名な色彩学者です。その調和論は1952年に発表されたもので、多くの調和論を集大成し、4つの原理にまとめています。また、調和についての考

察も調和論に加え、配色と調和について多くの示唆が含まれています。

秩序性の原理　「色空間（色立体）の中で規則的に選ばれた色は調和する」という原理で、**統一性の原理**ともいいます。色彩体系は、色相、明度、彩度は、知覚的な等歩度性が大切にされています。色彩体系にそった色立体の中から、規則的に選んだ色の組み合わせは、秩序をもち調和します。この色彩体系には、オストワルト、マンセル、イッテン、PCCSなどが該当します。色相環も色立体を作る要素の1つで、イッテンの調和論にある3色配色のトライアドなどは秩序性の原理です。レピテーション配色は配色の繰返しで、ともに秩序性の原理にかないます。

　色相、明度、彩度の区分で、次の区分に変わる際に自然な感じで移行するよう、均等なステップが設定されています。これを知覚的な等歩度性になり、この原理に沿うことになります。

熟知性の原理　「よく知られているもの、見慣れているものの色は調和する」という原理で**親近性の原理**、**なじみの原理**ともいいます。花、昆虫、風景などの自然を見て、その色の取り合わせに感動するのは、そこに色の調和があるからです。ナチュラルハーモニー配色は、自然光からの色と明暗の変化から導かれたもので、熟知性の原理にかなう配色です。ルードの調和論にある「自然な色の順列」や、オストワルトの調和論にある等純系列の配色は、この原理に該当します。

共通性の原理　**類同性の原理**、**類似性の原理**ともいいます。「組み合わせた配色に、色相やトーンに共通性があるものは調和する」という原理です。ドミナントカラー配色には色相に共通性があり、ドミナントトーン配色にはトーンに共通性があり、それぞれに調和します。なお、シュヴルールの調和論における「類似の調和」、オストワルトの調和論における「色のシリーズ」、PCCSのトーンなどが共通性の原理に相当します。

明快性の原理　「明快な配色は調和する」という原理です。明度差が大きい対照明度配色は調和します。また、セパレーション配色も明快性の原理にかないます。なお、ムーン&スペンサーの調和論による明度差大の配色は調和、シュヴルールの調和論における「対比的調和」などが明快性の原理に相当します。**明瞭性の原理**、**明白性の原理**ともいいます。

調和についての考察　ジャッドは調和について次のような考察を述べています。

①**好き・嫌いと調和**：調和論などの法則から調和する配色を得ることができますが、配色に関する好き・嫌いを無視することはできません。調和論などでは不調和とされる配色でも、その配色が好きな人にとっては調和している配色になります。

②**絶対面積と調和**：絵画を見て、その色や配色を活用しようとしても、絵を見た感動を再現することはできません。絶対的な面積をもつ複数の色同士が、絵の中だけで調和しているからです。

③**面積比と調和**：高明度、低彩度色のような弱い色は面積を大きく、低明度、高彩度色のような強い色は小面積にすると調和のある面積比が得られます。

④**趣味・解釈と調和**：調和は時代性に影響を受けます。流行配色はその時代の感性を表します。調和を考察する際は、調和論の中だけで考えるのではなく、時代性を考えることが大切です。

パーソナルカラー

人は、それぞれに性格や雰囲気をもっています。
その人の雰囲気に調和する色の組み合わせなどを探る
パーソナルカラーのコンサルティングが注目されます。

パーソナルカラー

　パーソナルカラーは、女性の肌色や髪の色などの関係から、服装全体の色彩についての調和を図ることです。その起源には諸説があり定かではありませんが、1970年代に現れたパーソナルカラーへの要因には次のようなものがあげられます。

パーソナルカラーと色彩学

　パーソナルカラーのコンサルティングは色彩を基にしたカラーコーディネーションで、色彩学の理解が前提となり、また理論的な背景となっています。中でも、配色、調和論を中心にした色の組み合わせの服色と、肌色との効果が重要とされています。

イッテンの色彩論　ヨハネス・イッテン（Jahannes Itten、スイス、1888〜1967）の著書の『色彩論』に「人の主観色は生まれながらの素質と内面構造の反映」であり、さらに「四季が展開する色彩にも関係する」と述べています。これは、その人にふさわしい色彩は、生来の個性や指向の現れということで、人のタイプ別による色の嗜好性をあげています。四季が展開する色彩は、春夏秋冬それぞれのカラーイメージが内容になっています。

ドアの調和論　ロバート・ドア（Robert Dorr、米国、1905〜1979）は、パーソナルカラーの創始者ともいわれています。色彩は「ブルーアンダートーンとイエローアンダートーン」に分けられることから、「カラーキープログラム」という調和論を発表し、インテリア、テキスタイルなどの産業界における色彩計画に影響をもたらしています。このカラーキープログラムが、パーソナルカラーのカラー分析の基本になっています。

ビレンの調和論　フェーバー・ビレン（Faber Birren、米国、1900〜1988）は、工場、公共施設、一般住宅などの色彩調節中心に活躍した色彩学者で、その調和論に「色彩はウォームカラーとクールカラー」に分けることができるとしてます。橙色みの赤はウォームカラー、紫みの赤はクールカラーであること、また、ウォームカラーやクールカラー同士の配色は調和するというものです。これは、ロバート・ドアのブルーアンダートーンとイエローアンダートーンに共通するような内容です。ビレンの調和論はパーソナルカラーの理論的な背景になっていますが、パーソナルカラーはカラーコンサルティングの要素が大きく、これはビレンが活躍した色彩調節を中心としたカラーコーディネーションが大きな要因となっているからと考えられます。

カラーコンサルタント

　カラーコンサルタントという職業は、米国では1940年代前後には確立した専門職で、ビレンもカラーコンサルタントとして活躍した1人です。現在でも、百貨店にはスタイリストやファッションコーディネーターが常駐しており、顧客が衣装を選択するについてのコンサルティングを行っています。過去においては、1960年大統領選挙でJ.F.ケネディが勝利したのは、テレビ出演に際して色彩効果の高い見せ方をしたのがその要因といわれています。今日でもテレビ出演者の服装やメイクアップの色などについてチェックするスタイリストが、カラーコンサルティングを行っています。

パーソナルカラーコンサルタントの登場　1940年ごろ、ファッションデザイナーのスザン・ケイギル（Suzane Cagil）は、肌、目、髪の色などの全体から、その人に適している色を探し出す手法を開発し、カラーパレットを作ってセミナーを開講しました。1980年代にはゲリー・ピンクニー（Gerrie Pinckney）はカラー分析の4シーズン法（4分類法）を創案し、「カラー・ミー・ビューティフル」講座を開講しました。また、キャロル・ジャクソン（Carole Jackson）は、パーソナルカラーの教本『Color Me Beautiful：カラー・ミー・ビューティフル』（1981）を出版しました。

日本のパーソナルカラー

1982年にオールウェーズインスタイル社のドリス・プーザー（Doris Pooser）が、日本でパーソナルカラーの活動を開始し、1983年には『カラー・ミー・ビューティフル』の邦訳版が主婦の友社から出版されました。この一連の動向が、日本のパーソナルカラーの初期といえます。

日本におけるパーソナルカラーコンサルタントの登場　1983年以降、アメリカでパーソナルカラーコンサルタント資格を修得した人たちが、日本でパーソナルカラースタジオを設立して、コンサルティングを始めて、カラーコンサルタントの養成講座を行うようになりました。

パーソナルカラー情報誌の発行　化粧品メーカーはパーソナルカラーに深い関心を寄せ、研究を開始してメイクアップカラーと服装の調和などを内容とする情報誌を出版しています。マスメデアにも取り上げられ、新聞やファッション誌で特集されるようになりました。

パーソナルカラーの関心と波及　1980年代後半には、パーソナルカラーへの関心は女性ばかりではなく、対人関係を重視するビジネスマンに深い関心がもたれました。また、インテリアの色彩計画やテーブルコーディネートなどの分野でも、パーソナルカラーの考え方が広まりました。

パーソナルカラー研究会　1997年に日本色彩学会の中にパーソナルカラー研究会が発足し、活躍しているパーソナルカラーコンサルタントや同好者が集まって情報交換や研究発表を行い始めました。パーソナルカーコンサルタントが新しい職業として注目され、資格を得るために色彩に関して学習する人が増え、「色彩検定試験」などの資格に関心がもたれたり、2006年にはパーソナルカラーの検定試験がスタートしました。

カラーパレット

パーソナルカラーのカラー分析のために、カラーパレットというツールが用意されています。カラー分析の方法によって、数種のカラーパレットが次のような分類とそのパレットがあります。

2分類法　2分類法の基本理論は、ロバート・ドアの「ブルーアンダートーン」と「イエローアンダートーン」の調和論、および、フェーバー・ビレンの「ウォームカラーとクールカラー」の調和論によるものです。これらの理論から、2つのアンダートーンとして、「ウォーム（イエロー）ベース」「クール（ブルー）ベース」をカラーパレットのベースカラーとしています。

4分類法　2分類法をさらに明暗感や彩度感の印象でそれぞれ2つに分けた4分類法です。イエローベースをスプリングとオータムに、ブルーベースをサマーとウィンターに分類されています。なお、これら4種を「春・夏・秋・冬」としたり、「A・B・C・D」と呼ぶカラーパレットなどがあります。

6分類法　2つのアンダートーンに加えて、ボディカラー明暗の印象を「インテシティ」、清濁感や強弱感の印象を「クラリティ」とした分類です。次の6つに分類されます。

表●6分類法によるカラーパレットの種類

色の見え方	ベースカラー	
アンダートーン	イエローベース	ブルーベース
インテシティ	ライト	ダーク（ディープ）
クラリティ	ブライト（クリア）	ミューテッド

12分類法　第1シーズンを春夏秋冬、第2シーズンを第1シーズン以外の季節に求め、春夏、春秋、春冬、夏春、夏秋、夏冬、秋春、秋夏、秋冬、冬春、冬夏、冬秋の組み合わせにした12分類法です。第1シーズンの要素をもちながら、第2シーズンの特徴もあるというカラーパレットです。

16分類法　12分類法と4分類法を組み合わせ、細分化した分類法によるカラーパレットです。

カラー分析と調和　その人に調和する色を探すために、分類法に沿った1分類60色のカラードレープを使ってカラー分析を行います。被験者の胸元にカラードレープを掛け、その影響を受けた肌色の変化、目の色や瞳の輝き、髪の色などの様子を観察します。1色ずつカラードレープを替えながら、その人の雰囲気などもあわせて観察します。繰り返し行

われるこの作業での変化は微妙なものですが、それを見逃さないようにして最終的に、調和・不調和を判定します。

調和のポイントは、肌色の艶感、透明感、健康感、輝き感などに現れたり、メイクアップカラー、ヘアカラーやアクセサリーなどを含めた全体と違和感のない「自然さ」として現れます。パーソナルカラーの判定には、色彩学やファッション情報などの援用に加えて、パーソナルカラーコンサルタントとしての経験、判断力、感性が大きく関わります。

パーソナルカラーの関連用語

パーソナルカラーに関連して、以下のような用語が使用されます。

イメージ分析 (image analysis) カラー分析の事前に、対象者の外観からのイメージ、会話からの内面的なこと、望んでいることなどを把握して記録することです。

オプションドレープ (option drape) 基本ドレープだけではカラー分析がむずかしい場合に使用する、分類法に沿った別ドレープのこと。色数が多くなるので、的確な分析ができます。また、カラーコーディネートの際にも使用されます。

オーラソーマ (aura-soma) テストとして、色の組み合わせが異なる107本のボトルから順位にそって選びます。1位は選んだ人の気質など、2位〜4位は過去、現在、未来が反映されているといいます。107本のボトルにはそれぞれメッセージが設定されていて、4本を選んで、人の内面、外面を診断する深層心理学的なカラーアドバイスがされます。これによって、人とのコミュニケーション、色の選択などが容易になるといいます。

カラーアナリスト (color analyst) パーソナルカラーのカラー分析者。パーソナルカラーコンサルタントと同義です。

カラーキープログラム (color key program) ロバート・ドアのブルーアンダートーン、イエローアンダートーンを基にした調和法です。

カラーコーディネート (color coodinate) 全体の調和を図ることで、パ

ーソナルカラーではその人の個性にも対応した髪、肌、アクセサリーなどを含めた服装全体にバランスのある調和を図ります。

カラーコンサルタント (color consultant)　色彩を通して全体の調和を図る専門家。都市計画、エキステリア、インテリアなどコンサルタントの活動は広範囲。パーソナルカラーが主になれば、パーソナルカラーコンサルタントといいます。

カラーセラピスト (color therapist)　直訳的には色彩療法ですが、色彩心理面から感覚を通して、快適な色彩計画を図るところにポイントがあり、実施に際してはオーラソーマが活用されます。

カラードレープ (color drape)　カラー分析に使用する色布。基本ドレープとオプションドレープがあります。

カラーリスト (colorist)　パーソナルカラーコンサルタントのことで、かつての呼称です。ファッションビジネス面では、色彩に関わる担当者をカラーリストと呼びます。

ゴールドベース (cold base)　パーソナルカラーにおける寒暖の呼び方。ウォームベースともいいます。

コモンカラー (common color)　コモンは共通の意味。カラーパレットの各分類に共通する黒やニュートラルカラーなどをいいます。

シーズンカラー (season color)　4分類法に沿ったカラーパレットのことで、春、夏、秋、冬はそれぞれの特徴色をもちます。

事前診断　カラー分析を望む人の氏名、年齢、住所などの基本的なこと、あわせてカラーやファッションなどの願望を最初に聞きながら記録すること。カラー分析を行う際の重要な情報源です。

シルバーベース (silver base)　パーソナルカラーにおける寒暖の呼び方。クールベースともいいます。

スタジオワーク (studio work)　カラー分析を行うために、適正な照明、

大きな鏡（姿見）、メイクアップ化粧品などの諸設備が整ったスタジオが必要で、それらを使ってカラー分析やパーソナルカラーコンサルティングが行われます。スタジオでの一切の活動をスタジオワークといいます。

ボディカラー (body color)　肌、髪、目、爪の色などの人の特徴色のことで、4分類されます。肌色とは、顔、首まわり、胸元、耳、手や腕、素足などを指します。

色彩計画

商品を購入する際は、その商品の機能や価格とともに、デザインや色、配色なども検討されます。感性も購入時の大事な要素だからです。色や配色を商品にとり入れることを色彩計画といいます。

商品計画

　商品計画の考え方は、ファッション商品や工業製品ばかりではなく、基本的には建築、インテリア、住宅環境、都市環境など広範囲に共通です。商品は、計画、試作、決定、実施、評価という5つの段階を経て策定され商品化されます。

　その中での色彩計画は、商品計画の一環として、商品の色彩や配色について計画することです。

計画段階

　制作する商品への基本方針に従って、コンセプトの設定から、商品の形態、素材、色彩、配色などの計画を立てます。あわせて販売時期のスケジュール設定から算定して、試作、決定、実施を計画に組み込みます。コンセプト設定や商品に関連する情報収集も行われます。

コンセプト (concept)　計画する商品への考え方で、具体的にはその商品について、ライフスタイル（生活様式）との適合性、快適性などが吟味されます。コンセプトには、分かりやすさ（納得性）、的確な表現（伝達性）、臨機に対応できる（柔軟性）が求められます。コンセプトを決めるために大切なのが情報収集とその分析です。

情報収集　現在のライフスタイルの状況、好みの志向（マインド）の特徴などを知ることですが、社会・生活の経済動向の調査資料や、市場の商品動向についての資料などもあります。また類似商品の販売状況や使用動向なども貴重な情報です。

色彩情報　ファッション商品に欠かせないのが流行色情報です。現在のカラートレンド（流行色の傾向）や先行きのアドバンス情報が必要になります。流行色情報センター（JAFCA）から発表される流行色やイン

ターカラー情報などが資料になります。商品によっては色彩嗜好の傾向を知ることも大切になります。

試作・評価段階

　計画した商品を試作して、商品化できるかどうかを評価する段階です。機能性、利便性、快適性などのアイデアから形態、素材、色彩、配色に発展させたデザインに沿って商品を試作します。試作品は数点作りそれぞれが評価されます。評価結果から、改めて検討・修正が行われることもあります。

　コンセプトに基づいてビジュアル化する際は、手書きによって作画・彩色する方法もありますが、現在ではコンピュータグラフィック（CG）による方法がよく使われます。**レンダリング**（rendering）は、CGを使用してビジュアル化されたものです。また、立体的に描かれた完成見取り図（パースペクティブ：perspective、略してパースという）もレンダリングの1つです。これらは、計画商品の色や陰影、素材感などの写実的に描写して試作段階で用いられます。なお、商品によっては即物的に試作品を作ることもあります。

試作品の評価　試作品は、一対比較法、評定尺度法、SD法、順位法、意見聴取法、マグニチュード推定法などの方法で評価します。配色については、ムーン＆スペンサーの調和論にある美度計算による評価方法も有効です。評価するのは計画担当者だけで行うよりも、他部門の協力を得て行う方が効果的で効率的です。

一対比較法　試作品からAとB、AとC、BとCのように2点ずつをあげてよい方を選び、その結果を集計してよいものを選び出す方法です。

評定尺度法　試作品を、対照的な2つの語（たとえば「派手」と「地味」など）について、「良い、やや良い、普通、やや悪い、悪い」といった評価をし、その結果から良いものを選ぶ方法です。評価は5段階、7段階があります。

SD法（Semantic Differential method）　アメリカの心理学者C.E.オズグッドが考案した、意味微分法といわれる方法です。試作品のイメージが、どのような心理構造から成り立っているかを見るものです。対照的な2つ

色彩計画

の語に対して5段階などで評価し、平均イメージプロフィールを導いて、試作品の全体イメージを抽出します。

(参照) ⇨135ページ・SD法

順位法　評価基準を設け、それに従って試作品を投票などで評価し1位から5位までという順位を付ける方法です。試作品から1点だけを選ぶ選択法もあります。

意見聴取法　試作品の意見を集めた結果から最良のものを選ぶ方法で、当事者が気付かなかった問題点などが発見されることがあります。アンケート用紙に意見などを書き込ませ、その結果から評価を得る方法もあります。

マグニチュード推定法　理想的なモデル商品を設定してそれを100とし、試作品との比較でその差を評価しようという方法です。その商品モデルは、既存のものも評価基準の1つとして加わることがあります。

決定・実施段階

　選ばれた試作品が製品化の方向をもつ段階で、組織内の決定部門への説明・説得のためにプレゼンテーションが行われます。採用決定から関連部門との打ち合わせと調整、商品管理などが作業の内容になります。

プレゼンテーション (presentation)　商品化に向けた大切な提案です。コンセプトに沿った市場と商品との適合性、快適性などが生活提案としての資料になります。市場性と経済的な効率や評価結果も資料として用意します。商品計画における最終的で重要な段階ですが、説明・説得のために提案の要点を分かりやすくまとめる方法には、文章によることもあります。ビジュアルに説明するためのパネル制作、CGによる訴求方法もあり、これらがビジュアルプレゼンテーションになります。

実施　商品化決定に伴い、諸作業が行われる段階です。商品計画のプレゼンテーション資料を基にした社内教育は、営業、広報・宣伝、生産・販売部門などに一貫した説明が行われます。必要によっては商品マニュアルが制作されます。プロモーション、生産・販売などのスケジュールのための調整作業も併行します。

市場評価 販売に従い、計画した商品の販売動向などを見るために調査を行います。調査結果からの分析は報告書としてまとめられ、「計画段階」に戻り、次期計画の資料にされます。

インテリアの色彩計画

一般住宅のインテリアに求められるコンセプトは「安心感」「暖かさ」「家庭的」「明るさ」「くつろぎ」「落ち着き」「プライバシー」などから導かれるものです。色彩計画はそれを基にしながら、リビングルーム、キッチンなどの部屋別に分かれてきます。部屋別の居住性、機能性などを考慮したコンセプトが改めて設定されます。

インテリアの4要素

インテリアの色彩計画は、次の4つの要素から成り立ちます。

基本スペース (basic space) 壁、天井、床などの部屋を構成する基本的なものです。窓、フローリング、敷き詰めカーペットなども含まれ、カプセル系ともいいます。

ツール (tool) 椅子、テーブル、サイドボード、書棚、ベッド、音響機器などの道具系のことをいいます。

ハウスリネン (house linen) 部屋に調度されるすべての繊維製品のことで、カーテン、カーペット、テーブルクロス、クロスばりのソファなどの全体をいいます。

オーナメント (ornament) 装飾的なクッション、絵画、コレクションなどのルームアクセサリーのことをいいます。

部屋別の計画

部屋にはそれぞれの使用目的があり、その要素がコンセプトを作る基になるものです。

ポーチ (porch) 玄関は、家族の趣味や家庭の様子が分かるという家の

「顔」部分です。雑然としたものは避け、「シンプルで、明るい暖色系であたたかな雰囲気」にまとめます。

リビングルーム (living room)　居間は家族が集まる団欒の場所ですが、時には客間としても使われます。キーワードは「明るさ」「落ち着き」「暖かさ」「安心感」で、明るく、グレイッシュな、暖色系の明るいベージュ系の色が主調色になります。

ベッドルーム (bed room)　寝室は安心して就寝ができるプライベート空間です。遮光性、遮蔽性、換気性などが大事になります。キーワードは「遮光性」「清潔さ」「暖かさ」「プライバシー」で、暖かさを表すグレイッシュなトーンを主調に、ベッドカバーやドレープカーテンに緑系をとり入れます。

書斎 (study room)　書く、調べる、思考する部屋です。キーワードは「落ち着き」「暖かさ」「適度の明るさ」。暖色系の落ち着いたトーンが中心になります。照明は机とその周辺は明るく、部屋全体はほどよい明るさにします。

子ども部屋 (children's room)　小学校高学年になると大人意識の仲間入りをする子どもを尊重して、落ち着いた感じの明るいベージュ系を主調色にして、ベッドカバーやカーテンで明るい雰囲気にします。キーワードは「落ち着き」「暖かさ」「明るさ」です。

キッチン (kitchen)　台所では食品を扱うので、清潔感のある明るさが色彩計画のポイント。明るすぎで、落ち着き感を損なわないように配慮します。暖かさを残しながら、明るいグレイッシュトーンでまとめます。キーワードは「明るさ」「暖かさ」「清潔」「機能性・収納性」です。

ダイニングルーム (dining room)　食事する部屋は家族が集まる場所。リビングルームと同じような色彩計画です。緑系の明るい色で、さわやかな雰囲気を演出します。キーワードは「団欒」「明るさ」「暖かさ」「安心感」です。

バスルーム (bath room)　浴室は心身ともにリフレッシュするための部屋なので、開放感を得るための遮蔽性が大切になります。明るすぎると

落ち着き感が損なわれるので、抑え気味の明るさにします。キーワードは「暖かさ」「プライバシー」「適度の明るさ」です。

トイレット (toilet) 　バスルーム同様に遮蔽性が大切です。適度の明るさと落ち着き感のある、明るい暖色系のグレイッシュトーンが適しています。キーワードは「清潔感」「適度の明るさ」「プライバシー」です。

カーテン (curtain) **の種類**　一般に使われるのはドレープカーテン（厚手の織物）、プリント（薄手の織物にプリント模様）などです。ソリッドカラー（単色）、織物柄、装飾的なプリント柄があり、遮光性、遮蔽性がよいものです。レースカーテンには編み模様、シンプルなものがあります。外光は入りますが、遮蔽性もあるのでドレープカーテンと二重にして使われます。ケースメントカーテンはドレープカーテンとレースカーテンの中間になるような、ざっくりした織物で装飾的なものです。

カーペット (carpet) **の種類**　カーペットは織物製品による敷物全般のことをいいますが、面積が大きいものがカーペット、小さいものがマット（玄関マット、バスマットなど）で、その中間になるのがラグ（部屋の真ん中に置かれるピースカーペット）になります。面積大のカーペットには手織り高級品の段通（ペルシャ、天津など）があり、機械織りのものもあります。床全体に敷き詰めるものにはタフテッドカーペットがあります。敷物素材が藺草のもの、竹すだれで細かく編み込んだものもあり、夏場の暑い時季に使われます。

インテリアの色彩計画のポイント

大面積の色彩配置　基本スペースとなる天井、壁、床です。商品寿命は半永久的なものなので、茶色系、オフニュートラル系などのベーシックカラーが主調色です。見慣れた色なので、安心感がもたれます。

中面積の色彩配置　家具、カーテンなどです。商品寿命は半永久的なものですが、カーテンやテーブルクロスなどを季節や気分によって替えて楽しみます。ベーシックカラーを主調色にすることは基本スペースと同様です。

小面積の色彩配置　アクセントカラーにもなるオーナメント系です。

商品寿命は短く、季節や気分によって自由に替えられますが、周囲の色との調和を考慮します。

色彩計画の注意点
①大面積の場合は、高彩度（純色など）の刺激の強い色や組み合わせは避けます。
②緑色は安心できる色ですが、大面積になると高彩度感になるので要注意です。
③無彩色はどのような色にも調和しますが、冷たい雰囲気になります。
④白は光の反射量が多く、緊張感があり目に優しくありません。
⑤床を暗めのトーンにすると部屋に安定感と落ち着きが得られます。

環境の色彩計画

　色彩計画のコンセプトは住人と多くの人達が中心です。行動への機能的な利便性、安心できる安全性、人間の情緒面に関わる快適性です。また、自然環境との関係や、その土地や地域によっての独自性なども計画のコンセプトに含まれます。

プライベートゾーン(private zone)　一戸建て、集合住宅のインテリアは私的空間、外装を含む家周りのエクステリアは公共的な環境です。地域の建物などに協調した色彩計画が必要です。商業主義的に目立たせる外装色などは避け、共用する非常階段、避難場所などは安全色を使って存在の明確化を図ります。

パブリックゾーン(public zone)　公共施設、企業の建造物、学校、幼稚園など、人が多く集まって利用する施設で大切なことは、安全性・誘導性です。廊下、集会所、トイレ、非常口、非常階段などは、目的と機能を考慮した色彩計画が必要です。内装部分の色彩は緑系や明るいベージュ系が多く使われ、壁面は明るく落ち着いたトーン、廊下はやや暗めのトーンにします。面積の大きなところへの白は圧迫感があり、目に優しくないので避けます。
　公園、遊園地、休憩所、公衆トイレなどでは自然との調和を図ることを優先させます。遊園地は子どもの安全性と娯楽性のために高彩度色のきわだった色が考えられますが、子どもを注視させ、保護者の目を向けさせるためにもなります。公衆トイレにも同様の考え方ができ、休憩所

は自然との調和したくつろぎ感が大切です。

ストリートファニチャー (street funiture)　パブリックゾーンに設置されたベンチ、電話ボックス、街灯、各種標識、広告パネルなどのことです。駅前や繁華街は自己主張が強い広告パネルが多く雑然とした場所になりがちですが、人の行動のために安全性と誘導性を重要視した色彩計画が優先されます。必要な交通・誘導標識、案内などは視認と可読がよいものが望まれます。安全色彩との組み合わせを参考にしますが、色覚障害者でも視認・可読な色覚バリアフリーを講じたいものです。

安全色　生活環境の中で大切なものの1つが、安全を図る道路などの標識です。標識に関しての色彩はJIS Z 9101で規格化されています。
　安全色の一般的な意味は次のようになります。また、安全色の対比色の組み合わせとして、赤と緑、青と白（N9.5）または黒（N1）、黄赤と黄または黒が使われます。

表●安全色の意味

色	マンセル値	意味
赤	7.5R4/15	防火、禁止、停止、高度の危険など
黄赤	2.5YR6/14	危険、航海、航空の保安施設
黄	2.5Y8/14	注意
緑	10G4/10	安全、避難、衛生、救護、保護、進行
青（円形の中に用いられた場合）	2.5PB3.5/10	義務的行動、指示
赤紫	2.5RP4/12	放射能に関しての施設など

安全色と形状の意味　安全色を配した図形の形状には次のような意味があります。

表●安全色を配した図形の意味

図形	意味
円	禁止、停止、高度の危険など
菱形（正方形による）	危険
正三角形、逆三角形	注意
正方形、長方形（縦長・横長）	指示を含む情報（禁止、停止、防火、安全など）

色彩計画のツール

標準色票　色彩計画には計画書に伴うレンダリングがあり、あわせて色指示が行われます。色指示は、その商品素材の色見本や、マンセル色彩体系、JIS標準色票の記号を使います。光電色彩計（光電色差計）は、精度を求める場合に使われます。

カラーコード (color code) **とカラーテーブル** (color table)　計画に適した色を探す際は、色を一覧できる表（カラーテーブル）を使うことができます。JAFCAの『JBCC』（JAFCA BASIC COLOR CODE）には、ISCC-NBSに準拠した267色が収められています。内容は、カラーテーブルとマンセル色彩体系によるカラーコードです。また、日本色研事業（株）の『調査用カラーコード』は、PCCS系統色名の分類区分がマンセル色彩体系上に設定されています。色数は269です。日本色研事業（株）の『新建築色票』は、色数760のアクリルラッカーによる色票です。また、カラーコードは、色彩嗜好や環境色などの調査、カラーイメージ調査にも利用されます。

色彩調節

「自然の色の組み合わせには調和がある」とは、ルードの調和論の概要ですが、1941年にデュポン社の技師は物や形がよく判別できるのは、自然の中にあるいろいろな色が組み合わされているからだ、としています。その発想が色彩調節に発展しました。

1941年以前から、色彩調節についてさまざまな提案してきたアメリカのF.ビレン（Faber Birren、1900～1988）の基本的な考えは、工場や病院などの物理的な環境の中でヒトが求める快適指向への充足です。具体的な展開は、第二次大戦にも関係する軍需工場の生産性・安全性の向上でした。工場内の通路、注意、危険場所や器機や工作機への色彩施策などが行われ、快適さをもたらす環境色を施すことによって、働く人達にここちよい刺激を与えました。色彩調節への考え方と施行は、米国で発展しました。日本には第二次大戦後に導入され、いろいろな工場で色彩調節が施されました。現在では、物理的な環境の中で求められる快適指向への充足策は、公共施設のような建物ばかりではなく、個人住宅にも寄せられています。またこの際、「色彩調節」という用語が「カラーコーディネーション」（color coordination）という用語に代わられるよ

うになっています。

色彩計画の関連用語

　色彩計画を含む商品計画の用語は多岐にわたります。計画は生活とその様式に深く関わるからで、それだけに広範囲な情報が必要です。

アウトドアライフ (outdoor life)　野外を主にした生活。キャンピング、登山、フィッシングなどスポーツ全体を指す、健康的で自然志向の生活。対義語は、インナーライフです。

アダルト (adult)　成人した大人のこと。通常は30代半ばから40代半ばあたりを指します。対義語は、ヤングです。

アッパーミドル (upper midle)　中流階級の上の方をいいます。顧客分類や市場分析などでは50代後半の中年層を指すことがあります。

アメニティ (amenity)　快適さ。生活環境や人間関係に快適さを求める指向が多く、コンセプトのキーワードとしてよく使われます。

イノベーター (innovator)　革新者。オピニオンリーダーと類似しており、ファッション面ではファッションリーダーといいます。アメリカの社会学者E. ロジャースの論に、流行をとり入れる最初の層を革新者、次の層を初期採用者、前期追随者と順次に続き、最後の層を遅滞者としています。

イメージプロモーション (image promotion)　販売促進の一環で、企業や商品の心理的イメージを向上、支持を高めるための感覚的な訴えかけのことです。

インストラクター (instructor)　教官、指導者。スキー、ゴルフなどで知識・技術を指導する人たちのことです。

インポート (import)　輸入品のこと。インポートブランド、インポートグッズなどといわれますが、特にイタリア、フランスからのものに対していうことが多い用語です。

インナーライフ (inner life)　屋内志向のライフスタイル。インテリアへの関心やホームシアターを楽しみ、くつろぐ快適生活のことです。対義語は、アウトドアライフ（outdoor life）です。

エコノミープライス (economy price)　「お買い得価格」などと呼ばれる、低価格のことです。

クライアント (client)　依頼人、広告主。主に広告・宣伝活動に使われます。電波媒体関係ではスポンサーといいます。

クラスター (cluster)　マーケティング用語で集団などのことをいいます。消費者の中で、同じ価値観や生活観などをもつ集団をグループとしてまとめたことで、その分類をクラスター分析といいます。年齢別、性別などの分類から脱した新しいマーケティング手法です。

コーポレートカラー (corporate color)　企業を象徴するような色や配色のことです。

コンシューマー (consumer)　消費者のことです。

コンフェクション (confection)　フランス語で既製服のこと。高級既製服はプレタポルテ、高級服がオートクチュールです。

サプライヤー (supplier)　供給者、提供者。継続的に商品を供給する企業のことです。

シルバーマーケット (silver market)　高齢者市場。行動的で若々しさを求める高齢者を目的にした商品展開でできる市場。対義語は、シングルマーケット、ヤングマーケットです。

シングルマーケット (single market)　独身者対象の市場。自由裁量所得が多いとされるヤングを目的にした市場。ヤングマーケットともいいます。

ソリッドカラー (solid color)　単色のことです。

団塊の世代　1948年前後に生まれた多くの世代。新市場として注目されました。

ニーズ (needs)　消費者の生理的・心理的な欲求。商品計画のコンセプト制作時に不可欠な情報です。

ハイタッチ (hightouch)　人間的な感触や有機的なあたたかさが大切にされること。対義語は、ハイテクです。

ハイテク (highteck)　ハイテクノロジー (hight technology) の略で、高度な先端技術のこと。対義語は、ハイタッチです。

ハイブリッド (hybrid)　「雑種」の、「混成物」のといった意味。異種類のものを組み合わせて意外性のものを表現します。同類語にコラボレーション (collaboration) があります。

プレステージ (prestige)　威光、権威、名声など。商品、店、企業などの最高の等級、階級、評価、地位、名声を使用する商品。消費の高級化、本物志向を反映してよく用いられます。

プロダクツプランニング (products planning)　もともとは工業機器などの商品計画のことで、工業化が進むファッションビジネス分野でも使われるようになりました。

プロダクトサイクル (product cycle)　衣料品、電化製品などが、機能的、感覚的に変化する使用時間のこと。また、商品を市場に投入した時間経過のことなどをいいます。

ポジショニング (positioning)　市場の中で、ブランド、企業の位置付けを明確にする作業や戦略。コンセプト設定時の大切な課題です。

マインド (mind)　マーケティング用語で、志向。かつては性別、年齢別、年代別に分けられた商品計画が、同じ志向をもつ人たちというマインド別商品計画に代わっています。

マーケティング (marketing)　企業の繁栄に欠かせないのが情報収集と

色彩計画

広報・宣伝で、それをマーケティングといいます。市場調査などはマーケティングリサーチといいます。

マスコンサンプション (mass consumption)　大量消費。大量生産がマスプロダクション。個性化、多様化している現在、多くは使われなくなっています。

マズローの欲求5段階　アメリカの心理学者アブラハム・マズローは「人間の基本的欲求は段階的に進化する」と述べました。5段階とは、①生理的欲求②安定の欲求③所属と愛の欲求④承認の欲求⑤自己実現の欲求です。

メタリックカラー (metalic color)　車の車体色などに見られる金属的な光沢をもつ色。真鍮粉、アルミ粉などが塗料に混ぜられます。

モチベーションリサーチ (motivation research)　購買動機調査。商品を購入するには、必需品、衝動、目的などの動機があり、その行動には潜在意識に左右されることが多いといいます。

ライフスタイル (life style)　生活様式と直訳されます。思考などを含めた生活姿勢をいうこともあります。

ライフサイクル (life cylce)　生活様式の段階的な区切りのことで、結婚を起点に子の誕生などの生活周期のことをいいます。

ライフステージ (life stage)　ライフサイクル（生活周期、生活環境の変遷）の段階的区分で、区分された人々のもつ生活背景や特性などをいいます。

日本の伝統色・伝統配色

染織品の色や配色には、
その国の生活文化が反映されています。
日本の染織品の色や配色には特有の美しさがあります。

渋さと華やかさ

　日本伝統色の特徴を「渋い」といわれることがあります。「渋い」にはさまざまなニュアンスがありますが、色調で表すと明るめのグレーイッシュトーンです。もともと、植物染料による色は、染溶液に一回浸すだけでは得られないので、繰り返して染めることになります。そのため濃くなるにつれて灰み感が表れます。繊維素材が木綿になれば、特にその「渋い」特徴が表れます。木綿もの中心の衣生活で、くすんだような色調が主になるのは当然のことでしょう。素材が絹であれば、素材の光沢感の効果から鮮やかな色が表れます。江戸時代、上層階級の女性が着た衣装の、かくれる部分である縫い代には、退色していない鮮やかな色が残されています。そのことから、華やかな衣装であったことを想像できます。能衣装は舞う姿に注目を集めるために、鮮やかな色調を基にデザインされます。安土桃山時代（1568～1598）の能衣装は唐織か厚板が多いものです。現存しているその能衣装の、織糸の底部分には鮮やかな色が残っており、衣装全体が華麗であったことが分かります。

木綿と絹　木綿と絹は、庶民階級と上層階級を象徴するような布地です。これでもって伝統色の特徴をいうには早急なことですが、木綿の「渋さ」と絹の「華やかさ」という対照的な関係を拾い上げることができます。

唐織　模様が浮き織りされた綾織物、紋織物のことで、中国式の織機で織られたものです。

厚板　紋織物の一種で、織地が堅いのが特徴。帯地、袋物などに使われます。

位階色・禁色・当色・許色

　かつての日本は、中国の影響を大きく受けていました。その1つが五行説です。五行説は中国の思想で、宇宙に存在するすべての基になっているものは木、火、土、金、水で、この5つが互いに干渉し合って宇宙を支配しているというものです。その5つに、方位の東、南、中央、西、北が置かれ、生物、五曜などとともに5色が置かれています。

位階色　5色を基にして、宮廷の官位を示す位階色が定められています。その最初は推古天皇の時代603年のことで、後世では5色に黒が加えられた6色が位階色となりました。一位が紫、二位が緑、三位が赤、四位が黄、五位が白、六位が黒の順です。天皇が代わると律令（刑法と行政法）も新しいものに替わりますが、紫や赤は上位者の位階色になり、緑や縹（藍）は下位者の色になります。

表●五行説による方位など

方位	生物	五曜	五色	後世の五色
東	蒼竜	木	青	緑
南	朱雀	火	赤	赤
中央	黄竜	土	黄	黄
西	白虎	金	白	白
北	玄武	水	黒	紫

禁色　天皇の正装に用いられる黄櫨染、狩衣の麹塵、正装に使われる皇太子の黄丹は禁色で、また、下位者は上位者の位階色を用いることはできません。これを禁色といいます。

当色　当該の官位者が用いることができる位階色が当色です。

許色　禁色とされる色の薄い色、あるいは似ている色でも別な色名であれば用いることができました。これが許色です。黄丹は禁色ですが、そのものの色ではなく、似たような色は黄朽葉色として許されました。

階級の色 (染料による)

　日本近世まで身分制度では、色を階級に対応させていました。これを位階色といい、貴重な染料による色は上位に、一般的な染料による色は

下位に位置付けられています。

貴重染料　位階色は、律令の中で紫系、赤系が上位者の色、緑や縹(はなだ)などは下位者の色となっているのが通例で、上位の位階色は貴重な染料で染められました。貴重な染料とは、手に入れることが困難で高価であり、また染色に時間がかかるものです。赤系では緋色（紅花）、紫などが貴重染料です。

一般染料　青を染める蓼藍(たであい)は、紅花とともに中国から移入され、量産できることから紫、緋色に較べて低廉でした。また、緑は単独の染料がなく、苅安などの黄染料に藍を重ねて染めました。これらの染色は比較的容易でした。こうした、低廉・染色容易な染料が一般染料です。

色の濃淡　色の濃淡にも上下の位階があり、さらに位階は2つの階級に分けられていました。紫の濃い色は黒紫（こきむらさき）として上位、赤紫（うすむらさき）は下位でした。濃淡関係は、緑や縹にも見られました。緋色などの赤は紅花染で濃くした色ですが、赤を染めた後の染溶液や、布を多くして染められた色が粗染(あらぞめ)（ピンク）で、平安時代には身分の低い雑役などの色とされていました。平安時代における染料と染色の経済的な事情が、身分を表す位階色などに反映しましたが、このような事情は江戸時代にも見られます。

江戸時代の色彩

江戸時代の色彩は、茶、鼠、藍のように庶民階層の色に代表されます。色の使い方は制限されましたが、縞や格子の変化による配色表現、型紙による模様の精緻さによって、美しく、たくましい表現が完成しています。

奢侈禁止令の影響(しゃし)　江戸時代に、たびたび「奢侈禁止令」が出されました。身分秩序の維持、生活の健全化対策、風俗取締りなどで、倹約をすすめることが含まれました。絹物着物は贅沢なので木綿や麻物を着ること、華美な色彩でなく渋い色調の茶や鼠（グレー）、藍などを使うことが強制されました。「四十八茶百鼠」は、そのような当時に多く使われた色をいう言葉で、多くの茶色や鼠色という意味です。奢侈禁止令の影響による茶、鼠、藍を使わざるを得ないので、そうした地味な色の

日本の伝統色・伝統配色

濃淡や、縞、格子模様などに白を組み合わせ、縞幅や繰り返しに創意を込めてさまざまな配色を生み出しました。

歌舞伎役者にちなむ色名　茶の色名には、歌舞伎役者にちなむものがあります。娯楽の場である歌舞伎は元禄期（1688～1704）に興隆し、関連する流行現象が現れました。歌舞伎には、風俗取締りの影響から女性役者に代わりに女形が登場します。路考茶は女形・長谷川菊之丞が着た舞台衣装の色からの流行色です。路考は、長谷川菊之丞の俳号（俳人の名）です。このほか、璃寛茶、団十郎茶、岩井茶、芝翫茶など、歌舞伎役者の名前・俳号にちなんだ色名が登場しました。

四十八茶百鼠　樹木の葉や樹皮、実などにはタンニンが含まれており、それを抽出した液が茶の染料です。酸性、塩基性などの媒染でいろいろな茶色が現れ、容易に入手できる安価な染料として使われました。グレーの染料は、クヌギ、クリの樹皮や葉、ゲンノショウコ、墨を作る煤粉などで、特別な染料ではありません。藍も多く使われていましたが、それは藍が全国的に普及したからでした。

型紙　自由な模様の型紙を使った捺染（プリント）では、単純な一色染めに地の白が活かされました。捺染の型紙は、和紙数枚を貼り合わせ、柿渋を塗布した丈夫な紙に模様を彫って作られました。その型紙で捺染し、一着分を染め上げます。

合成染料の出現

　パーキンの合成染料モーブの発明（1856年）以降、多くの合成染料が現れました。明治時代、ヨーロッパの諸制度や文化の移入とともに日本にも合成染料が輸入され、明治中期以降は良質の染料が普及しました。植物染料の藍に代わって、合成染料の藍（インディゴピュア）のきれいな青が新橋色として流行色になりました。紫はモーブ、赤はアリザリンレッドやマゼンタに代わり、発色のよい色が珍重されました。

　色名には、バイオレット、パープルなどのようなカタカナが多く使われるようになりました。これらの合成染料は染色性がよく、発色もよいので、普及に伴って植物染料は次第に使われなくなりました。

伝統配色

　染織品などに見られる配色には、名称と色の組み合わせが決められて定型化されているものが多く、社会制度の維持と生活に関わりながら、装飾性を保っています。季節の花や自然景観の色による配色を、自然同化として生活に融合させ配色名としているといった特徴もあります。また、諸国から繊維製品が輸入されて、それらの色や配色が珍重され、いつしか日本のものとして消化、融合させてしまう日本人の豊かな色彩感覚を伝統染織品を通して知ることができます。

襲の色目　衣装の着重ねの配色。襲は下衣の小袖に単衣を重ね、袿（大袖の上衣）を数枚重ねた全体のことで、平安時代末期には5枚が原則で、行事などの際には12枚と決められていました。襲の別称、五衣や十二単はこれによります。衣を重ねときの色の順序の決まりが襲の色目で、色の組み合わせには季節感が反映され、また着る期間も限定されていました。

表●襲の色目の例

名称	配色	備考
紅の匂	紅を基にして中に着る衣へ次第に明るくする	春、秋、冬と祝日
楓もみじ	薄緑、薄緑、黄、山吹、紅	10月1日〜正月
菖蒲	緑、濃紫、薄紫、白、紅梅	4月〜5月
撫子	蘇枋、紅、紅梅、濃紫、薄緑	4月〜5月

重ねの色目　狩衣は、天皇以下六位以上の男性の普段着で、もともと狩猟時の着衣から付けられた名称です。狩衣の表地の色と裏地の色との組み合わせが、重ねの色目です。なお、文献によって色の組み合わせが多少異なります。

表●重ねの色目の例

名称	配色（表・裏）	着用する季節	名称	配色（表・裏）	着用する季節
桜萌葱	萌葱・縹	春	紅葉	紅・蘇枋	秋
山吹	黄・青	春	竜胆	蘇枋・縹	秋
藤	紫・薄紫	春	紫苑	紫・蘇枋	秋
杜若	二藍・青	夏	女郎花	青・黄	秋
撫子	紅・青	夏	枯野	香・青	冬
花菖蒲	紅・紫	夏	松重	青・紫	冬

織物の縦糸と横糸の組み合わせ
織物の縦糸と横糸の組み合わせに名称が付けられています。

表●縦糸と横糸の色の組み合わせ例

名称	配色（縦糸・横糸）	名称	配色（縦糸・横糸）
紅梅	紫・紅	浅葱色	白・青
女郎花	青・黄	薄色	紫・白
葡萄色	紅・紫	半色	薄紫・薄紫
香色	紅・黄	萩色	青・蘇枋
紅色	紫・紅	柳葉	萌葱・白

繧繝（うんげん） 繧繝は、神社などの装飾織物などに見られる模様様式の一種です。繧繝彩色は、部屋の中に差し込む月明かりが時間経過とともに動く様子を写しとった模様とする説もありますが、中国の唐時代に日本に伝わったものです。様式は中央部を濃く、外側に向かって次第に明るくした、同系色濃淡の階調で、最端には配色に使った色とは別な色が置かれます。朱、紫、萌葱（もえぎ）の3色が基本で、それぞれ朱繧繝、紫繧繝、萌葱繧繝といいます。奈良正倉院に収められている染織御物に、花模様にあしらわれた萌葱繧繝を見ることができます。繧繝の彩色様式は、裾濃、村濃に影響を与えています。

匂（におい） 襲の色目の名称の1つに「匂」があります。すれ違った人の香が最初は強く感じ、離れていくと次第に弱くなる様子を、同一色相の明度グラデーションに置き換えた配色です。匂は、化粧のぼかし調などに使われます。

薄様（うすよう） 薄様は、「匂」と同じ同一色相による明度グラデーションですが、白の五衣（表着などの下に着る5枚の着物）を基にしたものなので、白からはじまり、次第に濃くなる配色です。

裾濃（すそご） 繧繝の配色とは逆に、裾濃は次第に濃くなる配色です。端に向かって濃くなることから、末濃と書くこともあります。

村濃（むらご） 村濃は、染め物の一部に染料が寄って濃くなる斑点を模様化したもので、繧繝と同様に次第に明るくなる配色です。繧繝との違いは、組み合わせに段階的な階調ではなく、ぼかしたような濃淡階調の配色である点です。

藍と白　布地の白を活かした藍染めによる配色です。江戸小紋の精緻な模様は、白と藍色の配色による併置混色から、きれいな配色効果を見せます。店舗ののれんや日除け幕などには屋号や扱い商品名などの白、印半纏の背中にある文字の白は、藍色や紺色と明度コントラストがあり明快で明視性がよい配色です。また明度コントラスト配色は、夏の浴衣の定番配色になり涼感を誘います。

紅と白　慶事にはハレの色、赤が使われます。朱塗りの杯、角樽(つのだる)、大入り袋、赤飯などです。赤には魔よけの意味があり、巫女(みこ)は魔よけのために赤い袴を着けるとされます。祝儀袋の赤もハレの色で白との組み合わせです。白は「聖白」を象徴し、仏界の最高仏・大日如来を表します。曼陀羅図絵の中央部に大日如来を表す白が置かれます。

黒と白　赤と白の配色は祝儀用ですが、不祝儀用は黒と白の配色です。白はものごとの始まり、黒は終わりを意味し、生から死へのけじめを黒白に象徴されているとされます。曼陀羅図絵の中央は大日如来を表し白で象徴されますが、黒は北方を意味しています。香典袋の黒白は、そうした仏界を表しているようです。「けじめ」をつけることを「黒白をつける」といいます。囲碁の黒石、白石にもその意味があるようです。

幡(はん)の色　春と秋の彼岸時に寺院には赤、黄、緑、紫、白5色の幡(旗)が飾られます。もともとは1色ごとに飾られたものですが、縫い合わされたものが多いようです。5色は五色に関連するもので、各色にはそれぞれの仏を象徴しています。死んでも成仏できない餓鬼と呼ばれる亡者が私達の周囲にいるとされますが、彼岸時には餓鬼が幡のもとに集まり、仏様の功徳を受けることができます。そうしたわけで、この幡を施餓鬼幡(せがきばた)と呼びます。

各色には、以下のような功徳があるとされます。
- 赤は妙色身如来を表し、餓鬼の身体を覆っているカラが取れふくよかな身体になる。
- 黄は過去宝勝如来で、罪が消え福と智恵が得られる。
- 緑は甘露王如来で、心が豊かになる。
- 紫は離怖畏如来で、恐怖心が跡形もなくなくなる。
- 白は広博身如来で、細かったノドが広がり何でも食べられる。

七福神の色　正月には家内安全や商売繁盛などを祈願するために、七

福神巡りをする習慣が広く行われています。七福神とは毘沙門天、弁財天、寿老神、大黒天、福禄寿、布袋尊、恵比寿天で、その神々を祀る寺社は全国各地にあります。次表は京都の七福神とその寺社に立てられる七福神を表す幟の色です。

表●七福神の色

色	色の意味	七福神	七福神の説明	寺名
赤	情熱、火、血の色、生命力、繁栄、道が開ける	毘沙門天	仏がいるという須弥山の中腹で北方世界を守護する。	東寺
橙	華美、陽気、躍動、喜楽温情、福徳自在	弁財天	水、農業の神から、音楽、弁才、財宝をもたらす。	六波羅蜜寺
紫	藤は樹齢千年以上で生命が長く長寿を表し、紫は「ゆかり」を結ぶ。	寿老神	長寿を授ける。	行願寺
黄	米俵、黄金の実り、富や光明	大黒天	福運を授かる神として、貧しい人に福を与える。	松ヶ崎大黒天
緑	長生きの意味、縁起が良い、永遠	福禄寿	福と幸いと長寿を授ける。	赤山禅院
紺	菖蒲の色 邪気を除く。虫が付かない。葉の形が剣に似ているところから悪魔を払い福を招く。	布袋尊	弥勒菩薩の化身ともいわれ、円満を授ける。	黄檗山万福寺
青	大漁、商売繁盛、海の守り神、幸福、未来	恵比寿神	漁民の神、転じて海軍を守護する。	恵比寿神社。

テキスタイル

テキスタイルは、アパレルをはじめとするさまざまな繊維製品を生産するための中間工業資材です。最終製品のデザインや付加価値に大きな影響を及ぼす色、柄、風合いなどの高付加価値を備えています。

テキスタイル (textile)

テキスタイルとは繊維、綿、糸、織物、編物、不織布、網、レースなど、繊維製品すべてのことを指しますが、一般的には織物・編物を表しています。同様の意味を表すものに、織物、編物、服地、布、布地、布帛、切れ、生地、素材、ファブリック、クロスなどがあります。

繊維製品の起源は人類の文明発生と深くかかわっており、地域により異なりますが、5,000～6,000年前に遡るといわれています。各地域には古くから繊維にまつわる多くの用語が生まれ、異国との文化交流や文明の発展に伴って用語の多様化が発生したと考えられます。その間に、意味の誤用、拡大、限定、曖昧化が発生しました。

繊維製品の製造が産業化されていく過程で、製品や工程ごとの専門分化に伴い、その分野内だけで通用する独特の用語が派生したことも、用語を複雑化させている原因になっています。繊維産業における業種間連携の進展、生産・流通構造などの中にあって情報交流の円滑化が求められています。その1つが用語の標準化ですが、現在のところその方策に着手されてはいません。

ここでは、原則的にテキスタイルを「織物」、「編物」、「不織布」を表す狭義のものとして用いることにします。ちなみに、JIS繊維用語（JIS L 0206）では織物、メリヤス（編物）、不織などのシート状の繊維製品を「布」と定義していますが、慣用的には「テキスタイル」が一般化しています。

織物 (wovwn fabric)

長さ方向の経糸と幅方向の緯糸が、上下に交差してシート状に形成されたもので、糸の組織（交わり方）の方法にはさまざまな種類があり、これを織物組織といいます。基本的な織物組織には、平織、綾織、朱子織などがあり、これらを**三原組織**といいます。

平織（ひらおり）　経糸と緯糸が1本ずつ交互に交差して組織された織物で、簡単な組織ですが組織点がもっとも多く堅牢である半面、風合い（布地にさわる感触のこと）が固く皺（しわ）になりやすい欠点があります。平織は薄い織物をつくるのに適した組織です。主な織物には、金巾（かなきん）、ポプリン、ブロード、ボイル、オーガンジー、ローン、モスリン、ギンガムなどがあります。「ふんわり」、「ごわごわ」などの風合いをもちます。

綾織（あやおり）　綾織は、斜文織（しゃもんおり）、ツイルともいいます。経・緯糸ともに3本ずつで構成される組織が最小単位で三つ綾といい、平織のように経糸と緯糸が交互に浮き沈みしないで、組織点が斜めに連続して綾線を表すことから斜文織と呼ばれます。糸の太さと経・緯密度が同じ場合、綾線は45度になります。通常は斜線が右上がりに見える側が生地の表になります。綾織の組織は、糸の浮き数を分子に、沈み数を分母にして「2/1」のように分数で表されます。これは経糸が緯糸2本の上に浮いて1本は沈むという動きを1つずつずらしながら経・緯糸3本ずつで1単位として構成する組織で、これが綾織の最小単位です。他には、1/2、2/2、3/1、1/3などがあります。表面がなめらかで緯糸の打ち込み本数も多くなり、一般に地厚の織物となります。代表的な織物は、ドリル、チノクロス、デニム、サージ、ギャバジン、カルゼなどです。

朱子織（しゅすおり）　朱子は、正しくは「繻子」と書き、サテンのことです。経糸か緯糸のいずれかが表面に多く浮き出ている織組織で、5本以上が単位となる構成です。平織りや綾織りのように規則的な連続ではなく、経糸・緯糸のいずれかが表面に多く浮き出るので、柔軟で光沢がある織物になります。経糸が多く浮き出ているものを経朱子、緯糸が多く浮き出たものを緯朱子といいます。経・緯糸5本ずつ、8本ずつを単位とする組織が代表的なもので、それぞれ5枚朱子、8枚朱子と呼ばれ、代表的なものにサテン、ドスキン、ベネシアンなどがあります。

ドビー織　ドビー装置（織機の経糸開口装置の1つ）のある織機で織った織物の総称。蜂巣、梨地、ピッケなど、比較的シンプルな織柄が表現できます。

ジャカード織　経糸を1本ごとに開口できる装置をもつジャカード織機によって織られた精緻な模様の紋織物です。ブロケード、錦、金襴、ダマスクなどがあります。

変化組織(derivative weave)

　三原組織をそれぞれ変化させた組織です。テキスタイルとしての堅牢さの確保が条件となるものの、無限といってよいほどの多種多様な変化組織をつくることが可能です。

　ポプリンやギャバジン、デニムなどの名称がついているテキスタイルは、組成や組織などがすでに確立していて、長期にわたって安定して製造・活用されてきた定番です。生地名のあるテキスタイルは、新しく創り出される多種多様なテキスタイルのほんの一部に過ぎません。

畝織（うねおり）　畝織は、平織をベースとした変化組織で、経あるいは緯方向にうねの現れるものです。

斜子織（ななこおり）　斜子織は、平織りをベースとした変化組織で、2本以上の経糸と緯糸を引き揃えて平織り組織にしたものです。メンズシャツの素材としてポピュラーなオックスフォードは、中目付の斜子織です。「目付」は、織物・編物の単位面積の重さのことで、1㎡あたりの重さをグラムで表したものです。

ヘリンボーン　綾織をベースとした変化組織として「斜文」があり、その一種の「山形斜文」がヘリンボーンで「杉綾」とも呼ばれます。斜文には、斜文線が45度以外の「急斜文」や「緩斜文」、斜文線の方向を一定間隔ごとに反対方向にした「破れ斜文」などがあります。

重ね朱子　朱子をベースとした変化組織です。組織点の上や隣に新たに組織点を加えて地質を丈夫にしたベネシアン、インペリアルサテン、バックスキンなどがこれに含まれます。起毛品にこの組織が多く使われています。

その他の織物組織

　織物組織のうちで、三原組織とその変化組織のいずれにも含まれないものがあります。

特別組織　蜂の巣のような立体的な外観をもつ蜂巣織（はちすおり）、平織り部分と経糸または緯糸の浮き糸を市松模様に配列したハック織、花崗岩のよう

な細かい凹凸のある変化朱子組織の梨地織などがあります。

二重組織　2枚の織物を重ねたような状態で織る織物。経糸または緯糸の一部を2枚にまたがる接結糸（組織点）として織ります。二重織は布地を厚くする、丈夫にする、両面の織物をつくる場合などに用いられます。

パイル組織　地組織から片面または両面にパイル（毛羽）やループ（輪奈、糸などでできる輪）を織込んだ織物。経糸でパイルやループをつくり出したものを経パイル、緯糸を用いたものを緯パイルといいます。パイルにはループのままのものと、ループを切り開いたカットパイルがあります。緯パイルをカットしたテキスタイルに別珍、コール天（コーデュロイ）があります。経パイルの代表的なものがタオルで、経パイルをカットしたテキスタイルがビロードです。

絡み組織　隣り合う経糸が1本から数本の緯糸をからみ合わせ、はさみ込むように交差させた組織で、経糸・緯糸の密度が粗い組織がスリップすることを防ぐために用いられます。密度は粗く、小さな隙間ができて透けて見えますが、糸同士の接結はしっかりしており、丈夫で腰のあるテキスタイルです。主なものに紗（ゴーズ）、ガーゼ、絽、レノクロスがあります。

編物 (knitting)

　糸がつくるループを経方向または緯方向に連結（編成）してつくりあげるテキスタイル。ニットという用語は、編んでつくられたテキスタイル、製品の総称として使われています。

　以前はメリヤスと呼ばれていましたが、これはニットが江戸時代初めに外国からの渡来物で、ポルトガル語のmedias（メデアス）スペイン語meias（メイアス）からきた言葉です。ジャージーという呼び方もあります。これは布状に編みたてられたニットの総称で、本来は裁断・縫製して製品化される素材のことですが、ジャージーで縫製されたトレーナー、ラガーシャツなどの製品の呼称として使われる場合もあります。

　ニットはシャツ、メリヤスは肌着、ジャージーは外衣というように曖昧に使い分けられている場合もありますが、これらの用語を区別する明確な定義はありません。

編物は手芸的な手編みもありますが、現在では、大部分は編機によって工業生産されるテキスタイルになっています。編物は編成原理から緯編と経編に分類されます。

緯編 (weft knitting)

緯編とは、1本の糸を横方向にループを形成することで、1段ずつ編成していく編地で、編棒を使って編む手編みと同じ原理です。工業用編機では、能率を上げるために複数の給糸口より編糸を同時に供給する仕組みになっています。編地では編目の縦方向の列を**ウエール**、横方向の列を**コース**と呼びます。したがって緯編は同じ糸によってコースが形成されている編物ということになります。

緯編は、工業的には、編機の針床が円形で通常は螺旋状に編成されていく仕組みの丸編機によって編まれます。編まれた編地は筒状ですが、裁断・縫製に使用する場合は、切り開いて平面にされます。丸編機で編まれたテキスタイルは編組織的には緯編で、これを丸編と呼ぶことがあります。

基本的編組織には、平編、ゴム編、パール編があり、これを編の三原組織といいますが、これに両面編を加えて**四原組織**ということもあります。なお、緯編は「横編」と書くこともあります。

平編 天竺編ともいいます。1列の針で同じ方向にループを引き出して編むもっとも基本的な組織です。

ゴム編 リブ編ともいいます。ウエールごとに表目と裏目が交互する組織で、1本ずつ交互する1×1ゴム編が基本ですが、2×1、2×2、3×3などがあります。

パール編 ガーター編ともいいます。コースごとに表目と裏目が交互に配列の編地ですが、リラックスした編地では表目は判別しにくく全部が裏目で編まれているように見えます。

両面編 ゴム編を2枚重ねた構造の組織です。編地の表面が平滑になるため、スムースとも呼ばれます。コース方向の伸びが制限され、厚地になるので中衣、外衣に用いられることが多いものです。

経編 (warp knitting)

　経編（たてあみ）とは、織物と同様に多数の経糸を整経して、これらの経糸がつくりだすループが、他の経糸のループと規則的に連結しながら、縦方向に編成していくニットのことです。経編の基本組織には、シングルデンビー編、シングルコード編、シングルアトラス編があります。

　経編を生産する編機は、事実上トリコット編機とラッシェル編機の2種に限定されます。これらの編機は2枚以上の筬（おさ）（経糸を計画された密度に織るための櫛状の金属金具）を備えており、これによって経糸を振ってさまざまな組織の編地をつくり出します。2枚の筬のトリコット編機の前筬でシングルコード組織を編み、後筬でシングルデンビー組織を編む、複合組織の生地はハーフトリコットと呼ばれ、インナーに用いられる代表的なテキスタイルです。

シングルデンビー編　1本の経糸がループを作った後、経糸を振って隣のウエールに編目をつくり、再度第1のウエールに戻って編成していく組織です。

シングルコード編　経糸を振って1コースごとに2ウエール、またはそれ以上離れた位置に交互に編目を作って編成していく組織です。長い浮き糸が得られるので、肉厚効果のある編地になります。ただし、振り糸は7本程度が限度です。

シングルアトラス編　経糸が複数のコースにわたって連続的に移動して編目をつくり、反転して同じ数のコースを戻る組織です。経糸に色糸を使えば、ジグザグ模様になります。

トリコット編機　ひげ針使いの編機で、フックが針自身の弾性で開き、閉じるときはプレッサーによってひげを押さえる仕組みの針をもちます。

ラッシェル編機　べら針使いの編機で、フックがべらと呼ばれる可動式の舌片によって開閉する針をもちます。ラッシェル編機は一般にゲージが粗く、地筬と複数枚数の柄筬で編成を行う仕組みになっていて、これで編まれたものは網目が締まった堅牢なテキスタイルになります。また、編目の透けたものも編め、レース、チュール、レースカーテンなどに多

く使われています。厚手のものとしては、毛布、カーシート、コート地などもつくられます。

その他のテキスタイル

　織ったり編んだりする工程のない不織布や、狭義のテキスタイルには含まれませんが組物、レース、網、人工皮革なども解説します。

不織布　繊維のシート、ウエブ（繊維だけで構成された薄いシート）を熱、摩擦などの物理的、機械的な方法でからみ合わせるか、化学的に接着剤を使って繊維を接着するかの、いずれかあるいは複合的な方法でシート状にしたものです。織ったり編んだりしないことから不織布、ノンウーブンファブリックと呼ばれます。ただし、基布や紙に毛糸などを植え込んだタフトや圧縮フェルトは不織布に含まれません。
　不織布は、テキスタイル生産の工程が少なく、織・編物に比べ生産性が高く、コストが安いため、多様な製品がつくられています。用途は一般に産業資材が多く、衣料用としては芯地、中入れ綿、パッドなどに使われます。最近では、医療用の保護衣やおしめなどの衛生材に多く使われています。

組物　2組の糸を斜めに交差させてつくったテキスタイル。テープ状のものを平打組物、筒状になったものを丸打組物といい、組物の中で細いものは組紐（くみひも）と呼ばれます。伸びやすく丈夫なのでゴム紐や靴紐に、筒状のものはホースや電気コードのカバーなどに使われます。

レース　レースは、糸の撚（より）合わせ、編合わせ、結び合わせ、刺繍などによりつくり出される穴のあるテキスタイルです。製法の違いによって次のような種類があります。
①**トーションレース**　ふち飾りとして、テーブルクロス、ランジェリー、外衣などに使われる目の粗い細幅のレース。
②**リバーレース**　機械編みですが、手編みのボビンレースと遜色（そんしょく）がない繊細で優美な高級レース。細幅のものはふち飾りに、広幅のものは衣服やカーテン、テーブルセンターなどに使われます。
③**プレーンネット**　細かい六角形の編状の薄い経編テキスタイル。チュールと呼ばれ、ベール、イブニングドレス、婦人帽の飾りなどに使われます。

④**エンブロイダリーレース** 基布に刺繡レース機で文様を刺してつくる刺繡レース。基布となるテキスタイルが主体となるため、外衣用やインテリア用に使われます。

⑤**ケミカルレース** 基布に水溶性ビニロンや絹を使い、綿糸などで連続的な文様を刺繡した後、基布を溶解し刺繡糸のみを残したレース、刺繡糸に細番手を使った繊細なレースや太番手を使った立体感のあるテキスタイルが得られます。

⑥**トリコットレース** トリコット編機によってつくられる、繊細で美しい網目のレース、ふち飾りやランジェリーなどに使われます。

⑦**ラッセルレース** ラッセル編機でつくるレース。編機の種類によってリバーレースのような高級感のあるものから、大柄のカーテンレース、ボリューム感あるテキスタイルまでさまざまなものがあります。

テキスタイルの材料

　繊維とは、一般的にいえば「細くて長いもの」のことです。それを構成する物質は有機、無機、金属などすべてにわたります。JIS繊維用語（JIS L 0204）は「糸、織物などの構成単位で、太さに比して充分の長さを持つ、細くてたわみやすいもの」と定義しています。繊維は、天然繊維と化学繊維に大別されます。天然繊維は、自然のままで繊維の形状をしているもので、植物繊維、動物繊維、鉱物繊維に分類されます。化学繊維は人工的に製造した繊維で、再生繊維、半合成繊維、合成繊維に分類されます。

植物繊維 (vegetable fiber)

　植物繊維はセルロース系繊維の1つで、植物細胞からできている繊維です。種子毛繊維の綿、靱皮繊維の麻、葉脈繊維のマニラ麻などが代表的です。動物繊維とともに、天然繊維と呼ばれています。

綿　綿は、植物繊維の一種で、綿の種子の表皮細胞が細長く成長した種子毛です。毛には長い綿毛と短い地毛がありますが、紡績して糸にするのは綿毛です。繊維の形態は品種により異なり、長さは平均12mm〜50mm、直径は13〜20マイクロメートルで中空部をもちます。また、1cmあたり80〜120回のよじれがあり、先端は細くなっています。

　主成分はセルロースで柔軟性や含気性が高く丈夫でぬれても弱くなり

ません。アルカリにも強く洗濯、漂白、染色が容易ですが、しわになりやすく、洗濯によって収縮しやすいという欠点があります。綿の種類は多く野生のものも含めて30種類あるといわれますが、繊維の長さによって次の5種に分類されています。

表●綿の繊維の長さによる分類

名称	繊維の長さ
超長繊維綿	34.9mm以上
長繊維綿	28.6〜33.3mm
中長繊維綿	26.2〜27.8mm
中繊維綿	20.6〜25.4mm
短繊維綿	20.6mm未満

　綿の主な産地は、超長繊維綿と長繊維綿はエジプト（ギザ45）、中国（トルファン綿）、アメリカ（スーピマ綿）、ペルー（ピマ綿）などです。特に西インド諸島の海島綿の繊維長は40mm〜45mmです。

　中長繊維綿と中繊維綿は全綿花生産の90％を占めており、アメリカ（アップランド綿）をはじめ、インド、ロシア、メキシコ、ブラジル、オーストラリアなどで生産されています。

　繊維長が長いものほど細い番手の高品質の糸をつくることができます。綿織・編物生産の中心となる綿は中長繊維綿や中繊維綿です。短繊維綿は太くて繊維長が短く、糸には引けないので、主に布団綿などに使われます。

麻　植物繊維の一種で、植物の茎の靭皮（外皮の下にある柔らかな内皮）や葉脈から採ったセルロースを主成分とした繊維を麻といいますが、家庭用品品質表示法では亜麻と苧麻のみを麻と表示されます。

　麻の繊維の断面は偏円形で中に中空部分がありますが、綿のようなよじれはなく、側面に横筋や節があります。引っ張り強度は大きいのですが伸びは少ないものです。吸湿性に優れシャリ感があるため、春夏物衣料の素材として多く使われますが、染色性が悪くしわになりやすいという欠点があります。またフィブリル化（摩擦や圧力で繊維が裂けて細分化する現象）しやすいため着用時に白化しやすい特徴もあります。

　亜麻繊維は細くて短く綿に近い風合いになるため、薄物のテキスタイルに使われることが多く、苧麻繊維は太くて長くシャリ感があるため、中肉テキスタイルとして使われることが多いものです。

動物繊維 (animal fiber)

　動物から採れる繊維の総称です。羊や山羊などの哺乳類の毛から採る毛糸と、蚕の繭から採る絹糸があります。成分はいずれもタンパク質です。植物繊維とともに、天然繊維と呼ばれています。

絹　動物繊維の一種で、蚕の繭から採った繊維です。一般に養蚕家によって飼育されている家蚕絹を絹と呼んでいますが、山野で柏、櫟、楢などの葉を餌として育った蚕から採る野蚕絹というものもあります。

　繭を形成する糸は、2本の三角形に近い断面をもつフィブロイン繊維と、それを包む水溶性のセシリンからできています。繭を湯につけて柔らかくして取り出した糸を生糸といい、精錬によってセシリンを取り除いたものを練糸といいます。不良品の繭や工程の途中で切れた糸は、別に処理されて真綿や絹紡糸として利用されます。絹は美しい光沢があり、吸湿性、染色性に優れていますが紫外線に弱く、黄変やもろくなりやすく虫害も受けやすいという短所があります。かつては、絹の用途は和装が中心でしたが、現在では洋装の分野にも広く用いられています。

羊毛　動物繊維の一種で、緬羊の毛が羊毛（ウール）です。羊毛は繊維状タンパク質のケラチンで構成されており、羊毛の構造はうろこ状（スケール）の表皮と皮質からできていてスケールが繊維を保護しています。スケールは水をはじきますが、内部のコルテックスは水を吸うので、羊毛は撥水（水をはじくこと）と吸水の相反する性質をもちます。

　ケラチンタンパク質はアミノ酸の違いにより2つの違った性質をもち、熱や水分の作用で収縮差を生じ、繊維に捲縮（ちぢれのこと）を与えます。羊毛が弾力性に富みしわになりにくいのは、この捲縮によります。反面、湿った状態でもまれるとフェルト化して収縮が起こります。また虫害を受けやすいという欠点があります。

獣毛　羊毛以外のカシミヤ（カシミヤ山羊の毛）、アンゴラ（アンゴラうさぎの毛）、アルパカ（ラマ属アルパカの毛）、モヘア（アンゴラ山羊の毛）、キャメル（駱駝の毛）などの動物繊維を獣毛といいます。これらの毛は、家庭用品品質表示法では「毛」と表示することができ、上記のカシミヤなどの5つについては混用率を併記する際の指定用語になっています。

再生繊維 (regenerated fiber)

木材パルプを原料とし、その中に含まれるセルロースを取り出して化学処理によって溶かして紡出し、元のセルロースに再生して繊維にした繊維です。製法の違いによって次のような種類があります。

レーヨン 木材パルプを原料にして、薄い苛性ソーダ溶液に溶かして粘性の液体（ビスコース）をつくってから紡糸したものです。

キュプラ コットンリンター（綿実についている短い繊維）を原料として、銅アンモニア溶液で溶かして、その溶液を紡糸したものです。

ポリノジック 強度低下や収縮を抑えるために改質されたレーヨン。レーヨンより重合度の高い良質のパルプが用いられます。

リヨセル 木材パルプを原料として、あまり化学薬品を使わないで製造される精製セルロース繊維。レーヨンよりも大幅に強度は高いのですが、フィブリル化（摩擦などによって繊維が細く裂けて白化すること）しやすい欠点があります。

半合成繊維 (semisynthetic fiber)

セルロースに化学薬品を反応させたもので、原料は酢酸セルロース繊維です。次のような種類があります。

アセテート 酢酸セルロースを主成分としている繊維。表面に不均一な凹凸があり、絹のような光沢と深みのある発色があります。張り、腰、ドレープ性に優れているので、婦人服用に使われています。湿潤性が低いので型崩れがしにくいのですが、強度はレーヨンより劣ります。煙草のフィルターなどにも用いられています。

トリアセテート アセテートの中で酢酸化率が高い（92%以上）のものは、トリアセテートとして区別されることがあります。

プロミックス 牛乳カゼインにアクリルニトリルを共重合させてつくった繊維。絹に近い光沢と温かい感触を備えています。和服、和装用品、

ブラウス、スカーフ、ネクタイなど絹と同様の分野に使われています。

合成繊維 (synthetic fiber)

　石油ナフサや天然ガスを原料として人工的につくり出された繊維です。合成高分子を原料とした繊維という意味で合成繊維と呼ばれます。

　合成繊維に共通した性質は、天然繊維にくらべて強度、耐摩耗性、耐水性、耐薬品性、防黴性などに優れていること多いのですが、吸湿性が低い、染色性に問題がある、帯電性があるなどの欠点をもちます。近年は、これらの欠点を改善した改質タイプの開発が進んでいます。主な合成繊維には次のようなものがあります。

ナイロン　1938年に米国のデュポン社が開発したポリアミド繊維です。一般的なタイプとしては、ナイロン6とナイロン66があります。日本ではナイロン6が主流になっていますが、世界的にはナイロン66が主流です。66のほうが耐熱性、強度、弾性率が高く、産業資材に適しています。ナイロンは主にフィラメントに使われ、産業資材やインテリア用品に多用されます。衣料用としては、肌着、靴下、水着をはじめとしたスポーツウェアに用いられています。

ポリエステル　一般的にはポリエチレンテレフタート繊維（PET）のことで、PET繊維とも呼ばれます。合成繊維の中ではもっとも強度、耐熱性、寸法安定性に優れているので、衣料用、産業用ともに幅広く使われています。ポリエステル繊維は耐熱性と熱可塑性を利用した各種の嵩高加工（合成繊維にちぢみの性質を与え、ふんわり感をつくるための加工）によってふくらみのある糸がつくられています。また、異型断面糸、超極細繊維、複合繊維など各種の高機能繊維が開発され、改質も多岐にわたっています。綿や毛などの他の繊維との複合で、それぞれの繊維の欠点を克服して付加価値の高い製品づくりも数多く行われています。このように幅広い用途に使われることから生産量は多く、日本では合成繊維の約半分がポリエステルです。素材の2種以上の複合、糸加工、製織、染色加工などの要素技術の高度化と複合化による、新しい感性と機能性をもたせたポリエステルは「新合繊」と呼ばれ、世界から高い評価を得て、日本の繊維加工技術の高さを世界に誇っています。

アクリル　アクリロニトリルが重量比で85％以上の重合物からなる繊

維。アクリル繊維はナイロンやポリエステルのように溶融しないので、原料ポリマーを有機系溶剤、または無機系溶剤に溶解して紡糸する湿式紡糸が主流です。短繊維が中心で羊毛のようなソフトなタッチと優れた染色性、弾力性、耐光性などにより各種のニット製品、毛布、カーペットなどに使われます。一部、長繊維もあり、シルキータッチを特徴としており、ニットや刺繍糸に使われています。アクリロニトリルの重合比が85%未満、35%以上のものは家庭用品品質表示法では「アクリル系繊維」として別表示になります。アクリル系の中に塩化ビニルとの共重合物があり、難燃性であるためカーテンなどのインテリア繊維やフェーク・ファー（毛皮に似せたパイル織物）、かつらなどに使われています。

　ポリマーとは、低分子化合物を重合によって長鎖状に連結したもので、重合体ともいいます。

ポリウレタン　ゴム状の弾性をもつ繊維。米国繊維製品表示法ではスパンデックスと表示しています。5〜7倍に伸び、ゴムより強くて劣化しにくく、染色ができ、ゴムでは不可能な極細糸も生産できます。ポリウレタン繊維は単独で使用されることはなく、通常は他の繊維を巻きつけたコアヤーンとして、さまざまな繊維との交編、交織で使われます。用途はパンティストッキング、ファウンデーション、スポーツウェアをはじめストレッチ（収縮性）を要求する衣料品に使用されています。欠点は塩素の作用で黄変や劣化が生じるため、塩素系漂白剤入りの洗剤を使用することはできません。

炭素繊維　アクリルやレーヨン、石油系ピッチ（蒸留）などの長繊維を焼成してつくりだす繊維。比重はスティールの4分の1以下で軽量、強度や弾性率はスティールに勝り、耐熱性、耐化学薬品性、導電性にも優れています。樹脂で固めた構造材料としてゴルフクラブ、釣り竿から自動車のボディ、航空機の機体まで幅広く使われています。

ポリ塩化ビニル　塩化ビニルを重合して得られるポリ塩化ビニルを紡糸して得られる繊維。ほとんどはモノフィラメントで、汎用繊維に比べて強度は低いのですが、難燃性、保温性に優れており、保温肌着、テント、壁材、魚網、ロープなどに使われています。

糸の種類

繊維が長く線状になったものが糸です。糸は、原料繊維の形態によってフィラメントと紡績糸の2つに大きく区分できますが、繊維の種類、製造加工方法、撚り形態などの特徴によって分類されます。

フィラメント 長く連続した繊維で長繊維ともいいます。化学繊維では長く細いフィラメント糸（単繊維）を複数本集束したマルチフィラメント糸と、1本の太いフィラメントをそのまま糸としたモノフィラメント糸があります。化学繊維ではほとんどがフィラメントですが、天然繊維では絹だけがフィラメントになります。化学繊維が開発された当初は、フィラメントの断面が円形で平滑ですが、紡績糸のようなふくらみや嵩高性に欠けるため、衣料品の用途としては限界があるので、以下のような加工方法や紡糸方法が開発されました。

フィラメント加工糸 合成繊維の熱可塑性を利用した加工により、外観、構造、機能などを変化させた糸。クリンプ（波型）、ループ、弛み加工などで嵩高性、ストレッチ性、外観変化などを与えます。

異型断面糸 紡糸ノズルの形状を変えることによって、三角形、五角形、星型、凸型、扁平型、W型、中空などの断面をもつフィラメントをつくりだすことができることから、多様な糸の外観や機能などを生み出す効果が得られます。

紡績糸 綿、毛などの短い繊維をそろえて束にしたもの。古くから天然繊維を糸にする技術（紡績）として開発されてきたため、綿紡績、毛紡績、麻紡績など天然繊維原料の特性に合わせて、それぞれ少しずつ違った方法で糸がつくられています。紡績の基本はステープル（単繊維）を平行に配列させて、引き伸ばして所定の太さにし、撚りをかけて繊維同士をからませて糸にすることです。綿紡績を例に取り上げると、次のような工程で糸がつくられています。
①混打綿：繊維の塊をほぐし、不純物を除いてシート状にする。
②カーディング：繊維を開き、短い繊維を除き、太いひも状（スライバー）にする。
③コーミング：スライバーに櫛を通して不純物や短い繊維をさらに取り除き、繊維の配度を高める。この工程は省かれる場合もあり、梳られた

糸（コーミング）は、質の高いコーマー糸になる。この工程を経ない糸はカード糸という。
④練条(れんじょう)：スライバーを合わせて引き延ばすことを繰り返したもの。
⑤粗紡(そぼう)：練条したスライバーを引き伸ばし、軽く撚(よ)りをかけて粗糸をつくったもの。
⑥精紡：粗糸を所定の太さまで引き延ばして撚りをかけて糸にする。

　毛紡績や麻紡績の場合も工程や機械は異なりますが、繊維を糸にするまでのプロセスは同様と考えてよいでしょう。

加工糸　熱可塑性のある合繊長繊維糸に、嵩高性やストレッチ性、トルク（撚りがもどろうとする力）などの特性や外観変化を与えた糸のことです。製造方法には、仮撚り法、押込み法、摩擦法、空気噴射法などがありますが、一般に仮撚り法がもっとも多く用いられています。仮撚り法は、熱可塑性の長繊維を仮撚りしてから熱処理して冷却後に解撚して、撚りでちぢれをもたせた糸をつくる方法です。

複合糸　単一の繊維では得られない外観、機能、特性などを得るために、異なった性質の複数の繊維を組み合わせてつくりだした糸。複合方法は、異種繊維を混合して紡績を行う混紡が一般的ですが、合繊では、性質の異なった2種のポリマーを長さ方向に貼り合わせたコンジュゲートファイバー、性質の異なる複数の長繊維を混合した混繊糸、長繊維を芯に短繊維を被覆したコアスパンヤーンなどがあります。複合糸は、複合する素材繊維と複合技術の両面から開発が進められ、多種多様な高機能、高感性の糸がつくりだされています。

サイロスパン糸　羊毛紡績で1錘(すい)の精紡機に2本の粗糸を同時に供給して、1本の糸として撚りをかけて巻き取る糸のことがあり、これはサイロスパン精紡でつくられるのでサイロスパン糸といいます。綿紡績でもこの技術を利用して紡績した糸があり、精紡交撚糸と呼ばれます。
　錘とは、糸を巻きながら撚りをかける紡績機械の付属物のことです。また、精紡は、粗糸を所定の太さに引き伸ばし、撚りをかけて糸にする工程です。

糸の太さ

　糸は繊維が束状になったもので、断面の形状が一定ではないため、太さを直径で表すことができません。そこで長さと質量を使った単位の「番手」で表わされ、恒重式番手と恒長式番手の2つがあります。

恒重式番手　単位質量が定められ、その質量の糸の長さで表すもので、数値が多くなるほど糸が細いことを表しています。これは紡績糸の単位として用いられていますが、綿と毛では単位のとり方が違うため番手も変わってきます。綿の場合は1ポンド（453.59g）で840ヤード（768.1m）のものを1番としています。毛の番手はメートル番手ともいわれていますが、1,000gで1,000mを1番手としています。化学繊維の短繊維や混紡の紡績糸の場合は、その糸を紡績した方式で使われている番手が用いられます。

恒長式番手　単位長さを定めて、その糸の質量が単位質量の何倍あるかで番手とする方式です。数値が大きくなるほど糸が太いということになりますが、恒重式番手とは逆になるため注意が必要です。フィラメント糸では番手とはいわずにデニール（denier）といいます。デニールは単位長さ9,000mで1gを1デニールと定められています。

　糸の太さを表す番手は単位や方式が異なり、非常に不便であるため、ISO（国際標準化機構）では、テックス（tex）方式を定めています。これは1,000mで1gのものを1texとするというものですが、まだ番手とデニールが一般的に使われているのが現状です。

糸の撚り

　紡績糸は繊維を集束したもので、そのままでは引張りに対して極めて弱いものです。そこで螺旋状の撚りをかけて、繊維の滑脱を防ぐのが撚りということになります。撚りには、糸むらを平均化してテキスタイルの風合いや表面の滑らかさをもたらす効果もあります。糸の撚りは、テキスタイルの性質に大きな影響をもたらします。製織のときに経糸ないし緯糸の一部に異なった撚り方向の糸を使うと、その部分の光の反射が異なるために縞を表現することができます。また、織物の緯糸に撚り方向が異なった強撚糸を交互に配列すると、表面にしぼのあるクレープ生地をつくることができます。

撚りの方向 　撚りには左方向に撚るものと、右方向に撚るものとがあります。左撚りはZ撚り、右撚りはS撚りといいます。糸を縦にして側面を見た場合の縄目が左撚りはZ字のように右上から左下に、右撚りはS字のように左上から右下に流れているからです。一般に単糸はZ撚りです。複数本の糸を撚り合わせたものを諸糸、2本の撚り合わせを双糸（そうし）、3本の撚り合わせを三子糸（みこいと）と呼びます。単糸を何本か引き揃えて撚糸にする場合、単糸の撚りを下撚りといい、撚り合わせる糸の撚りを上撚りと呼びます。下撚りがZ撚りの場合、上撚りが逆方向のS撚りになることによって糸の力学的強度が増すことになります。

撚り数 　撚り数は「撚り回数／単位長さ」で表します。1インチあたり15回の撚りは15／in、10cmあたり50回の場合は50／10cmとなります。撚り数の少ない糸を甘撚り糸、撚り数の多い糸を強撚糸（きょうねんし）と呼びます。

撚りの強さ 　撚りの効果は、撚り数だけではなく糸の太さも関係してきます。撚りの効果は、同じ撚り数でも糸が太いほど強く表されます。そこで、糸の太さに関係なく撚りの強さを表すために撚り係数が用いられ、次の式で表されます。

　　　恒重式番手の糸：$K = T/\sqrt{Nw}$
　　　恒長番手の糸：$K = T/\sqrt{Nn}$
　　　K：撚り係数、T：撚り数、Nw：恒重式番手、Nn：恒長番手

　一般に織物用の糸は編物用糸に比べて撚り係数が大きく、織物の場合は緯糸よりも経糸の方が撚り係数が大きくなっています。綿糸の場合、撚り係数が5以上は強撚糸、4前後は並撚り糸、3以下は甘撚り糸とされています。

撚りの方法 　撚りの方法によって、片撚り糸、諸撚り糸、飾り諸撚り糸、壁撚り糸、意匠撚糸に分類されます。
①片撚り糸は、無撚り（むよ）、または元撚り（フィラメントの製造において掛けられるわずかな撚り）の糸を1本または数本引き揃えて掛ける撚りです。撚りの方向はZ、Sのいずれの場合もあります。
②諸撚り糸（もろより）は、片撚り糸を引き揃え下撚りと反対方向に撚りを掛けたものです。2本合わせたものを双糸、3本合わせたものを3本諸、または三子糸（みこいと）といいます。
③飾り諸撚り糸は、太さが違う糸それぞれに下撚りを掛けたものを揃えるか、2本片撚り糸と1本片撚り糸を引き揃えて逆方向に上撚りを掛け

て、細い糸に太い糸がからみつくような糸にしたものです。これが飾り諸撚り糸です。

④壁撚り糸は、太目の糸にやや強い下撚りを掛け、これに細めの糸を引き揃えて、逆方向の弱い上撚りを掛けると、太めの糸の撚りが戻って細糸に螺旋状にからみつきます。壁糸は素材の種類、撚り数、組み合わせによって、多種多様なものができます。

⑤意匠撚糸は、糸の表面構造を変えるため、複数の単糸を組み合わせて撚った糸で、通常、芯糸、絡み糸、押さえ糸の3種類の糸を組み合わせます。太さ、色、収縮率などが違った糸が組み合わされ、節のある糸、ループのある糸、ネップのある糸、などさまざまな効果が得られます。

テキスタイルの染色

　染色はテキスタイル加工の最終工程というわけではなく、以下のように、繊維の段階、糸の段階、織・編みの生産後の各段階で行われます。

綿染め　綿（ばら毛）の段階での染色。ばら毛染めともいいます。紡績する前の状態で染めるため、可紡性を損なわないように、繊維表面の損傷やからまりなどを防ぐ注意が必要になります。一般的には染液を循環させて染めるパッケージ染色機が用いられます。

トップ染　羊毛のトップ（梳毛紡績工程の中間でスライバーを円筒形に巻いたもの）状態で染めるもの。染色後に種々の色スライバーを混ぜ合わせて深みのある色をつくりだすことができます。異色のトップを完全に混ざり合わせれば単色の新色になり、混ぜ合わせの度合いを調節することによってメランジ（霜降り）の表現も可能で、色も堅牢です。

糸染め　糸の状態での染色のことです。染色する糸の状態は、綛、チーズ（糸をボビンに円筒形に巻いたもの）、マフ（糸を中空円筒に巻いたもの）、経糸ビームなどがあります。絣染め、スペース染め（段染め）も広義では糸染めになります。

浸染　浸染は、テキスタイルを染料液に浸して染めること。一般的には無地染めとなります。絞り染め、ろうけつ染めなど文様のあるものも浸染です。

捺染 捺染（「なっせん」ともいう）は、型紙を使って文様を染め出すことで、プリントのことです。均一に染める浸染とは区別して使われます。捺染はテキスタイルの上だけではなく、スライバーや整経した糸の上にも施されます。捺染した経糸で織った織物は型際（型のふち）がぼやけた、ほぐし柄になります。捺染は、染料や顔料などの着色剤や防染剤、抜染剤などに糊を混ぜた捺染糊を使って型で模様の部分の色抜きをしたり、色をそそぐ着色抜染があります。捺染の方法には手工的な手捺染と、機械的な捺染があり、次のような捺染方法があります。

ローラー捺染 銅製のロールの表面に文様の部分を彫り込み、その中に刷り込んだ染料を生地に押し付けて染着させる凹版の捺染。機械捺染ともいいます。ローラー捺染機は、色数だけの文様が彫り込まれたロールがドラムの周りに配列され、それぞれのロールにはカラーボックス（捺染糊が入っている箱）がついており、捺染糊をロールに供給していきます。捺染スピードは100m／分が可能で、繊細な線の表現もできますが、ロット（製品の一定数量）が大きく多品種・少量生産時代には適応しがたいため、最近はこの捺染方法は減少傾向にあります。

フラットスクリーン捺染 版画のシルクスクリーンと同じ手法の捺染。枠をはめたスクリーン紗に樹脂コーティングをして、文様の部分の樹脂を取り除いた孔版をつくり、地貼りした生地の上でスクリーンを送りながら捺染糊を付着させて文様を捺染していきます。多色の場合は色の数だけスクリーンがあり、色が重ねられます。型送りと捺染糊の付着を手で行うものを手捺染といい、機械的に行うのをオートスクリーン捺染といいます。テキスタイルの長さ全体の文様をつくるための型をつなぎ合わせていく柄あわせ（つなぎ目の処理）がむずかしいことと、ローラー捺染に比べて細部表現には劣り、スピードも遅いという欠点がありますが、色着きがよくリッチな表現ができ、小回り生産も可能です。

ロータリースクリーン捺染 フラットスクリーン捺染のスクリーンを金属にして、円筒形にしたスクリーンで、筒の内側から捺染糊を置いていく方式の捺染。フラットスクリーンのような型接ぎ部分がなくスピードも速く繊細な表現には不向きです、生産性の良さで日本より海外で普及しています。あまり細かい表現が要求されないインテリア・ファブリックスの加工に多く使われています。

インクジェット捺染　コンピュータ制御によるインク噴射で文様を描いていく方式。この方式はコンピュータで制作したデザインの情報を製版工程を経ずに直接テキスタイル上に捺染できるうえ、印刷同様、三原色＋黒の限定された色のインクで多色が表現できるので、工程や工期の大幅な短縮が可能となっていますが、現在のところ加工速度が遅いため量産の場合には問題があります。最近は大型プリンター価格が安くなったため、米国ではデザイナーが捺染業者を経由しないで、自分でプリント生地を生産し販売するケースもあります。

転写捺染　デザインをあらかじめ染料で印刷した転写紙を、テキスタイルに圧着して柄をつける方法。普通に行われているのは、分散染料のインキで印刷した転写紙を使って、ポリエステルの織・編物に熱で昇華させた染料を染着させます。写真のように繊細な図柄でも、テキスタイル上で表現できます。

オパール加工　耐薬品性の異なる複合糸を使った織・編物に、一方の繊維を溶解させる薬品を含む捺染糊を使って文様を捺印した後、その部分を溶解除去して透かし模様をつくる加工。レースのようなテキスタイルになります。綿やポリエステル織物には、硫酸のような酸を含む糊剤で捺染して綿の部分を溶解させポリエステル部分を残します。毛やナイロンには苛性ソーダを使えば、毛の部分が溶解除去されます。

染料 (dyestuff)

　染料は繊維との親和性があり、水やその他の媒体に溶解または分散して繊維に吸収される色材ですが、繊維ごとに適応する染料が異なってきます。綿、麻、レーヨンなどのセルロース系繊維に対しては直接染料、反応染料が用いられ、羊毛、絹などの蛋白質系繊維やナイロンなどには酸性染料や酸性媒染染料使われ、ポリエステルやアセテートには分散染料、アクリルにはカチオン染料が使われます。

直接染料　直接セルロース系繊維に染着する染料。水溶性であるため、湿潤堅ろう度は低いのですが、銅塩で後処理をすることで堅ろう度が増します。その後、開発された反応染料に置き換えられて、使われることが少なくなっています。

反応染料 染料分子中に、セルロースの水酸基と共有結合することで染着する性質をもっているので、湿潤堅ろう度は優れています。また鮮明な色から濃色まで幅広い染色が可能で、現在ではセルロース系繊維用染料の主流になってきています。反応染料にはアミノ基と反応する羊毛用のものもあります。

酸性染料 酸性浴で羊毛、絹、ナイロンなどに対して親和性のある染料。この他に耐光堅ろう度や湿潤堅ろう度を高めることを目的とした酸性媒染染料（クロム染料）があります。

カチオン染料 塩基性染料の1つで、アクリル繊維に用いると堅ろうで極めて鮮明な発色が得られます。

バット染料 水に溶けない染料ですが、水酸化ナトリウム溶液の中で還元することで水に溶ける化合物となりセルロース系繊維に染着します。これを酸化処理すれば元の不溶性染料に復元します。藍はこの染料とおなじ構造をもっています。建染染料（たてぞめ）ともいいます。

分散染料 水に溶けにくい染料ですが、分散剤を使って水中で微粒子状に分散させて染めます。ポリエステルには100度以上の高温で染着させます。アセテート、ナイロン、アクリル、ポリエステル、ビニロン、ポリプロピレンなどほとんどの疎水性繊維に使うことができます。

捺染用薬剤 捺染時に、染料の他に目的に応じて次のような薬剤が使われます。

捺染糊 染料を捺染に適した濃度をもたせて、均一な染色効果、色彩の濃度アップ、シャープな型際を表現するなどの目的で糊剤を混ぜます。糊剤として使われるのは澱粉、トラガントガム、アル銀酸ナトリウムなどの他に水溶性の樹脂が使われます。

抜染剤（ばっせん） 捺染には無地染めしたテキスタイルの文様の部分を色抜きして柄にする抜染や、色抜きをすると同時に別の色を指す着色抜染などがあります。その際の抜染剤には還元抜染剤と酸化抜染剤の2種があります。還元抜染剤は直接染料、酸性染料、反応染料、カチオン染料などのアゾ系染料（ナフトール染料のことで主としてセルローズ系繊維に用いられ

る)の色を還元によって無色化します。酸化抜染剤は還元抜染剤で色抜きができない場合に、酸化分解で無色化する薬剤。塩素酸塩、重クロム酸塩などが使われますが、これは繊維を損傷する場合もあります。

防染剤　あらかじめ文様を出す部分を染着しないようにしてから、浸染で地染めをする方法があります。この染料の染着を防ぐための薬剤です。防染剤としての物理的防洗剤はろうけつ染のロウや、にかわなどがこれにあたり、物理的に染料が浸透しないようにするものです。化学的防染剤は、染料の発色や固着を抑えたりする薬剤。染料を分解する酸化剤、還元剤なども使われます。

(参照)　⇨327〜329ページ・染料

顔料 (pigment)

　顔料は水や有機溶剤に溶けない色材で繊維との親和性はありませんが、樹脂などでテキスタイル上に固着させたり、合繊のポリマーに添加して色のついた原着糸を生産する場合に用いられます。

　顔料は色も鮮明で豊富ですが液体に溶解しないので、テキスタイルの表面に樹脂で固着させて着色します。最近は改良が行われているものの、風合いが損なわれるのと摩擦に対する堅ろう度がやや弱いといえます。特に濃色や面積の大きい地型捺染(文様以外の地色も染めること)には問題があり、ドライクリーニングにも弱いのですが、他の染色に必要な蒸熱や洗浄などの工程が不要で、熱処理だけでよく、生産性がよいため、主に中低級品の染色に使われます。服地よりも、インテリア・ファブリックスやTシャツなどのワンポイント柄に使われることが多くなっています。

(参照)　⇨329〜331ページ・顔料

染色準備工程

　染め上がりをよくするためには、生機の汚れをとり、あらかじめ生地を均質な状態にしておく必要があります。原料繊維によって性質が異なり、準備工程も次のように異なります。生機とは、織上がったままで何の処理もしていない生地のことで、色は生成色です。

　綿織物：毛焼き→糊抜き→精錬→漂白
　梳毛織物：毛焼き→煮絨→洗絨

紡毛織物：洗絨→縮絨
合繊織物：糊抜き・精錬→リラックス→熱処理

毛焼き　短繊維織・編物の生機の表面は毛羽立っているので、このままでは染料の浸透が悪くなり染着性が阻害されます。そこで表面を覆っている毛羽を焼き取って表面を平滑にする工程。毛焼方法は、ガス式、熱板式、電気式などですが、一般的にはガス式が用いられています。これは走行する生地にガス・バーナーの強い炎を吹き付けて毛を焼き取る方法です。短繊維の糸の品位を高めるためにもガス焼きが行われることがあり、この処理をした糸はガス糸といわれ、高級品とされています。

糊抜き　織物を生産する場合、経糸の開口を良くするため糊付けが行われます。生機に付着しているこの糊は、染色加工性と風合いを損なう原因となるので、前もって除去する必要があり、酵素や酸化剤で糊剤を分解して取り除きます。これを精錬前に行っておくことになります。

精錬　繊維や繊維製品に付着している油や汚れなどの不純物を取り除いて、清浄な状態にして、浸透性や染色性を向上させるための工程。通常、界面活性剤とアルカリを使って洗浄します。染色準備工程の中でもっとも重要な作業です。界面活性剤は、湿潤、浸透、可溶、分散、洗浄などの機能をもつ薬剤です。

漂白　繊維に含まれる固有の色や、二次的に付着した有色の物質を取り除いて無色にする工程。目的の色や、鮮明な色や淡い色を染めるために不可欠の前処理工程。酸化漂白と還元漂白があり、一般的には、晒粉、次亜塩素酸ソーダなどを使って酸化漂白が行われ、高い白度が得られますが、酸化力が強いと繊維を脆化させることがあります。還元漂白は、羊毛や絹などの動物性繊維の漂白に用いられ、繊維を脆化させるおそれは少ないのですが、空気酸化で元の色に戻りやすいという欠点があります。

洗絨(せんじゅう)　毛織物を石鹸や合成洗剤を使って洗い、汚れを除去すると同時に風合いを良くする処理。目的に応じて広幅洗絨機、連続洗絨機、ロープ洗絨機などが使い分けられます。広幅洗絨機は、しわの発生が少なく織物の組織も崩れにくいのですが洗浄作用や風合いづくり効果はやや劣ります。ロープ洗絨機は洗浄効果も大きく、風合いづくりにも適してい

るのですが、しわが寄りやすいという欠点があります。連続洗絨機は大きなロットの場合に使われます。

縮絨（しゅくじゅう）　羊毛などの動物性繊維の織・編物を、酸、アルカリ、石鹸などの縮絨剤を含む液をくぐらせ、機械的にたたいたり、もんだりしてテキスタイルを緻密化させる工程。毛が絡み合った緻密な織・編物や、起毛品などをつくります。

リラックス　仮撚加工糸や複合加工糸などの織・編物の加工中に出たゆがみなどを取り除くために、水中で弛緩させ嵩高性や「しぼ」（織物表面の凸凹）を発現させるための処理のことです。

熱処理　合繊のような熱可塑性の繊維を熱処理することで、形態安定化させる加工。染色加工における過度の収縮や折れ、しわなどを防ぐための処理のことです。

繊維製品製造工程中の染色

　染色は目的に応じて、綿、糸、織・編、製品のすべての段階で行われます。繊維製品製造工程の各段階で行われている染色には次のものがあります。なお、「テキスタイルの染色」中に取り上げている項目もあります。あわせて参照してください。

ばら毛染め・トップ染め　短繊維の紡績前の綿の状態での染める、ばら毛染めと、梳毛紡績の中間工程でスライバー（練条工程で撚りの掛っていない繊維束）を円筒形に巻いたトップの状態で染めるトップ染があります。

糸染め　糸の段階で染めること。縞、チェック、ジャカードなど、織編みの段階で柄をつけるための色糸をあらかじめ用意しておくための染色です。

浸染・捺染　織・編工程を経てできあがった生機の段階での染色。生地を染料液に浸して1色の無地に染める浸染（反染め）と、生地に文様を染付ける捺染があります。

製品染め　縫製品にした後に染色すること。ニット製品に多く用いられますが、ジーンズにも行われます。染色ではありませんが、ジーンズでは製品を洗い脱色させる加工も多く行われています。製品染は、縫製後に市場の動向を見て染めることができるので、早期に対応できますが、高度な縫製品にはむずかしいので、主にジーンズやTシャツなどで行われています。ばら毛染め、トップ染め、糸染めを先染め、反染め、製品染めを後染ということがあります。布になる前に染めるものが先染め、布になった後に染めるものが後染めといいます。

仕上工程

　繊維製品製造の最終工程で、製品の用途に応じた風合いや外観を調整し、テキスタイルの付加価値を高める工程。この工程完了でテキスタイルは完成します。別に、撥水、難燃、抗菌防臭などの機能を付与したりする加工も含みます。

整理・加工　整理は、仕上げと同義と考えてよいでしょう。染色工程における生地の組織の歪みを修正して生地幅を整える安定加工と、外観の風合いを整える風合い加工があります。

安定加工　化学薬品を使用する化学的加工と、摩擦、圧力、熱などによって調整する物理的加工や、その両方を併用したものがあります。

樹脂加工　繊維に樹脂を浸透させて、繊維内部を樹脂でうめたり、セルロース分子間をつなぐことでしわを防いだり、防縮性をもたせたり、ウォッシュ・アンド・ウェア機能（洗濯後にすぐ着られる）をもたせたりする加工です。

サンフォライズ加工　アメリカのクルエット・ピーボディ社によって開発された防縮加工。織物を経糸方向に強制収縮させておいて熱処理することで、それ以上の収縮を起こさせないようにすることです。綿織物の防縮加工方法として広く用いられています。

プリーツ加工　羊毛のズボンやスカートに耐久性のある折り目やプリーツをつける加工で、製品に染色物への影響の少ないセット剤を噴霧浸透させた後にスチームで定着させる方法です。オーストラリア連邦科学

産業研究機構（CSIRO）によって開発された加工方法です。

風合い加工　テキスタイルにさわったときの感触などの官能的な評価要素を調整して、付加価値を高める加工です。

シルケット加工　綿糸や綿の織・編物を濃厚な苛性ソーダ液の中で緊張処理（引っ張り）すれば、染色性がよくなり、また強力性が増し、絹のような光沢が出てきます。マーセライズ加工ともいいます。

アルカリ減量加工　ポリエステル繊維がアルカリによる加水分解する性質を利用し、繊維表面を薄くけずり取るようにして繊維を細くする加工。これにより繊維間に隙間ができ、接圧が小さくなってテキスタイルはソフトになります。

起毛加工　織・編物の表面を引っかいて立たせ、柔軟な手触りをつくりだす加工。針金を使った針布起毛、乾燥させたアザミのとげを使うアザミ起毛などがあり、現在では針布起毛が主流です。起毛したものは剪毛、ブラッシングなどで仕上げます。クリア仕上げ、ミルド仕上げ、メルトン仕上げ、ビーバー仕上げ、ベロア仕上げなどの方法があります。サンドペーパーを使うエメリー加工も起毛の中に加えられます。剪毛とは、起毛後の長さが異なる毛羽を、均一に刈り揃えることです。

特殊加工　テキスタイルに新しい外観や機能を付け加えるために、物理的、化学的処理を加えることです。

カレンダー加工　生地の表面をロールなどで圧迫してなめらかにして、光沢を与える加工。表面に、斜めに1ミリに5〜10本の細線を彫刻した金属ロールに生地を通して、朱子のような表面効果を出すシュライナー・カレンダーは布団側地の加工などに用いられています。

エンボス加工　表面に凹版の文様を彫刻した金属ロールと加熱した弾性ロールの間に生地を通し、凹凸のあるテキスタイルをつくるのがエンボス加工です。熱可塑性の合成繊維の場合は凹凸は消えにくいのですが、セルロース系繊維の場合には耐久性がないので、樹脂加工によって耐久性を与えることになります。

しわ加工　意図的にしわのあるテキスタイルをつくりだす加工。しわは、規則性がなくて自然に見えることが望ましいので、さまざまな方法が使われています。生地を束にしてロールで圧搾する方法は、縦横に不規則なしわが得られるので多く用いられています。セルロース系繊維はアルカリ浴中で処理することでセット性が得られるので、しわの耐久性を得る処理として使われています。

リップル加工 セルロース系繊維がアルカリで膨潤・収縮する性質を利用して、リップルやシアサッカーのような効果を得るための加工。綿織物にアルカリの浸透を防ぐ糊剤で捺染した生地を、水酸化ナトリウム溶液に浸すと、糊剤のない部分が収縮して立体感のあるテキスタイルができます。縞をプリントして処理すればシアサッカーのような外観が得られることになります。

機能性付与 テキスタイルに形態の安定や防水などの機能的な側面を与える加工方法です。

形態安定加工 縫製品の洗濯に対して、寸法や形態の安定性を与える加工。あらかじめ生地に架橋剤を与えておいて、縫製後加熱処理するポストキュア法と、縫製後にガス状の架橋剤で処理する気相法があります。加工後の強力低下を防ぐためにポリエステルの混紡品か、綿100%の場合にはアンモニアによる前処理をした生地に使われます。架橋剤は、鎖状高分子間に橋を架けることによって、分子の自由な動きを抑え形態変化を防ぐ薬剤です。また、気相法は、よくいわれる「形状記憶」の加工のことです。

防水加工・撥水加工 テキスタイルに水を通すような隙間をなくして、漏水しないようにする防水加工で、表面張力を小さくして水滴の侵入を防ぐのが撥水加工です。防水加工は、テキスタイルの表面に樹脂をコーティングして皮膜をつくる方法が用いられます。撥水加工は、一時的な効果を得るものとしてはパラフィンエマルジョンやワックスエマルジョンで処理する方法が用いられますが、耐久性を求める場合にはフッ素系やシリコン系の樹脂を繊維に結合させる方法がとられます。

透湿防水加工 衣服の外部からの水の浸透を防ぎながら、内部の身体表面から出される水分を衣服外に排出する加工。そのためには気体は通過するが液体は通過しない細孔をもつ皮膜をテキスタイルに貼り合わせる方法や、極細繊維による高密度の織物をつくって繊維間、組織間の隙間を小さくして液体の侵入を防ぐ方法がとられます。

難燃加工・防炎加工 セルロース繊維の場合には、熱による繊維の炭化を促進し、有毒ガスの発生や対流による酸素の補給による燃焼を抑制するため、リンやハロゲンを含む化合物で処理されます。ポリエステル繊維の場合は、リン、ハロゲンなどの化合物をポリマーに混合して紡糸する方法で難燃繊維をつくります。羊毛は繊維内部にもっとも多くの水分を含み繊維の中でもっとも難燃性に優れており、さらに防炎性を高めるために、ジルコニウムやチタニウムの錯塩を付着させる加工が行われます。

抗菌防臭加工　衣類に繁殖する微生物が発する臭気や不快感を取り除くための殺菌や、減菌をするために強力な薬剤を使用すれば、繊維や身体に影響をもたらします。そこで目的を達成しながら、洗濯などによる効果持続を考慮して薬剤を選定して処理します。

UVカット加工　天然繊維では紫外線を吸収する物質を、後加工で付着させますが、合成繊維の場合はポリマーに混合して紡糸します。一般的には紫外線を吸収・拡散するセラミック微粒子を樹脂で付着させたり繊維に練りこむ処理が行われています。

ボンディング加工、ラミネート加工　2種またはそれ以上の生地やフィルム、スポンジ・シートなどの材料を接合して複合材料をつくりだすことをボンディング、基布の表面に他のシートを貼り合わせることをラミネートといいますが、両者は同じものだと考えてもよいものです。0.5ミリ0.7ミリのウレタンフォームを熱溶融させてテキスタイルを接着させたものは、防寒衣料に使われます。

ファッション

ファッションは時代とともに変化して
新しい語彙を輩出し、その意味も変化します。
装着変化、産業・流通の構造なども取り上げています。

ファッション (fashion)

　ファッションとは、流行、はやりのこと。ある時代またはある集団の行動様式を特徴づける習慣や風習、作法などの意味。さまざまな分野の動きを察知して自己表現するとともに時代との一体感を表す文化現象の1つ、いわば「時代を映す鏡」のようなものです。

　狭義では服装の流行現象を指し、モード (mode) と同義ですが、より創造的なグレードの高いものをモード、大衆化したものをファッションと使い分ける場合もあります。スタイル (style) も、ファッションと同じ意味で使われますが、ある一定の時代に特徴的な様式や、流行が一般に普及して類型化した場合をいいます。ルック (look) は「〜風、〜に見える」の意味で、より外観的な特徴やイメージを表します。類義語のヴォーグ (vogue) はある様式の一時的流行、とくに女性服の流行を指していうことが多い語です。ファド (fad) は非常に短い流行や気まぐれ的な流行、クレーズ (craze) は一時的な大流行のこと。ブームも爆発的流行ですが、主にビジネス関係で使われます。トレンド (trend) も、ビジネス用語で「傾向、時代の風潮」の意味。次に来る新しい流行の動向と、時代の好み、すなわち売れ筋の2つの意味があります。

ファッションの諸相　ファッションは社会と対話しながら変化していきます。いつの時代にあっても、戦争や革命、また天変地異は社会を大きく変えるとともに、ファッションを大転換させましたし、画期的な技術革新もまた、ファッション創造の大きな原動力となってきました。風土や民族性、有名な人物の登場など、発想源は実に多種多様です。それらのさまざまな要素が複雑にからみあい、混ざり合いながら、過去のルックやスタイルを新しい時代感覚で繰り返し浮かび上がらせます。ときにはこれまでまったく見たことのない、新しい手法が使われることもあります。過去から現代へ、時代を彩った数々のファッション現象が、現在も時折顔をのぞかせては消えていきます。その諸相を追うことは、まさに人間の歴史を知ることにもなります。

ここに取り上げている内容は大きく「ファッションの諸相」、「ファッション・デザイン」、「ファッション・ビジネス」の3つに分けています。ファッションの諸相では1920年代から1980年代の7つの年代別について、ファッションの特徴を取り上げています。その後に、音別順に特徴的なファッションを項目別に取り上げて解説し、関連するものを併記しています。

20s (twenties)

　第一次世界大戦後の1920年代は、20世紀モダニズムが基礎を築いた時期。自由とモダンさを求める熱狂的な社会風潮が高まり、フランス流に「レ・ザンネ・フォル」（les annees folles：狂気の時代）、イギリス流に「ローリング・トゥエンティーズ」（Roaring 20's：叫喚の20年代）ともいわれます。戦後の解放感と思想の変化は、女性に自由と自然に帰ることへの意志をもたらし、女性の社会進出が進み、活動的でシンプルなスタイルが登場します。

　また当時のファッションに大きな影響を与えたのがアールデコ（art deco）です。これは仏語のアール・デコラティフ（art decoratif）の略で、1925年パリで開催された「現代装飾工業美術国際博覧会」をきっかけに広まったといわれる装飾デザイン様式。機能的で古典的な直線美、幾何学的表現、色調の明快な対比などが特徴です。女性服は、大戦前と180度転換し、コルセットは消滅。身体の動きによって演出される服の魅力をモットーとするようになり、ドレスは細身のチューブ・ライン、スカートは初めて膝を出すショート丈になりました。

ギャルソンヌ・ルック (garçonne look)　ギャルソンヌは仏語で「男の子のような女の子」の意味。ボーイッシュなスタイルで、女らしさの革命をリードしました。手始めに断髪、スカートを短くカット。胸も扁平に見える直線的なシルエットのロー・ウエスト、ショート・スカートのドレスを大流行させました。英語では、フラッパー・ルック（flapper look）といいます。フラッパーは「お転婆娘」の意味。

ギャッビー・ルック (Gatsby look)　20年代の上流社会を舞台にした、F.スコット・フィッツジェラルド原作の米国映画「グレート・ギャッビー」(1974)に描かれたファッション。男性は白のスーツ、女性はストレートなチャールストン・ドレスが特徴。

シャネル・ルック (Chanel look)　1920年代、パリ・モード界の中心で活躍したのが、「ギャルソンヌ・ルックの申し子」とも呼ばれたガブリエル・シャネルです。シャネル・ルックは彼女が考案したスタイルの総称。代表的なものに、後にシャネル・スーツと呼ばれるカーディガン・スーツや、シンプルで飾り気のない黒いジャージー製のリトル・ブラック・ドレスなどがあります。

30s (thirties)

　1930年代は、一種の後戻りの時代。経済危機と政治・社会の不確実性はやがて戦争への脅威となっていきますが、そこから生じる不安から伝統的な女らしさを再認識するかのようなファッションが登場します。スカートは再び長くなり、ウエストを強調した、ロング&スリム・ラインのフェミニン調（女性的な）が流行します。

　30年代はしばしばレトロ (retro) なファッションの対象になる年代で、代表的なのが60-70年代初めに流行したボニー・ルック (bonnie look) です。30年代のギャング・エージを描いた米国映画「俺たちに明日はない」(1967) の中で、ボニー役のフェイ・ダナウェーが着用したミディ丈のスカートやロング・カーディガン、ベレー帽などのファッションのこと。

バンプ・スタイル (vamp style)　バンプは「浮気女、男たらし」の意味。そうした妖婦的なセクシーなスタイルのこと。しかしとくに決まったファッションがあるわけではなく、主にキャラクターへの表現で、仏語で「ファム・ファタル」(femme fatale：運命の女）と呼ばれたマルレーヌ・ディートリッヒが、30年代ハリウッド映画の中で見せた妖艶な装いやサイレント映画時代の女優のスタイルなどをいいます。

ボールド・ルック (bold look)　メンズウェアでは男性らしさを強調するボールド・ルックが、30年代から第二次世界大戦後にかけて流行します。ごつい感じの男っぽい紳士服スタイルで、いかり肩、広いラペル、幅広いネクタイやボールド（大胆な）ストライプも特徴です。

40s (forties)

　1940年代調。40年代は第二次世界大戦の戦時下で、機能的なユーテ

ィリティ・クローズ（実用服）が中心。肩パッドを入れたいかり肩、ウエスト・マークのスーツなど、男っぽいミリタリー調が主流。

ズート・ルック（zoot look）　40年代初期、ジャズに興じる米国の若者たちを中心に流行ったズート・スーツに代表される極端にぶかぶかなスタイル。肩幅が広く、丈が長い、ゆったりしたジャケットと裾をカフスでしぼった、極太なパンツが特徴。ズートはスーツの変形語。これは大西洋を渡って、占領時代のフランスの若いジャズ・ファンたち、ザズー（zazou：粋な青年達へのあだ名）を感化し、イギリスのネオ・エドワーディアンやテディ・ボーイにも影響を与えました。

テディ・ボーイ・ルック（teddy boy look）　戦後から50年代前半、ロンドンの下町の若者たちの間で人気を集めたのが、エドワーディアン・ルック（Edwardian look）をとり入れたテディ・ボーイ・ルックです。エドワーディアン・ルックは、英国国王エドワード7世時代（1901～1910）に、おしゃれに関心の高かった国王が流行らせたファッションで、代表的なのが、細身のフィットしたフロックコート・スタイルのエドワーディアン・ジャケット。テディはエドワード7世の愛称で、テディ・ボーイたちは、ウエストフィットの丈長ジャケットにタイトなパンツ、ふくらませた前髪といった特徴のあるファッションを流行させました。

テディ・ガール・ルック（teddy girl look）　ウエスト・シェイプのロング・ジャケットにマイクロミニ・スカートなど、テディ・ボーイ・ルックの不良少女版ファッション。

50s (fifties)

　1950年代を特徴づけるスタイルの総称。大きく2つの流れ、パリのオート・クチュールのファッションと、米国の若者風俗に見られたロックンロール・ファッションがあります。

オートクチュール・ファッション　50年代は、パリのオート・クチュールの黄金期。フランス文化のエレガンスの伝統が最高に洗練され、爛熟し頂点に達した時代です。クリスチャン・ディオールやクリストバル・バレンシアガら有力デザイナーを輩出し、シルエットやラインに幾

多の新機軸が生み出されました。

ニュー・ルック (new look)　戦後の混乱期からパリ・モード界を不死鳥のようによみがえらせたのが、1947年のクリスチャン・ディオールのニュー・ルックです。優雅な肩、豊かな胸、細いウエスト、花のように広がるスカートの華やかさや女らしさが、世界中の女性を引きつけ一世を風靡しました。

ディオール (Dior) **旋風**　ニュールックの成功はディオール旋風を巻き起こし、クリスチャン・ディオールは、「モード界の王様」と呼ばれます。以後の10年間、世界のトレンド・セッター（流行をリードする人達）としての役割を果たし、シーズンごとに新しいラインを打ち出します。数々のラインの中で、アルファベットの文字に模されたライン、1954年秋にHライン、1955年春にAライン、その秋にはYラインを発表。これをとくにアルファベット・ライン（alphabet line）と呼んでいます。

ロックンロール・ファッション　米国の若者たちの間で、リズム＆ブルースにカントリー・ミュージックの要素を加えたロックンロールが流行。この音楽やダンスを愛好する若者たちに見られたファッションがロックンロール・ルック（rock' n roll look）です。女性はポニーテールに落下傘のような大きく広がるフレアー・スカート、男性はリーゼント・ヘアに革ジャンというスタイルが特徴。

マンボ・スタイル (mambo style)　マンボはキューバの民族的なダンス音楽で、マンボを演奏するミュージシャン・スタイルのこと。襟幅の狭いジャケットに細いネクタイ、スリムなパンツなどが特徴。

グラフィティ・ルック (graffiti look)　50年代の若者風俗を描いた米国映画「アメリカン・グラフィティ」(1973) で見られるファッション。グラフィティは「落書き」の意味。

60s (sixties)

　1960年代は史上空前の大変革の時代で、スウィンギング・シックスティーズ（swinging 60's：大揺れの60年代）とも呼ばれます。豊かな社会を迎えた前半は、技術革新が進み、人類が初めて宇宙旅行をするな

ど、人々は輝かしい未来を信じていました。しかし後半は高度産業社会のひずみが見え始め、体制に異議を唱えるヒッピーや学生運動など、改革の嵐に揺れ動く時代になりました。この若者のエネルギーの爆発は、パリ・モードの仕組みを一変させ、ファッション革命といわれました。若者たちの間で自然発生したファッションが大人たちを巻き込み、その結果オート・クチュールは衰退、代わりにプレタポルテが登場します。ファッションは若者がリードする時代になりました。

ミニ・ルック (mini look) 60年代に全盛となったのがミニ・スカートの装い。ミニはミニマム（minimum）最小限の略で、膝上10～20cmの短いスカートを指します。太腿部まで大胆に露出することは、それまでタブー視されていましたが、軽やかで活動的な女性美の表現は、まさに革命的でした。もともとは50年代末頃にフランスのリゾート地、サントロペあたりではかれていたもので、これを英国のマリー・クワントが60年代初めに発表したところ、記録的な速さで売れたことが流行の発端です。1965年、パリのアンドレ・クレージュはオート・クチュール・コレクションでミニ・スカートを打ち出します。これがきっかけになって老いも若きもはくようになり、全世界に波及し大流行となりました。

フューチャリズム (futurism) 未来主義、未来派。ファッションでは、きわめて人工的な感覚のファッションを指し、1960年代に、この感覚が強く打ち出されました。エナメルやビニールなど人工素材を積極的に活用して、モダンでスポーティなスタイルを発表したアンドレ・クレージュや、プラスティックや金属で服をつくったパコ・ラバンヌらは、フューチャリズムの第一人者といわれています。

コスモコール・ルック (cosmocorps look) 1966年、ピエール・カルダンが発表した宇宙ルックのこと。コスモコールは仏語で「宇宙服」の意味。当時の宇宙船ブームに乗って登場してきたものです。別名、スペース・ルック（space look）。

オプアート・ファッション (OP art fashion) オプアートはオプティカル・アート（optical art）の略で、錯視効果のある幾何学柄の造形芸術。1963年にニューヨークで始まり、ゆがみやひずみを加えた視覚的錯覚のおもしろさがテキスタイル・デザインにとり入れられて、60年代後半の流行になります。

モンドリアン・ルック (Mondrian look)　1965年、イヴ・サンローランが発表して話題となった作品。オランダの抽象画家モンドリアンの画風をそのままストレートなミニ・ドレスにとり入れ、明るくモダンな感覚を表現したもの。

サイケデリック・ファッション (psychedelic fashion)　60年代末期に流行した、幻覚剤LSDやマリファナの幻覚作用で得られる独特の幻想的、怪奇的な表現をとり入れたファッション。けばけばしい原色や蛍光塗料を使った刺激的な色が用いられ、サイケ調ともいわれました。

70s (seventies)

　1970年代は、60年代の緊張から解かれた弛緩の時代ともいえます。1973年のオイルショックとそれに続く世界的な経済危機は、この10年間をサギング・セブンティーズ（sagging 70s：沈滞の70年代）に変容させ、人々の目は未来よりも過去へと向かうようになりました。ファッションでは、レトロが幅をきかせ、ナチュラル志向のカジュアルなスタイルが流行した70年代前半のスタイルをいうことが多く、ジーンズ・ルックやヒッピー・ファッションなど、個々の独自性や変化を楽しむアンチ・モードの動きが広がります。60年代を揺さぶった若者たちにとっては、それまでの価値基準はすべて退屈な概念でしかなく、悪趣味や粗野なものさえもしばしば魅力あるものとして評価され、この既成事実の上に立って、ファッションはいっそう自由で拘束の少ない新しいステージで演出されることになりました。

レトロスペクティブ (retrospective)　略してレトロ。「回顧的な」の意味。昔のファッションを懐かしんで、時流に合った新しいイメージで復活させたものをいいます。とくに20年代や30年代調などは、しばしばリバイバルしています。別のいい方として、ノスタルジック（nostalgic：郷愁の）という言葉も使われます。

自然志向　70年代は「自然回帰、自然に帰れ」の動きが顕著になります。環境汚染への反発から、グリーン・パワーが台頭し、エコロジー（生態学）運動が広がりました。1971年は、ユネスコで「人間と生物圏」と呼ばれる研究計画が始まったことから、この年をエコロジー元年とも呼んでいます。ファッションも、自然をテーマにしたものやアウトド

ア・スタイルに関心が集まるようになり、その後のオイルショックの影響もあって、天然繊維志向へと時代は変化していきます。

質素革命　日本のライフスタイル・コーディネーター浜野安弘が提唱。米国ではヒッピーの思想を基に生まれた新しいライフスタイルの1つで、ニュー・ポバティズムとも呼ばれます。目標は、地球環境と都市文明の調和。このために自然や緑を生活の中に取り戻し、虚飾を排して、質素に暮らそうというもの。同様の言葉にシンプル・ライフ（simple life：簡素な生活）があります。70年代には、人々の意識が量より質へ、モノから心へと転換。自然を大切にし、無駄や装飾を排し、健康で精神的に豊かな暮らしを目指す生活思想で、大きな流れになっていきます。

チープシック（cheap chic）　安価でありながら、感覚的にシックなものをいいます。1975年、米国で発刊されたショッピング・ガイド・ブック『チープシック』から流行語になったもので、経済的、合理的なおしゃれの提唱から生まれた言葉です。

ジーンズ・ルック（jeans look）　ジーンズは、もともと1850年代米国西部で金鉱労働者の作業着として導入されたデニムのパンツ。綾織り木綿の厚地をジーンと呼んだことからジーンズの呼称が生まれ、1950年代以降、ジーパン、あるいはブルーのものをブルー・ジーンズと呼ぶのが一般化します。60年代には反戦運動の若者たちの象徴となり、70年代にはファッションのカジュアル化とともに幅広く流行し、若者風俗に欠くことのできないアイテムとなり、80年代にはさらに洗練されて、老舗デザイナーのコレクションにも登場するようになりました。

ジーニング（jeaning）　ジーンズ中心のワードローブによる、素朴なライフスタイルのイメージを伝える言葉で、70年代のジーンズ大流行の波に乗って、日本のジーンズ・メーカーがキャンペーン用に作ったキャッチ・フレーズです。

ワーク・ルック（work look）　ジーンズやチープシックの流れに乗って、オーバー・オールやサロペットなど、作業着や労働着の要素をとり入れたファッションも台頭しました。額に汗して働くイメージがあるファティーグ・ルック（fatigue look）も若者の関心を集めたものです。ファティーグは「軍の雑役、作業班」の意味。

80s (eighties)

ファッションでは1978年頃からを80年代調と呼んでいます。特色がありすぎるがゆえに、かえってつかみどころがないといわれる年代ですが、2000年頃から静かなブームを呼び、2008年には多くのデザイナーがコレクションで取り上げるようになりました。この時代の空気を支配しているのは、70年代末に登場した構築的なフォルムです。とくに肩を大きくつくるビッグ・ショルダー（big shoulder）はその代表的なもの。70年代後半のオフボディのゆったりとしたつくりのビッグ・ルック（big look）の流れに乗って、80年代前半、肩パッドで広げた幅広い肩幅や盛り上げたいかり肩が流行しました。中でも注目されたのが、ティエリー・ミュグレーやクロード・モンタナらによる、肩をポイントにし、ウエストをきっちりマークした、グラマラスでハリウッド的なファッションです。この時代には老舗クチュール・ファッションも活性化し、華麗なオート・クチュールが復活を見せるようになり、80年代末には、オートクチュール・ルネサンスともいわれるようになりました。

パワー・ドレッシング (power dressing)　ビジネス社会で出世するために必要な力を感じさせる服装術をいいます。70年代後半頃から、米国でエグゼクティブに上りつめることを目標に仕事する、上昇志向のキャリア・ウーマンが増えて、パワー・スーツ（power suit）と呼ばれる、能力や地位をアピールする戦略的なスーツが欠かせないアイテムとされるようになりました。その代表が、テーラード・スーツの第一人者、ミラノのデザイナー、ジョルジオ・アルマーニの、上品で高級感のあるシックなスーツです。着ているだけで仕事ができる女性に見られるといわれて、80年代に大きな成功をおさめました。

ファッションのスタイル (fashion style)

ファッションには、全体の雰囲気やイメージ、服装の感じといった感覚的な特性を表現する多様なスタイルがあります。それらは一定の時代に流行した型や民族、風土、有名人などにみる独特の服飾や様式などを発想源として生まれることが多く、とくに広く普及して普遍化し、類型化したものを「スタイル」、外観的な特徴を重視する場合を「ルック」、流行要素が強いものを「ファッション」というように使い分けています。しかし、そこにはさまざまな要素の組み合わせや、流行の形を変えた繰

り返しなど、複雑な様相が見られます。そこでそれらを整理し、発想の類似したものや、また関連性のあるものを、できる限り多く1つのグループに集めて解説しています。

アバンギャルド・ファッション (avan-garde fashion)　アバンギャルドは、仏語で「前衛的、先駆け」の意味。第一次世界大戦後、ヨーロッパで起こったダダイズムやシュール・レアリズムなどの革新的芸術運動を指しています。ファッションでも、既成の形式美を否定し、発想の自由を根底とする実験的手法によるもので、30年代に活躍したエルザ・スキャパレリのアートのモチーフをとり入れた奇抜なスタイルなどが代表的。先端的で、意表をつく大胆なデザインです。

キッチュ (kitsch)　一般的な美意識と異なるという点で、アバンギャルドと類似するキッチュは、ドイツ語で「低俗な、安っぽい」の意味。悪趣味やまがいもの的なものをいい、故意に下品に装ったファッションです。アバンギャルドと異なるのは、とくに新しいものではなく、今までにあったモチーフをオーバーに表現したり、パロディ化したりしたものであること。

アーリー・アメリカン・ルック (early american look)　米国初期、19世紀前半の米国開拓時代の風俗をいいます。当時の開拓民が着ていた野良着や仕事着、カウボーイたちの服装をとり入れたスタイル。

グラニー・ルック (granny look)　グラニーは「おばあさん」の意味で、エプロン・ドレスにショールなどのペザント（農婦）風や、小花柄、パッチワーク・キルトなどの昔懐かしい手作り風など、素朴でロマンティックなスタイル。

ペザント・ルック (peasant look)　アメリカやヨーロッパの農民風の装い。ファーマーズ・ルック（farmers look）と同義ですが、フリルやギャザー、プリーツ、刺繍やスモッキングなどをあしらい技巧をこらしたものが多く、パフ・スリーブのブラウスにボディスと呼ばれる胴着、ダーンドル・スカートの組み合わせなど、民族色の濃いものまで含みます。

ウエスタン・ルック (western look)　米国西部のカウボーイやカウガールのスタイルにヒントをとったファッション。ヨークのついたウエスト丈のウエスタン・シャツや、表面に唐草模様などを彫った中長の、ヒールの低いウエスタン・ブーツなどが代表的アイテム。

インディアン・ルック (indian look)　アメリカ・インディアンの民族衣装をイメージ・ソースにしたもの。バンダナやフリンジ装飾、羽根飾り、

ヘア・バンドなどが特徴。

エスニック&フォークロア (ethnic & folklore) エスニックは欧米人から見て、「異民族、異教徒」の意味で、エスニック・ルックはアフリカや中近東、アジア、南米などの民族衣装、中でも正装を発想源にしたファッションを指します。これに近い語意のフォークロアは、「民俗や民間伝承」の意味で、フォークロア・ルックは、その地方特有の伝統や国民性を象徴するスタイルをイメージ・ソースとして生まれたファッションです。エスニックと同じ民族調といっても、風土に根ざした素朴な雰囲気があります。

　1960年代末〜70年代前半にフォークロアやエスニックへの関心が急速に高まり、世界中のさまざまな民族スタイルがファッションとして採用されました。たとえばアフリカの民族衣装の要素をとり入れたアフリカン・ルック（african look）や、中国服をヒントにしたチャイニーズ・ルック（chinese look）、メキシコ特有の強烈な色彩やポンチョなどが特徴のメキシカン・ルック（mexican look）、オーストリアのチロル地方のコスチュームを思わせるチロリアン・ルック（tirolean look）、ロシア伝統の民族服をイメージさせるロシアン・ルック（russian look）など、現在も時折顔をのぞかせます。

　ボヘミアン・ルック（bohemian look）は、70年代のエスニック・ファッションの流行とともに登場してきたものです。ボヘミアンは「ボヘミア地方の」の意味ですが、放浪生活をするジプシーや自由な生活感覚の芸術家などのこともいいます。ファッションとしては、ボヘミア地方のフォークロア・スタイルや、放浪民のジプシー・ルック（gypsy look）が含まれます。カラフルな色使いで、ブレードやフリルなどのディテールに凝ったファンタジーあふれる装いが多く、イヴ・サンローランや高田賢三などに影響を与えました。同義語にノマード・ファッション（nomad fashion）。ノマードは「遊牧民」の意味。

　さらに80年代になると、インテリア雑貨を含めたファッション全体のライフスタイルとして注目されるようになります。その典型がサンタフェ・スタイル（santa fe style）。サンタフェは米国ニュー・メキシコ州の地名で、ネイティブ・アメリカンと南米ヒスパニック文化の影響が色濃く残る土地柄です。エキゾティックな独特のウエスタン感覚の美を求めて、以前から多くのアーティストが集まっていることで知られていましたが、1987年に『サンタフェ・スタイル』という本が話題になったことをきっかけにブームを呼び、都会に自然や田舎暮らしをとり入れる

新しい生活スタイルをつくり出し、人気を集めました。

カジュアル／カジュアルウェア (casual/casualwear)　カジュアルには、「自由、気まま、くだけた、略式の」といった意味があり、カジュアルウェアは気軽な服装や普段着を指します。米国ではこれをスポーツウェアと呼ぶのが一般的です。1960年代、日本に米国のスポーツウェアの概念が導入されたとき、運動競技用のスポーツ服と区別するために、カジュアルウェアの言葉が採用されました。以来、若者ファッションとともに、カジュアルウェアはさまざまな感覚のファッションを生み出していきます。

アメリカン・カジュアル (american casual)　アイビー・ルックやカリフォルニア風のスポーティなファッションなど、アメリカ風なカジュアル・ルック。略してアメカジあるいはAC。対してヨーロッパ風のカジュアルはヨーロピアン・カジュアル (european casual：EC)。

イタリアン・カジュアル (italian casual)　略してイタカジ。とくにミラノを中心に活躍するデザイナーのカジュアル・ファッションを指すことが多いカジュアル。

渋カジ　「渋谷カジュアル」の略。東京・渋谷にたむろする若者たちに見られるカジュアル・ファッションで、1980年代後半に登場して以来、一大潮流となります。アメリカン・カジュアルをベースに、輸入ものなどを組み合わせたスタイルが中心。

キレカジ　「きれいなカジュアル」を略した俗語で、渋カジの1種です。紺のブレザー（略して紺ブレ）に白いシャツ、ジーンズといった清潔感のある着こなしをいいます。

デルカジ　「モデル・カジュアル」の略。ファッション・モデルの普段着に触発された、センスのよい着こなしのこと。

フレンチ・カジュアル (french casual)　フランス風、とくにパリ風の小粋なカジュアル・ファッション。別名、パリ・カジ。流行を適度にとり入れ、知的で個性的な、リーズナブルな装い、たとえばアニエス・ベーなどが代表的なブランド。

カレッジ・スタイル (college style)　カレッジ（単科大学）の学生が着用している、スポーティで若々しい、知的な雰囲気のするスタイルです。男性服では、アイビー・ルックが代表的。女性服は、ブレザーにプリーツ・スカートやシャツ・ブラウスにチェックのスカートといった着こなし。類義語のキャンパス・ルック (campus look) は、キャンパス、す

なわち学校内で着る制服や通学服のような服装で、カレッジ・スタイルより狭義。とくに女学生風の清楚なスタイルをスクール・ガール・ルック（school girl look）といいます。

アイビー・ルック (ivy look)　米国東部の伝統的な学生スタイル風ファッション。米国東部の名門8大学によって結成されたアメリカン・フットボール・リーグの名称、アイビー・リーグに由来します。アイビーリーグ・モデルと呼ばれるジャケットやボタンダウン・シャツなど、基本的なカジュアル・スタイルの1つで、50年代～60年代に日本でも大流行しました。

　その後1980年代初めにアイビー調が再来し、プレッピー・ルック（preppy look）と呼ばれて人気を集めました。プレッピーとは米国一流大学進学コースの私立高校、プレパラトリー（略してプレップ）スクールの学生や卒業生を指す米俗語で、上質の服をより個性的に無造作に着こなすのが特徴。現在も根強い支持層をもっています。

サファリ・ルック (safari look)　サファリはアフリカ探検隊のこと。その探検隊員風のスポーティで機能的な服装をいいます。シャツカラー、パッチポケット、ベルト使いのサファリ・ジャケットやゆったりした膝上丈のサファリ・ショーツやキュロット・スカートなどが特徴。1968年、イヴ・サンローランが初めて発表し、ユニセックス・ファッションの代表的なスタイルとして人気を集めました。

コロニアル・ルック (colonial look)　コロニアルは「植民地」の意味。大きく2つのタイプがあり、1つは17～18世紀の植民地時代の米国における移民の服装、もう1つは第一次世界大戦後、イギリスやフランスなどの列強国が占領したアフリカやアジア諸国における植民地のスタイルです。とくにイギリス陸軍がインドで着用した白っぽい麻のサファリ・ジャケットや短いパンツなど、エレガントなスポーティ・スタイルを指していうことが多いです。

サブ・カルチャー (sub culture)　メイン・カルチャーの対語で「下位文化」。伝統的な文化に対する副次的な文化で、大衆文化のこと。類義語はカウンター・カルチャー（counter culture）で、カウンターは「逆の、反対の」の意味。体制的価値基準などに対して反逆する文化をいいます。ともに既成の社会に背を向けて、新しい価値観を構築しようという若者たちの文化や生活様式を指す言葉で、1960年代、大人たちを巻き込んで、ファッションに大きな影響力をもつようになりました。大人

でも子どもでもない「若者」がクローズアップされたこの時代に、自由を求める彼らのエネルギーは、反体制ファッションとして共感を集め、ファッションのトレンド・セッターは街の若者に代わり、ストリート・ファッション（street fashion）が主導権をにぎるようになります。これはデザイナーやアパレル企業がつくり出すのではなく、街に集う若者たちから自然発生的に生み出されるファッションで、ストリート・スタイルやストリート・カジュアルとも呼ばれます。1990年代に大きく再浮上し、デザイナーがコレクションのテーマに取り上げることもしばしば見られます。

モッズ・ルック (mods look)　モッズは伝統主義者に対抗する「モダニスト」の略。1960年代初期、テディボーイに続き、イギリスに現れた若者ファッション。特徴はウエスト位置の高い3つボタンのジャケット、カラー・シャツにタイあるいはポロ・シャツ、細身のパンツ、その上にパーカといった「くずしアイビー調」のスタイル。革ジャンにジーンズ姿のロッカーズ（rockers）族は彼らのライバルでした。

ヒッピー・ルック (hippie look)　ヒッピーとは、1966年頃からサンフランシスコで始まった、反体制的な社会思想をもつ、自然賛美派の若者たちの集団。学生の反体制運動とは一線を画す、非暴力の平和主義で、フラワー・チルドレンとも呼ばれます。東洋的な思想やスタイルへの傾倒など、非生産的、快楽主義的な行為が特徴で、トレード・マークは長く伸ばした髪にひげ、Tシャツにジーンズなど。わざと古着やボロを着る、また素足（はだし）でいたりもする風変わりな服装も特徴です。このような服装にアイディアを得たものをヒッピー・ルックといい、60年代末から70年代にかけて流行しました。

パンク・ファッション (punk fashion)　パンクとは「ちんぴら」の意味。70年代半ば頃、ロンドンに出現した「セックス・ピストルズ」に代表されるアナーキーなロック「パンク」から派生したファッション。服を意味なく破壊し、穴をあけ、わざと汚し、落書きするなど、SM的、破壊的なスタイルです。「どんな状況にあっても屈しない」というメッセージをこめて使われたという安全ピンや鋲（びょう）、カミソリ、ベルトなどのアクセサリーは痛みと攻撃性を、チェーンや錠前（じょうまえ）は拘束、ボンデージ（束縛（そくばく））の表現といわれます。髪も派手な色でメッシュを入れたり、刈り上げて部分的に残したりしたパンク・ヘアが特徴。パンクはヒッピーの自然性に対し、極端に人工的で攻撃的、挑発的で、反体制ファッションのシンボルとして世界中に広がりました。そのエッセンスは、現在もファッションに確実に影響を与えています。

ラスタファリアン・スタイル（rastafarian style）　略してラスタともいい、エチオピア皇帝を信奉し、黒人のアフリカ回帰と黒人中心主義を唱えるジャマイカ生まれのグループ。70年代前半、レゲエ音楽の流行で、世界に波及。細かい縄状のドレッド・ヘア、エチオピアの旗に象徴される神聖な色、赤、黄、緑を大胆に使ったファッションが特徴です。

グランジ・ルック（grange look）　グランジは米俗語で「手入れしていない、汚い」の意味。80年代に米国シアトルで活躍したグランジ・ロック・グループ「ニルヴァーナ」のミュージシャンの服装をヒントにしたファッション。寝起きのままのよれよれ、しわしわ、汚れたような感じの色落ちした服や、ぼろの古着などの重ね着が代表的イメージ。90年代に入って、アンチ・ファッションの潮流が強まる中、多くのデザイナーがコレクションで取り上げて注目され、90年代初期を代表するストリート・ファッションの1つになりました。

ネオ・ヒッピー（neo hippie）　ヒッピー調のリバイバルで、90年代初め、グランジ・ルックと並んでストリート・ファッションの大きな流れになりました。とはいえ、かつてのヒッピー運動の反体制的思想は希薄で、ファッションのスタイルだけがとり入れられました。

ビンテージ・ファッション（vintage fashion）　ビンテージは本来「ぶどうが豊作の年の極上のワイン」のこと。ファッションとしては、「古くて価値がある」、「由緒正しい」といった意味が強く、原型としての完成度が高いと評価されるものによく使われます。90年代、ネオ・ヒッピーの影響もあり、若者たちの間でユーズド・クローズ（used clothes）と呼ばれる古着や、擦り切れ、色褪せなど古着感覚の服を着るのが流行し、古着ファッションという観点から、ビンテージがクローズアップされるようになりました。50年代～60年代の古いものから軍隊の放出品までさまざまですが、現在でも世界的ブランドの中古品やビンテージ・ジーンズ、中でも60年代以前のリーバイスのジーンズや40年代～50年代のアロハなど根強い人気を集めています。

ヒップ・ホップ（hip-hop）　70年代初期、ニューヨークのブロンクス地区に生まれ、80年代前半から流行り始めたストリート・カルチャー。黒人を中心にした新しい感覚の音楽やダンスの呼称で、ラップ・ミュージックやブレーク・ダンス、グラフィティ（落書き）アートなどが特徴です。ファッションは、サイズの大きいバギー・スタイルのパンツやシャツ、帽子を後ろ前にかぶるなどで、ラッパー・スタイル（rapper style）ともいわれます。90年代初め頃、デザイナー・コレクションで取り上げられたことをきっかけに、世界中に広がりました。中でも大流

行となったのが、だぶついたジーンズの腰履きです。下着のパンツが見えるほど、極端にズリ下げた「だらしな系」といわれるはき方も流行りました。なぜこのような着こなしになったのかというと、刑務所の囚人服が必要以上に大き目であるため、腰がずれ落ちる着方になり、出所後も「ムショ帰り」を誇示するためという説がありますが、定説はないようです。

東京の若者風俗　50年代末頃、日本で注目されたのが太陽族です。石原慎太郎の芥川賞受賞作『太陽の季節』に書かれた湘南の特権的な若者風俗で、アロハ・シャツにサングラス、慎太郎刈りのヘアといったファッションが、石原裕次郎主演映画を通じて人気を集めました。その後、60年代に入ると、アイビー・ルックが流行するようになり、その最盛期だった1964年夏、おきまりのアイビー調に飽き足らない若者たちが、東京・銀座のみゆき通りに、バミューダ・パンツにネッカチーフ、手には頭陀袋という、当時としては異様な風体で現れ、みゆき族と呼ばれました。しかし警察により一斉補導され、ひと夏限りで終焉しました。70年代の後半になると、歩行者天国が出現し、街はまさにファッションの舞台と化していきます。その代表的なスタイルが竹の子族のファッションでした。竹の子族とは、1979年頃から1980年代初期にかけて、東京・原宿の代々木公園横に設けられた歩行者天国で、ラジカセを囲み、ディスコサウンドにあわせて独特のダンスのパフォーマンスを繰り広げた若者たちです。派手な原色の大柄の衣装はアラビアン・ナイトやチャイナ風を思わせるもので、多くの人々の注目を集め、全国的に有名になりました。竹の子の呼称は、衣装の頒布先「ブティック竹の子」に由来します。80年代前半には、カラフルな竹の子族から一転、全身黒ずくめのファッションが台頭します。主役は山本耀司のワイズや川久保玲のコム・デ・ギャルソンなどのDC（デザイナー&キャラクター）ブランドのモノトーンの装いに身を包んだ若者やファッション業界人で、黒を好む人々をカラスになぞらえて、カラス族と呼びました。東京独特のストリート・ファッションは、90年代になると、低年齢化し、ギャル（遊び好きな女子大生や若いOL）からコギャル（女子高生）、マゴギャル（女子中学生）という言葉まで表れます。厚底靴や犬の首輪のようなドッグ・カラー、ピタTといった東京カジュアルは、世界の注目の的になり、「カワイイ」はついに世界共通語となりました。日本のマンガやアニメ、ゲームのキャラクターをコレクションで取り上げるデザイナーも多く、キャラクターに扮装するコスプレ（コスチューム・プレー：costume play）への関心も高まっています。ゴシック・ロリータ（gothic lolita）、

略してゴス・ロリも、2000年頃から広がりを見せています。ゴシックのダークな面とロリータの少女趣味を結び合わせた、特有の美意識をもったファッションです。現代の東京ストリート・カジュアルは、東京コレクションなどからも発信されるようになり、世界中のファッション関係者の目を引きつけています。

サン・クチュール (sans couture)　仏語でサンは「なし」、クチュールは「縫製」の意味で、ほとんど縫い目がなく、芯地や裏地などを使わずに仕立てた服を指します。いせ込みや伸ばしなし、まつりなしの切りっぱなしのテクニックもしばしば見られます。1970年代初め頃からパリ・モード界で起こった新しい発想による服づくりの考え方で、三宅一生の布を巻きつけるようにした「一枚の布」と名づけられた衣服デザインはその典型的なものでした。従来の伝統的な衣服構成とはまったく逆をいくもので、アンチ・クチュール (anti-couture)、アンチ・コンフォルミズム (anti-conformism) とも呼ばれます。

アンコンストラクテッド (un-constructed)　略してアンコン。仏語でデコントラクテ (décontructé)。「非構築的、非構成的」の意味。テーラード・ジャケットなどの仕立てをかっちりと堅くせず、ゆるやかにする場合に使われる言葉。肩のパッド、芯地や裏地などを省略して仕立てたジャケットをアンコン・ジャケットといい、70年代のカジュアル仕立ての基本ともなっています。

下着革命　ベル・エポックも20世紀に入ると、隠れていた身体は主張を始め、コルセットは捨てられ、脚が現れ始めます。この時期の代表的なファッション・デザイナー、ポール・ポワレは、イサドラ・ダンカンの古代ギリシア風チュニックやキモノのゆとり、直線的な裁断に注目し、1906年、ハイウエストのシンプルでほっそりしたギリシア調のドレスを発表。ナポレオン第一帝政下のシュミーズ・ルック (chemise look) 以来、初めてコルセットを追放し、女性の解放者とも呼ばれました。ポワレの下着革命は、20世紀ファッションの基調を作った点で、画期的な意味合いをもっています。

　ところで下着は上着の下に着るものの総称ですが、下着ファッションというと、これは下着のおしゃれではなく、コルセットやブラジャー、キャミソール、スリップなどの下着を意図的に見せる着こなしや表着化した下着を見せるファッションのことです。

　この下着ファッションが広がるきっかけとなったのが、ボディ・コン

シャス（body conscious）です。「ボディを意識した」の意味で、略してボディコンともいいます。女性の身体のラインをそのまま、あるいは強調して表現するファッションで、1980年代半ば頃に登場。この概念が初めて出現したのは1960年代末で、ボディを透かして見せるシースルー・ルック（see-through look）やノーブラが流行。それが1980年代に、セクシー＆ヘルシー感覚の表現につながって、再浮上し、ボディに密着したドレスや、肌を自然に露出するファッションが生まれました。このボディ・コンシャスの浸透とともに、下着ファッションは1990年代に大きく拡大します。

スポーツ・ルック（sport look）　スポーツウェア（sports wear）の特徴をとり入れたスタイル。スポーツウェアにはスポーツをするときに着る競技用の服（アクティブ・スポーツウェア）とスポーツを見に行くときの観戦用の服（スペクテイター・スポーツウェア）があり、ファッションとしては一般に後者の活動的な日常着を指します。

　このスポーツウェアの概念を初めて女性服のファッションに採用したのは、1920年代に活躍したガブリエル・シャネルです。それまでスポーツウェアは、女性にとってスポーツという特別な場面でのみ着用するものでしたが、シャネルは、英国紳士のスポーツウェアだったセーターやツイードのジャケット、パンツなどを次々と発表し、自身も街着として楽しみました。機能的で合理的なスポーツウェアの登場により、女性は解放されるとともに身体も解放されることになりました。1960年代、ミニ・スカートに代表される女性の意識革命をきっかけに、スポーツはますます日常化していきます。そして70年代以降の個性尊重の時代に、スポーツは肉体を自己規制する手段として強いメッセージを伝えるものとなり、さまざまなスポーツ・ルックを登場させます。

サーファー・ルック（surfer look）　70年代後半に登場した、サーフィンを愛好する若者たち特有のスタイル。米国西海岸が発祥地で、派手なTシャツやアロハ・シャツ、洗い晒したジーンズなどが特徴。

スエット・ファッション（sweat fashion）　日本でいうトレーナー、すなわちスエット・シャツが、ファッション的に注目されるようになるのは1982年、ニューヨークのデザイナー、ノーマ・カマリのコレクションからで、それ以来カジュアルの代表的な衣料として一般化します。

テニス・ルック（tennis look）　テニス風といっても、とくに1920年代調のクラシックなテニスウェアのイメージをとり入れたスタイルで、70年代末から80年代初めに流行しました。チルデン・セーターやカーデ

ィガン、白いプリーツ・スカートなどが代表的。

スキー・ファッション (ski fashion) スキーウェアの要素をとり入れたスタイル。とくに80年代初め、羽毛入りのダウン・ジャケットやダウン・ベスト、裾に鐙状のベルトがついた細身のスキー・パンツが流行。キルティングのジャケットやアノラック、セーターなど、アフター・スキーの服装もあり、冬のファッションのポイントとして注目されます。

サイクル・ルック (cycle look) 自転車競技の選手の服装をタウンウェアにとり入れたもの。代表的なスタイルは、脚にぴったりしたの膝丈サイクル・パンツ（別名、サイクリスト・パンツ）に、ハイネック・シャツの組み合わせ。1986年頃からカジュアルな街着として流行しました。

大正ロマン 大正浪漫とも表記され、大正時代の文化思潮を伝える言葉。個人の解放や新しい時代への理想に満ちた風潮を、19世紀ヨーロッパのロマン主義にかぶせてこう呼びました。街には若い女性たちの華やいだきもの姿があふれ、とくに大正ロマンを代表する画家・竹久夢二が描く華奢な細腰の美人画から抜け出してきたような装いが人気を集めました。当時のきものスタイルは、現代のニュー・キモノなど、和装業界再生への大きなヒントとなっています。

昭和モダン 大正ロマンと呼ばれた大正時代の末期から、昭和時代初期に開花した和洋折衷の近代市民文化を指して昭和モダンと呼んでいます。第一次世界大戦後のデモクラシーの波に乗って、女性の社会進出が進み、バスの女性車掌や女給と呼ばれたウェイトレスなどの職業婦人が出現し、一部の女性たちの間で洋装が浸透した時代でした。当時、流行の最先端をいく進歩的な女性をモダン・ガール、略してモガといいます。この頃の最新流行は、ヨーロッパの20年代調で、ショート・スカートにハイヒール、断髪に帽子をかぶり、赤い口紅を引いた濃い化粧といったスタイルが特徴です。男性はモダン・ボーイ、略してモボ。裾広がりのズボンをはき、帽子にステッキなどのスタイルが代表的です。

ニュー・キモノ 新しい発想から生まれた現代的なキモノの総称。1980年代中頃、きもの市場を一新する動きが高まり、ファッション商品として浮上してきたもの。とくに大正ロマンを思わせる色や柄を、モダンな手法でコーディネート。その斬新さが、若い女性たちに受け入れられ、ブームを呼び起こしました。洋服と同じようなプレタポルテ感覚、ブティック風な売場の演出、手頃な価格帯なども特徴で、キモノ市場の活性化に貢献しました。プレタ・キモノとも呼ばれます。

ニューゆかた これまでの浴衣の伝統を超越した、新しい感覚のゆか

た。DCブランドが手がけたこともあり、90年代、若い女性を中心に一大ブームとなります。最近は色や柄がカラフルというだけでなく、華やかなおしゃれ着としてのアレンジも多く、男性用も人気とあって、ゆかた市場はますます活気づいています。

トラディショナル・スタイル (traditional style)　伝統的な服や装い。とくに米国東部の伝統的紳士服のスタイルを指していうことが多く、アメリカン・トラディショナル (american traditional) とも呼ばれます。広義では英国伝統のオーソドックスな紳士服、ブリティッシュ・トラディショナル (british traditional)、略してブリティッシュ・トラッドや女性のファッションなど、すべてのトラディショナルを包含し、また服装だけでなく、スポーツを愛し、自然に親しむカントリー・ライフやエレガントな英国紳士スタイルなど、ライフスタイルそのものを表現する言葉としても使われます。略してトラッド。反対語が「モッズ」(mods)。

コンチネンタル・スタイル (continental style)　コンチネンタルは「ヨーロッパ大陸の」の意味で、ヨーロッパ大陸様式のこと。とくに紳士服で英国発想のヨーロッパ・スタイルの総称として使われ、米国型のアメリカン・トラディショナルに対してヨーロッパ型のスーツ・モデルを指します。コンチネンタル・スタイルは、丸みのある肩、やや短い丈、しぼったウエスト、厚みのある胸など、人体の線に比較的沿ったラインが特徴ですが、アメリカン・トラディショナルではずん胴の直線的なラインが多くなります。

ニュー・トラディショナル (new traditional)　「新しい伝統」とは、アメリカン・トラディショナルを基に、ファッション性の高いヨーロッパ感覚など、新しい要素をとり入れた紳士服のこと。ソフト・トラッドともいいます。ニュートラとは別のもの。

ニュートラ　和製造語。やや保守的でベーシックな感覚の、いわゆるトラディショナル・ファッションをきれいな色柄使いなどで、山の手のお嬢様風にアレンジしたもの。海外高級ブランドにもこだわり、ブランドもののグッズやアクセサリーを組み合わせた着こなしで、1970年代半ば頃から80年代に大きな流行となりました。雑誌JJなどが取り上げたので、JJルックとも呼ばれました。

ハマトラ　ヨコハマ・トラディショナルの略。70年代の横浜元町界隈(かいわい)にたむろする女学生の服装に見られた、アイビー調に山の手のお嬢さん風の感覚を加えたスタイルのこと。キタムラのバッグやミハマの靴など、横浜オリジナルのブランド・グッズを組み合わせた着こなしが特徴

です。

トランスセクシャル・ファッション (trans-sexual fashion) 男性と女性、ともに性別を超越したファッションの総称。

ユニセックス・ルック (unisex look) ユニセックスはモノセックス (mono-sex) ともいい、男女の区別のないファッションのこと。とくに1950年代頃から米国で、親子や夫婦、恋人同士がおそろいの服を着るペア・ルック（pair look）が人気を集めるようになり、とくにパンツ・スタイルの女性をこう呼びました。その後この傾向は70年代に大きく拡大。たとえばサファリ・ルックはその代表的なものです。

ピーコック・レボリューション (peacock revolution) ピーコック革命ともいい、1960年代後半に起こった紳士服のユニセックス化現象のこと。米国デュポン社が提唱し、紳士服のファッション化、個性化が推進され、メンズシャツやネクタイなどにカラフルな色や花柄プリント、フリルなどの女性的な装飾要素がとり入れられました。孔雀（ピーコック）は雄の方が華麗なことになぞらえたものです。

アンドロジナス・ルック アンドロジナスは「両性具有」の意味。従来の男らしさや女らしさの固定概念を超越した、新しい性を表現した装い。たとえば男ものを女性が着る、女ものを男性が着るなど、これまでの性別の表現にはない、まったく新しい美の価値観を創造するもの。1980年代、ジャン・ポール・ゴルチェはパリコレで大胆な男女両性ファッションを発表して注目されました。

グラム・ファッション (gram fashion) グラムは「グラマラス」が語源。アンドロジナスな両性具有感覚をベースにした、グラム・ロック・ミュージシャンたちの奇抜なファッション。インパクトのある人工的なメイクやヘアで注目された、デヴィッド・ボウイのスタイルなどはその典型的なもの。

フェティッシュ・ファッション (fetish fashion) フェティッシュには「性的倒錯」の意味があり、ファッションでは、SM（サド・マゾ）やボンデージ系の官能的なルックスを一般にこう呼んでいます。

ボンデージ・ルック (bondage look) ボンデージには「拘束、束縛」などの意味があり、もともとはSMの世界で使われていた言葉です。身体を締め付ける、ぴったりした黒革やエナメルのトップスにミニ・スカート、編み上げブーツなど、官能的なファッションを指して用いられるようになり、90年代前半、コレクションで取り上げられて注目を集めました。

ポペリスム (paupérisme)　仏語で「貧乏主義」の意味。英語ではポバティズム。故意に貧しげな服を着て、新しい美的感覚やファッションを主張するスタイル。とくに川久保玲や山本耀司らが1980年代の豪華絢爛、金ピカ主義のアンチテーゼとして打ち出したものをいいます。これは1990年代を特徴づける精神となります。

ボロ・ルック、プア・ルック (poor look)　貧乏ルックのこと。代表的なファッションは、1981年、山本耀司とともにパリ・コレに進出した川久保玲が発表した「黒の衝撃」。ヨーロッパの伝統を打ち破るアバンギャルドなコレクションで、大きな反響を呼びましたが、一方で原爆により破壊されたボロ・ルック、プア・ルックなどと揶揄されました。しかし当初は、先端的で、意表をつく奇抜なデザインでも、時代の流れとともに受け入れられて、今ではシックとみなされるようになっています。

ベルギー派　先鋭的、独創的な作品を発表し続けるコム・デ・ギャルソンの川久保玲は、ベルギー派と呼ばれる、アントワープ王立美術学校出身の若手デザイナー、マルタン・マルジェラやアン・ドムルメースター、ドリス・ヴァン・ノッテンなどに大きな影響を与えました。彼らは90年代前半に大活躍し、現在も前衛的な活動を続けています。

シャビー・ルック (shabby look)　シャビーは「みすぼらしい、ぼろぼろの」の意味。ポペリスムの1つ。保守的傾向への反逆精神から生まれたもので、わざと破いたり、切り裂いたり、継ぎを当てたり、汚したり、また極端に着くずしたりして、貧乏風に見せるファッション表現。80年代初めのボロ・ルックに対して、90年代前半を代表するファッションになります。

デストロイ・ルック (destroy look)　デストロイは「破壊する」の意味で、既成の価値観を破る退廃的な服装表現。シャビー・ルックと同義。

ボン・シック・ボン・ジャンル (bon chic bon genre)　略してベー・セー・ベー・ジェー（B.C.B.G.）という仏語で、「上品で、趣味が良いもの」の意味。1980年代中頃、当時の英国王室のダイアナ妃など由緒正しい家柄のお嬢様風を目指して、本物志向のファッションが追求され、ファッションの一分野として定着した言葉で、フランス上流階級のシックな装いをこう呼んだことから広まりました。パリや近郊の高級住宅街のヌイイ、オートイユ、パッシー（Neuilly, Auteuil, Passy, 頭文字をとってN.A.P.）に住む人たちの服装はその代表的なもの。カシミアのセーターやエルメスのスカーフなど、オーソドックスな感覚と上質感が決め手のファッションです。英国では、ロンドンのスローン地区に住むスロー

ン・レンジャー（sloane ranger：貴族やブルジョワジーのスタイル）、米国では米国東部の有名校の学生、プレッピー・ルック（preppy look）がこれに相当します。

マスキュリン・ルック（masculine look）　仏語で「男性的な」の意味。英語ではマニッシュ・ルック（mannish look）。女性が男ものの魅力を女性服にとり入れたスタイル。しかし単に男っぽい装いというだけではなく、男ものを身につけることによって、新しい女らしさを表現する意味があります。テーラード・スーツはその代表的なもの。反対語は「女性的な」の意味のフェミニン（feminine）。

マン・テーラード（man-tailored）　「男仕立ての」という意味。背広襟などの、男もののかっちりとしたデザインをとり入れた、仕立てのしっかりした女性服をいい、70年代後半、都会派の仕事をする女性たちに好まれたスタイル。その後、デザインや素材のバリエーションが広がり、キャリア志向の女性向けファッションの一分野として定着しています。

ダンディ・ルック（dandy look）　ダンディは「しゃれ者、伊達男」などの意味。18世紀末〜19世紀初期の英国で起こった清潔、控えめ、優雅を身上とするライフスタイル、ダンディズムから来た言葉。とくにしゃれた男っぽい感じの装いを指していう場合に使われます。

ミニマリズム（minimalism）　「最小限度主義」の意味。装飾的な要素をいっさい省き、できる限り少数の単純な要素を用いて、ものの本質を浮かび上がらせようとする芸術運動のこと。1960年代に現れた急進的な造形芸術の1つで、ミニマル・アート（minimal art）と呼ばれる単純な幾何学的形態を無機的に表現した抽象芸術や彫刻が登場し、音楽やファッションに影響を与えました。

ミニマル・ドレッシング（minimal dressing）　ミニマルは「最小限の」のこと。フォルムや色彩をできる限り簡潔にしたファッション表現で、装飾的なファッションの対極にあるもの。装飾的な要素をいっさい省いたシンプルな装いで、素材の質感やカッティングが最重要ポイントになります。1980年代中頃、ニューヨークのデザイナー、ゾランやパリのアズディン・アライアらが打ち出したことで知られ、人気を集めるようになりました。

ミリタリー・ルック（military look）　軍隊調のスタイルの総称。軍服のデザインがヒントの機能的で男性的な感覚の服装です。

アーミー・ルック (army look)　陸軍系で、カモフラージュ・ルック（camouflage look）と呼ばれる大地や草木などの保護色や迷彩柄使いの戦闘服、バトル・ジャケットなどが代表的。サープラス・ファッション（surplus fashion）は、アーミー・サープラスの略で、軍隊の放出品の総称。軍服や作業着などの中古品で構成されるファッションです。GIルック（GI look）のGIはGovernment Issueの略。米兵を指す語で、アーミー・ルックの1つ。ヘアはGIカット、アーミー・シャツに細いネクタイなどの着こなしです。

ネービー・ルック (navy look)　海軍系で、ネービー・ブルーと白が基本色。英国海軍が北海警備のときに着用したダッフル・コートや艦上で着たピー・コートなどが代表的アイテム。水兵や船員服にイメージを求めたのが、マリン・ルック（marine look）。セーラー・カラーのジャケットやヨット・パーカ、Tシャツなどが中心。ミディ・ルック（midi look）は、ミディが海軍少尉候補生ミッドマンシップ（midmanship）の略語であることから、彼らの水兵服をとり入れたスタイルのこと。セーラー・ルック（sailor look）やノーティカル・ルック（nautical look）も、これと同義。

エアフォース・ルック (air force look)　空軍系で、飛行士のエイビエイター・ジャケットや爆撃手のボマー・ジャケットなどが主。

ナポレオン・スタイル (napoleon style)　19世紀初頭のナポレオン・ボナパルトや同時代の軍服に見られるスタイル。ウエストをしぼったフロックコート、タイトな膝丈のパンツ、ラペルの大きいナポレオン・カラー、二角のナポレオン帽などが特徴。

ユニバーサル・ファッション (universal fashion)　ユニバーサルは、「万人の、普遍的な」の意味で、従来のように健常者のみを対象にすることなく、広く着用できる自在な服装をいいます。1990年代に入り、バリアフリーの概念とともに、ファッションとして広がってきました。しかしバリアフリーと異なるのは、障害をもつ人や高齢者にとって身体機能を補う服であっても、「障害者」用や「高齢者」用といった特定の衣服へのアプローチではないところです。誰もが美しく、格好良く、楽しく着られる服という観点から生まれたファッションであり、障害を隠す、脚長に見える、見た目が若いといった発想はなく、むしろそうしたことにしばられない新しい服づくりに挑戦していこうというものです。たとえば男らしさに女らしさ、若者らしさに大人らしさ、といった定型化された「らしさ」を超えたファッション・デザインの追求などがあります。

今、アンチ・エイジングやノー・シーズン、フリー・サイズにユニセックスといった傾向が拡大しているのも、人々がそうした「らしさ」に窮屈を感じていることのあらわれで、ユニバーサル・ファッションの考え方がデザイン化された結果と受け止めることができます。

リアル・クローズ (real clothes) 「実質的な価値のある服」の意味。上質の素材を用い、きちんと仕立てられた、現実的な服のこと。とくにバブル経済崩壊後、足元の現実を見直す気運が拡がり、現実離れした虚飾に満ちたデザインではなく、等身大でつきあえる着やすい服が追求されるようになりました。実質的な価値を求めるライフスタイルの定着とともに、現実味のある服を求める傾向が強まっています。

インベストメント・クローズ (investment clothes) インベストメントは「投資」の意味で、投資の価値のある服のこと。つまり、上質な素材使いで仕立てがよく、さらにステータス感のあるブランド商品であるなど、高価であってもいつまでも着用可能で、投資に値する充分な価値ある服を指していうときに使われます。

レイヤード・ルック (layered look) レイヤードは「層をなした、重ねた」の意味。重ね着による装いのこと。仏語でスーパーポジション (superposition) ともいいます。シャツの上にシャツ、半袖の下に長袖、裾長の上に短い丈を着るなど、内側の衣服とそこからはみ出た部分との配色効果をねらった着方や、透ける素材の効果を生かした重ねなど、複数の衣料を重ねた効果のおもしろさを追求したものです。従来の着こなし方を無視した意外性と斬新な感覚が受け入れられ、60年代後半から70年代前半にかけてしきりに見られるようになりました。とくにファッションとして目立つようになってくるのは、高田賢三が1973〜1974秋冬に発表した「ルーマニア・ルック」からです。

スーパー・レイヤード (super layered) 超重ね着ルック。従来の2枚の重ね着から3枚以上重ねたレイヤード・ルックのこと。また「多い」という意のマルチ・レイヤード (multi-layered) も同義。多種多様にいろいろ組み合わせて重ね着した装いです。

ミックス・アンド・マッチ (mix and match) 現代の新しいコーディネート（組み合わせて統一感を持たせた着こなし）の1つで、異なる要素を組み合わせ（ミックス）、どこかでマッチ（合わせる）させることをいいます。ミスマッチ (mismatch) は、「間違った、不適当な組み合わせ」の意味。従来の伝統的ルールにとらわれない思いがけない組み合わせをわざ

と意識的に行い、新しい調和をつくること。たとえばドレッシーなアイテムにジーンズの組み合わせなどが代表例です。なお、クロスオーバー (cross over) は、「交差する」の意味で、もともとは音楽用語。ファッションではアメリカンとヨーロピアン、マスキュリンとフェミニンなど、異なったイメージを組み合わせてつくられる新しい感覚のファッションのこと。さらにクロス・ドレッシング (cross dressing) というと、1つの服装で、イメージの異なる服を組み合わせる着方をいいます。

ヒストリカル・スタイル (historical style)

　歴史服のスタイルのこと。とくに西洋服飾史で際立った特色のあるスタイルは、現代のファッション・デザイナーたちの発想の源となっています。

ゴシック・スタイル (gothic style)　ゴシックは、13〜16世紀初め、北フランスに発祥した中世ヨーロッパの美術様式。ノートルダムやシャルトルなどの大聖堂に見られる、高い尖塔と直線的構成を特徴とする建築スタイルは、服飾にも影響を与え、先端を長く伸ばしたり、鋸歯のようにぎざぎざにしたりする、鋭角的なデザインへの好みを呼び起こしました。エナンと呼ばれる高い円錐形の帽子やプレーヌと呼ばれる極端に先の伸びた靴など、奇矯なスタイルの流行が見られます。

ゴス・スタイル (goth style)　ゴスはゴシックを短縮した俗語。19世紀にネオ・ゴシックが流行し、ゴシックの愛好者を指して使われた言葉。現代ファッションでは、死のイメージを追求するロマン主義スタイルのロック・ファッションのこと。オカルト的感覚のミステリアスな雰囲気のファッションです。

ルネサンス・スタイル (renaissance style)　14世紀にイタリアに起こり、16世紀にはヨーロッパを風靡した文芸復興運動で、ルネサンスとは仏語で「再生」の意味。中世キリスト教の束縛から人々を解放し、人間本来の姿に戻して、現実を直視する姿勢から、服飾では、人体への強い関心と人工的な造形表現を求めた高度なテクニックが見られるようになります。初めはイタリアを中心に、豊満な女体美を強調するスタイル、次いでスペインが表舞台に登場し、技巧的な造形美が主役の独特のスタイルを生み出します。

バロック・スタイル (baroque style)　17世紀ヨーロッパの美術様式。バロックとは「ゆがんだ真珠」の意味で、全体の調和や端正な均斉を破ることで、新しい時代の動きのある男性的ともいえる美の理想を具現化したもの。服飾は、活動的、誇張的、装飾的。とくに男性服に施されたリボンやレースなどのおびただしい装飾が特徴で、ときに特異な、過剰なまでの表現で見られます。

バロック・フォークロア (baroque folklore)　本来のフォークロアを風変わりに表現したファッションを指します。また東洋調のエキゾテイシズム（異国趣味）と豪華絢爛なバロックの要素をとり入れたオリエンタル・バロック (oriental baroque) と呼ばれるものもこの1つで、ゴージャスでエキセントリックな雰囲気があり、1980年代末頃に登場したクリスチャン・ラクロワのフォークロア・ファッションがその代表的なイメージ。

ロココ・スタイル (rococo style)　18世紀のフランスのルイ15世を中心とした宮廷を中心に流行した建築、美術の様式。ロココとは、庭園の装飾としてしつらえた貝殻や小石のことをロカイユと呼び、その曲線を主とした形を指して名づけられた言葉。服飾は、バロックをより軽快で優美にしたもので、優雅そのもののスタイルが展開されました。腰の両脇を大きくふくらませたパニエが用いられ、柔らかな材質や色調が好まれ、曲線や渦巻きが多用されました。花や羽根、リボンなどの装飾はふんだんに使われ、極度に装飾的な点も特徴です。とくにロココ趣味というと、装飾過剰で俗悪なものを指す場合もあります。

エンパイア・スタイル (empire style)　エンパイアは「帝国、帝政」の意味で、ナポレオン第一帝政時代に流行した服飾様式を指します。古代ギリシア風の簡潔で、しかも落ち着きや威厳の備わったスタイルが特徴。エンパイア・ラインと呼ばれるハイウエストで切り替えた直線的な筒型シルエットのシュミーズ・ドレスに、カシミアのショールが多用されました。

ロマンティック・スタイル (romantic style)　ロマンティックは、「ロマン主義の」の意味。一般的には、夢や空想的な世界に憧れる傾向や気分のことですが、芸術の上では、古典主義に対抗して、19世紀初頭に起こった個性や自由、想像力、情感を重んじるロマン主義の思潮をいいます。服飾の上では、フランスの王政復古時代に見られるような女らしい

ファッション

華麗な装飾的感覚が特徴。パフ・スリーブやレッグ・オブ・マトン・スリーブで、ウエストをほっそりしぼったフル・スカートのドレスに、ボンネットをかぶったスタイルなどが代表的。

ビクトリアン・スタイル (victorian style)　19世紀後半の英国ビクトリア女王時代の装飾様式にモチーフを得たもの。ファッションはパリの流行に追随し、クリノリンからバッスルへ、さまざまなスタイルが出現しましたが、長く夫君の喪に服した女王の影響で、黒が広く着用され、全体に重々しい雰囲気が漂うものが多く見られます。パリやミラノのコレクションでは、幾度となく再現され、21世紀に入ってからも、前立てにレース装飾のブラウスや大きく肩をふくらませたペプラム・ジャケットなどが人気を集めています。

ベル・エポック (belle époque)　仏語で「良き時代」の意味。一般に1900年をはさむ前後10年間を指します。世紀末の重苦しい気分から、明るい時代の夜明けへの脱出の望みを託した言葉で、すべてに新しい機運がみなぎっていました。

アール・ヌーボー (art nouveau)　「新芸術」を意味する仏語が英語に入って定着し、流行した1890〜1910年の時代。主に建築、工芸などの応用美術面に与えられた様式名で、つる草のような華麗な有機的曲線を中心にした造形様式が特徴。ファッションではクリノリン・スタイル(crinolin style)から解放され、変化はまずスカートに現れました。クリノリンとは、人工的にスカートをふくらませた枠状のペチコートです。以前の異様なふくらみが消えて、身体の線に沿ってぴっちりと仕立てられるようになり、スカートの裾は花冠のように広げられました。シルエットは、腹部を押さえつけ、胸を誇張するように前に張り出し、ヒップを後方に突き出すように工夫された新型のコルセットにより、プロフィールがＳ型に曲がったＳラインが流行します。

ギブソン・ガール・スタイル (gibson girl style)　中でも人気を集めたのが、米国風俗画家のチャールズ・ダナ・ギブソンが描いた美人画に見られるギブソン・ガール。広いスカート、襟元にリボン、羊の脚型袖の愛らしいスタイルが特徴です。

参照　⇨304〜326ページ・美術様式

シルエットとライン (silhouette & line)

　シルエットもラインも形を表現する言葉。まずシルエット（silhouette）は、仏語で「影絵、輪郭」の意味。ファッションでは単に外形線というだけでなく、全体の雰囲気などを含めた服装の型を表します。語源は、ルイ15世時代の政治家、エチエンヌ・ド・シルエットの節約政策を風刺して描かれた、黒く塗りつぶした、やせた影法師の漫画に由来するとされます。次にライン（line）は、「線」の意味。シルエットと意味はほぼ同じで、シルエット・ラインの略語として使われます。仏語の「リーニュ」、伊語の「リネア」の表記も多くなってきました。この他、シェイプ（shape）やフォルム（form）も形を表す類義語です。

Aライン (A line)　クリスチャン・ディオールのアルファベット・ラインの1つで、1955年春に発表されたA字のような裾広がりのライン。

オーバル・ライン (oval line)　楕円形の、卵形のライン。1951年春にクリスチャン・ディオールが用いたライン。エッグ・シェイプ・シルエット（egg shape silhouette）、繭型のカクーン・シルエット（cocoon silhouette）も同義。

コロル・ライン (corolle line)　仏語でコロルは「花冠」の意味で、スカートが花のように広がったライン。クリスチャン・ディオールの「ニュールック」は、コレクションを見たアメリカの「ハーパース・バザー」の編集長カーメル・スノー夫人により名づけられた名称で、もともとはこのラインでした。

シース・シルエット (sheath silhouette)　シースは「刀の」鞘の意味で、身体にぴったりとした細身のシルエット。反対語はフル・シルエット（full silhouette）ゆったりとボリュームのあるシルエットの総称。

チューリップ・ライン (tulip line)　クリスチャン・ディオールが1953年に発表したライン。チューリップの花のようにふっくらとした形の上半身と、茎のように細いスカートが特徴。

テント・シルエット (tent silhouette)　肩から裾に向かって広がる、三角形のテントのような感じのシルエット。ピラミッド・ライン（pyramid line）と同義。

トラペーズ・ライン (trapeze line)　台形のシルエット。1958年、イヴ・サンローランが発表して以来、幾度となく復活しています。

バルーン・ライン (balloon line)　風船のようにふくらんだシルエット。スカートをふくらませたものをバルーン・スカートといい、2006〜2007年にも流行しました。別名、バブル・ライン（bubble line）。

バッスル・シルエット (bustle silhouette)　バッスルと呼ばれる「腰当て」をスカートの背部につけて、後部分をもりあげたシルエット。19世紀末に大流行したもの。

フィット・アンド・フレアー (fit & flare)　ウエストまで身体に沿わせ、スカート部分をフレアーさせたシルエット。

プリンセス・ライン (princess line)　縦に切り替え線を入れて、バストからヒップにかけてほっそりと見せ、スカートは裾広がりのライン。19世紀末、英国の王女アレクサンドラが好んだことから、このように名づけられました。

ボックス・ライン (box line)　肩から裾に向かってストレートにおりる、箱型のシルエット。

マーメイド・ライン (mermaid line)　人魚のように身体の線を浮き彫りにし、裾で尾ひれのように広がったライン。

ロング・トルソー・ライン (long torso line)　ロング・トルソーは「長い胴」の意味。胴長のロー・ウエストのシルエットのこと。1920年代に大流行しました。

衣服の分類

　ファッションを構成している最大の要素が商品としての衣服です。衣服にはさまざまな種類がありますが、特徴をもっとも把握しやすいのが服種別分類です。ここでは、ドレス、コート、スーツ、ジャケット、シ

ャツ&ブラウス、スカート、パンツの主要な7つの品目を取り上げています。

ドレス (dress)

　一般に女性・女児の上下一続きのワンピース形式の服で、ワンピース・ドレス（one piece dress）の略語として使われることが多く、英語のガウン（gown）や仏語のローブ（robe）と同義。しかし上下別々のものをツーピース・ドレス（two piece dress）と呼ぶなど、広義では衣服、衣装、服装などを総称した言葉。類義語にガーメント（garment）、クローズ（clothe）、コスチューム（costume）があります。ドレスという場合は単に着用するだけでなく、装飾用にデザインされた優雅な装いとか、あるいはドレス・シャツのように、男性の正装や礼服を指す場合もあります。日本でドレスが普及するのは、最初が明治中期の鹿鳴館時代、次いで昭和モダンのモガ・モボ時代、そして第二次世界大戦後で、とくに1950年代、サック・ドレスが流行した頃から、婦人・子ども服で「ドレス」の呼称が定着します。これにより洋服は一挙に普遍化し、意識面でも欧米化が進みました。

イブニング・ドレス (evening dress)　夜会服。正礼装の総称。襟を大きくくったデコルテ、床丈のワンピース形式が原則。ドレスの中でもっとも豪華で装飾的。仏語で、ローブ・ド・ソワレ（robe de soirée）。

カクテル・ドレス (cocktail dress)　カクテル・パーティで着るドレスのこと。現在は夕方から夜の略式のフォーマル・ドレスとして広く用いられています。

カンカン・ドレス (cancan dress)　19世紀末、フランスでカンカン踊りのダンサーたちが着た、スカートに何枚もひだ飾りを重ねて大きくふくらませたペチコートをつけたドレス。

サック・ドレス (sack dress)　サックは「袋」の意味で、袋のようにウエストに切り替えのない円筒形のワンピース。1958年のパリ・コレクションで話題になり、世界的に流行しました。

シフト・ドレス (shift dress)　シフトは「シュミーズ」の意味で、シュ

ミーズのような感じのドレス。ストレートな細身のシルエットで、1950年代後半に登場し、60年代にはミニ・ドレスの代表的なシルエットとして大流行しました。

シャツウエスト・ドレス (shirtwaist dress)　上半身がワイシャツのようなデザインのワンピース。ベーシックなドレスとして定着しているもので、単にシャツ・ドレスともいいます。

ディナー・ドレス (dinner dress)　夜のパーティーや、レストランでの夕食、観劇などの際に着用するドレス。略式のイブニング・ドレスといわれます。

ピナフォア・ドレス (pinafore dress)　ピナフォアは「胸当てつきエプロン」の意味で、エプロン・ドレスのこと。仏語でローブ・タブリエ (robe tablier)、タブリエ・ドレスともいいます。

ベビードール・ドレス (baby doll dress)　ベビードールは20世紀初頭、幼児服や人形の服のような甘くかわいい雰囲気の服が人気を集めたことからの名称。ネグリジェの一種で、そうしたイメージのあるミニ・ドレスのこと。

ムームー (muumuu)　開放的なゆったりしたワンピース。ハワイの民族服ですが、もとは100年前にキリスト教宣教師たちが慎み深い服として、原住民の女性たちに着せたもの。

モウニング・ドレス (mourning dress)　モウニングは「喪」の意味で喪服のこと。服喪の期間、着用するドレスで、ネックラインに白のクレープを用いる以外は、光沢のない黒やくすんだ黒に近い色を用い、アクセサリー類も黒を使います。ディープ・モウニング (deep mourning) というと正式喪服の意味。

リトル・ブラック・ドレス (little black dress)　シンプルな黒のドレス。1926年、シャネルが発表したドレスが原型です。米国映画「ティファニーで朝食を」(1961) のオードリー・ヘップバーンが着用して一般に広まり、以来安定した人気を保っているドレス。

ローブ・ウース (robe housse)　ウースは仏語で衣料などの「カバー」のこと。服のカバーのように、ゆったりと大きいドレスで、ウース・ドレスともいいます。70年代後半に流行したビッグ・ファッションに乗って流行したもの。

ローブ・モンタント (robe montante)　モンタントは仏語で「立った」の意味。襟の高い立ち襟のドレスの総称。昼の正礼装で、対極にあるのが夜の正礼装のローブ・デコルテ (robe décolletée)。

コート (coat)

　衣服のうちもっとも外側に着るものの総称。防寒用のオーバー・コート（略してオーバー）、防雨用のレイン・コート、防塵用のダスター・コート、全天候型のオール・ウェザー・コートや、取り外し可能な裏地付きオール・シーズン・コートなど、さまざまな種類があります。歴史的には、coatの語は、13世紀頃から見られ、中世ではcoteと綴られ、ゆったりしたチュニックを意味していました。コートが今日のように「長上着や外套(がいとう)」を意味するようになるのは、17世紀半ば頃で、18世紀に折り返し衿つきのフロックが登場すると、コートと合体してフロック・コート (frock coat) と呼ばれるようになります。現在もモーニング・コート (morning coat) やスワローテール・コート (swallow tail coat)、ブレザー・コート (blazer coat) など特定の上着にコートの呼称がつけられていたり、男性の背広の上着をコートと呼んだりすることがあるのはこのためです。一方、ケープ (cape) は、両肩からゆったりと垂れ下がる袖なし外衣。マント (manteau) はそれより丈長のものをいいますが、仏語ではコート全般を指す示す言葉です。ともに「覆う」という意味があり、この部分がコートの語義と共通にしているところです。

アルスター・コート (ulster coat)　大きい襟やベルト付きの厚手オーバー・コート。北アイルランドのアルスター地方産のウール地が使われたことからの名称。

インバネス (inverness)　ケープ付きオーバー・コート。

スプリング・コート (spring coat)　春用のコートの意味で、合い着のコートの総称。和製造語で、欧米ではトップコートといいます。

カッタウェー・コート (cutaway coat)　カッタウェーは「前裾を斜めに切りとった」の意味で、前身頃を斜めにカットし、後ろに長いテールをもつコートの総称。19世紀に乗馬服から発展したもので、現在ではモーニング・コートがこれにあたります。

カナディエンヌ (canadienne)　仏語で「カナダ女性」の意味。腰丈、両前、ベルト締め、襟やカフスに毛皮付きのスポーティな防寒用ショート・コート。

ステンカラー・コート　ステンカラーは和製英語で、襟腰のある、前の部分は首にそって折り返った襟。この襟が付いた比翼仕立て、ラグラン・スリーブのコート。ビジネス・コートの典型的なもの。

スワガー・コート (swagger coat)　スワガーは「いばって歩く」などの意味で、肩を強調し後ろ裾にフレアーを入れたベルトなしの7分丈コート。1930年代に流行し、70年代にもリバイバルしました。

スワローテール・コート (swallow tail coat)　男性の夜の正礼装で、燕尾服のこと。上着の後ろ裾が、ツバメの尾のように2つに割れていることからつけられた名称。略してテール・コート。別名、イブニング・コート (evening coat)。

ダスター・コート (duster coat)　軽い布地で作られた、ほこりよけのコート。20世紀初頭、無蓋の自動車に乗るときに、ほこりから服を守るために着用されたのが始まり。

ダッフル・コート (duffle coat)　フード付き、トッグル・ボタン使いのショート・コートで、ベルギーのアントワープ近郊の町、ダッフル産の厚地の起毛ウール地が用いられたことからの名称。別名、トッグル・コート (toggle coat)。

チェスターフィールド・コート (chesterfield coat)　ノッチド・ラペル (刻み襟) で上襟にベルベットをかけたドレッシーな比翼仕立てのコート。英国のチェスターフィールド伯爵が初めて着用したことに因んだ名称。

トッパー・コート (topper coat)　トッパーのこと。腰丈でフレアー入りショート・コート。

トレンチ・コート (trench coat)　トレンチは「塹壕(ざんごう)」の意味で、第一次世界大戦時、英国兵士たちが塹壕で用いたことに由来する名称。胸のストーム・フラップや背のケープ・バック、フラップ・ポケット、バックルつきベルトなど、戦闘服の機能性をベースにしたデザイン。素材も防水性のある綿ギャバジン（バーバリ社のものが有名）などが使われ、現代を代表するコートの1つになっています。ササール・コート（sassar coat）もトレンチ・コートで、ジャクリーヌ・ササールがイタリア映画「二月生まれ」(1959) で着用し流行ったものです。

バルマカーン (balmacaan)　バルマカーン・カラーと呼ばれる、上襟の方が下襟より幅の広い刻み襟がついた、ラグラン・スリーブのゆったりとしたスタイルのオーバー・コート。スコットランドの地名、バルマカーンに因む名称。

ピー・コート (pea coat)　水兵が着ている両前のショート・コート。脇線はストレートで、大きめの襟、縦に口を切った両ポケット、後ろ裾のベンツが特徴。紺のメルトン地使いが多く見られます。別名、パイロット・コート（pilot coat）、ウオッチ・コート（watch coat）、仏語でキャバン（caban）。

フロック・コート (frock coat)　19世紀後半、男性のビジネス服として一般的なものでしたが、20世紀初頭に昼間の正礼装となり、やがてモーニング・コートがこれにとって替わり、今では礼装として着用されることはほとんどありません。ダブル前で膝丈、襟に拝絹(はいけん)（絹の生地）をかぶせた上着に、黒とグレーの縞のズボンといった組み合わせ。米国ではプリンス・アルバート（prince albert）ともいいます。

ポンチョ (poncho)　貫頭衣型の外衣。南米のインディオの民族衣装で、現在は世界中で用いられています。

マッキントッシュ (mackintosh)　マッキントッシュは、1823年にチャールズ・マッキントッシュにより考案されたゴム引き防水布のことで、同布使いのレイン・コート。現在は綿素材に押されて、あまり見られません。

モーニング・コート (morning coat)　フロック・コート代わりに着用されていたものが、しだいに男性の昼間の正礼装となったもの。単にモーニングともいいます。

ラップ・コート (wrap coat)　ラップは「巻く、包む」の意味で、ボタンはなく、身体に巻きつけるように前を打ち合わせて着こなすコート。ゆったりとサッシュ・ベルトで留めますが、ベルトを使わないものもあります。

ライディング・コート (riding coat)　仏語でルダンゴト（redingote）。乗馬用の上着を指し、丈はやや長めで、ウエストをしぼって裾を張り出したライン、後ろ身頃に必ず深いセンター・ベンツが入っているコート。

スーツ (suit)

「一揃い」の意味で、上下を一緒に着ることを前提にデザインされた2点、または3点を組み合わせた服。男性服では、三つ揃いと呼ばれる背広、チョッキ、ズボンの一組、婦人服ではテーラードな感覚の上着とスカートまたはコートなどの一揃いをいいます。かっちりとしたメンズ調のテーラード・スーツ（tailored suit）、上下共布でソフトな感覚のツー・ピース・スーツ（two piece suit）、上下別布でコーディネイトされたセパレーツ・スーツ（separates suit）、単品売り式のセットになったセット・アップ・スーツ（set-up suit）、パンツを組ませたパンタロン・スーツ（pantalon suit）など、街着からフォーマルまでさまざまな種類があります。仏語はタイユール（tailleur）。アンサンブル（ensemble）は、「同時に、調和」の意味で、上下が揃いでなくても、色や柄、素材、デザインに共通したイメージがあり、全体の統一感がとれているものをいいます。組み合わせもコート・アンサンブル、ドレス・アンサンブルのように、上下のみに限定されず、靴とハンドバッグと帽子などとの調和も含まれます。

　こうした組み合わせ服は、歴史的には、男性服から始まっています。16～17世紀のダブレットにホーズの組み合わせから、18世紀のアビ・ア・ラ・フランセーズと呼ばれたコート（長上着）とウエストコート（長胴衣）にキュロット（半ズボン）の組み合わせ服を経て、19世紀後半からいわゆる背広服を指すようになっていきます。女性服では1880年代以降、女性解放や女性の社会進出とともにテーラード・スーツが定着す

るようになってから、ようやくこの語が使われるようになります。

　ところでスーツには、ビジネス・スーツに代表される男性用スーツと女性用にアレンジされたスーツ、それにスポーツ服としてのスーツがありますが、近年注目されるのがスポーツ分野の新しいスーツです。代表的なのが、上下一続きのジャンプスーツ（jumpsuit）。ボトムがパンツになっているのが特徴で、どんなにジャンプしても裾が気にならないことからの名称。1967年にパリ・コレクションで発表され、次第に一般化しました。仏語でコンビネゾン（combinaison）、またカバーオール、オール・イン・ワン、つなぎなどさまざまな名前で呼ばれています。

クラシック・スーツ (classic suit)　クラシックは「時代を超えた価値と普遍性をもつ」の意味で、紳士服仕立てのオーソドックスなスーツ、つまりテーラード・スーツのこと。

シャネル・スーツ (Chanel suit)　ガブリエル・シャネルが発表したスーツ。襟なし、ブレードのトリミングが特徴のジャケットとストレートな膝丈スカートの組み合わせ。シンプルでエレガント、しかもスポーティで、活動するに女性にふさわしい女性のためのスーツとして世界中で愛されている永遠のスーツです。

背広服　男性用テーラード・スーツ。語源は2つあり、1つはモーニング・コートに比べ、背幅が広いことから、仕立て職人の慣用語として一般化したという説と、ロンドンの紳士服の仕立て屋街、サビル・ロー（Savil Row）が訛ったという説があります。

タキシード・スーツ (tuxedo suit)　男性の夜の準礼装。典型的なのは片前ですが、両前のものもあり、拝絹地をかぶせたショールカラーか剣襟で、襟が大きく腰の線まで折り返っているのが特徴。絹縁の側章のついたズボンを組み合わせます。19世紀末、ニューヨークにあったタキシード公園のクラブ会員が会合の際に着用したことから、一般に広まったといわれています。一般に米国で使われる語で、英国ではディナー・ジャケット（dinner jacket）、フランスではスモーキング（smoking）と呼ばれます。色は黒や濃紺が正式ですが、ゴールドなどそれ以外の色使いで華やかな意匠を凝らしたタキシードをファンシー・タキシード（fancy tuxedo）といいます。

■ファッション

ディレクターズ・スーツ（director's suit）　男性の昼間の正礼装モーニングに準ずる礼服です。背広型の黒い上着に、共布か薄い色のチョッキを合わせ、モーニングと同じ縞のズボンを組ませたスーツ。

ペプラム・スーツ（peplum suit）　ペプラムは、古代ギリシアの長い上着のペプロスから来た言葉で、ウエストから下のフレアーなどの入った部分のこと。このペプラムのあるジャケットを組み合わせたスーツ。

ラウンジ・スーツ（lounge suit）　非公式な場面で着用する紳士スーツ。1860年代にフロック・コートに対して日常着として登場した上下共布のジャケット、ベスト、ズボンの組み合わせ。現代の背広やビジネス・スーツの原型となったスーツです。英国での名称で、米国ではサック・スーツ（sack suit）と呼ばれます。

ジャケット（jacket）

　通常、前あきで袖の付いた上着のことをいいますが、袖なしやかぶりのものもあり、丈もさまざまで、フォーマル用、ビジネス用、スポーツ用など、用途により、またデザイン、目的により多種多様なものがあります。英語のjacketの語源は、仏語のjaquetteで、中世の男性の胴衣を意味するとともに、中世農夫のあだ名でもあり、彼らが着ていた短い上衣を指していましたが、14世紀後半以降、英語に導入されてからは、語意が拡大されて広義に使われるようになっていきます。しかしジャケットが今日的な意味をもつようになるのは19世紀後半以降です。それまではいわゆる下層社会の男性特有の実用着を示す蔑視語で、男性市民服としてはフロック・コートなどのように、ジャケットではなくコートを使うのが一般的でした。19世紀に入り、活動的なスポーツ服に使われ始め、しだいに使用範囲が広がり、礼服にも用いられるようになって、ジャケットとコートの語義は一部で重複されるようになります。たとえば背広服やスーツの上着は、現在でもコートともジャケットとも呼ばれます。ジャケットは、近代民主主義化と軌を1つにしながら、合理主義や実利主義の波に乗って、一般化してきた言葉ということができます。20世紀に入ると、とくに第一次世界大戦後の女性の社会進出にともなって、女性服でもジャケットは広く用いられるようになります。現在では男女の区別もほとんどなくなり、もっとも重要な衣服の1つとして定着しました。なお、仏語ではジャケット全般を指してベスト

(veste) といいます。しかし日本ではベストというと、米語のベスト (vest) の意味のチョッキや胴着のこと。これを英語ではウエストコート (waistcoat) と呼んでいます。また仏語では、ジレ (gilet) がこれに相当します。

アノラック (anorak) 登山やスキーなどで、風雨よけ、保温のために着用されるフードつきのゆったりとしたジャケットの総称。本来はイヌイットの民族服。パーカ (parka) も同義で、もともとアラスカ原住民が着た毛皮の上着だったもの。独語のヤッケ (jacke) も同じ意味。

イートン・ジャケット (eton jacket) 19世紀中頃〜20世紀初頭の英国イートン・カレッジの制服。片前三つボタンで、燕尾服のテールをとったような形のショート丈ジャケット。

カラコ (caraco) 腰丈、前あきで、上半身はぴったりと細く、ウエストから裾広がりの女性用のジャケット風上衣。18世紀後半に流行し、1969年、イヴ・サンローランが発表して以来、一般化したもの。

シャツ・ジャケット (shirt jacket) シャツ仕立てのジャケット。代表的なのが肩章や共ベルトなどのついたサファリ・ジャケット (safari jacket)。サファリはスワヒリ語で「小旅行」の意味。ブッシュ・ジャケット (bush jacket) も同義。いずれも1960年代以降、一般のアウターウェアとして広まったもの。

ジャンパー (jumper) ゆるやかな胴着という意味で、ウエストまたはそれより少し長めの丈のゆったりとしたジャケットのこと。スポーツ用、仕事用など用途は幅広く街着のカジュアルウェアとしても愛用されています。ジージャンはジーン (jean：デニム) でできたジャンパーを略した和製造語。革ジャンは皮革製のジャンパー。

スイングトップ (swigtop) 和製造語で、ゴルフのプレーに因んで名づけられた、ナイロンまたは防水布製のジャンパー。ラグラン袖、ジッパーあき、襟や袖口、裾のリブ編みが特徴。米国では、ドリズラー・ジャケット (drizzler jacket) と呼ばれ、もとはマックレガー社がこの名称で発表したもの。英国では、バラクータ社が開発したゴルフ用ジャンパーの商品名、バラクータ (baracuta) がそのまま一般的呼称となっています。

スタジアム・ジャンパー (stadium jumper)　身頃と袖が色違いで、襟や袖口、裾にリブ編み、胸や背中にワッペンやマークつきなどが特徴のジャンパー。もとは野球選手がスタジアム（競技場）で競技の前後にユニフォームの上に防寒用に着用したもの。略してスタジャン。別名、グランド・ジャンパー（ground jumper）。

スペンサー・ジャケット (spencer jacket)　ウエストかあるいは腰骨の上くらいの丈のジャケットで、燕尾服のテールをとったような形のもの。18世紀末にイギリスのスペンサー伯爵が初めて着用し愛用したことからの呼称。

ダウン・ジャケット (down jacket)　ダウンとは「鴨などの水鳥の綿毛」のことで、この羽毛を詰めてキルティングを施した軽くて温かいジャケット。元来はスキーや寒冷地での実用的な防寒着でしたが、1970年代後半頃から若者を中心に街着として広がりました。ダウン・ベストは同様の袖なしのもの。

ネルー・ジャケット (Nerhu jacket)　スタンド・カラーで、シングル・ブレストの細身のロング・ジャケット。1947〜1964年までインドの首相だったネルーが愛用した上着だったことからの名称。1960年代に米国の雑誌『アメリカン・ボーグ』で取り上げられ、これをきっかけにメンズ・ファッションとして広まりました。伝統的にインドの王侯貴族が着用する服で、ラジャ・ジャケット（rajah jacket）ともいいます。

ノーフォーク・ジャケット (norfolk jacket)　背中や胸にボックス・プリーツを入れ、ウエストにベルトをつけたスポーティなジャケット。原則としてニッカーボッカーと組み合わせ、スポーツウェア、とくに狩猟用として着用されたものです。名称はイングランド地方の州名、あるいは狩猟好きのノーフォーク公爵名に由来するといわれています。

バトル・ジャケット (battle jacket)　戦闘用ジャケットの意味で、第二次世界大戦中、米国陸軍が着用した上着に因んだジャケットのこと。デザインはピークト・ラペルの襟、シャツ・カフス、胸ポケット、ウエストにベルト、ぴったりした短い丈というのが一般的。アイゼンハワー元帥が着用したことから1940年代に流行したアイゼンハワー・ジャケット（Eisenhower jacket）、略してアイク・ジャケットや、ランバー・ジ

ャケット（lumber jacket）も同義語。ランバーは「樵(きこり)」の意味。

ハンティング・ジャケット (hunting jacket)　狩猟用上着の総称。乗馬による狩猟は、ウエストをしぼって腰を張り出したライディング・ジャケット（riding jacket）や、ハック（貸し馬）に因むハッキング・ジャケット（hacking jacket）、「馬の鞍」の意味のサドルからサドル・ジャケット（saddle jacket）、銃による狩猟は、シューティング・ジャケット（shooting jacket）など、さまざまなものがあります。

ブルゾン (blouson)　仏語でジャンパーにあたる語。上っ張りや仕事着にあたるブルーゼ（blouser）から来た言葉。日本ではジャンパーの語が定着し、ブルゾンという方がファッショナブルに響くこともあって、現在ではもっぱらブルゾンが用いられています。

フライト・ジャケット (flight jacket)　皮革製でジッパーあき、襟や裏に毛皮つきの防寒用ジャンパー型のジャケット。1930年代頃から米国空軍が用いたもので、飛行士（エイビエーター）が着たので、エイビエーター・ジャケット（aviator jacket）とも呼ばれます。またほぼ同型のボマー・ジャケット（bomber jacket）ともいう、ボンバー・ジャケット（bomber jacket）は、英国空軍のボンバー（爆撃手）が着用した、ウエスト丈のゆったりとしたブルゾン型のもの。

ブレザー (blazer)　ブレザー・コート（blazer coat）ともいい、テーラード型の軽快なスポーツ・ジャケット（sport jacket）の総称となっています。両脇にパッチ・ポケットがつき、ボタンは金属製が多く、左胸にポケットやエンブレムをつけることもあります。もともとはケンブリッジ大学のボート選手が着用した深紅のジャケットが、観戦者に燃える炎（ブレーズ）のような色に見えたことから、「燃え立つもの」の意味でつけられた名称であるといわれています。

ボレロ (bolero)　元来、スペイン舞踊のボレロを踊るダンサーが着用した上着に由来する、ウエストくらいまでの丈の短いジャケット。前打ち合わせなしで、開いて着るのが特徴。またスペインの闘牛士の上着も典型的なボレロです。

マオ・カラー・ジャケット (Mao collar jacket)　毛沢東の名からとった、

立ち襟が特徴のジャケット。

マンダリン・ジャケット (mandarin jacket)　マンダリンとは「中国の官吏」のことで、彼らが着ていたような袖の広いスタンド・カラーのジャケット。

ライダース・ジャケット (rider's jacket)　黒レザー製のジャンパーで、バトル・ジャケットやフライト・ジャケットをヒントに、オートバイ用に工夫された機能的なデザインが特徴。別名モーターサイクル・ジャケット（motorcycle jacket）。

リーファー・ジャケット (reefer jacket)　もともとは船員用の両前のジャケットを指していましたが、現在では一般の両前のジャケットの総称となっています。単にリーファーともいいます。

シャツ (shirt)・ブラウス (blouse)

　シャツは、「上半身を覆う、ゆったりとした衣服で、上着が省略されて表衣化したもの」を指します。男性用では、いわゆるワイシャツ、女性用ではシャツ・ブラウスが代表的なものです。元来、上着の下に着るものとして発達したもので、「下着や肌着」の意味もありますが、近年は主に上着として用いられています。英語のshirtの語源はさまざまですが、いずれも「短衣」の意味があり、中世のチュニックが原型と考えられています。その後しだいに襟や袖口に装飾が加えられるようになり、17世紀バロック様式時代には華美で装飾的なものが好まれますが、19世紀になると一転、簡素になり、固いハイ・カラーやボタン留めのものが現れます。19世紀末には女性服にも取り入れられるようになり、20世紀初頭、現代のソフトなシャツの形が登場しました。因みに仏語では、シュミーズ（chemise）といい、語源は麻製のシャツを意味するラテン語（camisia）です。ブラウスは、女性や子ども用の「上半身に着る胴衣」で、デザインも丈も多種多様。裾を下衣の下にたくし込んでいるものは、タックイン・ブラウス（tuck-in blouse）、外側に出しているのはオーバー・ブラウス（over blouse）と呼んでいます。また米国ではシャツウエスト（shirtwaist）ともいいます。ブラウスの語源は、中世のチュニックのブリオーとされていますが、女性服に登場してくるのは1860年代で、ジャケットの流行とともに着用されるようになりました。

この傾向を後押ししたのが、当時のスポーツ・ブームで、19世紀末には「ギブソン・ガール」(gibson girl：米国の画家チャールズ・ダナ・ギブソンが描いた風俗画)のイラストにしばしば描かれたシャツ型のボータイ・ブラウスが流行します。40～50年代には、アメリカン・カジュアルの定番品となり、今や女性のおしゃれに必須のアイテムの1つです。

アロハ・シャツ (aloha shirt)　男性用のゆったりとした半袖シャツで、派手な大柄プリントが特徴。アロハはハワイ語で、「親密、愛」などの意味があり、別名ハワイアン・シャツ (Hawaiian shirt)、ワイキキ・シャツ (Waikiki shirt)。

オープン・シャツ (open shirt)　オープン・カラー・シャツの略称。スポーツ用、夏用の開襟シャツ。

カシュ・クール (cache-cœur)　仏語でカシュは「隠す」、クールは「心臓」の意味で、「胸隠し」の意味。和服のように前を打ち合わせて巻きつける短い胴着のこと。

カット・アンド・ソーン (cut and sawn)　ニット地をカット「裁断」し、ソーン「縫製」した製品の総称。略してカット・ソーとも呼ばれます。

カフタン・シャツ (caftan shirt)　カフタンは、中近東の民族衣装の「直線裁ちのチュニック」でシャツ風のものをいいます。

キャミソール・トップ (camisole top)　キャミソールは、女性下着のスリップと同型の、肩紐のついた胴衣。肩を出す装いやリゾート向けにふさわしいもの。

クレリック・シャツ (cleric shirt)　襟とカフスが白で、身頃と袖は色柄ものというシャツ。クレリックは「牧師」の意味で、白い台襟付きの黒の僧服のイメージからデザインされたもの。

シャツ・ブラウス (shirt blouse)　シャツウエスト・ブラウスのこと。

スモック・ブラウス (smock blouse)　スモックは、「洋服の上にはおる、ゆったりとした上っ張り」で、長めのたっぷりとしたオーバー・ブラウス。

スエット・シャツ (sweat shirt)　スエットは「汗」の意味で、汗を吸収する綿の裏起毛や裏パイル・ジャージー地使いの衣服の総称。日本でいうトレーナーは、スエット・シャツ。

セーラー・ブラウス (sailor blouse)　セーラーカラーのついた、ゆったりしたブラウス。ミディ・ブラウス（middy blouse）も同義。仏語でマリニエール（marinière）。

タンク・トップ (tank top)　男性下着のランニング・シャツ式の上衣。タンクは「水槽」の意味で、筒状の形から名づけられたもの。

チュニック (tunic)　ヒップより長い、膝丈くらいまでの丈で、かぶって着るオーバー・ブラウスの総称。ウエストでギャザーや、ベルト締めなどのデザインが見られます。語源は、古代ローマで着用されたラテン語のチュニカ（tunica）。

Tシャツ (T shirt)　Tの字状の形のスポーティなニット・シャツ。元来、水夫の下着だったものが、しだいに表衣化し、1970年代のジーンズの流行とともに、新しい日常着として世界中の若者たちの心をとりこにし、ときに大きいサイズのビッグTで、またときにタイトなチビTで、さまざまなバリエーションで人気を集めています。

ドレス・シャツ (dress shirt)　本来は男性の礼装に着用するフォーマル・シャツ（formal shirt）。たとえばボザム・シャツ（bosom shirt）。ボザムは「胸部」の意味で、胸部をU字に切り替え、固く糊づけし、プリーツやタックをあしらったシャツのことなどをいいますが、現在では、広義にスーツに合わせて着るワイシャツやカッター・シャツなど、ドレッシーなシャツの総称となっています。ワイシャツは、英語のホワイト・シャツが転訛して、こう呼ばれるようになったもの。カッター・シャツも和製語で、日露戦争に「勝った」ところから名づけられました。それまでシャツは襟が身頃から離れていましたが、襟つきのワイシャツが登場し、こう呼ばれました。

パイロット・シャツ (pilot shirt)　パイロットのユニフォームのような肩章付きの男性用半袖シャツ。1970年代末頃に、上着なしで着用するビジネス用のアウター・シャツ（outer shirt）として流行したもの。別

名エポーレット・シャツ（epaulette shirt）。

バルカン・ブラウス (balkan blouse)　襟ぐりや袖口、裾にギャザーが入って、全体にゆったりとした、ヒップの上くらいまでの丈のブラウス。1913年頃のバルカン戦争時に流行したことからの名称。

ビュスチェ (bustier)　仏語で、もともと「肩紐のないブラジャー」の意味。現在は下着よりも表着として、紐なしのキャミソール型トップのことを指します。1970年代頃から流行り始め、1987年、来日したマドンナがこれを着用していたことからいっそう流行し、一般化しました。

ブラ・トップ (bra-top)　ブラジャー・トップの略。タンク・トップの丈を短くした形のフリー・サイズのブラジャーのこと。下着と表着の中間アイテム。

ベア・トップ (bare top)　バストから上の胸や肩、背部を露出させた胴衣。

ヘンリー・シャツ (henley shirt)　ヘンリー・ネックのニットのシャツ。ヘンリー・ネックは、襟ぐりと前あきの部分に線飾りがあるラウンド・ネックのこと。英国のテームズ河畔のヘンリーで行われるボート・レース選手のユニフォームのデザインが始まりで、1960年代初め頃からカジュアル・シャツとして一般化しました。

ボタンダウン・シャツ (button down shirt)　シャツカラーの襟先をボタンで身頃に留めつけたカラーの、スポーティな感じのシャツ。20年代に英国でポロ競技のとき、襟が動かないように留めたのが起こりといわれています。アイビー・ルックに必須のアイテムです。

ホールター・トップ (halter top)　ホールターとは、牛馬の「端綱（はづな）」の意味。そうした感じの紐、あるいは前身頃から続いた布を、首からつるすようにデザインした上衣。

ポロ・シャツ (polo shirt)　ニット・シャツで、半袖、襟付きが主。もともとポロ・ゲームで着られたことから名づけられたもの。ゴルフなどのスポーツ用やカジュアルウェアに広く着用されています。

ファッション

ホンコン・シャツ (hong kong shirt)　和製語で、1961年に帝人が男性の夏用半袖ワイシャツとして発売。亜熱帯気候の香港をとり入れた名称で、人気を集めました。

ミドリフ・トップ (midriff top)　ミドリフは「横隔膜」の意味で、横隔膜あたりまでの短い上衣。腹やへその露出度の高いものも見られます。1980年代後半、歌手のマドンナが着用して広まりました。

ラップ・ブラウス (wrap blouse)　ラップは「包む、巻く」の意味。身体を包んで巻きつけるようにして着るブラウスです。同様の形のブラウスが聖職者の着る短い白衣のようなサープリス・ブラウス（surplice blouse）。

ルバシカ (rubashka)　ロシア男性が着用する民族衣装で、ゆったりとした長いブラウス風の上衣。立ち襟で、前は左寄りに途中まであきがあり、腰紐で締めて着用します。ロシアン・ブラウス（russian blouse）ともいいます。

セーター (sweater)

　編み物の上着の総称。この語は「汗をかかせるもの」という意味があり、19世紀末、スポーツ選手がスポーツのときに汗を吸収しやすい編み物のシャツを着用していたのが始まりといわれています。日本では、セーターというと、頭からかぶって着るプルオーバー（pull-over）のことのみをいいますが、実は前あき、襟なしのカーディガン（cardigan）も含む言葉です。カーディガンは、カーディガン・セーターの略称。なお、プルオーバーを略して、しばしばプルと呼ばれます。カーディガンは、クリミア戦争で活躍した英国のカーディガン伯爵が考案したことに由来する名称で、元来は、男性用部屋着だったものです。このセーターを現在のような女性の一般的な服装に普及させたのは、ガブリエル・シャネルで、今日では、スポーティな上着として、男女を問わず、またイブニング用にまで着用されるようになっています。

オイルド・セーター (oiled sweater)　原毛を脱脂せず編んだセーターで、撥水力（水をはじくこと）があり、保温性にすぐれています。カウチン・セーターや、フィッシャーマンズ・セーターはこの一種です。

カウチン・セーター (cowichen sweater)　白やグレーの地に黒の鳥や鹿、木の葉などの幾何学柄を編み込んだセーター。元来は紀元前、バンクーバー島のカウチン族が手作りしていたもの。40年代末頃～50年代初めに流行し、70年代初めにもリバイバル。その後セーターの一種として定着しています。

カグール (cagoule)　ゆったりしたタートルネックを頭にかぶれるようにしたフードつきセーター。11～13世紀のフランスの農民が着用したフードつきの半円形のケープが起源。

シェットランド・セーター (shetland sweater)　スコットランドのシェットランド島産の羊毛糸からつくられるセーター。伝統的な味わいと、軽くて保温性に富んだ風合いが好まれています。

チルデン・セーター (tilden sweater)　一般にテニス・セーターとして知られるVネックのセーター。襟や袖、裾などにライン入り、ケーブル編みが特徴。20年代の有名テニス・プレーヤーだったチルデンが愛用したことから名づけられたもの。

ツイン・セット (twin set)　ツインは「対の」、セットは「一揃い」の意味で、色やデザインの揃ったカーディガンとプルオーバーの組み合わせ。ツイン・ニットやアンサンブルとも呼ばれます。

フィッシャーマンズ・セーター (fisherman's sweater)　フィッシャーマンは、「漁夫」の意味。元来、北欧やアイルランドの漁夫たちが着ていたバルキーなセーターのこと。生成り色、太い縦に入れられた縄編みの柄が特徴。もとは毛糸で手編みだったものが、機械編みとなり、1960年代後半に流行し、今やカジュアル・セーターとして男女とも広く着られるようになりました。その1つ、アラン・セーター（aran sweater）は、アイルランド西方のアラン諸島産の素朴なプルオーバー。縄編みの浮き上がったダイヤ柄が特徴。フェア・アイル・セーター（fair isle sweater）は、スコットランドのフェア・アイル島産のものなど、産地によりさまざまな種類があります。

スカート (skirt)

下半身を覆う衣服。またコートやドレスのウエストから下の部分のこともスカートといいます。その原型は原始的な円筒形で古代エジプト時代からあり、13世紀頃からダーツや切り替え線を使った立体的な裁断のものが現れます。16世紀には下着を装着し、人為的にボリュームを出したスカートが出現、18世紀にパニエにより大きく広がったスカートは、フランス革命後、自然に戻ってストレートになり、19世紀には再び釣鐘型からクリノリン、後ろ腰を強調するバッスルへ、流行はめまぐるしく変化、20世紀に入り第一次世界大戦後、ようやく現代のような脚を出す膝丈のものが登場します。スカートの語源は、シャツを意味する古英語のスキルトで、男性用の上着を指すとともに女性のスカートの意味でも使われてきたとされています。仏語ではジュップ (jupe) で、これもアラビア語の長上着ジュッバ (djoubba) に由来します。スカートは、シャツの延長線上にある言葉ということができます。

エスカルゴ・スカート　エスカルゴは仏語で「かたつむり」のことで、渦巻き状にはぎ合わせたスカート。1973年頃に流行りました。この語は日本で作られた仏語と英語の合成語。正しくはスパイラル・スカート (spiral skirt：らせん状のスカート)、スワール・スカート (swirl skirt：渦巻きスカート)。

オーバー・スカート (over skirt)　スカートの上からさらに重ねて用いるスカートの総称。エプロンをかけたように着用するエプロン・スカート (apron skirt)、スリムなスカートの前後左右などに別布を重ねたパネル・スカート (panel skirt)、長短の2枚重ねのチュニック・スカート (tunic skirt) など、さまざまな種類があります。

ギャザー・スカート (gather skirt)　布を縫い縮めてしわを寄せたスカート。

キュロット・スカート (culotte skirt)　仏語と英語を合成した和製語。パンツ風に分かれた膝くらいの丈のスポーティなスカート。またディバイデッド・スカート (divided skirt) も、二股に分かれたパンツのようなスカート。プリーツが入り、一見パンツに見えないところから、1890年代に自転車用として人気を集めたもの。スプリット・スカート

(split skirt) もパンツに襠（まち）を入れて、一見スカートに見えるような形態にしたもの。

サスペンダー・スカート (suspender skirt) サスペンダーは肩からの「つり紐」。つりスカートの総称。

ジャンパー・スカート (jumper skirt) チョッキと一続きになったスカートで、下にシャツやセーターなどを着て着こなすもの。ジャンパー・ドレス（jumper dress）ともいいます。

ストレート・スカート (straight skirt) ヒップから裾までまっすぐなラインのスカートの総称。もっとも基本的なスカートの、身体にぴったり沿ったタイト・スカート（tight skirt）、それよりやや広めのセミタイト・スカート（semi tight skirt）、ほっそりしたスリム・スカート（slim skirt）やナロー・スカート（narrow skirt）、筒状のチューブ・スカート（tube skirt）、鉛筆のように細身のペンシル・スカート（pencil skirt）、スリットを入れたスリット・スカート（slit skirt）など。

ダーンドル・スカート (dirndle skirt) チロル地方の農婦の服に見られる、ゆったりとしたギャザー・スカート。

ティアード・スカート (tiered skirt) ティアードは「重なった」の意味で、段々になったスカート。ギャザーやフラウンスなどを横段に区切ったものや、タイトなスカートを重ねたものをいいます。

トランペット・スカート (trumpet skirt) 腰のあたりまで身体に沿い、そこからフレアーなどで広がる、楽器のトランペットのような形のスカート。

ハイ・ウエスト・スカート (high waist skirt) 通常のウエストラインより高い位置にウエストがあるスカート。直線的なシルエットをもつものをエンパイア・スカート（empire skirt）といいます。

バルーン・スカート (balloon skirt) 風船のように、裾をしぼって、丸くふくらませたスカート。別名、バブル・スカート（bubble skirt）、チューリップ・スカート（tulip skirt）。

バレル・スカート (barrel skirt)　バレルは「樽(たる)」の意味で、ウエストにギャザーやタックなどを入れて、ヒップのあたりをふくらませ、裾へ向かって細くしたスカート。別名、ペグ・トップ・スカート (peg-top skirt)。

フープ・スカート (hoop skirt)　フープは、スカートのふくらみを出すために用いる「枠」の意味で、フープを入れたスカートの総称。時代によりフープの形式が異なり、形も変化しています。18世紀のパニエ・スカート (pannier skirt) や、19世紀のクリノリン・スカート (crinolin skirt) が代表的なもの。

プリーツ・スカート (pleat skirt)　プリーツ、つまり折りたたんだ襞(ひだ)のあるスカートの総称。アコーディオンの蛇腹に似たアコーディオン・プリーツ・スカート (accordion pleat skirt)、箱のようにつくられた襞が入ったボックス・プリーツ・スカート (box pleat skirt)、また一般に拝み襞や逆襞といわれる襞山が突き合わせになったプリーツのインバーテッド・プリーツ・スカート (inverted pleat skirt) など。

フレアー・スカート (flair skirt)　ウエストから裾にかけて、朝顔の花のように広がるスカート。広げると裾線が円形になるほどフレアーの量が多いサーキュラー・スカート (circular skirt)、またゴア、すなわち襠(まち)をはぎ合わせて構成した4枚はぎや6枚はぎなどのゴアード・スカート、洋傘のようにフレアーで広がるプリーツ入りのアンブレラ・スカート (umbrella skirt)、落下傘スカートとも呼ばれるパラシュート・スカート (parachute skirt) など。

ミディ・スカート (midi skirt)　ふくらはぎ丈のスカート。1960年代末にファッション線上に浮上し、70年代に流行したスカート。

ヨーク・スカート (yoke skirt)　ヒップのあたりで切り替えられたスカートのこと。

ラップ・スカート (wrap skirt)　和服のように一枚の長方形の布を身体に巻きつけて着こなす、巻きスカート。民族衣装に多く見られ、たとえばキルト (kilt) は、スコットランド北部のハイランド地方の男性が着用するタータンを巻きつけたスカート、サロン・スカート (sarong skirt）は、マレー半島やインドネシアの島々の男女が着る民族衣装で筒状に巻いたスカート、またタヒチの伝統的な女性の腰巻スカート、パレオ（pareo）などがあります。

パンツ (pants)

　米語のズボンの総称。pantsは、英語のpantaloonの略語。語源は、イタリア喜劇に登場する道化役者のパンタローネ（Pantalone）で、いつも細くて長いズボンをはいていたことに由来するといわれています。これが仏語のパンタロン（pantalon）を経て、16世紀末に英語に導入され、19世紀半ば頃から広く使われるようになり、1960年代に一般化しました。しかし日本ではパンツというと、60年代頃まではもっぱら下穿き、下着の意味で、表着としてはズボンの語が用いられてきました。ズボンは、明治維新後の和製語で、その起こりには着用すると"ずぼん"と脚が入るという擬声語説と、仏語のペチコートを指すジュポンが訛ったという説の2つの説があり、定かではありません。パンツがズボンに代わるファッション用語となるのは、70年代になってからのことで、ジーパンの普及も手伝って、パンツが広く定着していきます。女性のパンツ着用が増えてくるのもこの時期で、とくに裾広がりの長ズボンはパンタロンと呼ばれて大流行しました。パンタロンはズボン全般を表す仏語ですが、日本ではこの形のパンツを現在もパンタロンと呼んでいます。なお、ズボンを表す英語には独自の語があり、長ズボンを総称してトラウザーズ（trousers）といい、今日でも背広や礼装用のズンに用いています。スラックス（slacks）は、「ゆるみ」の意味のスラックから発した言葉で、トラウザーズよりもカジュアルな替えズボンやスポーティなズボンを指します。

イージー・パンツ (easy pants)　ゆったりと楽なパンツの総称。ゆるやかで、股上が深く、多くの場合、ウエストがゴムやドローストリング（引き締め紐）になっています。中国拳法（カンフー）映画でブルース・リーらがはいたカンフー・パンツ（kung fu pants）もこの一種。

オーバーオールズ (overalls)　胸当てつきのゆったりしたズボン。一般にデニムなどの丈夫な織物で仕立てられています。労働着として普通のズボンの上にはかれたので、こう呼ばれています。大工の仕事着に由来するカーペンター・パンツ（carpenter pants）やペンキ屋や画家がはい

たことから名づけられたペインター・パンツ (painter pants) も同義。仏語でサロペット (salopette)。

ガウチョ・パンツ (gaucho pants)　ガウチョとは、「南米のカウボーイ」の意味で、彼らがはいているような、幅広い7分丈パンツのこと。ふくらはぎの中央くらいの丈、つまりミディ丈なので、ミディ・パンツ (midi pants) とも呼ばれます。なお、仏語でこの種の短いパンツをパンタ・クール (panta-court) といい、70年代中頃に流行しました。

カーゴ・パンツ (cargo pants)　カーゴは「貨物船」の意味で、この船員がはいていたパンツ。カーゴ・ポケットと呼ばれる大きなポケットが両脇についているのが特徴。

カルソン (calÇon)　仏語。もとは薄手のリネンで作られたボディと脚部の男物の下着で、17世紀頃に女性の乗馬服の下に使用されましたが、その後1820年代までは少女用の下着が主で、女性の下着として一般化されてくるのは1830年代以降のことです。現在は表着のタイツやスリム・パンツとして着こなしの重要なアイテムとなりました。トップにカルソンだけのスタイルは、カジュアルな街着に発展しつつあり、下着のアウターウェア化の代表選手といえるでしょう。類義語のスパッツ (spats) は、装飾や防寒、ほこりよけなどを目的として、靴の上に重ねてはく布製の脚半。英語のレギンス (leggings) は、脚部をぴったりと包むパンツのことで、カルソンと同義。素材はジャージーなど伸縮のきくものが使われ、また軍人の用いる脚半のゲートルのこともこう呼びます。

クロップド・パンツ (cropped pants)　クロップドは「切り取られた」の意味。裾が途中で切り落とされたような形のパンツ。

サブリナ・パンツ (Sabrina pants)　脚にぴったりした7〜8分丈のパンツ。ハリウッド映画「麗しのサブリナ」(1954) の主演女優オードリー・ヘップバーンがはいたことから流行し、命名されたもの。同様の形のトレアドール・パンツ (toreador pants) は、スペインの闘牛士が着用したことから名づけられ、1953年頃にマンボ・リズムの流行とともに普及し、マンボ・ズボンともいわれました。カリプソ・パンツ (calypso pants) も同義。カリプソは1950年代に流行ったカリブ海周辺生まれのラテン音楽で、これに合わせて踊るときにはかれたパンツ。

サルエル・パンツ (sarrouel pants)　イスラム文化圏の民族服。股の部分が裾の近くまで下がり、足首で締めた長くたっぷりとふくらんだフォルムのパンツ。1970年代のエスニックの流行とともに一般に知られるようになりました。

ジョッパーズ (jodhpurs)　乗馬ズボンのこと。腰から膝上までゆったりとしていて、膝下から足首までがブーツをはきやすいように、細くぴったりと形作られているパンツ。綿織物産地のインド北西部の地名、ジョドプルに因んで名づけられたもの。別名、サドル・パンツ (saddle pants)、ジョッキー・パンツ (jockey pants)。

ショート・パンツ (short pants)　ショーツ (shorts) とも呼ばれ、短いパンツの総称。トランクス (trunks) は男性用のスポーツ用、下着用のショーツ。バミューダ・ショーツ (Bermuda shorts) は、膝上丈の半ズボン、米国の避暑地、バミューダから名づけられたもの。ウォーキング・ショーツ (walking shorts) とも呼ばれます。ジャマイカ・ショーツ (Jamaica shorts) は、バミューダよりも少し短い丈のもの。グルカ・ショーツ (Gurkha shorts) は、19世紀英領インドのグルカ兵の制服が起こりの半ズボン。ウエストの両脇につけられた尾錠留めのベルトが特徴。ジョギング・パンツ (jogging pants) はジョギング用のウエストにゴム入りのパンツ、ボクサー・ショーツ (boxer shorts) は、ボクシングの選手がはくような、ゆったりしたトランクス。

ジーンズ (jeans)　時代とともに形やイメージはさまざまに変化していますが、原型は、ジーンズ・メーカーの老舗、リーバイ・ストラウス社のオリジナル・ジーンズ、リーバイス501。ストレートな細身のブルー・ジーンズで、ファイブ・ポケット、前をボタン留めのボタン・フライが特徴。1850年代の第1号という品番名から名づけられたといわれています。自然に着古した感じに仕上げたフェード・アウト・ジーンズ (fade out jeans)、裾部分を少し広げて、ブーツと合わせてはきやすくしたブーツ・カット (boot cut)、わざと裂け目やほころびを入れたリップド・ジーンズ (ripped jeans) など。

シガレット・パンツ (cigarette pants)　紙巻きたばこのように細長いストレートなパンツ。これよりやや太めのものを、ドレーンパイプ・パンツ (drainpipe pants) といいます。

ズアーブ・パンツ (zouave pants)　たっぷりしたギャザーを裾でつぼめたパンツ。丈は膝下あるいはくるぶし丈。ズアーブとは、1830年に編成されたフランス軍のアルジェリア歩兵の呼称で、アラビア服を着た彼らがはいていた、ブルーマー型のズボンからこの名がつけられました。

スターラップ・パンツ (stirrup pants)　スターラップとは乗馬のときに足をかける「鐙（あぶみ）」のこと。鐙を足裏に掛けてはく細身のパンツ。別名、スティラップ・パンツ。スキー用のスキー・パンツ（ski pants）も同型のパンツで、1980年代に流行し街着化しました。フランスでは、この種のパンツを、形が似ていることから、機織（はたお）りに使う紡錘（ぼうすい）（糸巻き）の意味のフュゾー（fuseau）と呼びます。

ストーブパイプ・パンツ (stovepipe pants)　ストーブの煙突のようにまっすぐな円筒形のパンツで、アイビー調の代表的なパンツの型。同義にパイプド・ステム・パンツ（piped stem pants）。

セーラー・パンツ (sailor pants)　水兵の制服だったパンツで、腰でぴったりとして膝から下が裾広がりになっている、ボタン隠しの前立てのあるデザイン。

チノーズ (chinos)　丈夫な綿綾織地のチノクロスでつくられたパンツ。1950年代後半からカジュアルなパンツとして人気を集めるようになり、「チノパン」とも呼ばれて親しまれています。

テーパード・パンツ (tapered pants)　テーパードは「先細りになった」の意味で、裾へ向かって細くなったパンツ。ペグ・トップ・パンツ（peg-top pants）はその一種。ペグ・トップは「西洋ナシ型のこま」の意味で、この形のように、腰回りはゆったりとして、裾へいくにつれ先細りのパンツ。

ドレス・トラウザーズ (dress trousers)　男性の正装用ズボン。燕尾服やタキシード用に着用するもので、脇縫い目に絹縁がついています。

ニッカーボッカーズ (knickerbockers)　略してニッカーズ。丈は膝下までで、裾口をしぼった、ゆるやかな半ズボン。長いソックスと組み合わせて着用されます。ニッカーボッカーズとは、19世紀初め、ニューヨ

ークに住んでいたオランダ移民の呼称。17世紀頃からオランダではかれていたものを、19世紀の米国の歴史家、ワシントン・アービングが自著『ニューヨーク史』で、オランダ移民の服装として紹介し、スポーツ用、とくにゴルフ用に広まりました。プラス・フォアーズ（plus fours）は、ゴルフ用のゆったりしたものをいいます。

バギー・パンツ (baggy pant) 　バギーは「袋のような」の意味で、ヒップラインまでフィットし、その下が幅広でゆったりとストレートに落ちるシルエットが特徴。類義語のオックスフォード・バッグズ（Oxford bags）は、1920年代、英国オックスフォード大学の学生の間で流行った極端に幅広いストレートなパンツ。

パラッツォ・パンツ (palazzo pants) 　パラッツォは伊語で「宮殿」の意味。宮殿での装いのように豪華に見えることからの名称。全体にゆったりと長く、裾が大きく広がっているのが特徴。

ハーレム・パンツ (harem pants) 　ウエストからギャザーをたっぷりとり、足首のあたりでぴったりと締めて、ふくらんだ感じのパンツ。ハーレムとは、「回教圏の婦人部屋」の意味で、そこで着用されたのが起こり。エキゾティックな雰囲気があり、1960年代後半から、ファッションとして取り上げられ、リゾートやフォーマルウェアとしても幅広く採用されています。

ヒップ・ハガーズ (hip huggers) 　腰骨にひっかけて着用する、ロー・ウエストで股上が浅いパンツ。別名、ヒップ・ハンガー（hip hanger）、ヒップボーン・パンツ（hipbone pants）、ローライズ・パンツ（low rise pants）。逆にハイ・ウエストのパンツはハイライズ・パンツ（high rise pants）といいます。

ブルマーズ (bloomers) 　裾口にゴムを入れてしぼった、ゆったりしたパンツ形式の下衣。19世紀中頃の女性解放運動家、アメリア・ブルーマー夫人が、当時のスカートに代わってこの形の着用を奨励したことから、夫人の名前をとって名づけられました。当時はくるぶし丈でしたが、女性の活動範囲が拡大するにつれて短くなり、とくに女子の運動着として着用されました。ファッションとしては、バルーン・ラインの流行とともに、ふくらんだショーツという意味でリバイバルしています。

ペダル・プッシャー (pedal pusher)　ペダル・プッシャーは「自転車のペダルを踏む人」の意味で、自転車のペダルを踏みやすいように、動きやすい適度なゆとりをもたせた細身の6分丈パンツ。1940年代に登場し、女性のスポーツ用パンツとして人気を集めたもの。

ベル・ボトム・パンツ (bell-bottom pants)　裾が釣鐘のような形に広がったパンツのこと。1960年代後半から70年代に大流行したもので、日本では仏語のパンタロンの名称で呼びました。しかし仏語のパンタロンは、正しくはパンツすべてを指す語で、裾広がりのパンツは、パンタロン・エヴァゼ (pantalon evasé) といいます。またぴったりフィットした膝下から極端に幅広く広がるパンツを、象の脚になぞらえて、エレファント・パンツ (elephant pants)、仏語でパット・デレファン (pattes d'éléphant) といいます。

ホット・パンツ (hot pants)　1971年春夏のパリコレで発表された、特に短いパンツ（ショーツ）。ホットという言葉には、「新しい、熱い」の意味がありますが、俗っぽい性的なニュアンスもあるため、従来では一般に使われていませんでしたが、米国のファッション業界紙『ウイメンズ・ウェア・デイリー』がこの語を使って紹介し、若い女性の間でブームとなりました。

ファッション・ビジネス (fashion business)

　ファッションという言葉は、日常的にさまざまな場面で使われています。広義にとらえるとファッションとは、衣服はもとより、飲食や住居、スポーツやレジャーなど、生活全般にかかわるあらゆる分野で、多くの人々に受け入れられるようなスタイル、商品、行動をいいます。ファッション・ビジネスは、こうしたファッションという社会現象を企業活動に転換し、人間の生活を豊かなものにしていく産業という意味で、生活文化産業あるいは生活総合産業ということができます。しかし一般的には狭義にとらえて、身の回りをより美しくするために必要な服飾、つまりアパレルやテキスタイルの生産・流通、アクセサリー、靴、バッグなどの商品に関連する産業を中心に、ファッション情報などの企業活動を含めたビジネスを総称してファッション・ビジネス（FB）と呼んでいます。

川上アパレル素材産業群

ファッション業界では、川の流れに例えて「川上」を原材料やその加工などに携わる繊維素材産業と、テキスタイル産業を併せたアパレル素材産業群としています。

繊維素材産業 原料となる糸、生地の生産、流通、卸業などに携わる企業の総称。ファイバー・メーカー (fiber maker) 原糸メーカーともいい、糸を製造する化合繊メーカーや紡績メーカーのこと。

糸商 糸を売る卸業者。テキスタイル産業 広義では繊維産業、狭義では紡織染色加工業の総称。

生地メーカー 機屋（織物製造業）やニッター（編地やセーターなどの製造業）、レースなどの素材加工メーカー。

生地卸商 素材の企画・生産機能をもち、生地をアパレル卸商などに売る卸業者。生地問屋ともいい、規模の大きいものは生地商社と呼ばれます。また米国では生地を仕入れ、独自企画の下に染色加工し、付加価値を付けて販売する業者をテキスタイル・コンバーター (textile converter) といいますが、日本ではとくにリスクをもって買いつけ、販売する生地卸商を指してこう呼んでいます。

染色・整理業者 糸染めと布染め、プリント加工や加工生地の仕上げをする業者。

アパレル資材産業 アパレルに用いる副資材（ボタン、ファスナー、芯地など）の関連企業の総称。

アパレル資材卸商 裏地、芯地、パッド、ファスナーなどアパレルの製造に関わる材料の企画・生産機能をもつ業者。

付属品卸商 ボタンやベルトなどの付属類の企画・生産機能をもつ業者。

川中アパレル産業群

ファッション業界の川中は、二次加工をするアパレル製品などのアパレル産業群をいいます。

アパレル (apparel)　アパレルとは、本来「衣料品、衣服」の意味。業界では一般にアパレル・メーカー（apparel maker）、つまり既製服メーカーの意味で使われます。しかしメーカーとは、もともと装置をもって製造する企業のことで、アパレル・メーカーとは衣服製造業、つまり縫製、編み立てをするアパレル生産企業（縫製工場やニッター）を指すことになりますが、多くの場合、アパレル製造卸業をアパレル・メーカーと呼んでいます。つまりアパレル企業とは、企画、生産、営業、物流の機能を有するアパレルの製造卸業の総称です。

取引条件によって掛売り卸商と現金卸商があり、前者は、販売時に小売企業から直ちに支払いを受けるのではなく、一定の期日に商品代金の支払いがあることを支払条件として商品の販売をしている卸商のことで、アパレル卸商の大部分が掛売り卸商です。後者は小売企業から直ちに現金で支払いを受けることを条件に商品を販売する卸商をいいます。

また業態によっても、アパレル商品をほぼすべて扱う総合卸商（総合アパレル）と、特定のアパレル商品を専門に扱う専門卸商があります。この他、販売路線別などさまざまに分類されています。

マンション・メーカー (mansion maker)　マンションの1室などをオフィスにして、個性的なキャラクターの商品を短期間にマーケットに送り込む、小規模なアパレル・メーカー。

ノック・オフ (knock off)　「手早く仕上げる」の意味で、他社の売れ筋商品を真似て、より安価で販売する、いわゆるコピー商品やそうした安易なビジネスを行うメーカーのこと。

川下アパレル小売産業群

ファッション業界では、川下を消費者と接するサービス産業の1つであるアパレル小売産業群と呼んで位置づけています。

小売業　リテーラー (retailer) とも呼ばれ、直接消費者に販売する流

通経路の最終段階の業種。有店舗と無店舗の2つに大別されます。

有店舗小売業　店舗をもっている小売業のことで、大きく次の4業態、つまり総合生活提案を行う業態、専門性を追求する業態、低価格販売業態、新業態に分けられます。

総合生活提案を行う業態

　1か所でいろいろな商品やサービスを求めることができるワン・ストップ・ショッピング（one stop shopping）指向の大規模小売店舗や複合型商業施設。

デパートメント・ストア　百貨店のこと。対面販売方式で、高級感や長い伝統による信用をもつところが多い大規模小売店。

量販店　大量販売店の略称。セルフ・サービス販売方式と、セントラル・バイイング・システム（central buying system：中央一括集中仕入れ制）により、商品を系列化された多数の店舗に提供していくチェーン・ストア（chain store）による展開が特徴。日用品中心に販売するスーパーマーケットと、もっとも売り上げ規模の大きい、総合的な生活提案を行う総合スーパー・ストア（general merchandising store、略してGMS）があります。

ショッピング・センター（shopping center）　略してSCともいい、1つあるいは複数のキー・テナント（核店舗）と多数の専門店テナントで構成される商業・サービス施設の集合体で、駐車場を備えているもの。テナント（tenant）は、ショッピング・センターなどの小間割りをしたスペースを店舗、常設展示場、オフィスなどとして賃借、あるいは売上げ歩合を払って使用している企業や個人のこと。また、ショッピング・センターやファッション・ビルなどを開発し、所有している企業はディベロッパー（developer）と呼ばれ、多くがその管理運営を行っています。

モール（mall）　「遊歩道」の意味で、一般にショッピング・センターや商店街内の中央歩道を指します。

ファッション・ビル　ファッション商品を売る店が集まっているビル

で、一般に都会の繁華街にあります。

専門性を追求する業態

　専門店、スペシャリティ・ストア（specialty store）ともいい、客層をしぼり、それに応じた商品を揃えた小売業。

アイテム・ショップ（item shop）　1つの商品品目にしぼって、そのバリエーションを品揃えた専門店。

アンテナ・ショップ（antenna shop）　素材メーカーやアパレルなどが、自社製品の商品開発を目的に、消費者の反応を調べたり嗜好を調査したりするための小売店。別名パイロット・ショップ（pilot shop）。

インディーズ（indies）　インディペンダントの略で、「独立系」の意味。大手企業に所属せず、独立して活動するブランドやショップのこと。

エディトリアル・ショップ（editorial shop）　雑誌編集のようにテーマを設定して品揃えする「編集型」の店。衣料、生活雑貨、ステーショナリーなどの商品をトータルに展開しているのが特徴。複合ショップと同義。

セレクト・ショップ　和製造語で、店側のコンセプトにそって、オーナーやバイヤーのセンスで仕入れたものを販売している店舗。

ショップ・イン・ショップ（shop in shop）　「店舗の中の店」の意味で、略してインショップともいい、テナント的な位置づけの店。

タレント・ショップ（talent shop）　タレント・アンド・キャラクター・ショップ（talent & character shop）のことで、略してTCショップともいい、タレントのキャラクターをつけた店やタレントが経営する店。

直営ショップ　メーカーが直接経営する小売店。代表的なのが、DCブランドの直営ショップ。

チェーン・ストア（chain store）　「連鎖店」の意味。資本が同一で、11

店舗以上がネットワーク化された小売店。ナショナル・チェーン（national chain）は、全国にチェーン展開している小売業、ローカル・チェーン（local chain）は、地方の比較的狭いエリアで店舗網を展開している小売業のこと。フランチャイズ・チェーン（franchise chain）は、チェーン本部（フランチャイザー）が加盟店（フランチャイジー）に対し、一定の契約料を取り、直営店と同じように経営指導をして販売活動させるチェーン・ストア。略してFCと呼ばれます。

ブティック (boutique)　仏語で「店」の意味。元来、オート・クチュールの店に付随して設けられた小さな店のことで、センスのよいファッション商品を揃えた小規模な店を指します。

フラッグシップ・ショップ (flagship shop)　略してフラッグ・ショップともいい、フラッグシップは「旗艦店」の意味。多店舗展開の中で、店舗群を代表する店のこと。

ロードサイド・ショップ (roadside shop)　路面店。チェーン・システムの紳士服店やジーンズ・ショップなどが多く、一般に交通量の多いところに設けられています。

低価格販売業態

　特定分野の商品に絞って品揃えし、思い切った低価格で販売する小売業で、近年日本市場をゆるがしている価格破壊の新潮流に乗って、勢いを増しています。既存小売業の習慣的に固定化された価格ゾーンの下のゾーンを巧みについた価格帯で、消費者の支持を集めています。

アウトレット (outlet)　「出口、はけ口」の意味。メーカーの売れ残り商品を自ら低価格で継続的に販売する店舗。ファクトリー・アウトレット（factory outlet）はメーカーが経営するもの。アウトレット・モール（outlet mall）は、アウトレット店舗が10以上集まって構成されているもの。

カテゴリー・キラー (category killer)　特定のカテゴリー（商品分野）にしぼり込み、間口、奥行き、価格とも絶対優位を誇る大型専門店。

ファッション

ディスカウント・ストア（discount store）　ディスカウントは「割引する」の意味で、値引きや安売りを特徴とする店。

パワー・センター（power center）　アウトレットやカテゴリー・キラー、ディスカウント・ストアなどを複数核とするショッピング・センター。

ハイパー・マーケット（hyper market）　主にヨーロッパで発達しているディスカウント・ストアとスーパーマーケットが合わさった倉庫型の大型店。

バラエティ・ストア（variety store）　日用品を低価格で各種取り揃えている店。

新業態

　90年代初め頃から、生産から販売まですべての機能を、一定のコンセプトに基づいて、一貫した体制で行う企業形態が注目されるようになり、これまでの川上、川中、川下という伝統的な分業体系のいずれにも属さないので、新業態と呼ばれます。

SPA　米国GAP社のビジネスモデルとして紹介された造語で、正しくはスペシャリティ・ストア・リテーラー・オブ・プライベート・レーベル・アパレル（specialty store retailer of private label apparel）のこと。アパレルの製造卸小売業を指し、自社で企画した商品を商品構成の中心にして、工場に直接発注し、自社店舗や自主販売機能で販売を行う小売業のこと。小売業からアパレル生産へ進出した小売系と、逆にアパレルから小売業を展開するアパレル・メーカー系のものがあります。

　このSPAの企画、生産、販売を一貫して行う体制は、バーティカル・インテグレーション（vertical integration）、和訳して「垂直統合」と呼ばれます。川上から川中、川下までの流通の各段階で分業化している企業が互いに協調関係をもって連携し、効率的な商品およびサービスの流れをつくる新業態は、今後のアパレル小売の軸線の1つになっていくとみられています。

ファッション・ソフト・ハウス（fashion soft house）　ファッション・ソフトとは「具体的なものづくりをする以前の企画、情報、アイデアなど

の総称」。モノではなく、そうしたソフトを売ることができる企画会社や組織のことで、近年、著しく台頭しているビジネスの一つです。川上から川下までの広範な分野で、経営から商品企画、デザイン、販促計画、人材派遣など、さまざまなソフト機能を多岐にわたって代行していますが、実際は小規模で、得意分野にしぼり込んで仕事をしています。

無店舗小売業

　店舗をもたない小売業のことをいい、大きく通信販売と訪問販売に分けられます。中でも注目されているのが、通信販売のオンライン・ショッピングで、最近はパソコンの操作性の向上から、一段と脚光を浴びています。携帯電話利用も予想以上に普及しており、今後もさらに広がる可能性が大きい業態とみられています。

通信販売

　別名メール・オーダー。さまざまな種類があります。

オンライン・ショッピング (on-line shopping)　インターネットや携帯電話による通信を利用して販売するシステム。世界中の多様な商品にいつでも自由にアクセスして買い物ができるという便利さで、急速に台頭しているものです。バーチャル・ショップ (virtual shop) は、インターネット上に開設されたショップで、「仮想店舗」と訳され、その多くはインターネット・モールという仮想商店街に出店しています。

カタログ・ショッピング (catalog shopping)　カタログを媒体として販売する方式。

ダイレクト・マーケティング (direct marketing)　ダイレクトは「直接の」の意味で、メーカーが直接顧客に働きかけて商品を販売する方法。ダイレクト・メール (direct mail)、略してDMを利用した通信販売。

テレビ・ショッピング (TV shopping)　テレビ番組を通じて、通信販売するもの。

テレフォン・ショッピング (telephone shopping)　カタログや雑誌、新

聞などに掲載された商品を見て、電話で商品を申し込み購入するもの。

訪問販売

主として家庭を訪問して販売する方式ですが、職場や路上などでの販売も含まれます。一部悪徳商法に利用されるなどイメージが低下しています。

注文服ビジネス

顧客の好みや体型に合わせて、何回かの仮縫いを経て服を仕立てる業態です。既製服では飽きたらず、個性を尊重する傾向や、仕立ての良い高品質な服を長く着用する動きが目立つようになっていることもあり、フォーマルウェアやスーツ、シャツを中心に、再び注目されています。

オーダー・メイド 和製語で「注文服」のこと。米国ではカスタム・メイド (custom made)、英国ではビスポーク (bespoke) といいます。対語はレディ・メイド (ready made) で「既製服」の意味。

テーラー (tailor) 洋服屋、とくに紳士服の仕立屋をいいます。カスタム・テーラー (custom tailor)、ビスポーク・テーラー (bespoke tailor) と同義。対語はドレス・メーカー (dress maker) で、婦人服の仕立屋のこと。

オート・クチュール (haute couture) 仏語で、オートは「高級な」、クチュールは「仕立て」で、上質な素材と熟練した技術で完璧にオリジナルなモードを生み出す「高級衣装店」の意味。専属デザイナーをクチュリエ (couturier) といい、顧客のために特別に仕立てた注文服をオート・クチュール、その店をメゾン (maison) といいます。パリではサンディカ (Syndicat：Chambre Syndicale de la Couture Parisienneの略称) と呼ばれるパリ・クチュール組合所属の店のみが名乗ることのできる名称で、厳しい組合規定があります。このオート・クチュールのシステムがつくられたのは、19世紀後半で英国人チャールズ・フレデリック・ワースが創始者とされています。その後1950年代まで世界のモードを支配してきましたが、60年代以降は高級既製服のプレタポルテ (prêt à porter) が主流となり、オート・クチュールのメゾンでもプレタポルテ

を手がけるようになります。量産イメージの強いプレタポルテとの差別化から、オート・クチュールがつくるプレタポルテを合成語でプレタ・クチュール（prêt à couture）と呼んでいます。

イージー・オーダー (easyorder)　和製語で、簡単につくられる注文服のこと。多くの型見本から選んで、身体に合わせて仕立てる方式で、注文服と既製服の中間的存在。コンピューターの進歩もあって近年再び注目されています。

ファッション・ビジネスの企業活動

　ファッション・ビジネスの企業活動で、コンピュータ・テクノロジは必須要素です。取引先との間の受発注、資財の調達から在庫管理、製品の配送まで、川上から川下に至るすべての事業活動が、コンピュータによるサプライ・チェーン・マネジメント（supply chain management、略してSCM）で総合的に管理されています。これにより、余分な在庫などが削減され、コストを引き下げる効果があるとされているのです。ここでは、ファッション商品の生産・流通・販売から情報活動まで、ファッション・ビジネスの諸活動で使われるコンピュータ・システム用語を取り上げています。

アパレル・コンピューター・システム (apparel computer system)　アパレルの生産工程を自動化するコンピューター・システムのこと。

CAD (キャド)　Computer Aided Systemの略称で、コンピューター援用設計のことです。工業用パターン・メーキング（pattern making：型紙製作）やグレーディング（grading：パターンのサイズ展開）、マーキング（marking：生地にパターンを効率的に当てはめる作業）などに広く活用されているデザイン自動化システムです。

CAM (キャム)　Computer Aided Manufacturingの略称で、コンピューターを利用して設計から生産まで統括的に行う製造の自動化システムです。一般にCADと連動して使われることが多く、CAD/CAMと呼称されます。

CIM (シー・アイ・エム)　Computer Integrated Manufacturingの略称で、

コンピューター統合生産の意味です。生産全体をコンピューターで統合する方式であり、ファクトリー・オートメーションの重要な手段となっています。

EOS（イー・オー・エス）　Electronic Ordering Systemの略で、電子受発注システムのことです。小売店と卸・メーカー間の一連の受発注データ交換システムのこと。チェーン・ストアやコンビニエンス・ストアなどで広く普及し、データの授受が効率よくできるVAN（Value Added Network：付加価値通信網、高度情報通信網）の利用によりますます進化しています。

ファッションの生産・流通

　ファッション業界では、企画から製造・販売に至る一連の生産・流通活動が組織的、科学的、合理的な製品化計画のもとで行われています。

OEM（オー・イー・エム）　Original Equipment Manufacturingの略で、相手先商標生産のこと。メーカーが、国内や外国の相手先のブランドで製品を製造し供給するシステムです。

オフショア・プロダクション（off-shore production）　海外生産の意味。労働力が豊富で安い海外地域で商品を生産し輸入する方式です。

クイック・レスポンス　素早い対応（quick response）の意味で、QRと略され、市場が必要とする商品を素早く供給することを目的としたシステムのこと。米国業界で1984年ごろに提唱されました。日本では、繊維産業構造改革の中核となって、従来のプロダクト・アウト（product out：消費者動向によって生産するのではなくて大量に生産した商品を市場に流すこと）型の生産・流通構造から、米国流のマーケット・イン（market in：消費者のニーズに応じた商品やサービスを五適、つまり適品、適価、適時、適量、適所に提供する）型の構造に転換する狙いで推進されました。小売企業の販売情報をメーカーに早く伝達し、その商品の追加フォローを迅速にしなければならないため、一般にPOSシステムと連動して運用されます。

多品種・小ロット・短サイクル　売れ残りの在庫を減らすために、多様なアイテムを取り揃え、ロット（生産量）を少なくし、市場動向に

早く対応し、生産期間の短サイクル化を行う合理的な販売方法。

単品管理　英語でユニット・コントロール（unit control）。単品とは、シャツ、ブラウス、スカートなどの個々の商品のことで、単品ごとに計数管理を行うことです。POSシステムが導入されて以来、単品管理は大きく進化しています。

ディビジョン制　事業部制ともいい、企業組織を複数の部門に分割し、部門ごとに独立採算で運営する制度。

ディストリビューション・センター　企業の代わりに商品を仕分けして顧客に配送する業者のこと。単なる倉庫ではなく、納品管理も行う流通倉庫をこういいます。別名、配送センター、流通センター。

テリトリー制、オープン・マーケット　アパレル企業が取引する小売業者を1商圏（1商店街1都市など）に1店というように、限定するシステムのこと。対義語はオープン・マーケット（和製語）で、どの小売業にも自由に卸販売する形態です。世界的にはこれが一般的で、日本独自のテリトリー制は崩壊しつつあります。

POSシステム　POS（ポス）は、point of salesの略で、販売時点情報管理システムの意味。店頭で商品のバー・コード（bar code：商品を特定する符号）を端末機に入力し、そのデータを本社の大型コンピューターに直結させて、即時に売上や在庫状況を管理する仕組みです。

商取引

　どんな産業でも商品の取引に関しては、歴史の積み重ねの中で、自然発生的に一種の約束事ができあがっています。これが取引構造といわれるものですが、日本のファッション業界は、この取引構造が国際的に極めて異質であると指摘されています。ここではこの独特の商取引慣行で、よく使われる用語を取り上げています。

粗利益　売値から原価を差し引いた利益で、企業の売上総利益のこと。営業利益は、売上高から原価および販売経費、一般管理費を差し引いたもの。経常利益は、営業利益に営業外利益と営業外経費を差引いた額。

企業活動の優劣を示す指標としてよく使われます。

売上坪効率 坪効率ともいい、小売店の売場効率を示す指標の1つ。売上高と売場面積のバランスで表される数値。

売れ筋、死に筋 売れ筋は人気商品。対義語が死に筋。

委託販売、買取り販売 委託販売は、買取り契約販売と並ぶ基本的な取引方法の1つで、消化仕入れともいいます。売れ残った商品は一定の期日までに返品を認めるという条件で仕入れ、売れた分のみの代金を納入者に支払います。小売側はリスク回避などのメリットがあり、納入側は商品コントロール権を保持できる、日本の旧来からの商慣行です。これに対し、買取り販売は、商品を返品なしで買取るもっとも基本的な仕入れ法です。小売側は、価格決定権などすべての販売に関する権利とリスクをもちます。欧米では、ほとんどが買取り販売であり、この仕入れ方法をバイイング（buying）と呼んでいます。

買掛金、売掛金 買掛金は、商品を買った後、未払いの買い入れ代金。売掛金は、代金が未回収の売上金額。

仮需、実需 仮需は仮需要ともいい、将来の需要の見込み。対義語は実需で、現実に消費者が購買行動を起こすことによって生じる需要。

在庫 英語でストック（stock）。企業や店舗が保有する製品や半製品、原材料、また輸送中の棚卸資産のこと。不良在庫をデッド・ストック（dead stock）、逆に販売に必要な在庫を流動在庫、ランニング・ストック（running stock）といいます。

参考上代、掛率制 参考上代は、アパレル企業側から小売業に対してこの価格で販売して欲しいと参考的に提示する小売価格で、他業界でいうメーカー希望価格とほぼ同義。このような参考上代が設定されていて、小売企業はその何%かの掛率に基づいて仕入れるシステムのことを掛率制といいます。掛率制によって、小売企業は価格競争を排除でき、売れれば一定のマージンが確保できるというメリットがあります。対義語は下代取引。

商圏 一定の商取引が行われる商業地域。

商品管理 商品回転率（一定期間に商品在庫がどのくらい入れ替わったかの比率）を上げるため、品目ごとに商品の売れ行きを把握して無駄な在庫を減らすコントロール業務のこと。

商品仕様書 英語でスペシフィケーション（specification）といい、製品開発や商品を生産していくために、その形、特質などの仕様を細かく指示した書類のこと。別名、指示書、指図書。

損益分岐点 収益と経費が同額になる売上高。この売上高を超えると黒字、逆に達しないと赤字になります。

上代、下代 上代は小売り販売価格。対義語は下代で卸価格のこと。

販売ロス 実需期に商品が不足して、販売機会を失ってしまうこと。

マーク・アップ (mark up) 日本語では「値入れ」。原価を基に売価を決めること。また、上代に占める利益の金額、つまりマージンと同じ意味でも使われることもあります。ときは、「値上げ」の意味で用いることもあります。マーク・ダウン（mark down）は値下げのこと。

マージン (margin) 粗利益と同義。また、手数料の意味もあり、コミッション（commission）と同じ意味で使われます。

リード・タイム (lead time) 発注してから配送されるまでにかかる時間、また受注してから得意先に納品するまでにかかる時間のこと。

商品・売場

　小売業の現場では、商品の入れ替えや品揃えの手直し、また売場のレイアウトの変更、セールス・イベントの開催など、さまざまな対策を打って、売上げの増加を図っています。このために必要なファッション商品や売場に関する用語を取り上げています。

織りネーム アパレル商品の襟裏や脇裏などに縫い付けられるブラン

ド名、サイズ、組成表示、絵表示などを刺繍した織り布片のこと。

買い回り品　購入に際して、情報収集や他商品と比較検討してから購入を決定するような性格の商品のこと。高額なファッション性の高い商品などがこれにあたります。これに対して、日常使用するような商品を最寄り品といいます。

外商　百貨店の営業の中で、店頭販売以外で企業や個人相手に販売する伝統的な商いの仕組み。

家庭用品品質表示法　家庭用品に正しい品質表示をつけるよう定めた法律。1962年に制定され、繊維組成や取扱い方法、原産国表示などが義務づけられています。

客単価　客1人当たりの平均購入金額のこと。

客導線　客誘導には、主導線と副導線があり、主導線は店内において顧客がスムーズに流れるよう回転性を重視した導線。副導線は売り場の隅々まで回遊できるように設定する導線のこと。

キュー・マーク (Q mark)　Qはクオリティ（quality）の頭文字で、消費者の商品選択の目安とできることを目的に、繊維製品総合検査基準に基づいて検査し合格した商品に許可されるマーク。

軽衣料、重衣料　衣料品を感覚的な重量感で区分する呼び方。軽衣料はシャツや下着類、重衣料はドレスやコート類を指すといわれますが、厳密な定義はありません。

検品　製品を発注書と照合し調べること。抜き取り検査とすべてチェックする一品検査があります。

コレクション (collection)　デザイナーやアパレル・メーカーが新作を発表するファッション・ショーや展示会のこと。また、消費者や小売り業者に対してシーズンに先駆けて提示する新作商品の一群をいいます。もともとはパリのオート・クチュールの作品発表会をこう呼んだことが始まりで、1970年代以降は、オート・クチュールではなくプレタポルテの

コレクションを指すようになり、パリ・コレと略称されて現在に至ります。

サイズ (size)　衣料のサイズは、JIS（日本工業規格）で規定された標準規格に基づいています。少年用、少女用、成人男子用、成人女子用、ファンデーションなどがあり、衣服の大きさが衣服寸法や記号で表されます。たとえば、9ARというサイズ表示の場合、9はバスト83cmの9号、AはA体型で成人女子の身長とバストの組み合わせでもっとも多いヒップのサイズで示される体型になります。なお、B体型はAより太目、Rは身長158cmの記号で普通を意味するレギュラー（regular）の略です。またセーター類のようにフィット性をあまり必要としない衣服については、S（スモール：small）、M（ミディアム：medium）、L（ラージ：large）などの記号で表示されます。

ジー・マーク (G mark)　グッド・デザイン・マーク（good design mark）の略。1957年より実施されている優良な生活用品につけられるマーク。

ゾーニング (zoning)　店舗コンセプトや商品構成のストーリーに基づいて、売り場をくくること。つまり、ブランドやアイテム別などに商品グループ化を行い、それに沿って売り場をくくり、配置すること。

タグ (tag)　下げ札、つけ札のこと。

定番商品　品番（商品番号）が常に一定し、一定量の売上が期待される商品。流行の影響を受けないベーシックなもので、ステープル商品と同義。ステープル（staple）は、主要部分の意味。

ディスプレー (display)　陳列、展示の意味で、商品に演出性を与えること。アイランド・ディスプレー（island display）は、島陳列ともいい、通路で囲まれて島のように孤立した島状のディスプレー。オープン・ディスプレー（open display）は、テーブルや棚の上に商品を並べるディスプレー。クローズド・ディスプレー（closed display）は、ショーケース内展示のこと。エンド・ディスプレー（end display）は、陳列台やハンガー陳列什器の端などに、コーディネート陳列などを行うことで、インパクトの強い視覚的演出が得られます。

箱売場、平場　箱売場は、箱のように周囲を囲った空間の売場。イン・ショップ（in shop：ショップ・イン・ショップの略で店舗の中の店の意味）形式の売場のこと。対義語は平場で、百貨店の社員が仕入れ、販売している売場。平場は、以前は普通（プロパー）売場と呼ばれていました。

平台　商品陳列用の陳列台のことで、平底船の形のものはゴンドラといいます。

ファサード (façade)　建物の正面。路面店の街路に面した正面、百貨店のイン・ショップやショッピング・センターのテナントの入り口部分を指します。

ファンシー・グッズ (fancy goods)　グッズは商品の意味で、装飾的な小物やアクセサリー類、化粧品類のこと。

フェイシング (facing)　商品の表面、正面などをフェイスといい、フェイシングは陳列した商品の数量やバリエーションが連続して見える部分のことです。

ブリッジ・ゾーン (bridge zone)　ブリッジは架け橋の意味で、従来的な概念の商品アイテムや価格ゾーンなどのどこにも属さない中間領域を指す言葉。

プロパー (proper)　「適当な」あるいは「本来」の意味で、適正な価格や正価で販売される商品のこと。

リニューアル (renewal)　既存の店舗改装や商業施設を一新させて、活性化させること。

レイアウト (layout)　商品構成のストーリーに沿って、客の流れを把握しながら什器の配置・配列をすること。

セールス・プロモーション (sales promotion)　略してSP。販売促進のこと。販売を拡大するために、広告や宣伝、広報、イベントなど考えられるさまざまな手法で需要を喚起、刺激すること。類義語のキャンペー

ン（campaign）は、一定期間に集中的に展開される販促活動。

イベント (event)　催事のこと。主として文化的催事。バーゲン・セール（bargain sale）もその1つ。バーゲンは、見切り品、特価品の意味で、廉価で販売すること。

アイ・キャッチャー (eye catcher)　人目をひくものの意味で、人々の目を捉える視覚的要素のこと。たとえば店頭ディスプレーやショー・ウインドーなど。

インセンティブ (incentive)　誘因、刺激の意味で、販売戦略において販促のために設けられる報償のこと。一般に消費者に対してはサービス券やクーポン券、小売業者にはリベート（rebate：世話料）、自社の社員には表彰や報奨金などが主。

コンサルティング・セール (consulting sale)　客の相談相手になり、欲求に合う商品を推薦したり提案したりする方法。顧客に対してパーソナルなコミュニケーションを行えるプロの販売が求められる時代では、重要な販売方法になると見られています。

セールス・ポイント (sales point)　商品やサービスの売り込みのポイントになる優れた点。セリング・ポイント（selling point）ともいいます。

パブリシティ (publicity)　広告、宣伝の意味で、類義語のアドバタイジング（advertising：略してアド）が有料広告の意味合いで使われるのに対し、パブリシティはマスコミ媒体に自社のニュース性のある情報を提供し、それを無料で取り上げてもらう間接広告を指します。

プレミアム (premium)　商品に添えて提供される景品。類義語のノベルティ（novelty）は、広告主の社名やブランド名などを入れた販促用の物品。

POP (ポップ) **広告**　POPはpoint of purchaseの略で、購買時点の意味。広義では小売店の店内外の広告すべてをいいますが、狭義ではポスターや看板、ディスプレーなど店内に置かれる広告のことです。ショーカード（show card）もその1種で、商品の特徴、特性、取扱い方法などを記

して商品につけたり、またそばに置いたりするカード。

プライス・ゾーン (price zone)　アイテムごとの売価の上段と下段の範囲のこと。

ベスト・プライス・ゾーン (best price zone)　最高級ゾーンで、格調ある有名プレタポルテ・ブランドなどの特選売場など。別名プレステージ・ゾーン（prestige zone）。

ベター・プライス・ゾーン (better price zone)　ベスト・ゾーンまではいかないが、中より上のゾーン。一般にいう高級品売場の品揃えや売価帯。

モデレート・プライス・ゾーン (moderate price zone)　中程度の価格帯。別名ミドル・ゾーン（middle zone）。

ボリューム・プライス・ゾーン (volume price zone)　もっとも販売量の大きいゾーン。別名ポピュラー・ゾーン（popular zone）。

ブランド (brand)　銘柄、商標の意味。商品・サービスを象徴するもので、品質や名称、サイン、マークなどの総称。トレード・マーク（trade mark）は登録商標の意で、屋号や企業のマークのこと。

アトリエ・ブランド (atelier brand)　アトリエのような小規模のメーカーが打ち出す、独創性を強調した商品のブランド。

インポート・ブランド (import brand)　単なる輸入品全般ではなく、多くの場合、欧米の伝統的老舗あるいは高度なファッション性やステータス性で知られる輸入ブランド品などを指して使われます。

セカンダリー・ライン (secondary line)　高級ブランドの普及版の商品グループで、ブランドのイメージを守りながらリーズナブルな価格で提供される一格下のブランド。別名ディフュージョン・ライン（diffusion line）といい、ディフュージョンは「普及版」の意味。

チョップ (chop)　インド英語で品種の意味で、中国貿易において商標

の意味で使われてきた言葉。日本では素材メーカーが縫製まで品質管理して商品化したものをいいます。またダブル・チョップ（double chop）は、ダブル・ブランド（double brand）ともいい、メーカーと販売する側の双方の商標をつけたものです。

DCブランド　Designer's and Character's brandの略称。デザイナーによる創造的なデザイン性を特徴とするデザイナーズ・ブランド（designer's brand）と、ブランドの個性を強調したキャラクター・ブランド（character's brand）を併せた呼称。1980年代の、高感度志向にのって一大ブームを巻き起こしました。

ナショナル・ブランド（national brand）　大手アパレル・メーカーの主力商品のように、知名度や商品のシェアが全国的規模にわたっている製造業者ブランド。略称はNB。これに対して、大手の小売業者の独自開発商品に対してつける商標をプライベート・ブランド（private brand：略称PB）といいます。またオリジナル・ブランド（original brand）、あるいはストア・ブランド（store brand：略称SB）とも呼ばれます。

ライセンス・ブランド（license brand）　海外や国内の有名企業とライセンス（license：技術、製品、商標などの使用許可）契約をし、ロイヤルティ（loyalty：使用料）を支払い、製品のデザインや製造技術の提供を受け、提携企業のブランド名を使用して販売されるブランド。

マーケティング (marcketing)

　マーケティングとは、自社商品を市場に浸透させるために、消費者が何を求めているかを調査し、求められている商品を供給し、それを広告や販売促進活動によって知らせ、より多くの人に販売して、新しい顧客満足を創造する仕掛けと仕組みを作る企業活動のすべてのことです。ここでは、市場戦略の視点として重要視されているマーケティングに関する用語を取り上げています。

ウオンツ、ニーズ、シーズ（wants, needs, seeds）　ウオンツは「必欲品」と訳されて趣味的な要素の強い商品をいうことが多く、ニーズは生理的、身体的に必要な必需品、シーズは種の意味で、将来ニーズになる可能性のあるものをいいます。

カスタマー・サティスファクション (customer satisfaction) 略してCS。顧客の商品やサービスへの満足という意味。市場の主導権が顧客にあるマーケット・インの時代において、顧客満足度の高い商品づくりが重要なテーマとなっており、顧客の顔の見えるマーケティングが求められています。

コーポレート・アイデンティティ (cooperate identity) 略称CI。企業イメージの総合戦略の意味。自社の存在意義や独自性について、一貫性や統一性のある自己表現を行うことです。

コンシュマー・オリエンテーション (consumer orientation) コンシュマーは消費者で、消費者志向の意味。消費者の欲求、ニーズやウオンツを調査研究して、本当に求められているものを提供していこうとする姿勢をいいます。なお、エンド・ユーザー (end user) は最終使用者の意味で、消費者のこと。類義語の生活者は、消費者の新しい概念を表す言葉で、自己の生活を受身ではなく主体的に創造していく人々というニュアンスがあります。

時系列分析 時間を追って変動する現象を継続的に観察・分析し、将来の予測を行うこと。

シナジー効果 (synergy effect) 相乗効果の意味。1+1=2ではなく、3にも4にもなるような効果。新製品の発売が、既存商品の販売にプラスに働くような場合に用いられます。

スクリーニング (screening) 選別、ふるいにかけるという意味で、商品開発にあたって、新しい商品企画アイデアを検討し、商品化の可能性の高いものを選び出すこと。

ストア・アイデンティティ (store identity) 略称SI。コーポレート・アイデンティティを小売企業に限定し、自店のより良いイメージを内外で形成しようとする経営戦略。

ポジショニング (positioning) 自社、自店、自社ブランドなどの市場における相対的な位置づけのこと。

マーケット（market）　市場の意味。購買者層、また商取引流通が行われる場面や場所のこと。

マーケティング（marketing）　市場戦略。生産から販売まで、自社商品を市場に浸透させる仕組みや仕掛けをつくる企業活動のすべてを指す言葉。

マーケット・シェア（market share）　市場占有率。

マーケット・リサーチ（market research）　市場調査や消費者調査。企業が消費者の欲求を知るために調査し市場分析すること。消費者の立場から商品に対する感想や意見を提出するモニター（monitor）を使っての商品調査も含まれます。

市場細分化 (marcket segmentation)

マーケット・セグメンテーションともいいます。ライフスタイルが多様化し個性化が進むにつれ、メーカーや小売店はターゲットとする顧客を分析し、ターゲット別に所得、地域、嗜好、年齢、職業など、販売に影響を与える要因のすべてを考慮して細分化し、きめ細かいマーケティングを展開しています。ここでは市場細分化でよく使われる用語を取り上げています。

クラスター（cluster）　群、果物の房の意味で、集団という意味で使用されます。類似したライフスタイルの人々を1つのクラスターとしてとらえ、そこからいくつかのクラスターを抽出して、ライフスタイルを分類・整理することをクラスター分析といいます。マーケティングの基礎資料として活用されます。たとえば、アドバンス（advance）は、流行に敏感で、最先端のライフスタイルを身につけているクラスター。その対義語はコンサバティブ（conservative）。また、イノベーター（innovator）は、革新する人の意味で、新たな動向を創造したり推進したりする人々、とくに消費者の中で先端的なファッションを身につける階層（同義語はトレンド・セッター：trend setter）のように、消費者を集団化して捉えます。

ターゲット（target）　標的の意味で、マーケティングの対象となる客層

のこと。年齢別にベビー（baby：生後1歳まで）、トドラー（toddler：よちよち歩きの2〜4歳の幼児）、チャイルド（child：3〜6歳の女児・男児）、スクール（school：学童期の小学生）、ジュニア（junior：12〜17歳くらいの年少者のこと＝ティーンズteensとほぼ同義）、ヤング（young：ハイティーン〜20代前半）、ミズ（Ms.：未・既婚に関係なく女性につける呼称）、ミッシー（missy：25〜33歳くらいの若い主婦のことで、ヤング・ミセス：young Mrs.とほぼ同義）、ヤング・アダルト（young adult：男性は27〜35歳、女性は25〜33歳くらい）、アダルト（adult：男性では30代半ば〜40代半ば、女性は30〜40歳くらい）のように客層を分けます。この他、シルバー・マーケット（silver market：高齢者対象の市場）、シングル・マーケット（single market：独身者対象の市場）、ニッチ・マーケット（niche market：ニッチは「すき間」の意味で、すき間市場）、市場の盲点を狙ったニュー・ビジネス（new business）などの客層を想定することがあります。

プロダクト・セグメンテーション(product segmentation)　製品の細分化。マーケティングの目的を明確化させるために、その製品自体の特徴を細分化し、分析すること。その基準として、ライフ・サイクル（life cycle：商品寿命のこと。商品が市場に登場し、普及し、やがて他の商品にとって替わられ、衰退し、廃棄されるまでの過程）、ライフ・ステージ（life stage：人の一生を幼年期、青年期、壮年期、老年期に段階区分したもの）、マインド（ヤング・マインドなど、顧客の感覚的な年齢）、テイスト（顧客の趣味、嗜好）、用途、服種などさまざまな切り口があります。

ライフスタイル・マーケティング(lifestyle marketing)　消費者をライフスタイル別に細分化し、マーケティング活動を行うこと。さまざまな角度からライフスタイルを分析することは、マーケティングに欠かせない戦略です。

ライフスタイル(lifestyle)　個人の行動、関心、意見によって実現される生活パターンのこと。生活様式といわれます。

ライフスタイル・ショップ(lifestyle shop)　ライフスタイルをテーマに提案するショップで、衣食住全般にわたって関連性のある商品が集積し陳列されています。

クオリティ・オブ・ライフ(quality of life)、**クオンティティ・オブ・**

ライフ (quantity of life)　前者は、生活の質の意味で、経済効率や立身出世だけを追求するのではなく、自分の生活の質を重視する姿勢。後者は、人の一生の生活時間はどれだけあり、その中でどの程度の仕事や実績を上げることができるかという考え方を意味しています。クオンティティは量の意味。

商品企画

　マーケティング目標を達成するためにメーカーが商品を開発する活動が商品企画で、アパレル企業ではブランド理念やコンセプトのもとでスタイリング、アイテムなどの諸事項を構成要素として商品を企画し、あわせて価格・生産数量・納期などを計画します。

コンセプト (concept)　概念、基本的な考え方のこと。単なるイメージやアイデアではなく、根幹になる考え方の体系で、商品企画や販売戦略、広告計画、店舗開発などで使われる用語。とくに商品企画コンセプトを的確に反映したデザイン・モデルのことをプロトタイプ (prototype) と呼びます。

ファッション・マップ (fashion map)　特定のトレンドや周期的に変化するファッション・サイクル (fashion cycle) などを念頭に作成したファッション・テーマ (fashion theme) に沿って、色や柄、スタイル、素材などの特徴をビジュアルにまとめ、一目でイメージできる形にしたもの。商品企画のプレゼンテーションでよく用いられます。

小売マーチャンダイジング

　小売業では、適切な商品構成と売場編成を計画し、実行するため、ショップなどの業態コンセプトと、シーズンや販売月のコンセプトに基づいた商品計画、つまりマーチャンダイジング (marchandising) が欠かせないものとなっています。ここではマーチャンダイジングに必要な専門用語を解説します。

オーバー・ゾーニング・マーチャンダイジング (over zoning merchandising)　従来の年齢や性別、品目などによる売場区分（ゾーニング）を超越し、消費者側の視点に立って、新しいライフスタイル提案をする

など、こだわりをもった切り口で商品構成を行うマーチャンダイジング。

自主マーチャンダイジング　自主MDともいい、小売業がアパレル・メーカーなどに依存せず、リスクをもって自ら主体的に商品づくりを行うこと。他店との差別化を図る狙いもあり、強化されているマーチャンダイジング。

ビジュアル・マーチャンダイジング (visual merchandising)　略してVMD。「視覚的商品化計画」の意味。とくにビジュアル・プレゼンテーション（visual presentation：視覚に訴える効果的な訴求方法で略してVP）を演出することをいい、単に売場のディスプレー技術をいうのではなく、企業やブランドの商品企画コンセプトを顧客が目で見てすぐわかるように、売場を通じてセールス・プロモーションしていくことです。小売マーチャンダイジングに欠かせない重要な手法となっています。

ファッション・ビジネスの職種

　ファッション・ビジネスにおける業務内容はたいへん幅広く、職種も多岐にわたります。また同じ名称の職種でも、企業分野などにより仕事が異なる場合があります。さらに昨今は業界構造が変化し、業種、業態の枠が外れて、相互乗り入れをしているのが実状です。専門分野の多角化と職種横断の複合化・多様化の波は、今後ますます強まるでしょう。

イラストレーター (illustrator)　元来、挿絵画家のことでしたが、商業デザインの分野で商品のイメージやアイデアを視覚的に表現するアーティストをいいます。

カラリスト (colorist)　カラー・コーディネーター (color coordinator) ともいい、色彩のコンサルタントで、活動分野は広範囲にわたります。企業内で色彩効果や流行色を分析し、色彩計画を打ち出したり、商品構成や品揃えの際の色の取り揃えを専門的に行ったりする色彩の専門家。また社会心理学とデザインなどを融合させてトータルなカラー・イメージをつくり上げ、ファッション・カラーの選定をしたりするカラー・アナリストとも呼ばれる、新しい分野の仕事もあります。さらに個人を対象に、肌や髪の色を診断し、その人にもっともよく似合うパーソナルカラーを提案する仕事も含まれます。

クリエイター（creator）　創造的な仕事をする人の意味。とくにパリやミラノなどのコレクション・ショーで活躍するデザイナーをこう呼びます。仏語でクレアトゥール（créateur）。

コピー・ライター（copy writer）　広告の文案担当の専門家。

ストア・マネージャー（store manager）　チェーン展開の小売店の店長のこと。

スーパーバイザー（supervisor）　ストア・マネージャーに助言し、指導する専門家であり、チェーン店と本部の間にあって、売れ筋商品を把握し、仕入れの判断を行います。

スタイリスト（stylist）　1つはアパレル・メーカーなどで、商品企画のテーマ設定を行い、具体的な商品イメージをつくり上げる専門家で、仏語のスティリストに相当する職種。もう1つは、ファッション雑誌やショーなどの撮影でイメージやテーマに合わせて、トータルな着こなしを完成させるスペシャリスト。さらにタレントや映像、舞台でのスタイリングを担当するスペシャリストもスタイリストと呼ばれます。

テキスタイル・コーディネーター（textile coordinator）　デザイナーが商品企画で意図する糸から織り・編み・色などの素材のテキスタイル・コーディネートを提案する人。

テキスタイル・デザイナー（textile designer）　布地の織り・編み、プリント柄などのオリジナルなデザインをする専門家。糸そのものの企画から行うテキスタイル・デザイナーや、生地のデザインをする人、その生地のプリント図案や織柄を考案する人、またニット・デザイナーのように糸から製品まで一貫したデザインを行うデザイナーも増えています。

デコレーター（decorator）　装飾業者。ショー・ウインドーや展示会などのディスプレーで、店の特徴やテーマなどに合わせて、商品を飾りつける職業。

バイヤー（buyer）　卸、小売の流通業で、マーケティング分析に基づき、担当の商品の仕入れ計画・管理などのバイイング（buying：仕入れ

活動）を行う統括責任者。米国ではマーチャンダイジング、販売計画・促進、在庫管理などのスペシャリストをいいますが、日本では一般にこの担当者をマーチャンダイザーと呼んでいます。

パターン・メーカー（pattern maker）　パタンナーともいい、デザインを具体的に立体や平面技法を使って、パターン（型紙）をつくり、縫製技術を指示する人。

ファッション・アドバイザー（fashion adviser）　店頭において顧客の求める商品をアドバイスし、着こなしからワードローブへの提案までの提案機能をもった販売員のこと。略してFA。ハウス・マヌカン、ショップ・スタイリストともいい、単なる店員に代わる日本的呼称。

ファッション・エディター（fashion editor）　雑誌・新聞などのファッション・ジャーナリズムの編集者。

ファッション・コーディネーター（fashion coordinator）　コーディネーターは「調整役」の意味。ファッションに関する内外の情報を収集、分析し、商品企画の立案や販促計画などについて助言し、企業の各部門をファッションの面からコーディネートする専門職。アパレル企業ではチーフ・デザイナーやMDと、また小売企業ではバイヤーあるいはMDと二人三脚となり、マーケティング情報の分析や商品コーディネーションを行うスペシャリスト。

ファッション・コンサルタント（fashion consultant）　コンサルタントは「顧問」の意味で、ファッション企業の経営・管理の相談役。とくにビジネス面でファッション予測や商品企画の指導・助言を行う人、または企業をいいます。

ファッション・ディレクター（fashion director）　ディレクターは「指揮者、監督」の意味で、企業の経営やマーケティングに参画し、商品化計画等に関与し、経営側と企画側（MDやデザイナー）との関係を調整し、企画政策を提案する。ファッション関連のすべての事柄に関わり、責任も仕事の範囲も広い役職。

ファッション・デザイナー（fashion designer）　新しいファッション・

デザインを考案する人。独創的な作品が評価されるオート・クチュールのデザイナーのクチュリエ（couturier）や、プレタポルテ・コレクションで活躍するクリエイター（creator）と呼ばれるデザイナーから、企業内でMDと二人三脚で、その企業、部門の商品化計画によるターゲット設定をしたファッション・デザインを提案するデザイナーまで、求められる資質はそれぞれで異なり、区別されます。

プレス（press）　仏語のアタッシェ・ド・プレス（attaché de presse）の略称。企業や部門における広報窓口担当者で、とくにデザイナーに代わって、自社や自社ブランドのイメージをジャーナリズムに正しく伝える役務を担い、スタイリストへの商品貸出しなども重要な仕事の1つ。

ファッション・ライター（fashion writer）　服飾評論家で、新聞や雑誌にファッション関係の記事を書く人。

マーケティング・ディレクター（marketing director）　別名、マーケティング・プランナー（marketing planner）、またマーケッター（marketer）と略称されます。市場情報等に基づいて企画、生産、販売、販促計画までディレクション（方向付け）を行い、MDの業務運営に政策情報を与える、市場戦略分野のスペシャリスト。

マーチャンダイザー（merchandiser）　略称MD。流通業で商品構成計画から仕入れ、販促、在庫管理などの統括と数値責任をもつスペシャリストで、米国のバイヤーにあたる職種。とくに小売業でマーチャンダイズ・マネージャー（merchandise manager）というと、各部門の商品コーディネーション運営責任者で、バイヤーを育成、管理する役務を担う役職。なおアパレル・メーカーでも、商品企画や販促、生産計画などを統括する専門家をマーチャンダイザーと呼んでいます。

マヌカン（mannequin）　仏語で、ファッション・モデルのこと。

モデリスト（modeliste）　仏語で、モデリング（modeling：模型を作ること）をする人のこと。デザイナーの創作したスタイル画どおりに、忠実に実際の作品見本をつくる人です。一般に、クチュリエ（couturier：オート・クチュールのデザイナー）に雇われて、デザイナーの仕事を助ける役割をもちます。

流行色

時代のある感性が色に表れたものが流行色です。
江戸時代、明治・大正、昭和の各時代ごとに、
時代の反映を、流行色に見ることができます。

流行色

　商品計画に組み込まれる色彩計画の1つが流行色の特徴です。ファッション商品には欠かせないのが流行色ですが、その要因や特徴などをあげます。

商品計画と流行色情報　新しいシーズンのために商品計画が立てられます。計画にはいろいろな要素が加えられますが、その1つが色彩です。とくにファッション商品は、生活者志向に沿った「魅力あるもの」が優先されるので、感性に訴える力が強い色彩の計画が大切にされます。流行色には季節の新鮮さが反映され、また時代の感性を表すものなので、流行色に関しての情報を欠かすことができません。

流行色情報の発信元　流行色情報は商品計画の状況を勘案して、約2年前に発表されます。もっとも早く発表されるのはインターカラー（国際流行色委員会）です。インターカラーで発表される流行色に基づいて、JAFCA（流行色情報センター）が、国内の市場向けに流行色を発表しています。

インターカラー（Intercolor）　インターカラー委員会は1963年に発足した流行色に関する国際機関で、2009年11月現在12か国が加盟しています。中国、ドイツ、イギリス、フィンランド、フランス、ハンガリー、イタリア、日本、韓国、ポルトガル、スイス、トルコ、タイ。インターカラーは、約2年先の流行色情報になります。インターカラーを選定する委員会は年2回パリで原則的に開催されますが、加盟各国の参加とともに、国際羊毛事務局（IWS）、国際綿花振興会（IIC）や、ヨーロッパの生地メーカーの組織団体などがオブザーバーとして参加しています。

JAFCA　流行色情報センター。1953年に日本流行色協会として発足した、流行色に関する色彩情報機関で、現在は、流行色情報センターと

改称されています。流行色情報は、ウイメンズウェア、メンズウェア、プロダクツ・インテリアなどの部門が発表されています。JAFCAは会員組織で、製品メーカー、販売関係などの企業が会員となり、その流行色情報を受けています。

流行色情報の経緯　流行色情報は、インターカラーからJAFCAへとつながります。その経路は、次のようになっています。
①パリで開催されるインターカラー委員会で流行色を決定し、決定色を加盟各国に配布する。
②JAFCAで、部門別の専門委員会を開催し、流行色の検討と選定する(インターカラーは参考資料、専門委員は企業の企画部門などの担当者)。
③流行色の発表とともに、決定した流行色をカラーパレットにして会員に配布する。
④流行色情報を基に、会員企業が商品計画する。

海外の流行色情報　流行色情報は、インターカラー、JAFCAの他に、各国から次のような機関団体から発表されます。The Woolmark company（ザ・ウールマーク・カンパニー）、Première vision（プルミエール・ビジョン／フランス）、Moda in（モーダ・イン／イタリア）、CAUS（カウス／アメリカ）、View colour planner（ビュー・カラー・プランナー／オランダ）、Here & there（ヒア・アンド・ゼア／アメリカ）、FM（エフ・エム／イギリス）、Cotton incorporated（コットン・インコーポレーテッド／アメリカ）

カラー映画と流行色　カラー映画が登場するのは1950年で、そのスクリーン・ファッションからの色が流行色として現れます。「赤い靴」(1950年)から赤、スタンダールの「赤と黒」(1954年)から赤と黒、「初恋物語」(1958年)からモーニングスター・ブルー、「黒い稲妻」(1959年)からザイラー・ブラックなどが流行色になりますが、素材メーカーやアパレルメーカーが映画会社と提携したカラー・キャンペーンでもありました。同じころに、百貨店のカラー・キャンペーン「イタリアン・ブルー」や、化粧品メーカーの「キャンディ・トーン」などがありました。

イベントから発生した流行色　社会で、大型のイベントが開催されると関連する流行色が現れます。1959年に皇太子（現天皇）と美智子

妃（現皇后）とのご成婚時に慶祝カラーがJAFCAから発表され、明るい品のよい色が流行色になりました。東京オリンピック（1964年）の際には、日本調の色がオリエンタル・カラーとして流行色になり、メキシコオリンピック（1968年）の際は強い色調のメキシカン・カラーが流行色になりました。

オイルショック以前の流行色　1973年、石油産出国の原油価格の高騰と生産削減などによって、世界規模のオイルショックが起こりました。それまでの時代は高度経済成長期と呼ばれるように、消費が盛んで「消費の美徳」と世相が例えられました。メーカーや百貨店などから販売促進策としてキャンペーンが活発に行われ、1962年の「シャーベットトーン」をテーマにしたコンビナート・キャンペーンが展開されました。このような消費の活性化傾向が、オイルショックを契機にして大きく様変わりしました。

オイルショック以後の流行色　オイルショックの余波から、低経済成長期ともいわれる不景気な時代を迎えました。生活志向は生活防衛型になり、購入姿勢は衝動型から選択型に変わって、「消費の美徳」から「節約の美徳」に例えられる様相になりました。変化を尊重するファッションから、不変性のあるファッションに価値観が移り、インベストメント・クロージング（投資価値の高い洋服）への関心がもたれました。活発に展開されていた販売促進のキャンペーンも行われなくなりました。

　高度経済成長期には、重工業が優先されて自然破壊や公害問題が発生しました。オイルショックは自然志向への契機の1つでもあり、1970年代の流行色はその傾向を反映してナチュラル・カラーが主流になります。自然と生活環境への関心は「エコロジー」と呼ばれ、世界各国の共通問題となり、流行色は、ナチュラル・カラーからさらにエコロジー・カラーと称されるようになりました。

サブ・カルチャーと流行色　1965年前後の様相は、サブ・カルチャー（sub culture：若者文化）の時代と呼ばれました。日米安全保障条約の反対運動が、学生たち若者中心に行われたことがきっかけとなった、社会動乱期でもありました。ファッションへの考え方は大きく変わり、ファッション・イズ・フリー（自由なファッション）ということが叫ばれました。流行色の使われ方としては、「赤は女性の色」とされて

いたことから男性にも使われて「ノンセックス（男女の区別なし）」と、秋冬の色とされる濃い色が夏の流行色になり「ノーシーズン（季節性なし）」ということもいわれるようになりました。ピーコック革命（1967年）は、メンズ・ファッションのカラフル化として流行語となり、カラーシャツも流行します。同じころに「サイケデリック」も流行しました。また、コンプレックスハーモニー配色と呼ばれる不調和な配色が、「不調和な調和」として流行したのもこの頃でした。1970年代には落ち着いた自然志向へと変わりましたが、サブ・カルチャーといわれたこの時代がもたらしたのは、ファッションや流行色などを含めた新しい価値観の創出でした。

流行色の関連用語

　色彩に関して約束事のような用語があるように、流行色にもその用語があります。ファッション誌などの記事に使われる用語を知ることで、流行色の構造を理解することができます。

アースカラー（earth color）　1970年代頃に自然志向が現れ、1973年にその特徴を見せるアースカラーが流行しました。ベージュなどの茶系が主調色です。

アソートカラー（assort color）　アソートとはそろえる、調和するということですが、流行色との組み合わせで調和をはかる色をアソートカラーといいます。

アドバンスカラー（advance color）　次シーズンの流行色情報のこと、商品計画への情報。

アプリケーションカラー（application color）　トレンドカラーの応用範囲を広くするために、色のバリエーションを見せるカラーグループ。

エコロジーカラー（ecology color）　1990年代、宇宙・地球規模の公害問題と生活環境への問題提起が、エコロジーと呼ばれ世界各国の共通認識になりました。ファッション、流行色も同調してエコロジーカラーという用語が流布しました。基本的にはナチュラルカラーです。

オリエンタルカラー(oriental color) 東洋調の色という意味で、東京オリンピック開催期に流行した、日本調の青や、赤、紫などの色や渋いトーンを指します。

カーキ(khaki) 「土ぼこり」を語源とする茶色のことで、もともとは軍服の色でした。1970年代のベトナム戦争時には、米国軍の軍服の緑色がカーキと呼ばれました。1972年頃には、アーミールックの流行とともに緑色のカーキが流行色になりました。

カラーキャンペーン(color campaign) オイルショック以前、1950年代から60年代末まで、流行色などをテーマにしたカラーキャンペーンが販促活動として展開されていました。カラーキャンペーンは、繊維素材メーカー、アパレル、化粧品メーカー、百貨店などから発表されました。

カレントカラー(current color) よく知られている流行色のこと。

生成 1970年代の自然志向で流行したナチュラルカラーに含まれる未漂白の素材色。ベージュ、エクリュともいいます。

黒 1982年頃に黒が流行し、DC(デザイナー&キャラクター)ファッションが現れました。デザイナーの個性にあふれたファッションで使われた色は、主に黒、紺、白などでした。黒はフォーマルな色という既成概念から、ファッションカラーとして若者たちの連帯感につながる色へと変化しました。

コロネーションカラー(coronation color) 1953年に英国のエリザベス女王の戴冠式を慶祝して、英国色彩評議会(BCC)から発表された流行色。JAFCA創立の契機となる、英国発の流行色です。

コンビナート・キャンペーン(kombinat campaign) 繊維素材や化粧品や菓子メーカー、百貨店などの異業種企業が協同で、カラーキャンペーン展開で販促活動をすること。単一企業によるカラーキャンペーンに代わる画期的なこととして話題を集めました。

サイケデリックカラー(psychedelic color) 1967年に流行した配色。

蛍光色や原色を主調の過剰な色使いで、幻覚剤を飲んで描いたようだといわれました。「サイケ調」とも呼ばれます。

シャーベットトーン (sherbet tone)　涼菓子のシャーベット・イメージの淡い色調の流行色。1962年流行色のカラーキャンペーンで、コンビナート・キャンペーンとして取り上げられました。

セリングカラー (selling color)　流行色としてよく売れている色のことです。

ダスティカラー (dusty color)　1965年前後に出現した、グレーイッシュな汚れ感覚の流行色。1970年初めに流行した質素志向（チープシック）に関連するカラーグループです。

ディレクションカラー (direction color)　次シーズンに注目が予想される流行色情報のことで、アドバンスカラーと同じような意味です。

定番色　流行色は年ごとに、また季節ごとに変化しますが、定番色はいつでも安定してよく売れる色のこと。紺色、茶色、黒、グレー、緑色など、ベーシックカラーといわれるカラーグループです。

トピックカラー (topic color)　主流になっている流行色に対して、偶発的に現れる流行色。しばしばマスコミ上で話題になり、トピックカラーと呼ばれます。一時的な流行色であり、話題性がなくなるとともに消滅してしまいます。

トリコロール配色　トリコロール (tricolore) は、フランス国旗の青、白、赤の3色配色のこと。東京オリンピック開催時に、明快なスポーツ感覚として流行配色になりました。

トレンドカラー (trend color)　次シーズンの方向や傾向を示す流行色のこと。早期に発表される流行色の全体傾向が、特徴的に示されます。

ナチュラルカラー (natural color)　1970年代に自然志向を表した流行色。当初はアースカラーである茶系が中心でしたが、緑系、青系などの自然の色も含めるようになり、さらに宇宙規模の生活環境への関心から

「エコロジーカラー」へと変化しました。

ニュートラルカラー (neutral color)　色彩学では、白、黒、グレーなどの色みのない無彩色をいいますが、ファッションや流行色では、色みのある無彩色をニュートラルカラーということがあります。カラードグレー、オフ・ニュートラルの範囲です。

ノートカラー (note color)　トレンドカラーの中で、とくに注目され、期待できる流行色のこと。

フォーキャストカラー (forecast color)　フォーキャストは予測、予報の意味。インターカラーやJAFCAなどから発表される流行色情報はすべてフォーキャストカラーです。

フューチャーカラー (future color)　流行色情報は原則として次シーズンを対象として発表されますが、それよりもさらに先のシーズンを対象にした流行色情報のことをフューチャーカラーといいます。

ブルー (blue)　ブルーは定番色であり、自然志向を表すナチュラルカラーです。また、ジーンズを象徴する色でもあります。1960年代に平和を願い、ベトナム戦争反対する若者達の服装は、ブルージーンズに象徴されます。1972年頃には、自然志向に沿って濃いブルーから明るいブルーのブリーチアウトジーンズが流行し、さらに1972年後半には色むらを特徴とするストーンウォッシュジーンズも流行します。

プロポーザルカラー (proposal color)　提案色のこと。パリでインターカラーを選定する際に、あらかじめ加盟国から候補になる流行色が提案されます。これをプロポーザルカラーと呼びます。

プロモーションカラー (promotion color)　販促のために、宣伝活動に注目や話題を集めるための流行色。カラーキャンペーンと同じ意味です。

ベーシックカラー (basic color)　季節に関わらず、常に用いられる色のこと。定番色はベーシックカラーの1つ。また、誰にでも安心して用いられ、好まれるような色であるナチュラルカラーもベーシックカラー

に含まれます。

モノトーン (mono tone)　「モノ」は、「単独の、単調な」という意味で、モノトーンは抑揚のない調子のことです。有彩色、無彩色に関わらず、明度差が少ない配色などをモノトーンといいます。モノクローム (mono chrome) は有彩色のある1色使いのことですが、これも含めてモノトーンということがあります。

美術様式

芸術作品は時代や地域によってそれぞれの特徴を備えており、それらに共通する表現手法を分類したものを美術様式と呼びます。また、同じ思想や流派の作家による作品、または作家の時代による変遷を区切って類別する際にも、美術様美術様式という用語が用いられる場合があります。

石器時代の美術

人類の芸術的創作活動の夜明けともいえる時代で、狩猟による獲物や生命の神秘に関わる絵画・造形が残されています。プリミティブながらも自然への畏怖が率直に表現され、生き生きとした感性を読み取ることができます。人物レリーフや土器のほか、洞窟などの岩肌に顔料で彩色された壁画が残っています。

アルタミラ洞窟画 (Altamira cave painting)　ヨーロッパの旧石器時代末期であるマドレーヌ期（約20,000〜10,000年前）の洞窟画。スペイン北部、カンタブリア州の州都サンタンデルから西へ30kmほどのサンティリャナ・デル・マール近郊に位置し、1879年に偶然発見されました。野牛、イノシシ、馬、トナカイなどが描かれています。

ラスコー洞窟壁画 (Lascaux dave painting)　ヨーロッパ旧石器時代の区分であるマドレーヌ期に描かれた洞窟壁画。フランスの西南部ドルドーニュ県、ヴエセール峡谷のモンティニャック村の近郊で、1940年に発見されました。馬、山羊、羊、野牛、鹿、カモシカ、人間、幾何学模様の彩色画、刻線画、顔料を吹き付けて描かれたと思わせる人間の手形が残っています。

オーリニャック文化 (Aurignacian)　約30,000〜25,000年?前のヨーロッパ旧石器時代に属します。フランス、ピレネー地方を中心とし、およそベルギーからスペイン、またイタリアを範囲としました。現在確認できる人類の芸術活動は、このオーリニャック文化期からで、フランスのクニャック洞窟には山羊が描かれ、オーストリアのウィレンドルフからは象牙製の女性彫刻像が発見されています。

ソリュトレ文化 (Solutrean culture)　約25,000〜20,000年?前のヨーロッパの旧石器時代の区分で、オーリニャック文化の後に続いた区分。人類が美術造形を始めた初期段階の遺物として、南西フランスから北スペインにかけてのフランコ・カンタブリア地方をはじめ、広範囲で乳房や腰部が強調された裸体婦人像や婦人レリーフが発見されています。

マドレーヌ期 (Madelene)　20,000〜10,000年?前のヨーロッパの旧石器時代の区分の1つで、オーリニャック期、ソリュトレ期の後に続いた区分です。アルタミラ洞窟壁画やラスコー洞窟壁画が描かれたのも、主にこの時代に属している他、少なくない**動産美術**も発見されています。動産美術は、手に持って移動させることが可能な美術のことで、岩壁や建築と一体になっている美術を**不動産美術**といいます。

紀元前時代の美術

　地中海とその周辺地域において国家が誕生するとともに美術も大いに発展しました。彫刻や壁画・絵画のみならず、神殿やピラミッドなどの大型建築が登場し、大規模な造形活動が始まったのもこの時代です。自然の描写に加えて、死後の世界とともに神像や神性を備えた王など、社会の秩序や規範を示す表現も現れました。

エトルリア美術 (Etruscan art)　エトルリア文明は、紀元前8世紀頃にイタリア半島に生まれ、ローマ人によって征服される紀元前1世紀頃まで栄えました。そこに古代オリエントとギリシアのアルカイック期の影響を受け独自の美術を発展させています。地中海諸国の中、もっとも深くギリシア美術を理解していたといわれていますが、ギリシアの均整のとれた人体とは異なるイオニア的重厚性をもつテラコッタ像も発見されています。やがて、ヘレニズムを受け入れてローマへと継承され、ローマがギリシア美術を受容する幹ともなりました。

メソポタミア (Mesopotamia)　イラク共和国を流れるティグリス河とユーフラテス河の流域に発達した世界最古の文明。紀元前6,000年頃には彩文土器が制作されて以降、この地方の彩文土器は格子や三角、ジグザグ、市松などの幾何学文の他、動物文や人物文などのバリエーション豊かなモチーフをもつようになります。その後、紀元前4,000年頃になると、シュメール人が築いた都市国家を中心としてシュメール美術が花開

き、古代バビロニアやアッシリア美術を生む土壌となりました。

シュメール美術（Sumerian art）　紀元前4,000年頃にシュメール人がユーフラテス河下流地域に神殿を中心とする都市国家を建設し、美術活動も神殿を中心として発達します。建築では四角錐のジッグラット（高い峰）という巨大な聖塔が代表的で、頂上には神殿が設けられました。これは聖書に記された「バベルの塔」とされているものです。また、神殿の壁面と柱にはモザイク装飾が施された他、大理石の礼拝者像も多数出土しました。その造形には連続した眉や丸く表された眼部、胸前で手を合わせていることが、多くの遺物に共通しています。また顎鬚を生やした男性像もしばしば見られます、これはシュメール社会の指導的聖職者と考えられています。都市国家の1つであるウルにある王墓からは彫刻「聖樹と牡山羊」が出土しました。木組みを心としてピッチで丸みを整え、表面は金銀、ラピスラズリ、貝殻が覆うこの副葬品には、写実性や左右対称を基本とした構成力を認められ、シュメール美術の発展を伺うことができます。

アッシリア美術（Assyria art）　メソポタミア北方のティグリス河流域を中心としたアッシリアは、紀元前2,000年頃までに優勢な軍事力によって、文化的先進地域であったバビロニアを支配しました。また、宗教や言語においてバビロニアの影響を強くしました。美術では固有の発展をみせ、叙述的レリーフ様式をもちました。またアッシリア独自の美術は紀元前13世紀後半に確立し、この頃から彫塑・レリーフにおける動感が造形に認められるようになります。そしてアッシリアが紀元前1,000年頃にメソポタミアのほぼ全域を帝国の手中に収めると、その美術は地中海域にまで拡大し、フェニキア美術やギリシアの東方化にも影響を与えました。

ペルシア美術（アカイメネス朝、Persian art：Achaemenes）　アカイメネス朝は紀元前550年〜330年?にメソポタミア地域からエーゲ海、そしてエジプト北部までを領地とした帝国。統治した各地の美術を統合した美術様式を確立しました。首都ペルセポリスの多柱式宮殿や、ナクシュ・イ・ルスタムの摩崖墓が代表です。一方、アカイメネス朝が黄金の産地バクトリアを植民地に加えたことで工芸分野で特質を発揮し、金銀の象嵌を駆使した「有翼の山羊」のような精緻な作品も作られました。また、ガラス製品の存在が発掘によって報告されている他、緑釉陶器や円筒印章

なども知られています。

エジプト美術 (Egypt art)　エジプト美術の黎明期は先史王朝（紀元前4,500〜3,500年?）に遡り、河馬や魚、蓮などをモチーフとした彩文土器の他、ブラックトップと呼ばれる上部が光沢がある黒色状の土器、女性土偶などが発掘されています。古王朝（紀元前2,650〜2,270年?前）になると、階段式ピラミッドが造営されるようになりました。また、等身に近い彫像が作られるようになったのもこの古王朝期からで、エジプト美術の個性ともいえる厳格な正面性と左右対照性を保った様式が確立しました。その一方で、顔部の個性的表情や玉眼を象嵌するなど、写実的一面があることも注意したい特徴です。中王国期（紀元前2,200〜1,680年?）になると、巨大ピラミッドは造られなくなり、デイル・エル・バハリに見られるテラス式葬祭殿や神殿が多く築かれるようになりました。彫刻では2大潮流が生まれ、個性を写実的にとらえる新様式と、古王国時代からの伝統を重んじる北方メンフィス派が並立しました。また経済の停滞から木製の小像が多くなってきます。

　エジプト美術が頂点を迎えるのが、次の新王国時代（紀元前1,567〜1130年?）です。この時期には王権の発展が著しく、王の栄光を誇示する巨大神殿や葬祭殿が各地に建造され、それらを飾る巨大な彫像も多数作られました。絵画にも発展が見られ、一種のテンペラやフレスコ技法によって色彩豊かで繊細な描写の作例が残されています。さらに、わずかな期間ですがアメン・ホテプ4世のアマルナ遷都をきっかけとなり、彫刻や絵画に従来の様式とは一線を画する自然主義が発生。人物の個性が強調されて表されるようになる他、優れた婦人像も制作され、エジプト3,000年の美術で異質な時代になりました。エジプト美術を総じれば、その特徴として正面観と側面性を強調した造形がもたらす静謐性が、絶対的な様式として一貫していたといえます。

クレタ美術 (Cretan art)　紀元前3,000〜1,600年?頃に地中海のクレタ島を中心として展開した先史美術。1900年にアーサー・エヴァンズがクノッソス宮殿を発掘し広く知られるようになりました。初期クレタ美術（紀元前3,000〜2,000年?）にはシリアなど周辺地域の影響が認められますが、中期（紀元前2,000〜1,500年?）になると宮殿時代を迎えてクノッソスやマリアに壮麗な宮殿が建造されています。そして新宮時代（紀元前1700〜1400年?）になると、クレタ美術は最盛期となり動植物や人間を写実的、そして自由闊達に描くようになりました。テラ出土の「燕

と百合」のフレスコ画はその特徴を表しており、また陶器画や金属打ち出しも残っています。紀元前15世紀頃の地震によって衰退していきますが、ミュケナイ美術によって継承されて、より広汎な地域へ普及していきました。

ギリシア美術 (Art in Ancient Greece)

　古拙さが残る時代から短期間のうちに美術の古典ともなる様式が完成されたことがギリシア美術の特徴です。とくに彫刻に見る写実性を超えた表現と、黄金律といわれる美術における造形の比率を見出したことはこの時代の芸術家たちの比類なき到達点といえるでしょう。また、ギリシア絵画は陶器に描かれた絵によって知ることができます。

ミュケナイ美術 (Mycenaean art)　紀元前1,600〜1,100年?頃にかけて続いたギリシア本土の先史美術。前代のクレタ美術を継承しつつ独自の発展をみせ、堅牢な城壁や図像の抽象化、簡素化はクレタ美術と一線を画する特徴です。ホメロスによる『イーリアス』の時代とされ、ハインリッヒ・シュリーマンによるトロイア発掘が名高い時代です。墳墓を中心とする建造物やフレスコ画、金工芸品などが発掘されています。

幾何学様式 (Geometric style)　古代ギリシアの美術時代区分で、紀元前10〜8世紀頃の様式です。水平帯によって区画された装飾帯に波状線や同心円文などの幾何学文を配する陶器を特徴としました。後に三角形を組み合わせた人体表現や鋸歯文、菱形文も現れるようになり文様が複雑化してきます。形状の有機的結合とギリシア美術の論理的造形表現の基礎が構築された時代です。また、エジプトやアッシリア、シリアから東方の影響により、蓮やパルメットなどの植物文、スフィンクスやグリプスなどの空想動物が現わされるようになりました。

アルカイック美術 (Archaic art)　古代ギリシア美術の時代区分で、紀元前7〜6世紀?頃を指します。初期段階では、東方・エジプトからの影響を基盤として、図式的な造形でクロース（青年）やコレー（少女）直立像が作られましたが、次第に自然な人体表現を獲得しながら、後のクラッシク時代へと続きました。この時代からギリシアに大理石による大彫刻が見られるようになり、ブロンズによる彫刻も始まります。また、同時代の彫刻の口元には微笑が与えられ、アルカイック・スマイルと呼ば

れるようになり、アルカイック美術といわれるようになります。

クラシック時代 (Classical period)　古代ギリシア美術の時代区分で、紀元前5〜4世紀?頃を指します。厳格様式（紀元前500〜450年?）、パルテノン時代（紀元前450〜420年?）、過渡期（紀元前420〜380年?）、後期（紀元前380〜323年?）に細分され、アレキサンダー大王の死によってヘレニズム期へと移行しました。「古典」概念の範となった時期で、自然な人体表現と均整のとれた構図、抑制のある感情表現をもちます。

厳格様式期 (Severe style period)　古代ギリシア、クラシック時代の最初期（紀元前500〜450年?）。絵画には大きな絵画が登場し、図像の重複と短縮法によって画面に奥行きのある空間を作り出しました。彫刻にも空間把握が認められ、アルカイック期の硬直した直立像から発展が見られます。支足と遊足がもたらす身体バランスを彫刻に表現し、**コントラポスト**へと続く身体理論の基礎を作りました。ただ、身体の動きはまだ少なく衣の襞は厳しい直線で構成され、幾何学様式時代からの過渡期に位置づけられます。絵画ではアポロドスが幾何学的遠近法（線の要素）と空気遠近法（色彩の要素）を結合して空間表現に進展をもたらせました。なお、コントラポストは、片方の脚部に体重を傾かせ、左右非対称の身体を作り出す造形で、体重を乗せる脚を支脚、その反対の脚を遊脚といいます。

パルテノン時代 (Parthenon period)　古代ギリシア美術の時代区分であるクラシック時代で、厳格様式の次に位置します（紀元前450〜420年?）。紀元前492年?、紀元前449年に3度にわたるアカイメネス朝ペルシアからの侵攻を退け、ギリシア世界が頂点に達しようとしていた時期です。パルテノン神殿造営とも重なります。その総指揮者であったフェイディアスは外柱にドリス式オーダー、内柱には柱頭の渦巻文が特徴的なイオニア式オーダーを採用し、重厚さと優雅さの融合を試みた他、パルテノン本尊である「アテナ・パルテノス」の彫像も黄金と象牙を使って完成させました。また、彫刻家ポリュクレイトスは人体の理想を前膊（腕のひじから手首までの部分）との比率から割り出して理想像を制作。さらにコントラポストを使って、静止像の中に律動性を与えることに成功しました。

ポスト・フェイディアス期 (Greek transitional period : post phedias)　古代

ギリシア美術のクラシック時代区分でパルテノン時代の次に位置しています（紀元前420〜380年?）。ギリシア全土を巻き込んだペロポネソス戦争（紀元前431〜404年?）により、首都アテナイは疲弊しその後もギリシアは慢性的内戦状態になりました。美術では、イオニア式建築が流行し、コリントス式柱頭が初めて採用された時代です。

クラシック後期 (Late classic period)　古代ギリシア美術、クラシック期の後期（紀元前380〜323年?）です。酒神ディオニソスや旅の神であるヘルメス、また愛の神エロスが好まれるようになり、人々の意識が崇高な神々の様式から優美な人間の様式へと変遷していきました。この時代の作家としては、まずプラクシテレスがあげられます。彼の代表作である「クニドスのアフロディテ」は女神を裸形で表した記念碑的像であり、以降この像を範とする婦人像が多く作られました。一方、ほぼ同時代に大胆なポーズと激しい人間の内面を表現した作家としてスコパスがいます。さらにアレキサンダー大王の宮廷彫刻家であったリュシッポスはポリュクレイトスの比率（カノンcanon）を改め、彫刻の3次元性を新たにしました。また、リュシッポスは頭部を全体の8分の1とする新たな人体理想像を創り後世の人体彫刻に影響を与えました。

　カノンとは、絵画や彫刻などにおける人体比例の基準で、ポリュクレイトスの比率として使われていましたが、レオナルド・ダ・ビンチが設定した人体比例の方がよいとされています。

ヘレニズム時代 (Hellenism)　古代ギリシア美術の時代区分で、アレキサンダー大王の死（紀元前323年）からアクティウムの海戦（紀元前31年）までを指します。アレキサンダー大王の東方遠征を契機にメソポタミア、エジプトなどの領地へギリシア文化が広がった時期で、芸術家が各地へ招かれるようになりました。喜怒哀楽と誇張を恐れない表現は、調和とバランスを旨としたクラシック時代とは一線を画す造形を生み、古典主義美術が一時喪失した時期もありましたが、やがてその復興が試みられミロにヴィーナスやキュレネーのアフロディーテのような作品が制作されました。またこの時代は、芸術の大衆性化が進み富裕層は邸宅の壁面を絵画で飾り、庭には彫刻を置き豪華な装身具をまとうようになった他、多様な美術画題が生まれ世俗的庶民生活にまで及びました。紀元前133年にアレキサンダー大王の宝物庫といわれるペルガモンを遺贈（遺言で財産などを譲与すること）された古代ローマが地中海を支配するようになると、ヘレニズムはそのエッセンスを抽出して均質化した、形

而下の魅力と寛容さに直裁的なローマ美術へと継承されます。

ローマ美術 (Roman art)

　紀元前8～紀元後4世紀?にローマ人の支配が及んだ地域で発生した美術です。紀元前8世紀頃からローマ人はティベル河畔を中心とした地域に住み紀元前6世紀頃まではイタリア半島中部の一都市国家にしか過ぎませんでしたが、紀元前509年に共和制を敷くとイタリア半島北部から中部にかけて勢力を誇っていたエトルリア人を駆逐して以降、紀元前3世紀にはシチリアを含むイタリア全土を領土とし、やがて地中海全域を支配に収めました。そして独自の美術を発展させていなかったローマが支配地から大量の美術を受容し、複雑な美術構造が成立します。その要素は熟成の時期にあったヘレニズム文化を根幹として、エトルリア、エジプト、西アジアの美術様式を併呑していきました。特筆はギリシアの影響を強く受けながらも、理想美を求めるギリシア美術に比べて詳細な写実傾向をもつことで、胸像・肖像彫刻への発展です。

　しかし、紀元後3世紀頃になると、肖像の表現に硬直化が見られるようになり、目が強調される造形が目立ってきますが、これは自然主義から表現主義への変容であり、ギリシア美術を継承したローマ美術が紀元後313年のキリスト教の公認後、イコンを主な表象とするキリスト教・ビザンティン美術へ移行する過程でもありました。また吹きガラスの発明により大量のガラス製品が作られ、ローマガラスとして周辺各地へと流布しました。

ローマンコピー (Roman copy)　紀元後1～3世紀?頃に、ローマ人によって模刻されたギリシア彫像のことです。当時、ローマの富裕層にとって有名なギリシア彫刻は憧れであり大量に制作されました。ギリシア彫刻の多くは存在していないため、ギリシア美術の一端を知る重要な手がかりになっています。

コプト美術 (Coptic art)　コプトとは、キリスト教化したエジプト人のこと。紀元後2世紀頃にナイル河流域にキリスト教が入ってきてから641年にイスラム教徒が支配するようになるまでを中心としたキリスト教美術を指し、その後もエジプトに造形に影響を与え続けました。エジプトにおいて、コプト期以前の古代王朝末期にはすでにヘレニズムが強く影響を与えており、そこにコンスタンティノーブルを中心とする東方

キリスト教圏の美術が加わったことになりました。大きな眼に短躯の人物が多く表されており、独自のディフォルメを特徴としています。同時代のミイラ木棺頭部には墓主の肖像が写実的に描かれていることがありますが、これもコプト美術の影響です。また、織物はコプト織と呼ばれます。

カタコンベ (Catacomb)　初期キリスト教の地下墓所。遺構はローマを中心として地中海全域、バルカン半島、中部ヨーロッパにまで広がっています。キリスト教と同様に東方起源とされていますが、重要なものはローマ周囲で発見されており、そこに設置されてた石棺レリーフやガラス製品、そしてフレスコで描かれた壁画は禁令下（1～3世紀？）のキリスト教美術の有様を伝えています。

中世美術

　キリスト教を主体とした美術が発達した時期で、教会建築と教会内の装飾作品が多く作られました。人間の肉体美よりも、聖書の教養に基づいた精神性や霊性が優先される作風をもっています。ただし、中世後期に現れたゴシック美術では写実を求める傾向が生まれ、次の時代のルネサンスを生む背景にもなりました。

ビザンティン美術 (Byzantine art)　コンスタンチノーブル（現在のトルコ・イスタンブール）を首都とするビザンティン帝国（東ローマ帝国）を中心として栄えた美術。初期キリスト教から中世西洋美術、4世紀頃～15世紀まで存続。聖堂にフレスコやモザイクが残る他写本挿絵や絹織物が制作されましたが、今日まで伝わっているものは多くありません。ギリシア・ローマ美術の写実性の伝統とササン朝ペルシャなど東方起源の平面性を融合させた**イコン画**（聖像を描いた板絵。礼拝の対象になる）が発達しました。バルカン半島からロシアにかけても影響を及ぼし、中世美術に貢献しました。

西ゴート美術 (Visigothic art)　バルト海から移住をしたゴート人が5～6世紀頃に南フランスやスペインに定着し、ゲルマン系キリスト教美術を担いました。北アフリカからオリエントの影響の他、ビザンティン美術の特色を備えています。7世紀に盛期を迎え、713年にアラビアに滅ぼされるまで初期西洋中世美術において大きな役割を果たしました。建築

と建築のフリーズ彫刻、金工芸品があります。

メロヴィング朝美術 (Merovingian art) 　西洋初期中世美術。フランク王国メロヴィング朝のガリア統一からカロリング朝成立（482〜751年?）の間に、現在のフランスからベルギーにかけて発達しました。金工や象嵌に豪華絢爛な作例が見られ、ゲルマン民族とガリア人の美意識が融合した造形を作り出しています。フランク族がもともと流浪的生活スタイルをもっていたためか、ギリシア・ローマ文明の石文化とは一線を画し、定住化とキリスト教の流布を経た後も木造建築を多く作りました。

カロリング朝美術 (Carolingian art) 　西洋初期中世美術。カロリング朝は、メロヴィング朝の宰相であったカロリング家が次第に実権をとって開いた王朝（751〜987年?）。フランス・ドイツ・イタリアにまたがる領土をもちました。800年に教皇レオⅢ世によって西ローマ帝国の冠を授けられたカール大帝によって開花したフランク王国の宮廷美術を中心として、ビザンティン美術の流れをくみながら、古代ローマ帝国の復興しようと試みました。カール大帝は、ラテン教養の向上を図るために宮廷学校を開いて学問や芸術を推奨するとともに、教会や修道院の建立にも力を注ぎました。そのため、一時的に古典主義が復活し、この時期はカロリング朝ルネッサンスと呼ばれています。それに加え、ゲルマン系の土着文化とキリスト教文化が融合し、その精華を首都アーヘン周辺やトゥール、ランスで制作された豪華な彩飾写本に見ることができ、古典的モチーフや人物表現がキリスト教的テキストで再現しました。また、ドイツ、アーヘンの大聖堂にカロリング朝建築の粋が結集され、内部はビザンティンにならってモザイクによって装飾がされています。象牙浮き彫りや金属工芸が多数伝わり、**エマイユ**（七宝）の色彩を活かした制作が行われました。

オットー朝美術 (Ottonian art) 　ドイツ初期中世美術で、オットー朝（962〜1002年?）はカロリング朝のカール大帝の意志を引き継いだ帝国でした。文化・美術においてもカロリング朝美術が復活しました。また、ビザンティン宮廷との婚姻によるビザンティン美術の影響もあり、カロリング朝が宮廷の工房が美術の担い手だったことに対し、修道院が美術制作の中心となりました。造形は、写本絵に見られる見開いた眼と大胆な手足を引き伸ばした人物像が大きな特徴です。古典復興への努力は、後のロマネスク美術の下地になっています。

ロマネスク美術 (Romanesque)　フランス語の「ローマ風」という語義をもち、10世紀末から12世紀にかけて、西欧で初めて興った統一の中世美術様式。9〜10世紀にかけて西欧をおびやかしていたバイキングやイスラム教徒、マジャール人など異教徒の侵略の時代が終わり、農村社会を支えとする修道院の復興と封建制の安定、十字軍の派遣や聖地巡礼による人と文化の交流が促進された時期です。このような社会の下、地方の伝統や文化背景の差異が意識されるようになり、地域に根ざした美術様式が展開されました。建築では重厚な壁をもつ聖堂が各地に建立されるようになり、石造**ヴォールト**（vautt：切り口がアーチ形の天井や屋根）によって大型化することが可能になりました。ゴシック様式の1つの特徴であるステンドグラスに対して、ロマネスク様式ではその壁にフレスコ画による絵画が特徴になります。また、人物は手足を引き伸ばして描かれることも特徴です。

モザン美術 (Art mosan)　ロマネスクからゴシック美術時代（12〜13世紀?）にベルギー東部のモーザ川中流域に発達した美術。エマイユや金属工芸に高い技術を示しています。

フィレンツェ派 (Florenelne school)　13〜16世紀にかけて、イタリアのフィレンツェで活躍した芸術家のことを指します。遠近法や明暗法による空間把握と立体感の表現に強い関心を示すとともに、優れた線描表現にも貢献しました。また、人文主義者との交流から生まれた知的な正確ももち合わせ、理想主義の傾向もありルネサンス美術の牽引する一派として評価されています。13世紀にはチマーブエ、14世紀にはジオット、15世紀にはブルネレスキやドナッテロ、マザッチオ、フラ・アンジェリコ、ボッティチェッリ、レオナルド・ダ・ヴィンチ、16世紀にはミケランジェロやポントルモなどがフィレンツェ派に属します。

ゴシック美術 (Gothic art)

　13〜14世紀に興った西欧中世美術。「〈野蛮な〉ゴート」を意味する言葉で、もともとはゴート人に代表される地方種族の工人による建築をローマ人による建築と区別するために用いられた用語です。前代のロマネスク美術の延長上にあるものの、ロマネスクのもつ思弁性とそこから生じる抽象性に対し、人間的かつ写実性を求める傾向にありました。また、ロマネスク美術の担い手は修道士や聖職者でしたが、ゴシック時代

になると都市の富裕層や大学の知識人など広い社会層からの進出がありました。表現として自然界や人間性に注目が向けられ、観念的な志向から現実的な関心へ推移しました。このことは、後のルネッサンスが生まれる歴史的背景を作り出したともいえます。建造物では、ドイツ・ケルンやイタリア・ミラノの大聖堂、パリのノートルダム寺院がゴシック建築として有名です。窓を多くして外光をとり入れた様式から、ステンドグラスが多用されているのも特徴です。

ルネサンス美術 (Renaissance)

15〜16世紀?にイタリアを中心に西欧で興った古典文化を再生・復興しようとする歴史的・文化的運動がルネサンスです。画家でもあったジョルジョ・ヴァザールリが著した『美術家列伝』(1555年)にあるrinascita(再生)に由来した用語で、フランスの歴史家ジュール・ミシュレが『フランス史』第7巻(1855年)にRenaissanceというタイトルを使ったのが最初です。

15世紀を初期、1500〜1530年?頃までを盛期ルネサンスと区別する他、北方ルネサンスという用語があるように、広汎な地域に影響が波及しています。この概念の導入によって、否定的に「中世」を認識することになりました。一方、ルネサンスが目指したのは「人間性の回復」で、古代異教を理想としました。線遠近法と解剖学による人体把握に特徴がありました。

北方ルネサンス (Northern renaissance art)　15〜16世紀?のアルプスから北方に起こった美術のことです。油彩画や緻密な画面に特徴がありますが、ルネサンスの発祥であるイタリアのように自覚的な「復興」意識があったというわけでなく、同時代の現象として説明することができます。ネーデルランド(ベルギー、オランダ)、フランス、ドイツ、スペインの地域で特徴を異にしています。

ネーデルランドでは、15世紀のファン・エイク兄弟が油絵技法を成立させました。当時のネーデルランド絵画はイタリア・ルネサンスに並ぶ水準にあり、イタリア絵画に大きな影響を与えるほどでもありました。しかし、16世紀になると逆に、イタリアから影響を受けるようになりました。ブリューゲル(1525〜1569年)は、イタリア旅行の後、独自の農村風景画を描くようになりました。

また、フランスでは、イタリアに進軍したフランソワ1世の時代、宮

廷に招かれたレオナルド・ダ・ヴィンチによってイタリアのルネサンス美術が伝えられました。その後もロッソ・フィオレンティーノらがイタリアから宮廷へ集められマニエリスムの影響を受けたフォンテーヌブロー派が活躍することになります。

　ドイツではデューラー（1471～1528年）がいました。イタリアでルネサンス絵画に学び、独自の表現に達しました。銅版画の「メランコリア」や油彩の「四人の使徒」などの宗教画がよく知られています。スペインではエル・グレコ（1541～1614年）が知られており、マニエリスムの影響を受けながらも、独自の神秘的な画風を築きました。

ネーデルランド美術 (Netherland art)　北方ルネサンスの1つとして範疇に収められますが、その実態は後期ゴシックともいうことができるような、ゴシック様式を受け継ぐものです。

フランドル美術 (Flemish art)　現在のベルギーに相当する地域で15～17世紀に成立した美術です。ゴシック様式による聖堂や鐘塔、また商館などの市民建築が建てられた他に彫刻やタペストリー、家具にも優美な装飾性が求められました。15～16世紀にかけては北方ルネサンスの一部分となり、17世紀にはカトリック的な宮廷美術を生み出しました。ネーデルランド美術という呼び方もありますが、その場合は現在のオランダ地域も含みます。

ヴェネチア派 (Scuola veneziana)　イタリアのヴェネチアを拠点として活動した芸術家のことを指し、時代は15～18世紀にかけて及びます。東方世界とも密接な関係があった貿易港出のヴェネチアを背景として、鮮やかな色彩と享楽的ともいえる主題を特徴とし、ほぼ同時代のフィレンツェ派と比較されます。ビリーニ一族、ジョルジョーネ、ティッチアーノなどがいました。

フォンテーヌブロー派 (École de fontaine bleau)　16世紀にフランスの王、フランソワ1世が宮廷を置いた土地がフォンテーヌブローです。その宮殿に装飾を施したイタリアの芸術家と、彼らに影響を受けたフランスの芸術家達ことを指します。イタリア人芸術家は、フランスにマニエリスムを紹介する役目を果たしました。

マニエリスム (Mannerism)　1520年頃～16世紀末までの、イタリアを

中心とする美術の傾向を指す言葉で、盛期ルネサンスとバロックの合間にあたります。イタリア語のmaniera（マニエラ：手法・様式）に由来し、ラファエッロやミケランジェロやの力強い技法にならっているという否定的意味が含まれており、20世紀になって評価されるようになりました。ミケランジェロによるシスティーナ礼拝堂の壁画「最後の審判」に見られるような、極端に引き伸ばされ、曲がりくねった人体表現が多用されました。盛期ルネサンス芸術の明快で調和のとれた表現とも、バロック芸術の動感あふれる表現とも異なった特有の表現となっています。

バロック美術 (Baroque style)

　バロックは、17世紀ヨーロッパに広がった美術と建築の様式です。ポルトガル語、スペイン語で「歪んだ真珠」を語義として、当初は否定的な捉え方をされていました。ルネサンスの反動ともいえる造形をもち、絵画ではルネサンスの遠近技法や均整のとれた人物描写と古典主義を打ち消す激しい動きと感情をあらわにする造形、強いコントラストが特徴となります。建築においては、ルネサンスの厳格な幾何学形を排して動的で感覚的な要素をもち込み、連続する曲線が作り出す空間と建物の骨組みにまで光彩が反映し装飾要素としています。また、装飾面では色大理石や鍍金で、彫刻と天井画を多用しました。絵画ではカラヴァッジョとルーベンス、建築ではフランチェスコ・ボッロミーニ、フィッシャー・フォン・エルラッハが代表的です。バロックに対応するフランスの様式はルイ14世様式で、ベルサイユ宮殿でこの様式が象徴されます。17世紀のバロックを前期バロック、18世紀のロココを後期バロックとすることがあります。

アカデミー (Academy)　古代ギリシア時代にプラトンが開いた学園「アカデミア」に由来し、「学校」を意味しています。芸術家、文筆家、学者の専門家が集まり、教育的機能を備えていました。16世紀にローマで「アカデミー」として設立され、17世紀にギルドからの独立を目的としたフランス芸術家が王権からの保護を受け「王立絵画彫刻アカデミー」の成立を発端として、人文的傾向から歴史画を重視する傾向をもちました。国家の美術行政と教育に深く関わり、強い影響力をもちました。このシステムを信奉する傾向をアカデミズムといい、19世紀にロマン主義以降には新勢力に対する保守体勢として批判の対象とされました。アカデミーの教育では、裸体デッサンを重要視する傾向がありました。

古典主義 (Classicism)　古代ローマの最高市民階級であったclassicusを語義としています。すべての人々にとって普遍的に手本となる模範的作品を価値基準とする考え方です。紀元前5世紀のギリシア・クラシック時代や、16世紀の盛期ルネサンス手本としていますが、芸術概念としては17世紀になって登場しました。理想的人体と均整と調和がとれた構図、穏やかな色彩を特徴としており、静謐(せいひつ)な印象を与えます。

ロココ美術(Rococo art)

　ロココは、18世紀に西欧で流行した美術様式です。「小石」という意味のロカイユという語を語源とするといわれています。バロックに続き、新古典主義に先だって展開した潮流で、建築と彫刻、絵画、工芸にまで広く浸透しました。曲線の多様と歪みと複雑な構成をもつ装飾にバロックとの共通点がありますが、バロックの力強さに対し、ロココは繊細さと優美さを特徴とし、S字曲線と中国への興味が表れています。建築では、フランスのヴェルサイユ宮殿やドイツのサンスーシ宮殿などが有名です。画家では、アントワーヌ・ヴァトーやフランソワ・ブーシェなどがいました。ロココを後期バロックとすることもあります。

新古典主義 (Neo classicism)　18世紀末に起こったギリシア・ローマ的美術への美術回帰の機運を指します。先立つロココへの反発が直接の要因と考えられていますが、ポンペイ（1748年）やヘラクラネウム（1738年）の遺跡発掘も大いに刺激になりました。またドイツの思想家ヴィンケルマンが『ギリシア芸術模倣論』（1755年）を著し、芸術とは自然の理想化であること、それをすでに達成しているギリシア芸術を模倣することを説いて決定的影響力となりました。さらに19世紀になるとナポレオンがローマ帝国への憧憬を強めたことに加え、同時代のアカデミーにおいても根本原理とされました。

ロマン主義 (Romanticism)　18世紀末〜19世紀初めにかけての西欧における美術、思想、文学の潮流で「ロマンス語で書かれた中世の書物」ということを語義としています。ナポレオンの侵攻は、ヨーロッパ諸国が共通してもっていた古典主義の感覚は薄まり、各国の自我を啓発することになりました。また、フランス革命による自由と解放の雰囲気は新古典主義への反発して調和や厳格の価値観をゆるがせ、各個がもつ感情や内面性、想像的発想を重視するようになりました。ドイツのカスパー・

ダーヴィト・フリードリヒ、フィリップ・オットー・ルンゲ、スペインのゴヤ、フランスのドラクロワ、イギリスのウィリアム・ブレイクなどが代表的芸術家です。ロマンス語はローマ帝国崩壊後のラテン語から派生した言語で、現存するロマンス語はルーマニア語・イタリア語・フランス語・スペイン語・ポルトガル語です。

アンピール様式 (Empire style)

　アンピールとは「帝国」のことです。ナポレオンの第一帝政期（1804〜1814年）を中心にして、18世紀末から19世紀初頭のフランスで流行した建築意匠の潮流。古代ローマ風のモチーフを下敷きにして、ナポレオンが侵攻したエジプトの要素が加わった様式をもちました。ファッション面では、ウエストラインが高く、全体が直線的で細い、シュミーズドレスのようなものが流行しています。また、この時代を象徴する色として、赤（ビロードの赤）、黒（マホガニーの黒）、金（ブロンズ表装の金）などがあげられます。この様式の影響はドイツ、オーストリアにも現れますが、それをビーダーマイヤー様式といいます。

ビーダーマイヤー様式 (Bieder meier stil)　ウィーン会議（1815年）から三月革命（1848年）にかけてのドイツとオーストリアにおける建築、美術、文化様式の1つです。作家ヴィクトル・フォン・シェッフェルが作品の中で描いた典型的俗物的市民「ビーダーマン」と「ブンメルマイヤー」に由来する言葉です。過度な装飾性の排除と、素地の重視を目指しており実用性に重きを置きました。花模様を施す傾向があり、絵画では市民生活を描いています。

バルビゾン派 (École de Barbizon)　19世紀フランスの絵画の一派です。バルビゾンはパリ近郊のフォンテーヌブローにある村の名前です。1830年頃アカデミズムや歴史的風景画の主題からの脱却とオランダ美術における風景画影響によって、戸外での風景描写を重視しました。理想化された風景ではなく、現実の情景を描いた活動には自然愛好という新しい感性が背景にある他、郊外への移動を容易にする鉄道の普及も手伝いました。デオドール・ルソーやフレンソワ・ドビーニが主な作家になり、農村画を描いたフランソワ・ミレーも同じグループに含まれることもあります。

ラファエル前派 (Pre-raphaelite brotherhood)　1848年イギリスの青年芸術家によって結成された同志集団。ラファエロ以前の初期ルネサンスへ戻ることを標榜し、優美な写実性と明るく澄んだ色彩、宗教性と中世趣味を特徴としています。ダンテ・ゲイブリエル・ロセッティ、ホルマン・ハント、ジョン・エヴァレット・ミレイなどが参加しました。1850年代に活動は消滅してきますが、当時オックスフォード大学の学生であった、ウイリアム・モリスとエドワード・バーン＝ジョーンズが影響を受けて活動を展開します。

印象主義 (Impressionism)　印象派とは、1874年にモネ、ドガ、ルノワール、セザンヌ、ピサロ、モリゾ、ギヨマン、シスレーなどが私的に開催した展覧会「第1回印象派展」に出品されたモネの「印象・日の出」に因む名称です。ここには写実と肖像画、そしてアカデミーに代表される厳格さを重んじる歴史画が美術の主流であった当時にあって、印象派の絵画は現実の事象を正確に描写していない、まさに「印象」でしかとらえていないという意味が含まれています。

　一方、時代は写真の発明から絵画の役割に変化が起こり始めていました。多くの画家が表現方法を模索する中、1867年パリ万博が開催されて、日本の幕府、薩摩藩、佐賀藩が万博に出展し、日本の工芸品が大いに人気を集めました。1878年のパリ万博のときには、ジャポニズムは一大ムーブメントになり、日本画の自由な平面構成による空間表現や浮世絵の鮮やかな色使いは当時の画家に強烈なインスピレーションを与えました。そして、絵画は写実的でなければならないとする制約から、画家たちを開放させる大きな動機になりました。市民のレジャーや日常を描く画題と、色彩理論に基づいた色の混濁を避けた明るい画面が特色といえます。また、再現性の否定と色彩のマチエールは近代美術へ大きな影響を与えました。ジャポニズムは、日本の浮世絵や工芸を収集・観賞するだけでなく、作品制作にもその様式などをとり入れて、新しい造形感覚を生んだ動きのことをいいます。

後期印象主義 (Post impressionism)　ポスト印象主義ともいい、本来は「印象主義の後」を指す言葉です。1910年にロジャー・フライによって、ロンドンで開催された「マネと後期印象派たち展」に由来し、印象派の影響と反発を含合する造形をもちました。ポール・ゴーガン、フィンセント・ファン・ゴッホ、ポール・セザンヌ、ジョルジュ・スーラらを指し、20世紀の抽象画へ下地を整えたとも、象徴主義への展開を準備し

たともいえます。ただ、特定の集団であったというわけでなく、漠然とした用語であると指摘することもできます。印象主義の後に位置しているという語義でもあるとおり、特定のスタイルや意味するものでなく、漠然とした用語であるとも指摘することができます。日本の白樺派による訳語です。

新印象主義 (Neo impressionism)　1886年に美術評論家のフェリクス・フェオネンによって使われた用語で、ジョルジュ・スーラにより創始された美術様式です。科学性を重視し、印象派による光の捉え方（いわゆる色彩分割）を、より理論化し、点描法によって光をとらえました。O.N.ルードの色彩論は光を基にしており、著書『モダンクロマチックス』が発表されましたが、スーラに大きな影響を与えることになります。点描法は視覚による色の混色で、併置混色です。

アールヌーボー (Art nouveau)

「新しい芸術」という意味。サミュエル・ビングが1896年にパリに開いた室内装飾店の名を由来とし、およそ1890～1910年にかけて、西欧諸国を中心として展開されたデザイン潮流です。植物的な曲線を多様したモチーフを特徴としました。ケルトやアラビアなど非西欧圏の意匠を積極的に取り込んだ他、装飾デザインにとどまらず平面と立体を有機的に結びつけることも意図し19世紀の新しい様式を確立しようと試みています。また新素材の導入にも積極的で、日常生活の環境に新たな要素を加えますが、20世紀になって飛躍的な進歩と遂げた機械化生産社会との折り合いがつかず、1900年のパリ万博を頂点として衰退しています。しかし、活動の意義は20世紀にも継承され、建築とデザインに影響を与え続けました。日本にもその影響を及ぼしています。

アーツアンドクラフト運動 (Arts and crafts movement)　19世紀後半から起こる産業革命はさまざまな恩恵をもたらすようになります。その1つに、動力機械の使用による大量生産からの廉価品と、流通による広地域への普及がある一方に、粗悪品も現れるようになります。英国のウイリアム・モリス（1834～1896年）は、美術中心で活躍する批評家ジョン・ラスキンの思想に影響を受けて、機械による大量生産からの粗悪品に対し、ハンドメイドによる工芸美を提唱して、モリス・マーシャル・フォークナー商会を設立します。設立に伴い美術家や職人たちの協力を得な

がら家具、壁紙、織物、タイル、ステンドグラスなど多くのものを製作し、販売するようになります。それらの仕事はデザイン運動にもなっており、アールヌーボーなどの新しい美術運動に影響をもたらすようになります。

グラスゴー派 (Glasgaw school) 19世紀末にイギリス、スコットランドのグラスゴーに生まれた芸術家集団「4人組」を中心にした、建築家とデザイナーのグループ。チャールズ・レニー・マッキントッシュを中心にして、曲線を多用した装飾を提案し、1896年のアーツアンドクラフツ展に出品しましたが理解を得られませんでした。しかし、美術工芸誌『ステューディオ』が1897年にグラスゴー派の活動や装飾などを掲載しました。この記事が、ウィーンのアーティストによって結成されたウィーン分離派（セセッション）の造形運動に影響を与え、1900年にドイツ、ダルムシュタットの芸術家村で開催された展覧会によってマッキントッシュの名が広まりました。

ナイーヴ派 (Naïve) 素朴派ともいわれる絵画分野の1つで、アカデミックな芸術教育や理論、技術とは離れた作家のことをいいます。19世紀末にアンリ・ルソーやヴィルヘルム・ウーデが発見したもので、近代芸術における芸術概念の拡大に貢献しました。おおむね独学による絵画習得をした非職業的作家が描く率直な画風が特徴になりますが、もともとナイーヴ派とは一定の画風にあるのではなく、作家の環境や背景に委ねられている芸術概念ととらえることができます。

ナンシー派 (École de Nancy) 19～20世紀初めに、フランス東部のローレンヌ地方の中心都市であるナンシーを中心とした近代工芸運動。エミール・ガレによるガラス細工・木工などの装飾芸術において、アールヌーボーの拠点になりました。ガレの他、ルイ・マジョレル、ドーム兄弟が参加しています。

エコール・ド・パリ (École de paris) 「パリ派」と訳され、15世紀頃にパリで活躍した写本の挿絵画家のことをいうこともありますが、多くは20世紀のパリ、とくにモンマルトルやモンパルナスを中心にして世界各国から集まった芸術家達を指します。シャガールやルソー、ユトリロ、ローランシン、セディリアニ、キスリング、藤田嗣治らが代表的作家としてあげれますが、特定の芸術理念や理論、一派としての展覧会が

あったというわけではありません。

キュビズム (Cubisme)　芸術をルネサンス以来の写実主義から解き放った20世紀の芸術革命。1907年にピカソとブラックによって始められた試みで、現実的な絵画対象をいったん要素ごとに分解し、画面内に再構成する手法をとります。これは三次元の現実世界を二次元絵画に翻訳することでもありました。ピカソの「アヴィニョンの女たち」が初めてのキュビズム作品とされ、記号的・幾何学的画面構成へと展開しましたが、1912年頃より具体的形象を復活させるため、新聞や壁紙を貼りつけられたりするようにもなりました。

アールデコ (Art déco)　1910年代から1930年代にかけてのフランスを中心としたデザイン潮流。「装飾芸術」を意味しており、1925年のパリで開催された「現代装飾産業芸術国際展」の略称に由来しています。建築の機能主義、モダニズム、キュビズムに類似する直線的・幾何学的、立体的な構成に特色がありますが、あくまでも装飾性を追及し合理性とは反する一面ももっていたため、手工芸の領域に留まります。

新しい美術へ

　産業革命や科学が発達した社会は、因習的であった教会やアカデミー、王侯貴族から芸術を広く開放し、多様な美術活動を生み出しました。さらに未曾有の世界大戦による不安が既成概念への反発を促し、社会制度への疑問を投げかける芸術運動も行われました。20世紀になって抽象美術が生まれ、人類は新たな表現手段を獲得しました。

セセッション (Secession)　セセッションとはラテン語の「分離」からきたもので、従来のアカデミズムから分離した考え方をもった、19世紀末、アールヌーボー、アールデコに続く様式です。幾何学的な簡素な面構成を特徴としていますが、装飾的な様式に留まっています。

構成主義 (Constructivism)　ロシア革命直前から始まった抽象芸術運動。ロシアンアヴァンギャルド芸術家が、鉄やガラス、木材などの現実にある素材を利用して、非現実的な構成の造形を作り出す作品を「構成」と呼んだことが発端になりました。革命後は革命政府から好意を得て、美術制作の推進勢力となり、建築・デザイン・舞台芸術にまで浸透しまし

た。スターリン政権になると、社会主義リアリズムが台頭し、国内での活動は停止になり、メンバーは国外へ活動を移しました。国外の抽象芸術にも影響を与え、1960年代になると再評価されるようなります。

ダダイズム (Dadaism)　第一次世界大戦中を逃れた芸術家達によって、1916年にスイス・チューリッヒで活動が開始された芸術運動。ダダとは辞書から無作為に選んだ言葉で、大戦によってもたらされる不安や合理主義文明、そして社会制度や既成の価値観を破壊することを標榜し、活動自体も「無為、虚無」の意味を達成するものでした。芸術の否定精神がもたらす無の状態は、意識下の感覚と世界を提示することになり、後のシュールレアリズムへ影響を与えています。主なメンバーにマルセル・デュシャン、マックス・エルンストがいました。

バウハウス (Bauhaus)　1919年に建築家ヴァルター・グロピウスがドイツのヴァイマールに設立したデザイン・建築の学校で、バウハウスとは「(家畜の小屋と一体となった)中世家屋」という意味です。当初はウイリアム・モリスの影響を受けて、美術と工芸に関心を高くしながら、職人養成に努めていました。教授として画家のカンディンスキー、ポール・クレー、ヨハネス・イッテンなどが参加してます。1925年にデッサウへ移転しグロピウス設計の校舎で授業が始まると、機能主義へ傾きました。グロピウスは「建築性」を提唱していましたが、これは建築技術のみを指すのではなく、建築空間や、調度品など建築と人間の環境に寄与することを意味していました。1933年にナチスによって閉鎖されますが、教員は世界各国へ亡命しその地で影響を与え続け、モダンデザイン隆盛の布石を敷くようになります。

フォーマリズム (Formalism)　英語のformに由来し、「形式主義」と訳されることもあります。造形表現とは、線や色彩、タッチ、ヴォリュームなどの形態が本質にあるとして、それらの比較によって作品を評価しようという考え方。主題を排除しようとするこの方法は、近代美術において抽象芸術へ至る発展を記述するモダニズム史観を支えることになりました。

アールブリュット (Art brut)　「生の芸術」と訳されます。意識的に制作された美術ではないことで、幼児や精神病の患者が制作した作品を指します。従来の素材を用いないで作られた、この名称の命名者デュブッフ

ェ自身の作品もこの範疇に含まれる場合もあります。スイス・ローザンヌのアールブリュット美術館において、デュブッフェが収集したコレクションが公開されています。

美術・工芸の用語

　美術作品を鑑賞する上で、それらの制作で用いられた技法や専門用語を知ることは理解の手助けになります。ここでは、これまでに取り上げた項目で用いた用語と派生語、関連語、そして展覧会の代表的な開催形態について解説します。

アラベスク (Arabesque)　「アラビア風」を語義としています。イスラム美術で、葉や花、実などのモチーフを蔓を思わせる曲線でつないだ装飾文様。広義にはイスラム美術一般を指すこともあります。

エマイユ (Email)　金属や陶器、ガラスの素地に着色剤処理のガラス質のものを焼付けたもので、日本の七宝、中国の琺瑯にあたる用語です。技法は次のように大別されます。

エマイユ・クロワゾネ (email cloisonne)　素地の表面にモチーフに沿って形どった細い針金で仕切りを作り、各仕切りごとに着色剤を定着させる方法。紀元前13世紀のミュケナイ美術に見られましたが、6世紀以降のビザンティン美術で発達し、メロヴィング朝になると西欧に入りました。その後、カロリング朝における教会祭壇の大作に用いられてロマネスク時代へと続きます。

エマイユ・シャンルヴェ (email champleve)　銅板などの金属表面をモチーフの輪郭や区切り線を残して彫りくぼめ、そこに釉薬を付着させるセル技法。ケルト人やゲルマン人によって早くから知られていました。11～12世紀になるとライン川中流域のモザン派、西南フランスのリムーザン派によって隆盛となりました。

エマイユ・トランスリュシュッド (email translucide)　金銀に浅浮き彫りを施し、透明な釉薬をかける技法。13世紀末にイタリアで出現しヨーロッパへ広がりました。

エマイユ・パン (email peint)　色彩の異なる釉薬を重ねて焼成する技法。15〜16世紀にイタリアやフランス、オランダで発達したものです。

フレスコ (Fresco)　英語のfresh（新鮮な）に相当するイタリア語で、塗り立ての石灰壁を下地として、水だけで溶いた耐アルカリ性顔料を定着させる絵画技法。石灰成分であるカルサイトが顔料を覆い皮膜を形成するため、顔料の退色と風化から画面が守られるという特質をもちます。13世紀の画家、ジョット・ディ・ボンドーネによって1日分の作業面積にのみ石膏を塗り画面を仕上げていくというブオンフレスコが確立され、ルネッサンス期の教会壁画にて繁栄しました。しかし、フレスコの特質を利用した技法は古代エジプト、エトルリアからギリシア、ローマ時代、ヴザンティン時代にも多く見られ、ポンペイ壁画もフレスコ技法の1つです。また、フレスコセッコという乾燥した石灰下地に結着剤を使い顔料を塗布する技法も存在し、同様の技法はユーラシア大陸に普遍的に見ることができます。さらに、ブオンフレスコとも併用され、画面のアクセントを作ることもあります。フレスコ画としてとくに有名なものが、レオナルド・ダヴィンチが描いたローマのシステーナ礼拝堂の天井・壁面です。

モザイク (Mosaic)　大理石や小石、ガラスの破片を並べてモチーフを描き出す絵画手法です。古代ギリシアの学芸の女神であるモーサの洞窟に用いられた装飾との伝説から名づけられましたが、その起源はメソポタミアまで遡ることができます。ギリシア・ヘレニズム期とローマ時代に表現技法が洗練され、ビザンティン美術におけるモザイクの繁栄を準備しました。

ビエンナーレ (Biennale)　「2年ごと」という意味。隔年に開催される展覧会のことで、定期的・継続的に企画されることで出品作家と観客へのアピールと開催の基盤が整っている場合が多くなっています。大規模展覧会としてベニスで開催されるようになっています。なお、3年ごとに開催される展覧会はトリエンナーレ（triennale）、4年ごとの場合はクアトリエンナーレ（quatriennale）といいます。

染料・顔料・釉薬

洞窟画の絵などの色は顔料の発見によるもので、
着色による誇示や記録といえます。
さまざまな着色剤の特徴を生かして、織物、食器などに使われています。

着色

　着色するための材料は、顔料、染料、釉薬（うわぐすり）などで色素を含むものです。染料の場合は色素が繊維組織の中に浸透して色が表れ、あるいは色素と媒染剤が反応して色が表れます。色素を含む自然の土や鉱石を細かく砕き、細かな粒子にしたものが顔料ですが、染料の水溶性に対して不溶性なので、顔料を定着させるために展色材（てんしょく）が使われます。顔料は、顔の化粧に使われていたことからの名称という説があります。陶磁器は、珪酸、酸化アルミニウムなどを含む釉薬を塗って焼成し、高温による化学反応から色が表れます。

媒染剤　直接染料では染色できない場合に、媒染剤による染料との反応をかりて染色することが媒染です。媒染剤には鉄、錫などの金属水酸化物を繊維に浸透後に媒染染料が使われます。天然染料の場合では、酸性（梅酢、米酢）、塩基性（ワラ、ツバキなどの灰汁）、酢酸鉄（米酢と鉄片）、明礬（硫酸、アルミナ、カリウムの化合物）などが使われていました。媒染は種々の方法がとられ、むずかしいところがあるため多くは使われていません。

展色材　接着剤のようなもので、ビヒクルともいいます。膠（にかわ）、あまに油、桐油、合成樹脂液（アクリル糊など）、アラビアゴム液などですが、顔料を混入して塗布します。漆も良質の展色材で、漆に朱の顔料を混ぜ合わせたものが朱漆で、塗料ができた基とされています。

染料 (dyestuff)

　染料には天然染料と合成染料があります。天然染料は植物系、動物系に分けられますが、現在ではほとんど合成染料が使われています。

植物系染料　植物の木の心材、根、葉、実などが染料になるもので、

次のようなものがあります。（赤系）茜、紅花、蘇枋。（黄系）苅安、鬱金、支子。（緑系）黄と藍の重ね染め。緑の染料はありません。（青系）蓼藍。（紫系）紫草、赤と青の重ね染め（茶系）夜叉五倍子、棗など。（黒）濱椰子。

動物性染料　（赤系）貝殻虫、コチニール虫。（紫系）紫貝。貝殻虫からの赤染料を生臙脂といい、紫貝の内臓からの染料をティリアンパープルといいます。

合成染料　1856年に英国のパーキンが合成染料モーブを発明してから、マゼンタ、アリザリンレッドなど、1881年にバイエルによる合成藍（インディゴピュア）の発明によって、天然染料から合成染料の使用に変わるようになります。合成染料には次のようなものがあります。

直接染料　色数が多く安価で、水溶性ですが、堅ろう度が低いという特徴があります。

酸性染料　染料分子中の酸性を利用する染料で、発色性は良いのですが水に弱いものと、発色性は悪いけれど水に強いものとがあります。

塩基性染料　鮮明に染まり、特にアクリル繊維に優れた染色性があります。カチオン染料ともいい、皮革や紙などの染色にも利用されます。

建染染料　バット染料ともいいます。この染料の代表的なものが藍。藍染料はそのままでは不溶性なので染色できません。そのためアルカリ性溶液中に入れ還元させ水溶性にしてから染められます。染液に浸した布を引き上げ空気中にさらすと酸化して青に発色します。

硫化染料　建染染料と同じような染料です。硫化ナトリウムで還元し水溶性にして染色しますが、発色はあまり良くありません。

分散染料　この染料は不溶性なので、エマルジョン中に染料色素を分散させてから染色する方法と、染料を高温・高圧処理で繊維の中に押し込むように染める方法とがあります。色数が多く鮮明な発色性はありますが、耐水性が低く洗濯に弱いというところがあります。

　エマルジョンは、不溶性の染料色素を水中に入れ、アルコールやエー

テルなどの分散剤で、色素を分散状態にした液体。乳濁液、乳化液ともいいます。

反応染料　繊維と染料の反応を利用した染料ですが、繊維分子に反応性、染料色素に可溶性を与え、その両方を媒介するための処理が施されます。日光、洗濯、摩擦などに強いものです。

アゾ染料　アゾ染料は、染料分子中にアゾ基（窒素）をもつ有機化合物で、発色性に優れます。顔料にもアゾ系のものがあります。なお、アゾ基のものに発がん性があるため、ヨーロッパ、中国では法規制されています。日本では、食品添加物規制によって使用が規制されています。

染色堅ろう度　繊維製品の染色を対象にした堅ろう度について、JIS L 0801の規定があります。それは日光や照明光、摩擦、洗濯、湿気、アイロンの熱などに対するもので、耐光堅ろう度の場合は1～8級まであり、数字が大きいほど「丈夫」ということになります。それを調べるものに、1～8級に対応する青色票のブルースケールがあり、それに試験する染色布片を併置し、一定時間日光か照明光下に置いてその結果を判定します。商品としての合格点は4級以上です。変色や退色、汚染などの程度を調べるためのものにはグレースケールがあります。

参照　⇨204〜206ページ・染料

顔料 (pigment)

　顔料は無機顔料と有機顔料に分けられます。生物体以外の物質をした顔料が無機顔料で、炭素を含んでいないものです。着色力、鮮明度は有機顔料に比べて欠けるところはありますが、耐光性に優れているので塗料に多く使われます。植物、動物などの生物体を基にしたものが有機顔料で、炭素を主成分にしており、着色力と鮮明度に優れています。

無機顔料　色付きの土や鉱物は顔料として古くから使われていました。鉱物顔料にはマラカイト（孔雀石）、ラピスラズリ（瑠璃）、エメラルドなどがありますが、天然の高価な顔料に代わる合成顔料が現れるようになります。土性顔料には天然の朱（辰砂）、黄土、弁柄、アンバーなどがあります。

　合成顔料は化学的に合成された無機顔料にプルシアンブルーがありま

すが、亜鉛の酸化物は白顔料の亜鉛華、カドミウムの硫化物はカドミウムイエローとなるように、チタン、鉛、鉄、銅などの酸化物、硫化物、硫酸塩などが主成分になっています。

金属顔料は銅、真鍮、アルミニウムなどの金属粉末です。

表●無機顔料・色別の例

色	色名（顔料の組成）
赤	バーミリオン（硫化物）、弁柄（酸化物）
黄	カドミウムイエロー（硫化物）
緑	エメラルドグリーン（砒酸物）
青	プルシアンブルー（フェロシアン化物）
紫	コバルトバイオレット（燐酸塩）
白	亜鉛華、チタンホワイト（酸化物）
黒	カーボンブラック（炭素）

有機顔料　植物系顔料には、藤黄（草雌黄・日本画の絵の具）、墨（煙墨と膠）などがあり、動物系顔料には、アイボリーブラック（象牙）、ボーンブラック（動物の骨）、胡粉（ハマグリの貝殻・白）などがあります。これらは天然のものを基にした顔料ですが、陶土や粘土に染料色素を付着させ不溶化したコチニールレーキ、インディゴレーキなどがあります。現在では石油を基にした原料で合成されています。有機顔料は、レーキとトーナーに分けられます。

表●有機顔料・色別の例

色	有機顔料
赤	パーマネントレッド（アゾ系）
黄	ジスアイエロー（アゾ系）
緑	銅フタロシアニングリーン（フタロシアニン系）
青	銅フタロシアニンブルー（フタロシアニン系）
紫	ジオキサジンバイオレット（多環式系）

※フタロシアニンは有機窒素化合物、多環式は分子が環状につながり、その構造が2つ以上をもつ化合物のこと。

レーキ　簡単にいえば、粘土、アルミナ、方解石などの白い鉱物を染めたものです。染料に沈殿剤を加えて不溶性にしたものがレーキ顔料で、酸性染料の場合の沈殿剤は、酢酸塩、硝酸塩などが使われ、塩基性染料ではタンニン酸、リン酸ソーダ、白土などが使われるように、染料によっての沈殿剤が使われます。

トーナー　不溶性の顔料色素で、体質顔料が含まない着色力が強く、他顔料の増量剤、塗料の混合剤などに使われます。体質顔料は透明性白色顔料ともいいます。これには炭酸カルシウム（白亜）、炭酸カルシウム（胡粉）、水酸化アルミニウム（石膏）カオリン、白土（クレー）などのことです。

（参照）　⇨206ページ・顔料

釉薬 (glaze)

　陶磁器は、主原料にガラス質の珪石や長石などを混ぜた粘土を、形に作り焼き上げた器です。陶磁器の主要な産地は佐賀県の唐津、愛知県の瀬戸で、そのことから陶磁器のことを関西では「カラツモノ」、関東では「セトモノ」と呼んでいます。

　釉薬（ゆうやく）は、陶磁器の吸水性をなくし、水や化学薬品の抵抗を強める役割をもつ、ガラス質の膜を造ることに合わせて、美しい模様や色を表すためのものです。釉薬は、「うわぐすり」ということもあります。

釉薬の原料　火成岩を主成分とする長石、珪酸、酸化アルミニウム、アルカリ成分を含む、木灰、わら灰などが利用され、それに酸化鉄、銅粉（銅の炭化物）、コバルト、マンガンなどの化合物を混ぜ合わせます。混ぜ合わせる比率や、酸化あるいは還元の手法にもよりますが、化合物である発色金属による色は次のようになります。

表●発色金属による色

金属	酸化色	還元色
鉄	薄茶、茶、黒	茶、緑、青、黒
銅	緑、青、青緑	赤
マンガン	茶、黒、ピンク	茶、黒
クロム	緑、茶	緑、茶
コバルト	青	青
チタン	薄茶、白、黄	薄茶、緑、白、青
亜鉛	黄、白	

釉薬の種類　釉薬には次のようなものがあります。

表●釉薬の種類

種類	名称
基礎釉（無色）	透明釉、長石釉、亜鉛結晶釉
鉄系	飴釉、鉄砂釉、青磁釉など
銅系	織戸釉、辰砂釉など
コバルト系	なまこ釉、瑠璃釉など
マンガン系	ロッキン、銀黒釉
色釉	基礎釉に酸化鉄に代わりジルコン色釉が使われたもの

　ロッキンは、鉛釉にマンガンを加えた茶系の釉薬。英国のロッキンガムで作られたことからこの名前が付けられています。

　ジルコンは珪酸塩の鉱物で、純粋なものは無色透明、その他に赤、茶、黄、緑、青などの色のものがあります。柱状、正方結晶で、美しいものは宝石として使われています。

　上表の他にも、白釉、黒釉、楽焼釉、萩釉などいろいろなものがあります。

呉須（こす）　呉須は、時代や地方によっていろいろな種類が存在しますが、いずれも主成分は酸化コバルトで、青の釉薬として使われています。景徳鎮、デルフト焼をはじめ、陶磁器には青が多く施されますが、そのほとんどは呉須によるものです。これらを日本では「染付け」といい、中国では青花（チンホワ）と呼びます。

人名一覧
図書案内

人名一覧

※姓の五十音順[姓, 名(綴り, 国, 生年～没年) 主な業績]

アブニー, ウイリアム (William de Wiveleslie Abney, 英, 1843～1920)
天文学者・化学者・写真家。太陽の赤外スペクトル写真を撮影 (1887)、アブニー水準器を発明した。

石原 忍 (Ishihara Shinobu, 日, 1879～1963)
軍医。色覚検査表を創始した。

イッテン, ヨハネス (Johannes Itten, スイス, 1888～1963)
色彩教育者。調和論を展開した。パーソナルカラーに大きな影響を与えた。

ウェーバー, エルンスト・ハインリッヒ (Ernst Heinrich Weber, 独, 1795～1878)
生理学者、解剖学者。「感触論」(1934) を展開した。

ウォラストン, ウイリアム (William Hyde Wollaston, 英, 1766～1828)
化学者。太陽光スペクトル中に暗線を発見した (1902)。

エジソン, トマス (Thomas Alva Edison, 米, 1847～1931)
発明家・起業家。白熱電球の商品化、動画撮影機など、幾多の発明を行った。

オズグッド, C.E. (C.E.Osgood, 米, 1916～1991)
心理学者。色彩計画・評価に関する研究を行った。

オストワルト, ウィルヘルム (Wilhelm Ostwald, 独, 1853～1932)
化学者。白W黒B純色Fによる混色系の表色系を発表した (1923)。

カッツ, デビッド (David Katz, スエーデン, 1884～1953)
心理学者。『色の世界』を著した (1935)。

ギブソン, カスン (Kasson Gibson, 米)
OSA 測色部会メンバーで、デイビスとともに DG フィルターを開発した。

グラスマン, ヘルマン (Hermann Gunther Grassmann, 独, 1809～1877)
数学者・物理学者・言語学者。色の混合の理論として グラスマンの法則を発見した (1853)。

クリース, ヨハネス・フォン (Johannes von Kries, 独, 1853～1928)
心理学者。「視感覚論」を発表した (1904)。

ゲーテ，ヨハン・ウォルフガング・フォン (Johan Wolfgang von Geethe, 独, 1749～1832)
詩人、作家、哲学者、自然科学者。『色彩論』(1810) で、調和論を展開した。

ケルビン卿 (Lord Kelvin, 英, 1824～1907)
物理学者。絶対温度の概念を導いた。

ジャッド，ディアン・B. (Deane B.Judd, 米, 1900～1972)
色彩学者。色彩科学全般を研究し、調和論を展開した。

シュヴルール，ミシェル・オーゲン (Michel Eugen Chevreul, 仏, 1786～1889)
化学者。ゴブラン織研究所長在任時に調和論を展開した。

スネル，ヴィレブロルト (Parry Moon, Willebrord Snell, オランダ, 1591～1626)
天文学者。光の屈折の法則を発見した (1621)。

スワン，ジョセフ・ウィルソン (Joseph Wilson Swan, 英, 1828～1914)
物理学者。白熱電球を発明した (1871)。

ドア，ロバート (Robert Dorr, 米, 1905～1979)
パーソナルカラーの創始者といわれている。

ドルトン，ジョン (John Dalton, 英, 1766～1844)
化学者。眼・色覚異常について研究を行った。

ニュートン，アイザック (Sir Isaac Newton, 英, 1642～1727)
物理学者・数学者。ニュートン力学を創始した。また、光とスペクトルの研究を行い、虹の7色を提唱した。

ビレン，フェーバー (Faber Birren, 米, 1900～1988)
色彩学者。色彩計画について研究を行い、パーソナルカラーに影響を与えた。

フェヒナー，グスタフ・テオドール (Gustav Theodor Fechner, 独, 1801～1887)
物理学者・哲学者。「主観色を発生する円盤」(1838) で有名。

フラウンホーファー，ヨゼフ・フォン (Joseph von Fraunhofer, 独, 1787～1826)
物理学者。太陽光スペクトル中に暗線を発見した (1814)。

ブリュースター，デビッド (Sir David Brewster, 英, 1781～1868)
物理学者。光学の分野で活躍し、ブリュースターの法則を発見した。

ブリュッケ，エルンスト・ウィルヘルム（Ernst Whilhelm Brücke, 独, 1819〜1892）
物理学者。視神経領域における一つの発見をした（1878）。

プルキンエ，ヤン・エバンゲリスタ（Jan Evangelista Purkynie, チェコ, 1787〜1869）
生理学　1825年　プルキンエ現象の解明

ベゾルド，ウィルヘルム（Wilhelm von Bezold, 独, 1837〜1907）
物理学者。ベゾルド・ブリュッケ効果を発見した（1873）。

ヘリング，エバルト（E.Hering, 独, 1834〜1918）
心理学者・生理学者。色覚の四原色説（反対色説）を提唱した（1878）。

ヘルツ，ハインリッヒ（Heinrich Rudolf Hertz, 独, 1857〜1894）
物理学者。電磁波の放射の存在を実証下（1888）。

ヘルムホルツ，ヘルマン・フォン（Hermann Ludwig Fredinand von Helmholtz, 独, 1821〜1894）
物理学者。『色の合成理論』を著した（1852）。

マクスウェル，ジェームス・クラーク（James Clark Maxwell, 英, 1831〜1879）
物理学者・数学者。マクスウェル三原色原理による色再現実験を行った（1861）。

マンセル，アルバート（Albert Henry Munsell, 米, 1858〜1918）
画家・美術教育者。色を3属性で表すマンセル表色系を発表した（1905）。

ムーン＆スペンサー（Parry Moon, Domina Eberle Spencer, 米）
MIT（マサチューセッツ工科大学）で共同研究を行い、調和論を展開・発表した。

ヤング，トマス（Thomas Young, 英, 1773〜1829）
物理学者。色覚の三原色説を発表した（1801）。

ラッドフランクリン，クリスチン（Christine Ladd-Franklin, 米, 1847〜1930）
心理学者。『色彩と色覚論』を著した（1929）。

ルード，オグデン・ニコラス（Ogden Nicholas Rood, 米, 1831〜1902）
画家・自然科学者。調和論を展開した。

レイリー，ジョン・ウィリアム（John William Strutt, 英, 1842〜1919）
物理学者。レイリー散乱やアルゴンを発見した。また、毛細管現象の研究を行った。

図書案内

※書名（著者・編者）出版元、出版年

　色彩に関する本は、多数が出版されています。ここでは、本書をご覧になって興味をもたれたかたのために、本書を執筆する際に参考にしたものを中心に興味深い図書を紹介します。ここではやや古い図書も掲げてあります。書籍は刊行されたあとしばらく時間を経ると、品切れ・絶版となって入手しにくくなることが多いので、入手しにくい場合は図書館や古書店を活用してください。また、インターネット上の古書店を検索することで、比較的たやすく入手できることが多くなっています。そちらも活用されると効果的です。

■ 全般に関する図書

JIS ハンドブック色彩 2008（日本規格協会・編）日本規格協会、2008
色彩用語ハンドブック（小町谷朝生・編）早稲田教育出版会、2002
色覚と色覚異常（太田安雄・清水金郎）金原出版、1990
色彩学概説（千々岩英彰）東京大学出版会、2001
対策色彩検定（清野恒介・島森功）新紀元社、2005
色彩学の基礎（山中俊夫）文化書房博文館、1997
図解色彩学入門（モーリツ・ツヴィムファー、粕谷美代・訳）美術出版社、1989
色彩用語事典（日本色彩学会・編）東京大学出版会、2003
色彩心理入門（近江源太郎）日本色研事業、2003
色彩科学入門（日本色彩研究所・編）日本色研事業、2000
色の技法（アリスン・コール、村上博哉・訳）同朋舎出版、1994
色彩効用論（野村順一）住宅新報社、1988
色彩演出事典（北畠耀・編）セキスイインテリア、1989

■ 光に関する図書

空の色と光の図鑑（斎藤文一・武田康男）草思社、1995
色の科学－その心理学と生理学と物理（金子隆芳）朝倉書店、1995
光の探求（垣内賢信）法政大学出版会、1974
さまざまな視覚の世界（永野為武）新潮社、1966
光（デイヴィッド・バーニー、守部信之・訳）東京書籍、1993

■ 色に関する図書

色－その科学と文化（江森康文・大山正・深尾謹之介・編）朝倉書店、1979
どうして色は見えるのか（池田光男・芦沢昌子）平凡社、2005

■ 眼に関する図書
脳のしくみがわかる本（寺沢宏次）成美堂出版、2007

■ 色の基礎に関する図書
PCCS Harmonic Color 201-L（日本色彩研究所・監修）日本色研事業、1991
色彩ワンポイント（日本色彩研究所・編）日本規格協会、1993

■ 色彩体系に関する図書
色彩学（武蔵野美術大学短期大学部通信教育部）武蔵野美術大学、
色の科学―その心理学と生理学と物理（金子隆芳）朝倉書店、1995

■ 色彩対比に関する図書
色彩論（ヨハネス・イッテン、大智浩・訳）美術出版社、1971

■ カラーイメージに関する図書
色を心で視る（千々岩英彰）福村出版、1992
色彩ワンポイント（日本色彩研究所・編）日本規格協会、1993
色のイメージ事典（日本流行色協会・編）同朋舎出版、1991
配色事典（清野恒介・島森功）新紀元社、2006

■ 色による象徴と連想に関する図書
色彩学概説（千々岩英彰）東京大学出版会、2001
色の博物誌（朝日新聞社・編）朝日新聞社、1986
カラーウォッチング色彩のすべて、小学館、1982
ヨーロッパの紋章・日本の紋章（森護）日本放送出版協会、1982

■ 配色に関する図書
配色事典（清野恒介・島森功）新紀元社、2006

■ 調和論に関する図書
色彩論（ヨハネス・イッテン、大智浩・訳）美術出版社、1971
産業とビジネスのための応用色彩学（G. ヴィスツェッキー、本明寛・訳）ダイヤモンド社、1964
ヨハネス・イッテン造形芸術への道（ドロレス・デナーロ、山野英嗣・編）京都国立近代美術館、2003

■ パーソナルカラーに関する図書
パーソナルカラーの教科書（神山瑤子・長坂信子）新紀元社、2004

■ 色彩計画に関する図書
配色事典（清野恒介・島森功）新紀元社、2006
色彩ワンポイント（日本色彩研究所・編）日本規格協会、1993
色彩調節（上田武人）技報堂、1953
商品色彩論（野村順一）千倉書房、1998

■ 日本の伝統色・伝統配色に関する図書
色名事典（清野恒介・島森功）新紀元社、2005
配色事典（清野恒介・島森功）新紀元社、2006

■ ファッションに関する図書
ファッション・キーワード（深井晃子）文化出版局、1993
ファッション辞典（大沼淳・萩村昭典・深井晃子・監修）文化出版局、1999
新・実用服飾用語辞典（山口好文・今井啓子・藤井郁子・編）文化出版局、2000
新・田中千代服飾事典（田中千代・監修）同文書院、1991
ファッション／アパレル辞典（小川龍夫）繊研新聞社、2004
新ファッションビジネス基礎用語辞典（バンタンコミュニケーションズ）チャネラー、1996
ファッションビジネス用語辞典（ファッションビジネス学会・監修）文化学園学校教科書出版部、1996
ファッションビジネス概論（日本ファッション教育振興会教材開発委員会・編著）日本ファッション教育振興会、2006
ファッション商品論（日本衣料管理協会刊行委員会・編著）日本衣料管理協会、2001
ファッション販売論（日本衣料管理協会刊行委員会・編著）日本衣料管理協会、2006

■ 流行色に関する図書
季刊・流行色、日本ファッション協会流行色情報センター

■ テキスタイルに関する図書
繊維総合辞典（繊維総合辞典編集委員会・編）繊研新聞社、2002
繊維便覧第2版（繊維学会）丸善、1994

■ 美術様式に関する図書
岩波西洋美術用語辞典（益田朋幸・喜多崎親・編著）岩波書店、2005
西洋美術史（高階秀爾・監修）美術出版社、2002
20世紀の美術（末永照和・監修）美術出版社、2000
新潮世界美術事典、新潮社、1985

■ 染料・顔料・釉薬に関する図書
色名事典（清野恒介・島森功）新紀元社、2005
色と着色のはなし（重森義浩）日刊工業新聞社、1988
色彩・色材の文化史（フランソワ・ドラマール他、ヘレンハルメ美穂・訳）創元社、2007
カラーウォッチング色彩のすべて、小学館、1982

図版

図1●電磁波と可視光の範囲 [本文48ページ]

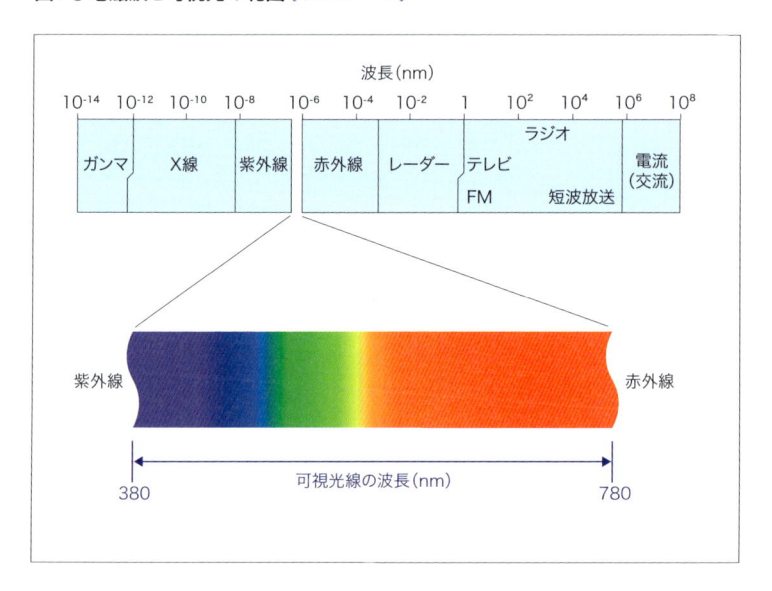

波長(nm)

| 10^{-14} | 10^{-12} | 10^{-10} | 10^{-8} | 10^{-6} | 10^{-4} | 10^{-2} | 1 | 10^2 | 10^4 | 10^6 | 10^8 |

| ガンマ | X線 | 紫外線 | 赤外線 | レーダー | テレビ FM | ラジオ 短波放送 | 電流(交流) |

紫外線 — 赤外線

可視光線の波長(nm) 380 〜 780

図2●同位相の波の合成 [本文49ページ]

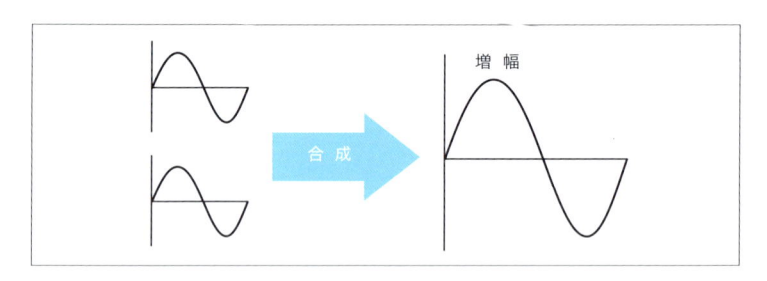

合成 → 増幅

図3●逆位相の波の合成 [本文49ページ]

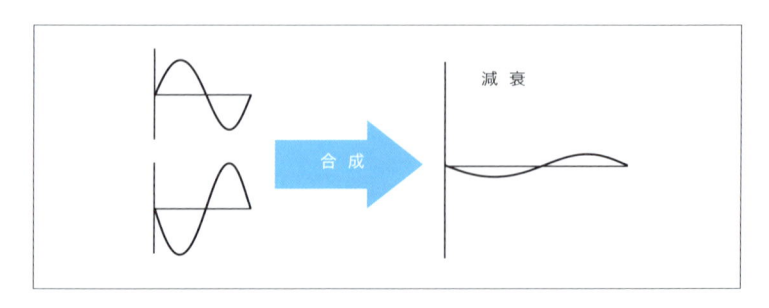

合成 → 減衰

図4 ●色による反射率の例 [本文52ページ]

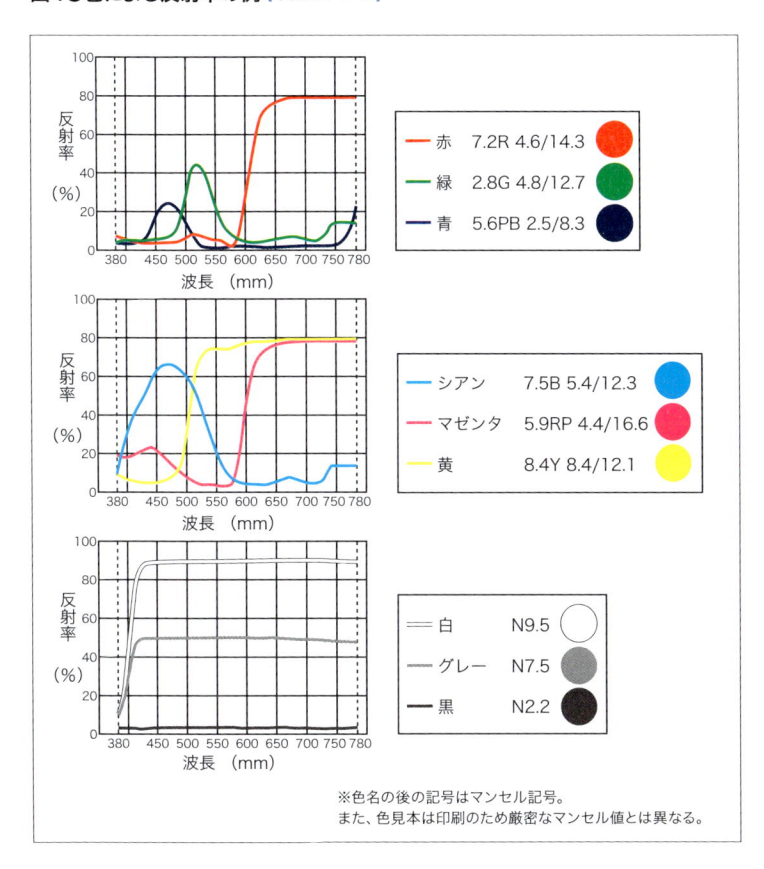

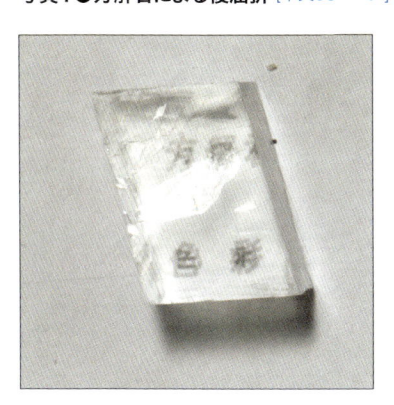

赤	7.2R 4.6/14.3
緑	2.8G 4.8/12.7
青	5.6PB 2.5/8.3

シアン	7.5B 5.4/12.3
マゼンタ	5.9RP 4.4/16.6
黄	8.4Y 8.4/12.1

白	N9.5
グレー	N7.5
黒	N2.2

※色名の後の記号はマンセル記号。
また、色見本は印刷のため厳密なマンセル値とは異なる。

写真1 ●方解石による複屈折 [本文53ページ]

図5●回折 [本文53ページ]

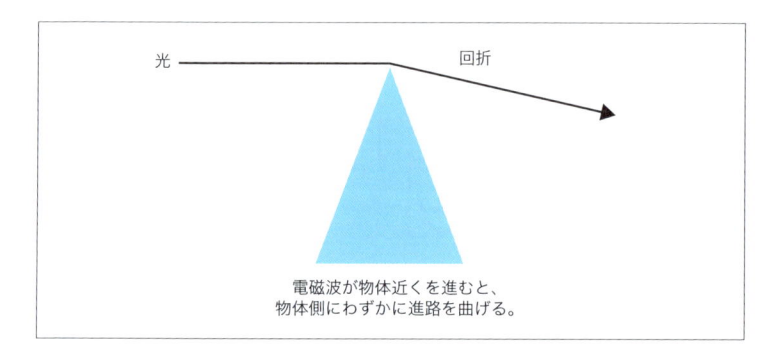

光　　　　　　回折

電磁波が物体近くを進むと、
物体側にわずかに進路を曲げる。

写真2●偏光フィルターの効果 [本文54ページ]

偏光フィルターあり　　　　偏光フィルターなし

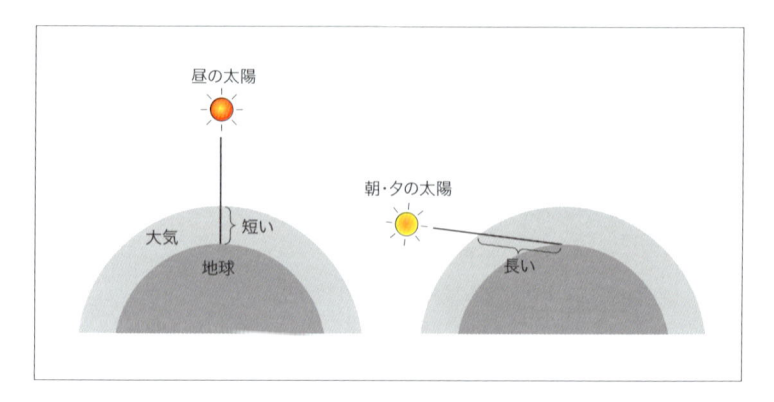

図6●朝焼け・夕焼けのしくみ [本文55ページ]

昼の太陽　　　　朝・夕の太陽
大気　短い　　　　　　　長い
地球

写真3●虹 [本文55ページ]

主虹と副虹

図7●プリズムで分光した連続スペクトル [本文56ページ]

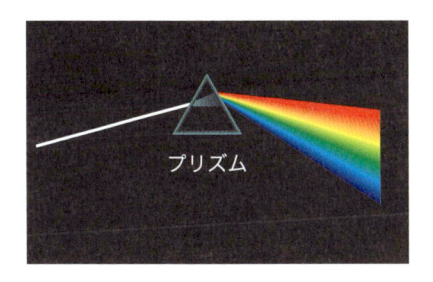

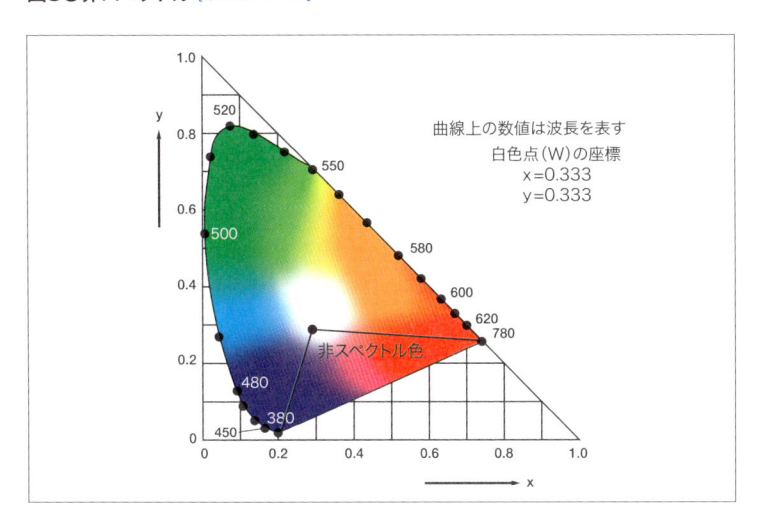

プリズム

図8●非スペクトル [本文57ページ]

曲線上の数値は波長を表す
白色点(W)の座標
x=0.333
y=0.333

非スペクトル色

図9●輝線スペクトルの例 [本文57ページ]

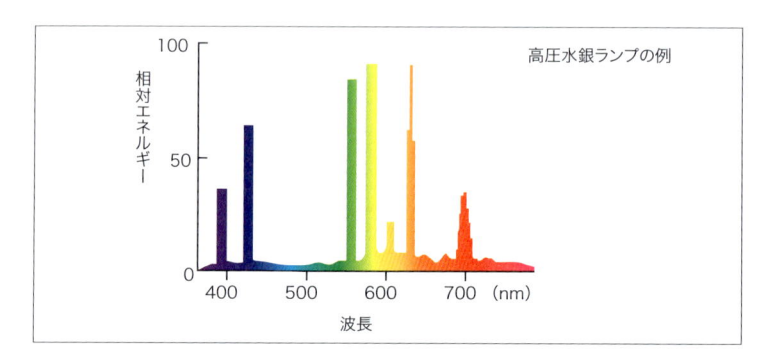

高圧水銀ランプの例

図10●眼の構造 [本文68ページ]

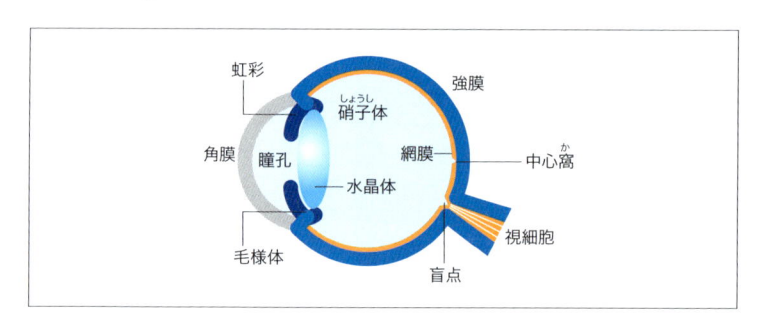

図11●明所視と暗所視（プルキンエ・シフト） [本文73ページ]

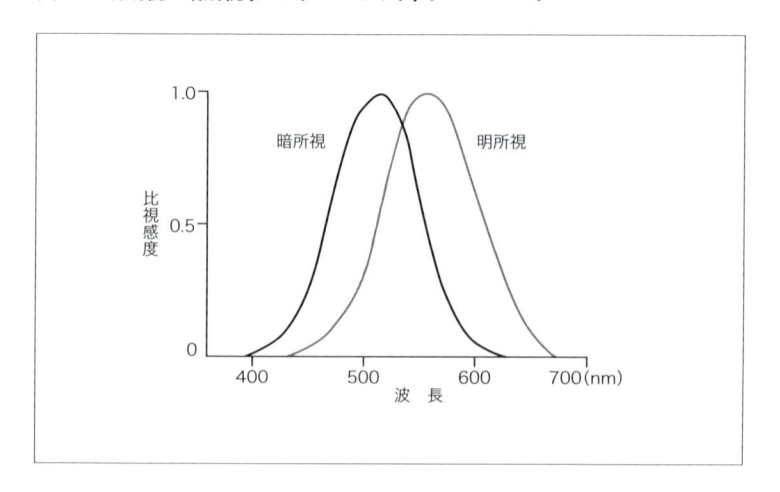

図12●アブニー効果 [本文74ページ]

CIEのxy色度図

スペクトル軌跡

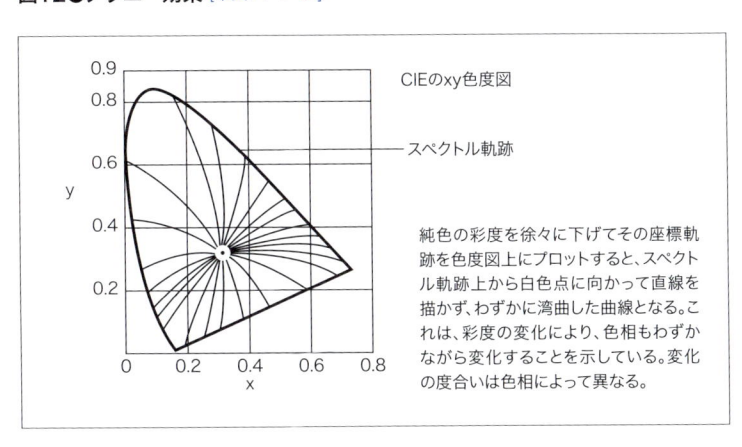

純色の彩度を徐々に下げてその座標軌跡を色度図上にプロットすると、スペクトル軌跡上から白色点に向かって直線を描かず、わずかに湾曲した曲線となる。これは、彩度の変化により、色相もわずかながら変化することを示している。変化の度合いは色相によって異なる。

図13●エーレンシュタイン効果 [本文75ページ]

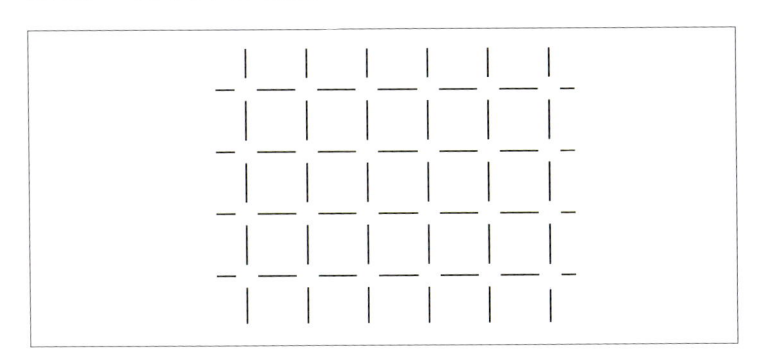

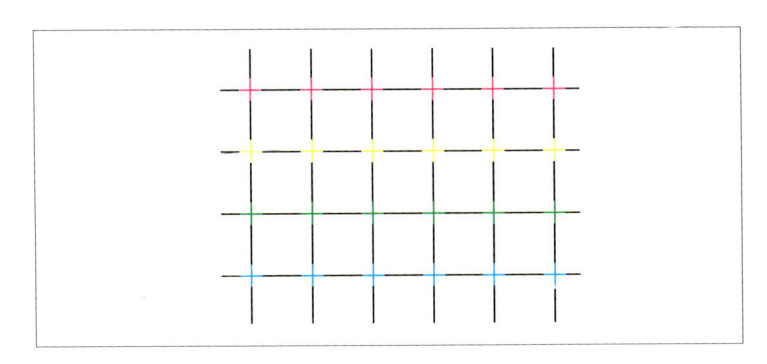

図14●ネオンカラー現象 [本文75ページ]

図15●ハーマン・ドット現象 [本文75ページ]

図16●ヘリング・ドット現象 [本文75ページ]

図17●ベンハムトップ [本文75ページ]

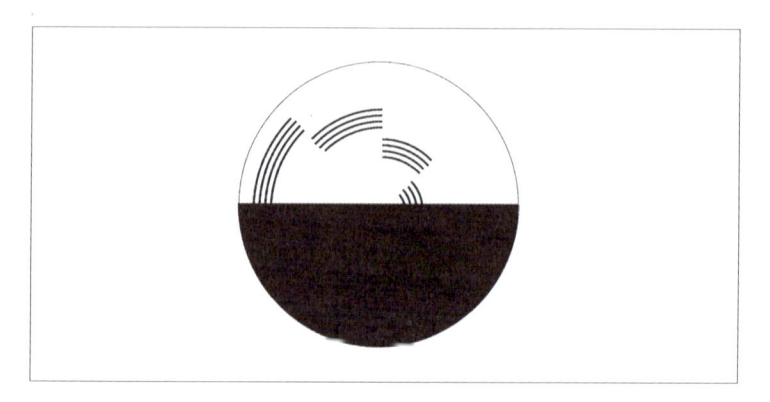

巻末図

図18●リーブマン効果の例 [本文76ページ]

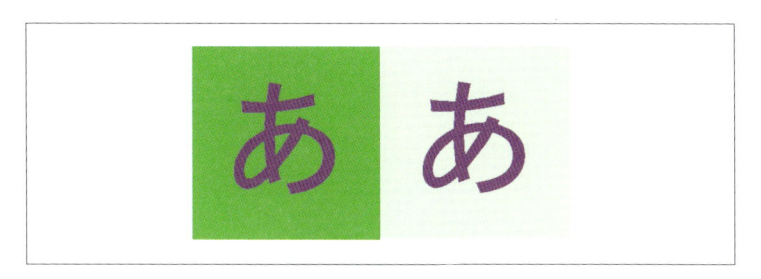

図19●加法三原色、減法三原色、補色 [本文84,86ページ]

赤（R）
（黄みの赤）
マゼンタ（M）
（赤紫）
イエロー（Y）
（黄）
青（B）
（紫みの青）
緑（G）
シアン（C）
（緑みの青）

― 加法三原色
― 減法三原色
--- 補色の関係

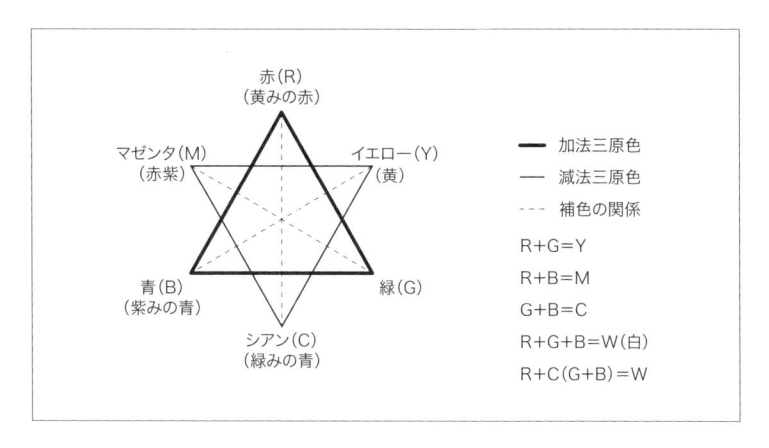

R+G=Y
R+B=M
G+B=C
R+G+B=W（白）
R+C（G+B）=W

図20●加法混色 [本文84ページ]

図21●減法混色 [本文84ページ]

写真4●コマの回転による継時的加法混色 [本文84ページ]

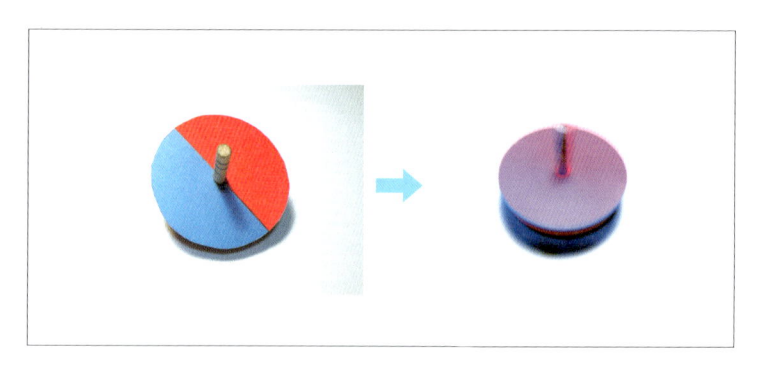

図22●色空間の概念 [本文92ページ]

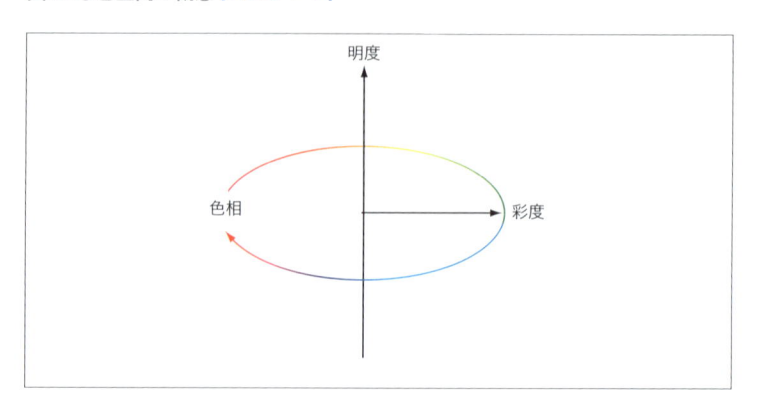

図23●XYZ等色関数 [本文98ページ]

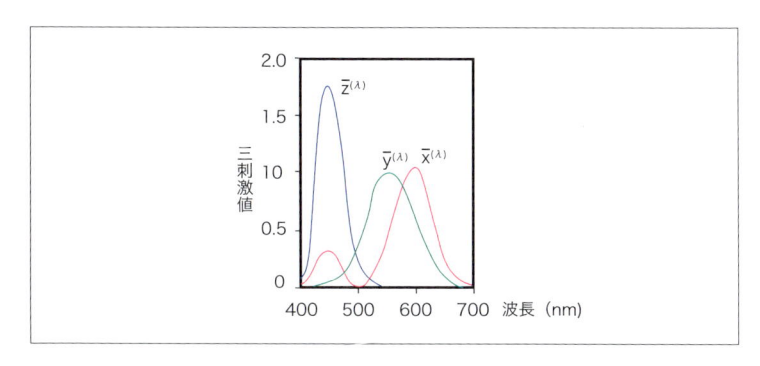

図24●PCCSのトーン図 [本文102ページ]

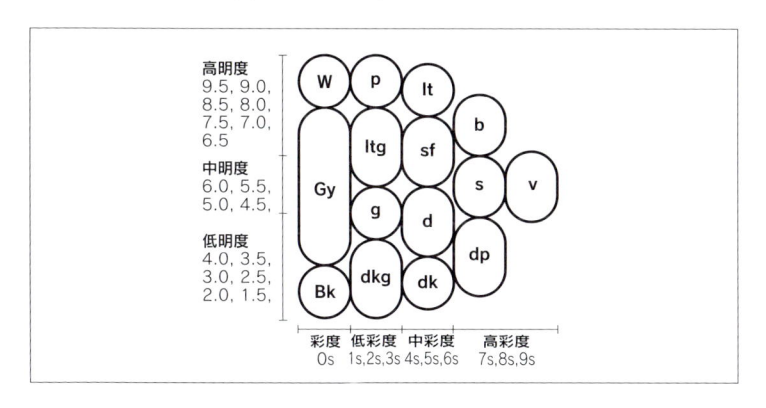

図25●ISCC-NBSのトーン図 [本文105ページ]

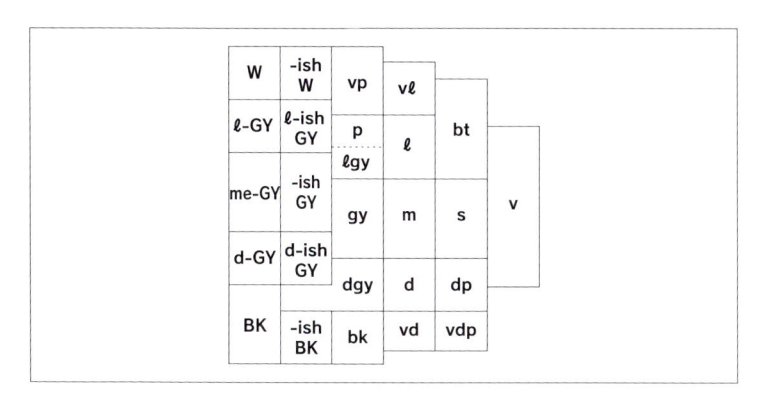

図26●暖色系、寒色系、中性色系 [本文106ページ]

PCCSの色相環

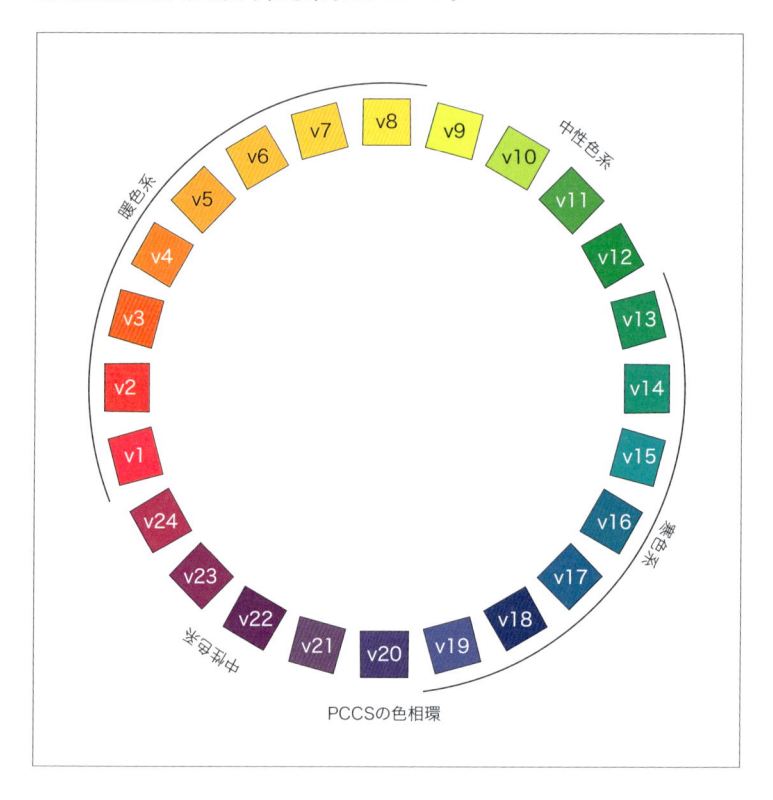

写真5●PCCSの色立体 [本文110ページ]

写真提供：日本色研事業（株）

図27●マンセルの色相環 [本文111ページ]

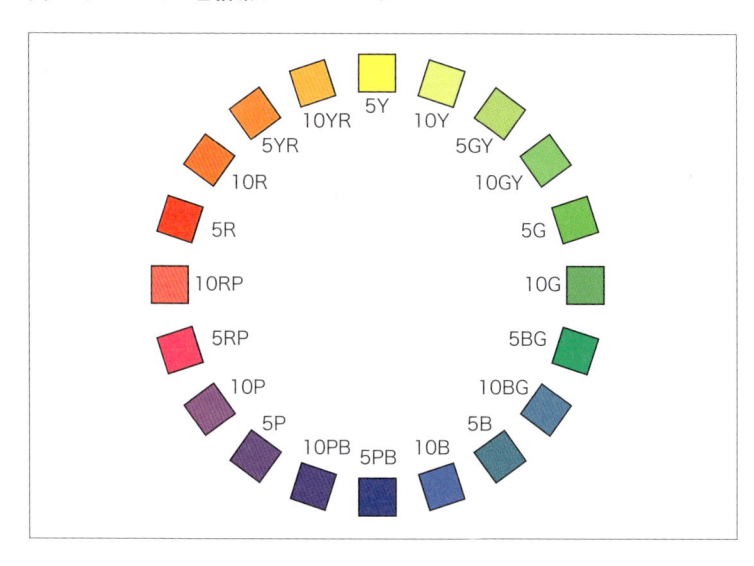

図28●マンセルの色立体 [本文112ページ]

図29●オスワルトの色相環 [本文113ページ]

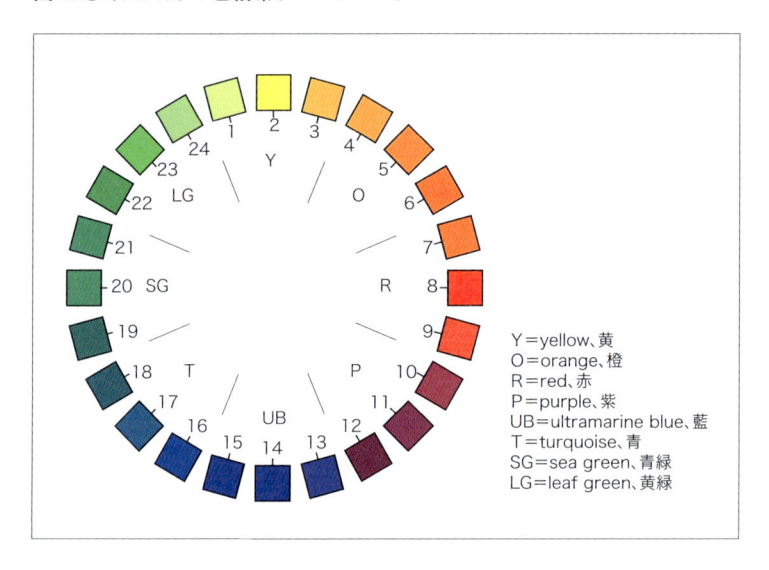

Y=yellow、黄
O=orange、橙
R=red、赤
P=purple、紫
UB=ultramarine blue、藍
T=turquoise、青
SG=sea green、青緑
LG=leaf green、黄緑

図30●オスワルトの等色相三角形（補色対の色相で表示） [本文113ページ]

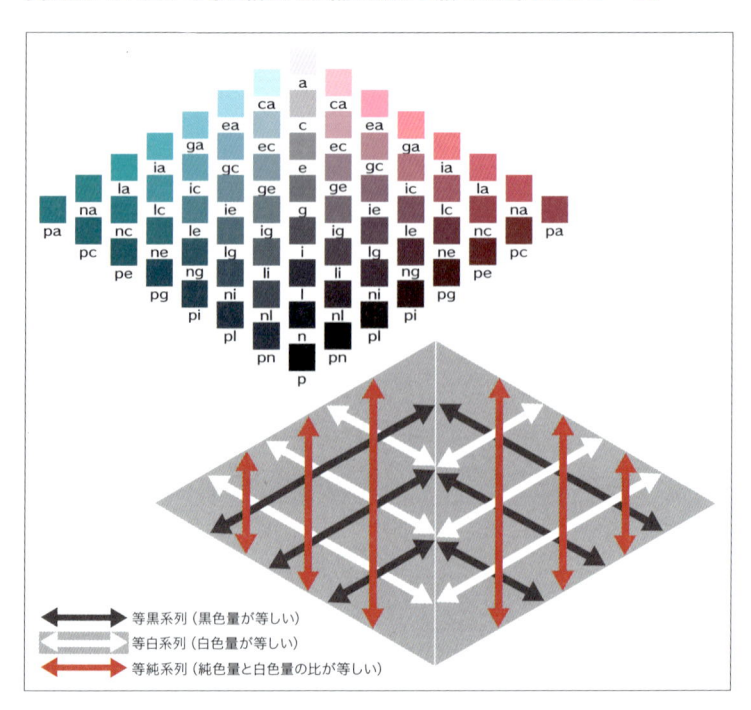

← → 等黒系列（黒色量が等しい）
← → 等白系列（白色量が等しい）
← → 等純系列（純色量と白色量の比が等しい）

巻末図

図31●NCSの色相環と等色断面図 [本文115ページ]

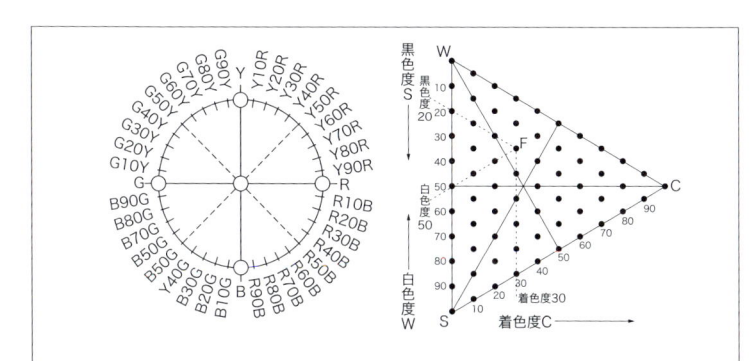

色Fを例にすると、表示は黒色度20、着色度30、白色度50であるが、黒色度と着色度から白色度は分かる。記号表示は、黒色度−着色度−色相で構成され、Fの場合は「20 30−Y20R」のようになる。

図32●DINの色立体 [本文115ページ]

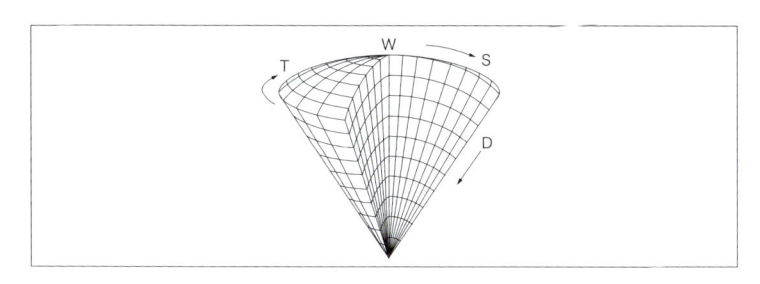

図33●RGB等色関数 [本文116ページ]

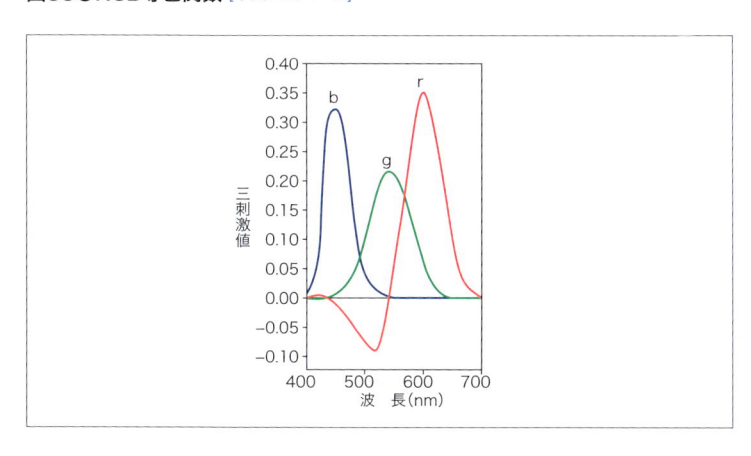

355

図34● XYZ色度図 [本文57,117ページ]

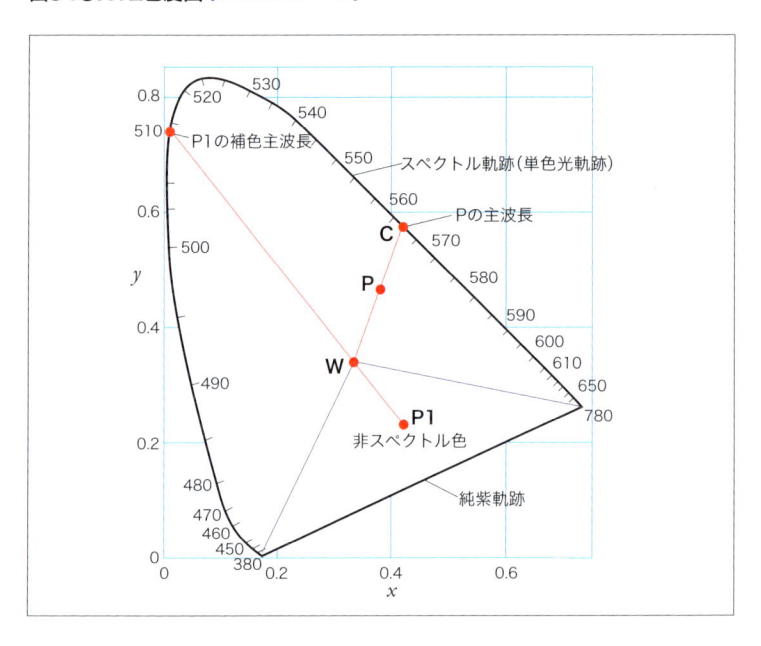

P1の補色主波長
スペクトル軌跡（単色光軌跡）
Pの主波長
非スペクトル色
純紫軌跡

図35● マッカダム楕円 [本文118ページ]

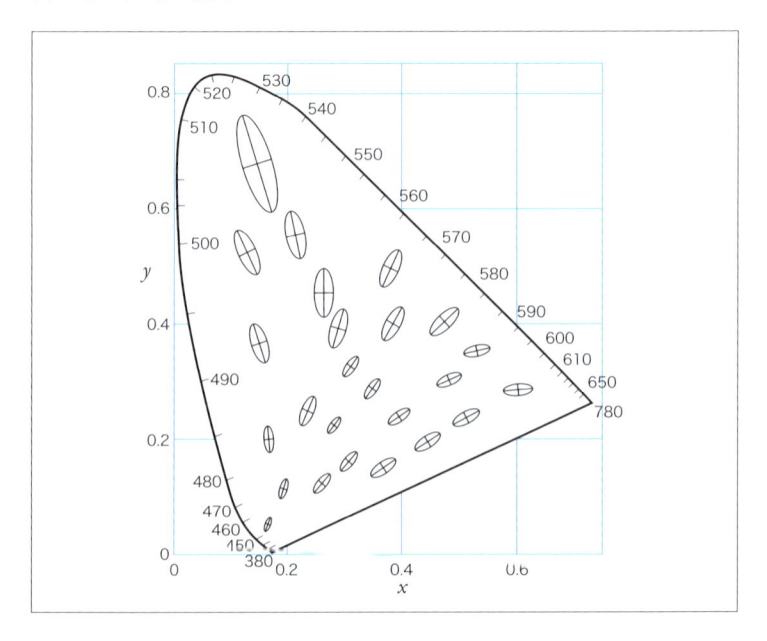

図36●拡張感と収縮感 [本文124ページ]

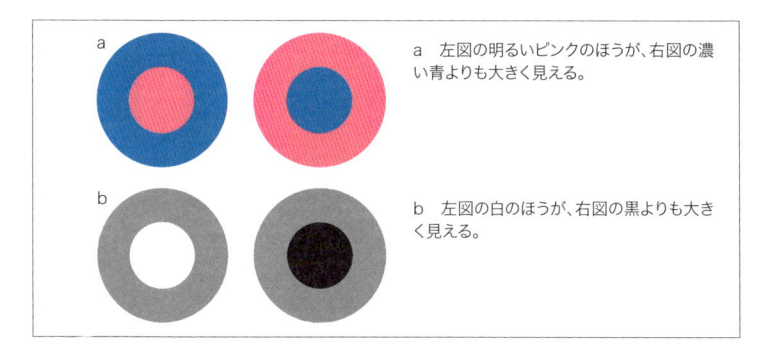

a 左図の明るいピンクのほうが、右図の濃い青よりも大きく見える。

b 左図の白のほうが、右図の黒よりも大きく見える。

図37●進出感と後退感 [本文124ページ]

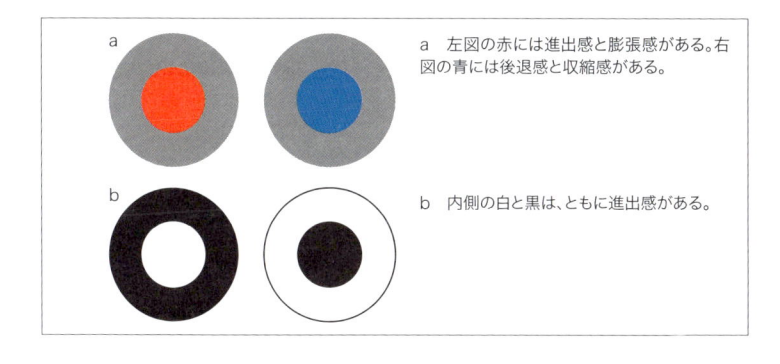

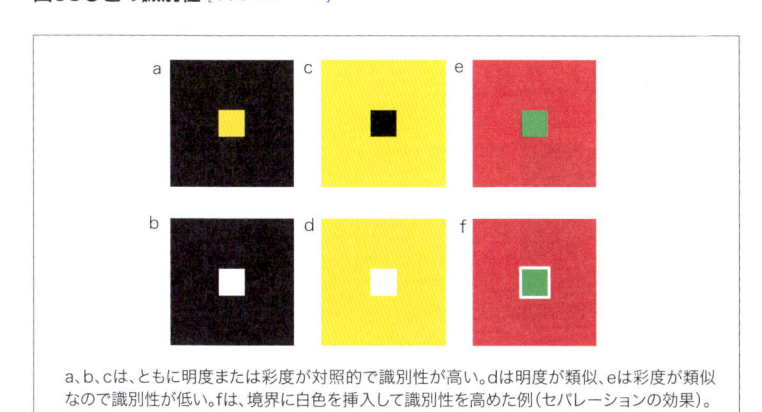

a 左図の赤には進出感と膨張感がある。右図の青には後退感と収縮感がある。

b 内側の白と黒は、ともに進出感がある。

図38●色の識別性 [本文125ページ]

a、b、cは、ともに明度または彩度が対照的で識別性が高い。dは明度が類似、eは彩度が類似なので識別性が低い。fは、境界に白色を挿入して識別性を高めた例（セパレーションの効果）。

図39●色の感情（軽感と重感） [本文125ページ]

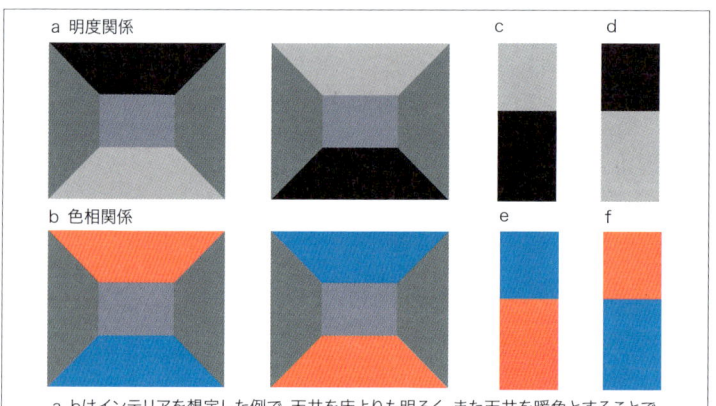

a 明度関係

b 色相関係

a、bはインテリアを想定した例で、天井を床よりも明るく、また天井を暖色とすることで安定感を得ることができる。c〜fは、服飾を想定した例で、トップに黒や赤を配すると動的に、逆は安定感が得られる。

図40●色相対比 [本文128ページ]

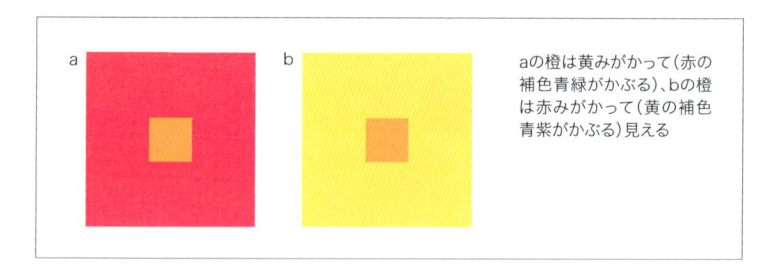

aの橙は黄みがかって（赤の補色青緑がかぶる）、bの橙は赤みがかって（黄の補色青紫がかぶる）見える

図41●明度対比 [本文127ページ]

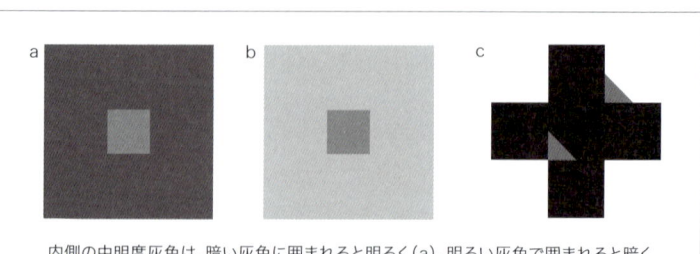

内側の中明度灰色は、暗い灰色に囲まれると明るく（a）、明るい灰色で囲まれると暗く（b）見える。c（ヴェルトハイマーベナリの図形）では外側の三角形（右上の三角形）は暗く、内側の三角形（左下の三角形）は明るく見える。

図42●彩度対比 [本文128ページ]

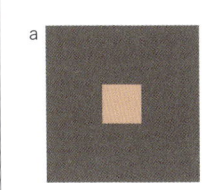

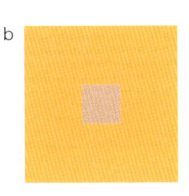

a b 内側のくすんだ橙は、低彩度色に囲まれると彩度が高く（a）、高彩度色に囲まれる彩度が低く（b）く見える。

図43●縁辺対比 [本文128ページ]

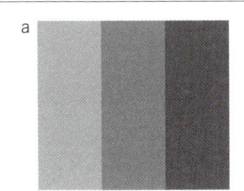

a 中央の灰色は、左部分（明るい灰色に接する部分）は暗く、右部分（暗い灰色に接する部分）は明るく見える。

図44●マッハバンド [本文128ページ]

白に接する灰色部分は暗く、黒に接する灰色部分は明るく見えるという縁辺対比の事例。

図45●同化現象 [本文129ページ]

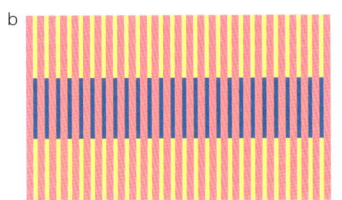

a b
a 白に並ぶ灰色は明るく、黒に並ぶ灰色は暗く見える。
b 黄に並ぶピンクは黄みのピンクに、青に並ぶピンクは紫みのピンクに見える。

図46●配色イメージの例 [本文132,133ページ]

イメージ	配色例1		配色例2	
カーム（静かな）	p4	p4⁺	p22⁺	p24⁺
	p4⁺	Gy-8.5	ltg6	ltg10
ソフト（やわらかな）	p6⁺	p8⁺	ltg2	Gy-7.0
	p4⁺	ltg⁺	p2⁺	lt24⁺
キュート（かわいい）	lt24⁺	p8⁺	b4	p4
	v3	pℓ-2	lt8⁺	pℓ-2
パステル（淡い）	p6⁺	offN-4	p2⁺	Gy-8.5
	p22⁺	p24⁺	offN-2	p8⁺
クリア（澄んだ）	lt18⁺	W	lt10⁺	b16
	b18	Gy-8.5	b12	b18
クール（冷たい）	offN-7	b18	b14	b18
	Gy-8.5	d18	p18⁺	sf18
カジュアル（開放的な）	b2	lt22⁺	v5	b14
	v5	v8	lt2⁺	b12
ビビッド（鮮やかな）	b18	v9	v24	v7
	v3	v11	Pl-4	v22

360

イメージ	配色			
ナチュラル(自然な)	g8	FL-6	dk24	Bk
	d2	dp8	d16	dp2
マニッシュ(男性的な)	Gy-3.5	dk6	dk20	dk10
	dkg4	d20	dk14	dk8
ディープ(深い)	dk18	dk14	dp18	dk22
	Gy-3.0	g24	dk14	dk10
ラスティック(田舎風)	dkg8	dk8	Gy-5.0	dk10
	g14	dp10	g2	g12
エレガント(優雅な)	dk2	g24	g8	ltg8
	d8	g20	Bk	dk24
モデレート(中間の)	g10	d10	d2	sf20
	sf24	d6	sf8	sf12

図47a●カラーカードの例 [本文134ページ]

1	2	3	4	5	6	7	8	9	10
v2	v4	v5	v8	v10	v12	v15	v18	v19	v21

図47b●判定表の例 [本文134ページ]

判定理由 \ カラーカード	v2 1	v4 2	v5 3	v8 4	v10 5	v12 6	v15 7	v18 8	v19 9	v21 10
A 好 ― 嫌	6	7	9	10	8	5	4	2	3	1
B 強 ― 弱	1	2	4	3	5	7	6	10	9	8

図47c●カラーイメージマップの制作例 [本文134ページ]

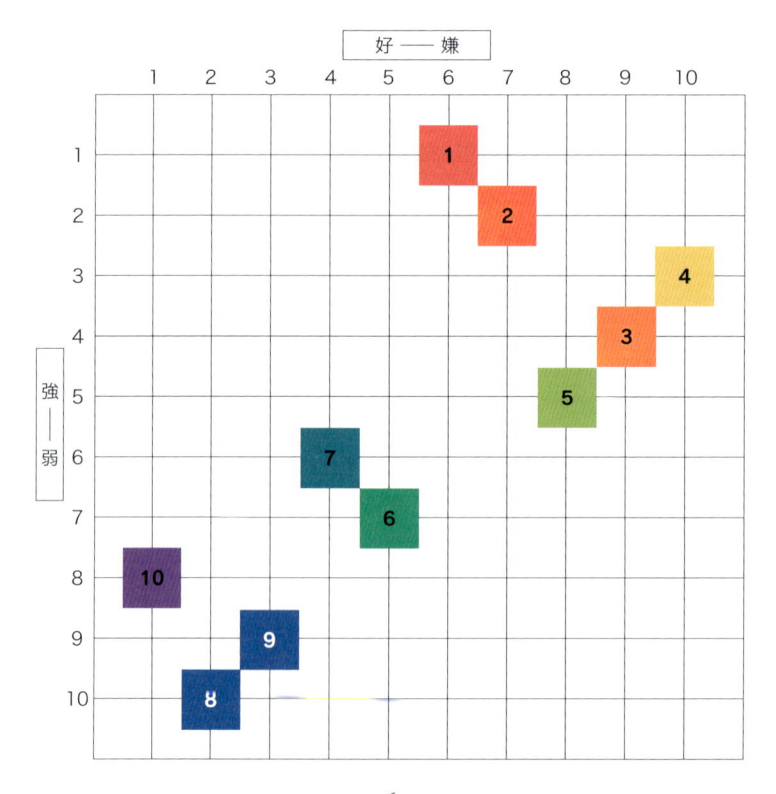

図48 ●色相配色の例 [本文140ページ]

同一色相配色	b2	dp2	b14	dp14
隣接色相配色	v1	v2	v1	p24 +
類似色相配色	v4	v6	v4	v7
中差色相配色	v6	v10	v6	v23
対照色相配色	v8	v16	v8	v23
補色色相配色	v10	v21	v2	v14

図49 ●明度配色の例 [本文141ページ]

同一明度配色	Gy-8.5	b8	dk16	dkg6
隣接明度配色	Gy-8.0	Gy-8.5	Gy-7.5	lt14 +
類似明度配色	Gy-2.5	Gy-3.5	sf2	lt6 +
中差明度配色	Gy-2.5	Gy-5.0	p6 +	d4
対照色明度色	b10	dk6	lt8 +	dkg18

図50 ●彩度配色の例 [本文141ページ]

同一彩度配色	ltg4	g4	sf10	dk20
隣接彩度配色	b16	v16	lt2 +	d2
類似彩度配色	Gy-4.5	ltg2	lt8 +	dp8
中差彩度配色	lt10 +	ltg16	b14	ltg14
対照彩度度色	v18	p18	Bk	v8

図51●トーン配色の例 [本文142ページ]

同一トーン配色	lt12+ / lt14+	b8 / b12
	dk2 / dk20	p14+ / p22+

類似トーン配色	p4+ / ltg4	g2 / d4
	sf4 / b12	g2 / d14

対照トーン配色	lt4 / dk4	g2 / v6
	ltg16 / dp22	g6 / b18

図52●同一トーン配色・類似トーン配色・対照トーン配色の関係 [本文142ページ]

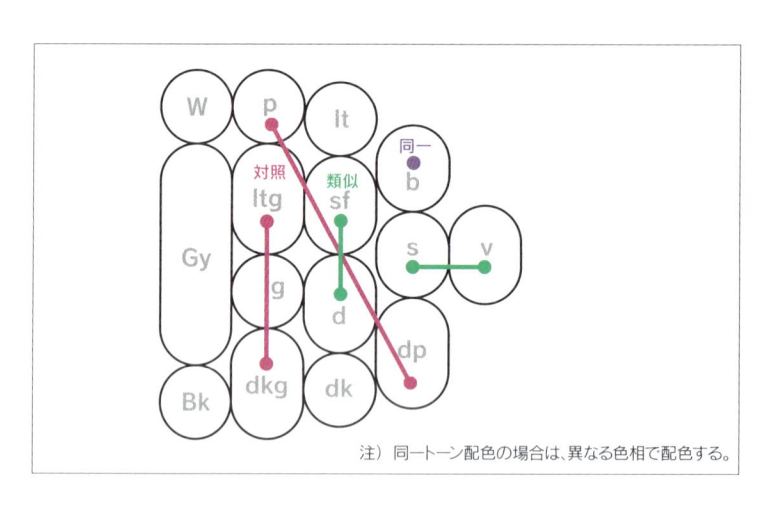

注）同一トーン配色の場合は、異なる色相で配色する。

図53●配色技法による配色の例 [本文143,144ページ]

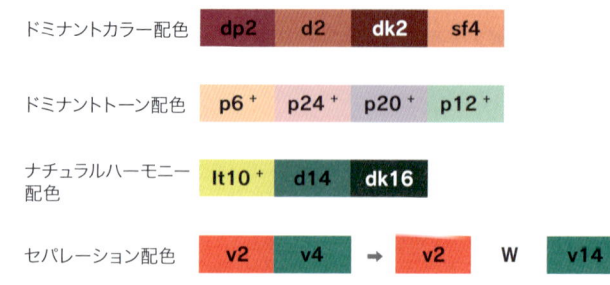

ドミナントカラー配色　dp2 / d2 / dk2 / sf4

ドミナントトーン配色　p6+ / p24+ / p20+ / p12+

ナチュラルハーモニー配色　lt10+ / d14 / dk16

セパレーション配色　v2 / v4 ➡ v2 / W / v14

レピテーション配色	lt4⁺ / dp2 / lt16⁺ → lt4⁺ / dp2 / lt16⁺ / lt4⁺ / dp2 / lt16⁺
色相グラデーション配色	v2 / v4 / v6 / v8 / v10 / v12
明度グラデーション配色	dk12 / d16 / d12 / sf14 / sf10 / lt12
彩度グラデーション配色	p16 / p16⁺ / lt16 / lt16⁺ / b16 / v16
トーングラデーション配色	p4 / lt6 / b8 / v10
アクセントカラー配色	sf4 / dk18 / p4⁺ / dk18 / lt2⁺ / dk18 / sf4
無彩色との配色	Gy-5.0 / b12 / Gy-6.0 / d10

図54●流行配色 [本文145,146ページ]

トーンオントーン配色	p6⁺ / dk8	コンプレックスハーモニー配色	lt22⁺ / dk10
トーンイントーン配色	d8 / d12	カマイユ配色	offN-2 / offN-5
トーナル配色	d2 / g20	フォカマイユ配色	p6⁺ / p8⁺
コントラスト配色	dp2 / dk12		
トーンコントラスト配色	Gy-8.0 / v24		
トリコロール配色	dp18 / W / v2		
ピコロール配色	lt14⁺ / lt20⁺		

図55●調和と不調和（ゲーテ） [本文147ページ]

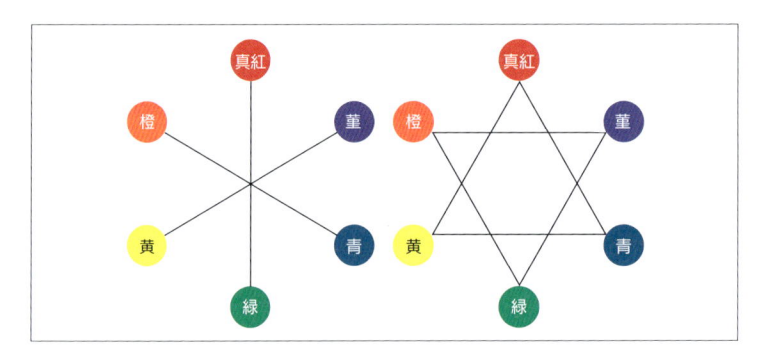

図56●図式化した三角形（ゲーテ） [本文148ページ]

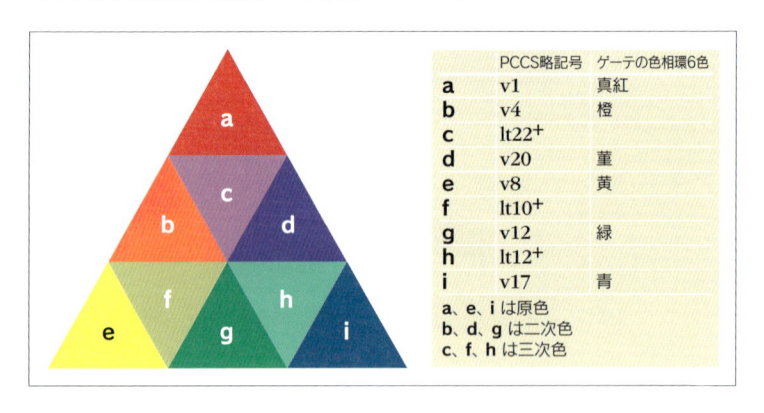

	PCCS略記号	ゲーテの色相環6色
a	v1	真紅
b	v4	橙
c	lt22⁺	
d	v20	菫
e	v8	黄
f	lt10⁺	
g	v12	緑
h	lt12⁺	
i	v17	青

a、e、i は原色
b、d、g は二次色
c、f、h は三次色

図57●感情効果の配色（ゲーテ） [本文148ページ]

	a	c	b	f	e
明瞭な配色	v1	lt22	v4	lt10⁺	v8

	a	c	d	h	i
厳粛な配色	v1	lt22⁺	v20	lt12⁺	v17

	a	b	c	d
力強い配色	v1	v4	lt22⁺	v20

	b	f	e	g
穏やかな配色	v4	lt10⁺	v8	v12

	d	h	g	i
憂鬱な配色	v20	lt12⁺	v12	v17

巻末図

図58●シュヴルールの色相環 [本文148ページ]

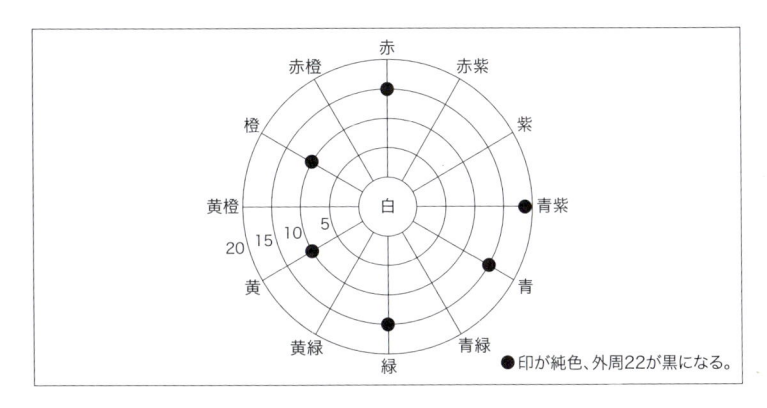

●印が純色、外周22が黒になる。

図59●シュヴルールの色立体 [本文148ページ]

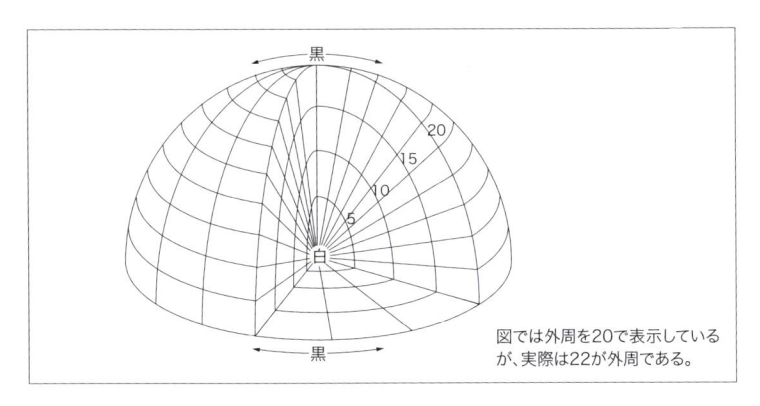

図では外周を20で表示しているが、実際は22が外周である。

図60●類似調和（シュヴルール） [本文148ページ]

色相類似調和の例	dp12	v10	dk12
明度類似調和の例	lt2⁺	b2	ltg2
彩度類似調和の例	st20	lt18⁺	sf16

図61●対比調和の種類（シュヴルール）[本文148ページ]

①濃い色同士の不調和な配色の間に、白または明るいグレーを加えると調和する。

| dk18 | W | dp18 |

②黒は彩度の高い2色と組み合わせて失敗することがないから、2色の間に加えることができる。

| v2 | Bk | v14 |

③黒は青や紫の暗清色と組み合わせても多くの場合、不調和にはならない。

| dp18 | Bk | dp22 |

④高彩度色同士の配色や低彩度色同士の配色の間に、グレーを入れると調和する。

| b6 | Gy-6.5 | v10 |

⑤不調和な配色の間に白、黒、グレーを加えると調和するが、配色に使われている色のトーンを考慮する必要がある。

| dk6 | W | dk10 |
| lt10 | Bk | sf16 |

図62●ナチュラルハーモニー配色の例（ルード）[本文150ページ]

| lt10 + | sf12 | d14 | dk16 |
| p4 + | sf6 | d8 | dk14 |

図63●調和配色（マンセル）[本文150ページ]

垂直調和
| 10R8/4 | 10R6/4 | 10R4/4 | 10R2/4 |

内面調和
| 10R5/2 | 10R5/6 | 10R5/10 | 10R5/14 |
| 5GY5/2 | 5P5/2 | 5GY5/6 | 5P5/6 | 5GY5/10 | 5P5/10 |

円周上の調和
| 5R6/8 | 10Y6/8 | 5BG6/8 | 10PB6/8 |

斜内面の調和
| 5R7/10 | 5R6/8 | 5R5/6 | 5R4/4 |
| 5R5/6 | 5R4/4 | 5BG3/2 | 5BG2/1 |

楕円形の調和
| 10B4/6 | 5R7/10 | 5G4/8 | 10YR6/12 | 5BG3/4 | 5RP7/8 |

図64●等色相三角形内（オスワルト）の配色例 [本文151ページ]

①アイソチントシリーズによる配色例

5pa	5pg	5pn

白色系列から3間隔で選んだ3色配色

l	5ℓg	5ℓc

無彩色と同じ白色量で選んだ3色配色

②アイソトーンシリーズによる配色例

5pa	5ia	5ca

黒色系列から3間隔で選んだ3色配色

c	5gc	5ℓc

無彩色と同じ黒色量で選んだ3色配色

③アイソクロムシリーズによる配色例

5gc	5ℓg	5pℓ

等純系列から1間隔で選んだ3色配色 この配色は明暗関係で、ナチュラルハーモニー配色のモデル

図65●等色相間隔（オスワルト）の配色例 [本文151ページ]

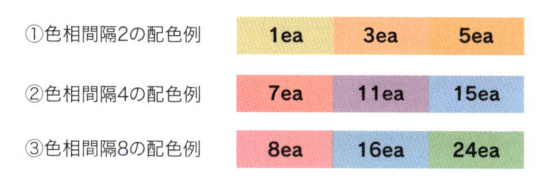

①色相間隔2の配色例

1ea	3ea	5ea

②色相間隔4の配色例

7ea	11ea	15ea

③色相間隔8の配色例

8ea	16ea	24ea

図66●系列分離（オスワルト）の配色例 [本文151ページ]

5ni	5la	5pe

図67●輪星調和（オスワルト）とその配色例 [本文151ページ]

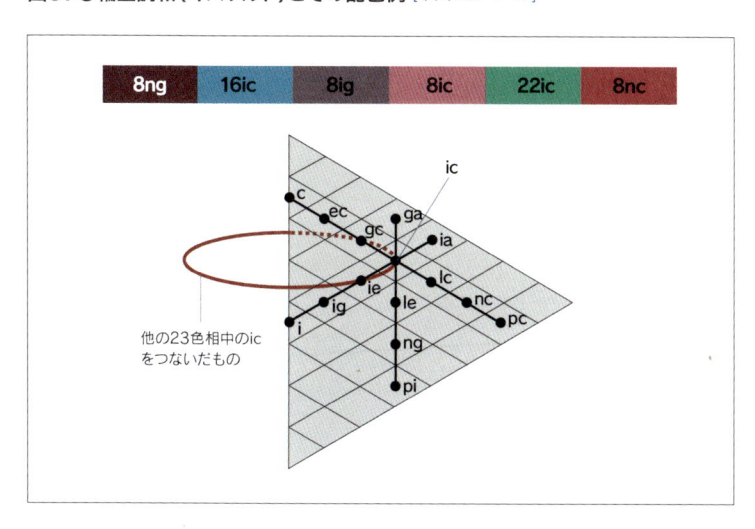

8ng	16ic	8ig	8ic	22ic	8nc

他の23色相中のicをつないだもの

図68●色相配色・色相環による関係（イッテン）[本文152ページ]

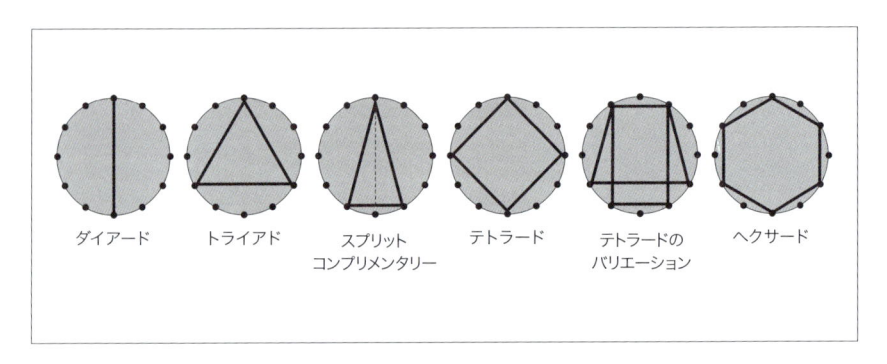

ダイアード　トライアド　スプリットコンプリメンタリー　テトラード　テトラードのバリエーション　ヘクサード

図69●色相配色（イッテン）[本文152ページ]

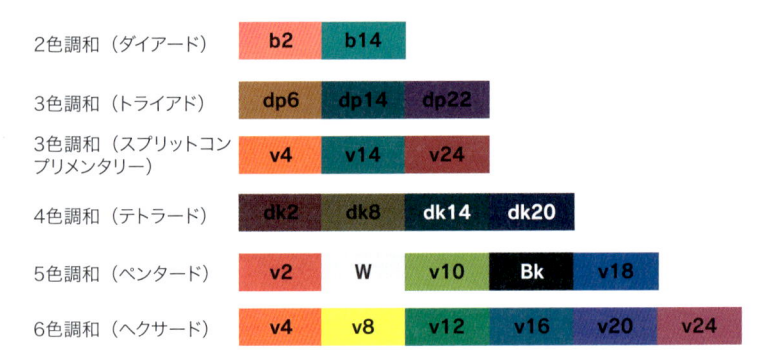

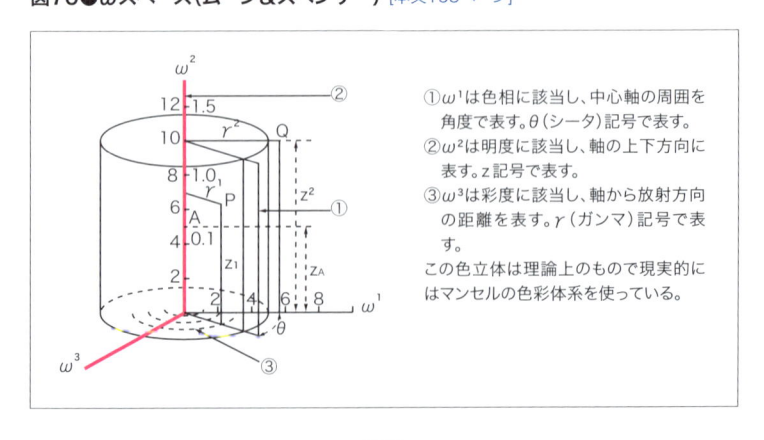

2色調和（ダイアード）	b2	b14			
3色調和（トライアド）	dp6	dp14	dp22		
3色調和（スプリットコンプリメンタリー）	v4	v14	v24		
4色調和（テトラード）	dk2	dk8	dk14	dk20	
5色調和（ペンタード）	v2	W	v10	Bk	v18
6色調和（ヘクサード）	v4	v8	v12	v16	v20	v24

図70●ωスペース（ムーン＆スペンサー）[本文153ページ]

① ω^1 は色相に該当し、中心軸の周囲を角度で表す。θ（シータ）記号で表す。
② ω^2 は明度に該当し、軸の上下方向に表す。z記号で表す。
③ ω^3 は彩度に該当し、軸から放射方向の距離を表す。γ（ガンマ）記号で表す。
この色立体は理論上のもので現実的にはマンセルの色彩体系を使っている。

図71●色相の調和と不調和（ムーン&スペンサー） [本文153ページ]

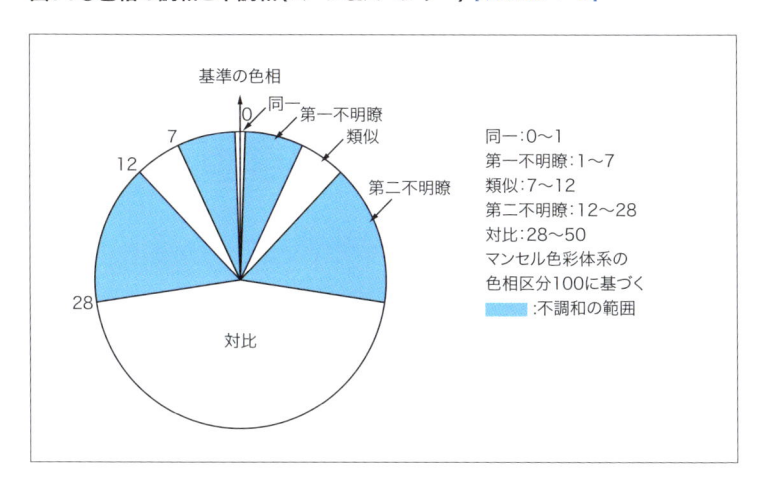

同一：0〜1
第一不明瞭：1〜7
類似：7〜12
第二不明瞭：12〜28
対比：28〜50
マンセル色彩体系の
色相区分100に基づく
　　：不調和の範囲

図72●明度と彩度関係の調和と不調和（ムーン&スペンサー） [本文153ページ]

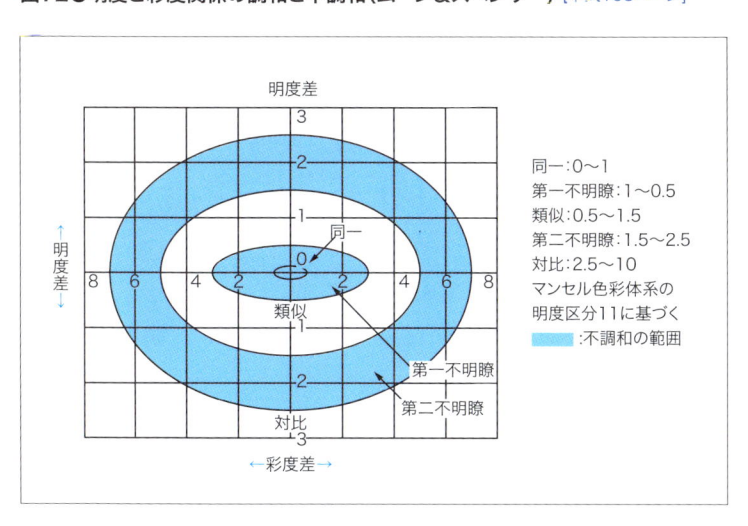

同一：0〜1
第一不明瞭：1〜0.5
類似：0.5〜1.5
第二不明瞭：1.5〜2.5
対比：2.5〜10
マンセル色彩体系の
明度区分11に基づく
　　：不調和の範囲

図73●美度計算による調和と不調和の配色例（ムーン&スペンサー） [本文154ページ]

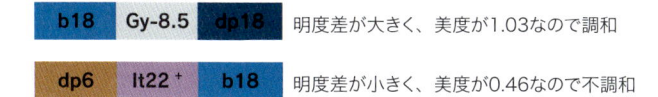

| b18 | Gy-8.5 | dp18 | 明度差が大きく、美度が1.03なので調和 |

| dp6 | lt22⁺ | b18 | 明度差が小さく、美度が0.46なので不調和 |

371

色名一覧

色名一覧

ピンク系

1 シェルピンク shell pink
桜貝に見られるピンク。女性のきれいな爪の色やほんのりと上気したような頬の色を桜貝に例えます。

2 コーラルピンク coral pink
赤い珊瑚の明るいピンクの色名。鴇珊瑚色ともいいます。赤みが強い色は、コーラルレッドです。

3 東雲色（しののめ）
夜明けに東の空に浮かぶ雲に映るピンク。曙色、サンライズピンク、ドーンピンクなどともいいます。

4 鴇色（とき）
保護鳥であるトキの尾羽に見られる特徴的なピンク。慣用的に使われる色名で、乙女色ともいいます。

5 ベビーピンク baby pink
新生児の女の子の産着に使われる淡いピンク。男の子はベビーブルーが慣習的に使われます。

6 退紅色（たいこうべにばな）
紅花染は下染めに黄を使って鮮やかな赤に染め、その赤が褪色してピンクになったという色。退紅色と表記することもあります。

7 一斤染（いっこんぞめ）
紅花染で、染料である紅餅1斤（約560g）で2着を染めたときのピンク。ふつうは1着分の布地に紅餅20斤を使います。

8 ローズピンク rose pink
バラの花による色名で、紫みのあるピンクです。赤みが強いとローズレッドです。

9 牡丹色（ぼたん）
牡丹の花のによる色名で、もともとは淡い紫みのピンクをいいましたが、明治以降に合成染料が使われだしてからは鮮やかなピンクをいうようになりました。

レッド系

10 スカーレット scarlet
動物染料のカイガラムシを使って染めた鮮やかな赤。和色名では緋色です。

11 カーマイン carmine
サボテンに寄生する小さな虫・コチニールを染料とした赤。この色素をカルミンというのでこの色名ができました。日本語では洋紅といいます。

12 チェリーレッド cherry red
熟したサクランボに見られる鮮やかな赤です。

13 ラッカーレッド lacquer red
ラッカーは漆のことで、生漆に赤色顔料の朱を混ぜた色。朱漆の工芸品は日本を象徴していることから、ジャパンレッドともいいます。

14 アリザリンレッド alizarin red
茜（あかね）色です。茜は紅花とともに最古の染料ですが、このアリザリンレッドは合成染料ができたときに命名された色名です。

15 ワインレッド wine red
赤ワインの紫みがかった赤。ワインの産地にちなむ色名として、バーガンディ、クラレット（ともに濃めの赤紫）などがあります。

16 蘇枋色（すおう）
蘇枋は古くから使われている赤染料で、原産地は東南アジアです。高価なベニバナからの染料の代わりに、蘇枋染めによる赤がよく使われました。

17 ガーネット garnet
1月の誕生石ガーネットに見られる暗い赤。柘榴（ざくろ）の花色でもあるので、柘榴色ともいいます。

18 海老茶（えびちゃ）
本来の色名は葡萄茶（えびはぶどうの古名）ですが、伊勢エビの色と同じなので海老茶といいかえられるようになりました。

19 アメジスト amethyst
2月の誕生石アメジスト（紫水晶）に見られる赤みの紫。アメジストは、ギリシャ神話の女神ダイアナの女官アルテミスにちなむ名前です。

20 アザレア azalea
アザレアは躑躅（つつじ）のことで、その花色による深みがあり紫みの赤です。躑躅色ともいいます。

21 紅花色（べにばな）
紅花から、紅花色の染料になる紅餅（べにもち）を作り、それで染めた赤を本紅色（ほんくれない）といいます。似たような赤に似紅がありますが、これは蘇枋染めによるものです。呉藍（くれあい）、唐紅も紅花による赤ですが、これらの呼び方は中国から来た紅花という意味をもたせたものです。

22 マゼンタ magenta
合成茜のアニリンをもとにした塩基性染料のフクシンで染めた紫みの赤。減法三原色の1つ。

オレンジ系

23 シナモン cinnamon
香料や味料に使われるシナモンの樹皮の色からの色名です。シナモンは肉桂（にっけい）とも呼ばれ、肉桂色ともいいます。

24 トパーズ topaz
11月の誕生石・トパーズの色。トパーズを黄玉（おうぎょく）といいます。

色名一覧

25 柑子色
柑子は柑子蜜柑の略称で、その果皮の色。萱草色ともいいますが、こちらはニッコウキスゲなどの花色による色名です。

26 琥珀色
樹脂の化石である琥珀の色。

27 アプリコット apricot
熟した杏の果皮の色。杏色ともいいます。

28 柿色
柿の実の色。柿にはいろいろな種類がありますが、その柿を象徴するような橙色を指します。柿は英語ではパーシモンで、パーシモンオレンジともいいます。

29 弁柄色
インドのベンガル地方特産の赤土顔料の色。ベンガルが変化して弁柄となった呼び名です。紅殻は同音異字。赤土顔料の代赭と同系の色です。

30 バーントシェンナ burnt sienna
茶色顔料のローシェンナを焼成加工した赤みの茶色。同様に焼成加工した顔料にバーントアンバーがあります。

31 キャロット carrot
キャロット(にんじん)に見られる赤みの橙。現在多く栽培されている洋種の短いにんじんの色。

32 バーミリオン vermilion
水銀と硫黄から作られた、古くから使われた人工顔料の朱色です。社寺などの建造物の塗装に使われたり、また生漆に朱を混ぜ工芸品などによく使われます。

33 黄丹
支子で黄を下染めし、紅花染による赤を重ねた橙色。皇太子の装束の色で、禁色とされていました。

ブラウン系

34 赤香色
香色の赤みになった色。香色は、丁子や木蘭などの香木の心材を染料にした淡い茶色です。

35 キャメル camel
キャメル(駱駝)の毛色に由来する色。ラクダの毛は強くて柔軟性があり、保温性に優れているため、毛布、オーバーコートなどに用いられました。

36 黄櫨染
櫨の木の心材を染料にした色。天皇の正装束の色で禁色になっていました。

37 団十郎茶
代々の市川団十郎が歌舞伎で演じるお家芸「暫」の衣裳は、三枡の紋と赤みの茶色が特徴で、その茶色の色名です。

38 ブロンズ bronze
ブロンズは青銅のことで、緑みを感じさせる茶色です。青銅色ともいいます。青銅は錫と銅の合金で、仏像などの美術品によく使われます。

39 タン tan
皮のなめし加工で使用するタンニンによる色名です。タンニンは植物に含まれる成分で、なめし加工用には柏などの樹皮から抽出します。

40 璃寛茶（りかんちゃ）
江戸時代に路考茶とともに流行色になった濃いめで赤みのある茶色。璃寛は、文化・文政期の歌舞伎役者二代目嵐吉三郎の俳号。

41 朽葉色（くちばいろ）
落ち葉の朽ちた状態の色による色名で、赤朽葉、黄朽葉、青朽葉などとともに古くから使われていました。

42 アンバー umber
天然土による茶色顔料アンバーの、赤みのある茶色で、古くから使われていた顔料です。ローアンバー、バーントアンバーなどもあります。

43 コパー copper
コパーは銅のことで、赤金色（あかがね）ともいいます。銅は錆が生じると緑粉が出ます。これが緑青（ろくしょう）です。

44 テラコッタ terracotta
赤土の素焼きのものをテラコッタといい、その状態色の赤みの茶色です。埴輪（はにわ）、土偶などの出土品の多くはテラコッタです。

45 マルーン maroon
栗の果皮である赤みの茶色です。栗皮茶ともいいます。

46 セピア sepia
烏賊（いか）の墨に見られる黒に近い茶色です。烏賊の墨ともいいます。かつては烏賊の墨を顔料にして、インクのように使っていたといいます。

47 鈍色（にびいろ）
ドングリを染料に鉄媒染で染めた色が鈍色で、灰みの暗い茶色です。かつては僧侶が着る衣の名称でもありました。

イエロー系

48 生成（きなり）
ベージュです。生成もよく使われている色名で、羊毛を漂白する前の色です。フランス語のエクリュもこの系統の色のことをいいます。

49 白茶（しらちゃ）
ドングリを染料にした明るい茶色です。この色を、かつては白橡（しろつるばみ）といっていました。退色した色を「白茶ける」といいます。

50 香（こう）
丁子（ちょうじ）や木蘭（モクレン）などの香木を染料にした明るい茶色です。木蘭は染料になることから、木蘭色ということもあります。

51 ライムライト limelight
石灰と酸水素ガスを使い発光させた、その光がライムライトで淡く黄みの白色光です。舞台を明るくするための照明光として使われました。

52 シャルトルーズイエロー chartreuse yellow
フランスのグランシャトルーズ修道院で作られたというリキュールの色に由来する色名です。

53 レモンイエロー lemon yellow
レモンの果皮に見られる、明るく緑みの黄色です。同系の色で緑みが少ないネープルスイエローがあり、これは顔料による色です。

54 プリムローズイエロー primrose yellow
外来種のサクラソウの一種プリムラポリアンタの花色による色名です。同系色の色名に黄水仙があります。

55 サンフラワー sunflower
サンフラワーは向日葵(ひまわり)のことで、その花色による色名です。同系色の色名に藤黄(とうおう)、雌黄(しおう)があります。

56 マリーゴールド marigold
マリーゴールドの日本名は万寿菊(まんじゅぎく)、千寿菊(せんじゅぎく)で、その花色による色名です。同系色の色名に鬱金色があり、これは鬱金の根で作られた黄染料です。

57 支子色(くちなしいろ)
支子または梔子と書きます。支子の実は黄染料になり、その色による色名です。

58 ハニーゴールド honey gold
ハニーは蜂蜜のこと、金色の蜂蜜にたとえた色名です。

59 油色(あぶらいろ)
菜種油に見られる緑みの黄色です。菜種油は食用、灯火用に使われます。また、燃焼させて墨の原料になる煤を採集します。

60 ミモザ mimosa
マメ科アカシア属のギンヨウアカシアなどの別名がミモザで、小さな黄色の花が30個ほど集まっていて1つの花のように見えます。この花色による色名です。

オリーブ系

61 カーキ khaki
カーキとはヒンドゥー語で「土ぼこり」の意味で、インドの宗教修験者が着た土色の衣の色です。迷彩色として軍服に採用されたこともあります。

62 路考茶(ろこうちゃ)
江戸期の歌舞伎役者二代目瀬川菊之丞が、舞台衣裳で使った茶色が流行色となり、この名前で呼ばれました。路考とは瀬川菊之丞の俳号です。

63 憲房色(けんぼういろ)
室町時代、茶染専門の染屋・吉岡家に伝わる緑みの茶色です。吉岡染ともいいます。

64 煤竹(すすたけ)
屋根の材料として使った竹が年月を経るとともに煙(いぶり)で燻されて煤けた状態色の色名です。煤竹は竹細工に珍重されます。

65 モスグリーン moss green
苔に見られるオリーブ系の緑。苔色ともいいます。

66 麹塵(きくじん)
麹というカビの一種に見られる緑です。天皇の正式な装束の色は黄櫨染(こうろぜん)ですが、麹塵は普段着である狩衣(かりぎぬ)の色で、これも禁色でした。

67 海松(みる)
海松は海草の一種で、その状態色による色名です。オリーブ系の色に適当な色名がなかった時代に、この色名がよく使われていました。

68 エバーグリーン ever green
半永久的に変わらない緑という意味で、常緑樹の松の緑を指しています。千歳緑(ちとせ)、常盤などともいいます。

69 ローレルグリーン laurel green
ローレルは月桂樹のことで、その葉に見られる暗い灰みの緑です。この葉を乾燥したのがベイリーフで、料理によく使われます。

グリーン系

70 鶸色(ひわ)
真鶸(まひわ)の羽毛の明るい黄緑で、慣用的によく使われている色名です。

71 抹茶色
茶の湯の抹茶の色による色名です。利休色ともいい、これは茶道の創始者である千利休にちなんだ色名です。

72 アイビーグリーン ivy green
木蔦(きづた)の葉に見られる深い黄緑です。アイビーは日本原産のでものはなく、西洋木蔦のことです。観葉植物としてよく見ることができます。

73 老竹色(おいたけ)
若竹色はさえた緑で、老竹色は灰みをおびた緑です。竹に関しての色名には、このほかにも煤竹、青竹などがあります。

74 ジャスパーグリーン jasper green
宝石であるジャスパーの色です。日本では碧玉(へきぎょく)といい、これも色名になっています。

75 木賊色(とくさ)
スギナと同じように地下茎をもつ木賊の色です。砥草とも書かれるように、木賊を煮て乾燥させ、研磨のために使いました。

76 セラドン celadon
セラドンは青磁のことで、その焼き肌に見られる淡い緑です。青磁色ともいいます。青磁は窯場によって肌の色がいろいろと異なり、名称もそれぞれです。

77 ターコイズグリーン turquoise green
宝石であるターコイズに特有の色で、緑みのものをターコイズグリーン、青みのものをターコイズブルーと呼び分けられます。

78 コバルトグリーン cobalt green
19世紀末に合成顔料として完成した顔料による色名で、青がコバルトブルー、緑がコバルトグリーンとして普及しました。

79 エメラルド emerald
5月の誕生石エメラルドのさえた緑です。エメラルドは緑玉(りょくぎょく)ともいいます。このように、かつて宝石は顔料として使われたこともありました。

80 マラカイトグリーン malachite green
マラカイトは孔雀石のことで、それに見られる緑色です。孔雀緑(くじゃくりょく)、青竹色、緑青(ろくしょう)もこの系統の色です。

81 ビリジャン viridian
ビリジャンは「緑の」「青々とした」という形容詞ですが、それがそのまま色名になりました。

82 新橋色
大正時代に新橋の芸者達が、和服の色に取り入れた鮮やかな青色です。合成染料の藍(インディゴピュア)による特有のきれいな青です。

83 浅葱色（あさぎ）
藍染めの過程における初期の染めに見られる明るい青色です。青葱が土から出ている部分の色による色名です。ブリーチアウトジーンズの色は、この浅葱色です。

ブルー系

84 瓶覗（かめのぞき）
藍染め過程における初期の染めに見られる淡い青色で、浅葱色よりも明るい色です。藍染料の液が入っている藍瓶をちょっと覗いた程度の染めかたという意味の色名です。

85 白群（びゃくぐん）
群青はウルトラマリンのことで青の顔料で、その顔料をさらに細かい粒子にすると白みが現れて明る色となり、これを白群といいます。

86 ピーコックブルー peacock blue
ピーコックは孔雀のことで、その羽毛の色による色名です。ピーコックグリーンは青みの緑になります。

87 サックスブルー sax blue
羊毛の染色に使われていた酸性染料サクソニーブルーが転化した色名です。この染料は濃くはならず、灰みの青になるのが特徴です。

88 納戸色（なんど）
現在は納戸といえば物置のことですが、江戸時代の城の中では衣服などを納める部屋のことで、その部屋の様子をいう暗い緑の青です。

89 フォーゲットミーノット forget-me-not
勿忘草（わすれなぐさ）の花に見られる浅い青です。

90 シアン cyan
シアンは減法混色の三原色の1つで、この色は、19世紀中葉・スコットランドにある染料工場で偶然に発見され合成された色です。

91 セルリアンブルー cerulean blue
セルリアンの語源はラテン語の「空」で、青顔料のセルリアンができたことからセルリアンブルーということになりました。

92 コバルトブルー cobalt blue
19世紀初頭にフランスの科学者テナールが合成したコバルトアルミン酸塩・顔料による色名です。テナールブルーともいいます。

93 ウルトラマリン ultramarine
ラピスラズリ(瑠璃)から作られた青顔料で、「海の彼方から伝えられた」ということからウルトラマリンといわれるようになりました。群青色（ぐんじょう）ともいいます。

94 デルフトブルー delft blue
陶器のデルフト焼で有名なオランダの古都デルフトで、その陶器の深い青が特徴的なことからこの色名で呼ばれます。

95 藍色(あい)
藍染めの色にはいろいろありますが、もっとも濃い紺色になる前の深い青が藍色です。藍はインディゴ、合成藍をインディゴピュアといいます。藍の青は日本を象徴するため、ジャパンブルーとも呼ばれます。

96 ネイビーブルー navy blue
英国海軍の制服の色による色名で、濃い青の紺色です。

97 ウェッジウッドブルー Wedgwood blue
英国のウェッジウッド社のジャスパーウェアに見られる紫みの青です。

98 ハイドレインジャブルー hydrangea blue
ハイドレインジャは紫陽花(あじさい)のことで、紫陽花の花の色の中でももっとも一般的な紫みの青です。

99 コーンフラワーブルー cornflower blue
コーンフラワーは矢車菊のことで、その花色による色名です。なお、矢車草と矢車菊とは別種のものです。

100 鳩羽紫(はとば)
公園などにいる土鳩(どばと)の羽に見られる灰みで紫みのある青です。

パープル系

101 紫苑色(しおん)
秋に咲くキク科の花である紫苑に見られる青みのある紫色です。同系の色にミヤコワスレなどもありますが、シオンとともにアスターの種類です。

102 江戸紫
かつて東京の武蔵野に自生していた紫草で染められた色が江戸紫で、青に寄った紫です。現在では、武蔵野で紫草を見ることはできません。

103 モーブ mauve
19世紀中葉、英国の科学者パーキンが発見した世界初の合成染料の紫色です。モーブはゼニアオイ(銭葵、英名はマロー)の仏名です。

104 ラベンダー lavender
北海道富良野市で有名なラベンダーの花色による色名です。ラベンダーは南仏で多く栽培され、香料や製油として採取されます。

105 オーキッド orchid
カトレアの花に見られる薄い紫色です。オーキッドとは蘭(らん)の英名で、ラン科植物の総称にもなっています。

106 京紫
青に寄った紫に対して、赤みに寄った紫が京紫で、大内紫ともいいます。大内とは、御所、宮廷という意味があり、いかにも京都らしい色名です。

107 ロイヤルパープル royal purple
紫色を得るためには、動物性染料の紫貝が大量に必要で、経費もかかることから王侯貴族だけの色になり、英国王室の紫となり、この名前で呼ばれました。

108 本紫
植物性染料の紫草から得られる紫色です。染めを繰り返して濃くなり、高価な色であることから上層階級の色となりました。

109 二藍（ふたあい）
かつて中国渡来の赤染料・紅花も、青染料の藍も「藍」と称していました。その2つの染料で染めた紫を二藍と呼んでいました。

110 トープ taupe
トープは仏語でモグラのことで（英語ではモール）、色名としてはトープが慣用的に使われています。モグラの体毛の色です。

111 紫紺（しこん）
藍染めによるもっとも濃い青の紫みに寄った紺色です。茄子の皮に見られる濃い紫にも似ているので茄子紺、英色名ではエグプラントです。

ニュートラル系

112 アイボリー ivory
アイボリーは象牙のことで、それに見られる黄みの白です。象牙色ともいいます。象牙を焼いて作った黒顔料がアイボリーブラックです。

113 パールホワイト pearl white
真珠は純白ではなく、わずかに黄みを感じさせる白です。真珠色ともいいます。

114 灰汁色（あくいろ）
灰汁はアルカリ性の媒染剤として多用されました。その灰汁の色からの色名です。媒染用の灰は稲藁、椿などの木材を燃して作られていました。

115 シルバーグレー silver gray
銀色がかった灰色で、銀鼠（ぎんねず）ともいいます。

116 鳩羽鼠（はとばねず）
土鳩（どばと）の羽に見られる暗い紫みのグレーです。鳩は英語でダブということから、ダブグレーともいいます。

117 素鼠（すねず）
「素」には何もないという意味があることから、色みが混じっていないグレーという色名です。

118 スレートグレー slate gray
屋根葺きの材料であるスレートの暗いグレーです。

119 チャコールグレー charcoal gray
チャコールは木炭のことで、純黒に比べるとわずかに明るい色です。黒に近い暗いグレーということです。

120 アイボリーブラック ivory black
象牙を焼いて作った黒顔料の色がアイボリーブラックです。象牙の代用として動物の骨（ほね）から作った黒がボーンブラック。なお、墨は菜種油の燃焼させて煤（すす）を採取し、膠を混ぜて固めたものです。

色彩用語事典

2009年9月5日 初版発行

著　者	恵美和昭
	島森　功
	清野恒介
	淵田　雄
	柳原美紗子

編　集　　清野恒介

発行者　　大貫尚雄

発行所　　株式会社新紀元社
　　　　　〒101-0054
　　　　　東京都千代田区神田錦町3-19 楠本第3ビル
　　　　　Tel 03-3291-0961　Fax 03-3291-0963
　　　　　郵便振替 00110-4-27618
　　　　　http://www.shinkigensha.co.jp/

企画・制作　ソレカラ社

デザイン・DTP　土屋デザイン室

DTP　　　株式会社明昌堂

印刷・製本　東京書籍印刷株式会社

ISBN978-4-7753-0711-3
Printed in Japan

本書記事の無断複写・転載を禁じます。
乱丁・落丁本はお取り替えいたします。
定価はカバーに表示してあります。